Sudhir Kakar

Die Gewalt der Frommen

5

Sudhir Kakar

Die Gewalt der Frommen

Zur Psychologie religiöser und ethnischer Konflikte

Aus dem Englischen
von Barbara Hörmann

Verlag C.H. Beck München

Titel der amerikanischen Originalausgabe
The Colors of Violence,
© Sudhir Kakar, 1996

Die Deutsche Bibliothek – CIP-Einheitsaufnahme

Kakar, Sudhir:
Die Gewalt der Frommen : zur Psychologie religiöser und
ethnischer Konflikte / Sudhir Kakar. Aus dem Engl. übers.
von Barbara Hörmann. – München : Beck 1997
  Einheitssacht.: The colors of violence <dt.>
  ISBN 3 406 41783 3

ISBN 3 406 41783 3

Für die deutsche Ausgabe:
© C. H. Beck'sche Verlagsbuchhandlung (Oscar Beck), München 1997
Umschlaggestaltung: Uwe Göbel und Tabea Dietrich, München
Gesamtherstellung: C. H. Beck'sche Buchdruckerei Nördlingen
Gedruckt auf säurefreiem, alterungsbeständigem Papier
(hergestellt aus chlorfrei gebleichtem Zellstoff)
Printed in Germany

Inhalt

FÜNFTES KAPITEL

SECHSTES KAPITEL

SIEBTES KAPITEL

ACHTES KAPITEL

1.
Hintergründe

Das Gesicht des zweijährigen Mädchens hat in meinem Kopf einen festen Platz eingenommen. Immer wieder dringt es in mein Bewußtsein. Wann dies geschieht, ist mitunter absehbar. Es ist kein Wunder, wenn das entstellte Gesicht vor meinem geistigen Auge erscheint, während ich Berichte über Gewalt-tätigkeiten zwischen unterschiedlichen Volks-, Religions- oder Sprachgemeinschaften in den verschiedensten Winkeln der Welt lese oder solche Gewaltszenen im Fernsehen sehe. Wenn es mir auch nicht paßt, so kann ich doch verstehen, daß das kleine Mädchen immer dann Aufmerksamkeit fordert, wenn von Hyderabad die Rede ist, ob nun sein altertümlicher Charme und seine hervorragende Küche gepriesen oder seiner verflossenen feudalen Pracht nachgetrauert wird. Weniger klar ist hingegen, was das Gesicht in diesem oder jenem ande-ren Kontext zu suchen hat. Warum taucht es plötzlich auf, wenn ein Mann mir in der Therapie von einem unangeneh-men Zusammenstoß mit seinem Chef während der Arbeit er-zählt oder wenn eine Patientin weint, als sie Erinnerungen an die Demütigungen, die sie von seiten ihrer Schwester erfahren hat, hervorholt? Ich weiß, ich muß eine lange Assozia-tionskette zurückverfolgen, um hier Licht ins Dunkel zu brin-gen. Und mich dieser Anstrengung auszusetzen, bin ich selten in der Stimmung, zumal das Mädchen mir kein willkommener Gast ist. Es ist ein Eindringling.

Zum ersten Mal sah ich das Gesicht auf einem Zeitungs-photo in einer Reportage über die Unruhen von Hyderabad, die im Dezember 1990 zwischen Hindus und Muslimen aus-brachen. Als ich dann im darauffolgenden Jahr mit der vor-liegenden Studie anfing, begegnete mir genau dieses Photo immer wieder in Zeitungs- und Illustriertenausschnitten. Es war zum dominierenden Bild gerade dieses Massakers geworden. Ich weiß nicht, ob es sich um ein Hindu- oder ein Muslimmädchen handelt, obwohl eine telegusprachige Zeitung, die für die Sache der Hindus eintritt, es als Hindumädchen identifizierte. Auf dem Photo zu sehen sind die verfilzten, staubigen Haare eines Slum-Kindes und – was das Schockierende daran ist – die tiefe, von einer Sense herrührende Wunde, die sich quer über die obere Gesichtshälfte zieht und noch nicht vernarbt ist. Sie beginnt an der rechten Schläfe, läuft mitten durch den Augenwinkel und den Augapfel und quer über eine ziemlich flache Nase und verläuft sich dann auf der linken Wange. Bei der Naht hat kein gut bezahlter Arzt fachmännische Arbeit geleistet. Die Stiche zeugen von einem überforderten Krankenhausarzt, der versucht, mit den allzu vielen Verwundeten und Sterbenden in der Notaufnahme eines heruntergekommenen Regierungskrankenhauses fertig zu werden. Es sind unregelmäßige Kreuze, hastig und krakelig hingesetzt von jemandem, der die lästige Sache endlich hinter sich bringen will. Einen Arm hat das Mädchen um ein Kissen gelegt, trostsuchend, ohne Trost zu finden. Die rechte Seite des Gesichts und das verletzte Auge berühren den Kissenrand, während es mit dem linken Auge in die Kamera blickt, in die Welt und – wenn ich nicht auf der Hut bin – auf mich.

In seinem Gesichtsausdruck liegt eine unermeßliche Starre, Nachwirkung einer tief in den kleinen Körper und die Seele hineinreichenden Verheerung, die jenseits meiner Vorstellungskraft liegt. Ich versuche durch die Augen des Kindes auf das zu schauen, was ihm vorgekommen sein mußte wie eine durch die zersplitterte Eingangstür vorrückende Phalanx von Riesen mit schwarzen, die untere Gesichtshälfte verhüllenden Tüchern. Es sieht, wie einer der Männer eine Axt hebt und den Vater niederschlägt, wobei ihn die scharfe Schneide der Waffe hinten im Nacken trifft, wie er sich umwendet und zu fliehen versucht. Es sieht ihn aus dem Gesichtsfeld verschwinden, als er fällt und die Männer mit Messern, Sensen und Holzkeulen näherrücken. Es sieht, wie die Mutter wie angewurzelt dasteht, und hört dann von ihr einen Laut zwischen

einem scharfen Husten und einem Schrei, als ihr ein Speer die
Kehle aufschlitzt. Das Mädchen macht einen Schritt auf seine
Mutter zu – da schwingt jemand die Sense. Dann ein bren-
nender Schmerz jenseits all seiner bisherigen Schmerzerfah-
rung. Blut strömt ins Auge, und danach: Bewußtlosigkeit.

Ich stelle mir vor, daß in dem Moment, als sein Bewußtsein
es in der typischen Spirale verläßt, die darin endet, daß man
aus allen bisherigen Verankerungen gerissen wird, – daß genau dann das Universum dem kleinen Mädchen sein Geheimnis offenbart hat. Es bekam eine Ahnung davon, welch un-
ermeßlich weiter Raum der Gleichgültigkeit den stecknadel-
kopfgroßen Lichtpunkt umgibt, den wir ein Menschenleben
nennen und in dessen bunt zusammengewürfelten Mosaik-
steinchen – Geburt, Tod, Körperfunktionen, sexuelle Gefühle,
Beziehung zu Eltern, Geschwistern, Kindern – wir ständig
verzweifelt ein sinnvolles Muster zu erkennen suchen.

Ich schüttle den Kopf, um mich von diesen Phantasien zu
befreien, und wende mich wieder der Photographie des Kindes mit dem versteinerten Gesicht und dem einen, verständ-
nislos blickenden Auge zu. Ich bin mir bewußt, daß es sich bei
meinem Gedankenflug eher um mißglückte als um gelungene
Empathie handelt. So groß ist die Gewalt, die dem Mädchen
angetan wurde, daß es für mich zu bedrückend ist, das zentrale Instrument meiner Zunft einzusetzen, ohne das kein Psychoanalytiker das, was in einer anderen Person vorgeht, verstehen und darin einen Sinn finden kann. Vielleicht liegt das
daran, daß dieses Kind so offenkundig ein Opfer ist. Es er-
greift mich, weil es vom Schicksal geschlagen ist. Empathie
erfordert aber ein tragisches Gegenüber, jemanden, der sein
Schicksal selbst mit heraufbeschworen hat und daher aktiver,
wenn auch unwissender Kollaborateur und nicht nur passives
Opfer war. Bei einer Tragödie bewahrt man sich zumindest
eine Erinnerung an eigenes Mitwirken, und so besteht Hoffnung auf eventuelle Wiederherstellung der eigenen Hand-
lungsfähigkeit. Die vollständige Passivität, die dem Ergriffen-
sein anhaftet, ist dagegen ein toter Ballast, der jeden nach
unten zieht, der damit in Berührung kommt. Ich kann mich

nicht in das Kind einfühlen, weil ich mich gegen das Ergreifende an ihm zur Wehr setzen muß. Es ist viel leichter für mich, es zu bemitleiden. Mitleid hält Distanz. Das Gesicht des Mädchens verfolgt mich also nicht nur, sondern es setzt mir auch zu, wie ein Bettelkind oder ein Leprakranker mit seinem hinterhältigen Gejammer, das ein ärgerliches Schuldbewußtsein erzeugt, das einem nicht erlaubt, den Elenden einfach anzuschreien: «Verschwinde doch! Stirb doch!»

Zu Beginn habe ich daher Bedenken, ob ich fähig sein werde, das Wesentliche meiner psychoanalytischen Sensibilität in meinen Gesprächen mit den Opfern der Unruhen zum Tragen kommen zu lassen – und desgleichen in meinen Interviews mit den Urhebern der Gewalt, den Männern, die zustechen, brennen und morden. Es reicht mir nicht, den Standpunkt des Klinikers einzunehmen und zum Beispiel über das mögliche Schicksal des kleinen Mädchens zu spekulieren: ob es die Armut und die Vernachlässigung, der ein entstelltes Waisenkind ausgesetzt ist (obendrein ein Mädchen), überleben wird und zu einer Erwachsenen heranwächst, die dann bei jedem in ihr aufkommenden Zorn Angst hat, ihn zum Ausdruck zu bringen, die bei jeder unerwarteten Bewegung zusammenfährt und unverständliche Anwandlungen hat, sich selbst Verletzungen zuzufügen. Ich will mehr, aber wieviel werde ich wohl zuwegebringen, wenn ich den mir vertrauten festen klinischen Hafen verlasse, um mich in die Welt sozialer Gewalt hinauszubegeben, mit nichts anderem ausgestattet als meiner sogenannten psychoanalytischen Sensibilität?

Den Kern der Sensibilität des Analytikers machen ja nicht seine klinischen Fachkenntnisse aus oder die spezifische Art und Weise, Worte und Handlungen von Menschen zu beobachten und zu deuten. Der Kern liegt nicht einmal darin, daß es ihm vielleicht leichter fällt, die Kluft zwischen den Idealen der Menschen und ihrem Verhalten zu akzeptieren, und daß es ihm schwerer fällt, gerechte Empörung aufzubringen, oder daß es ihm widerstrebt, mit der Welt im Liebesstreit zu liegen. Den Kern seiner Sensibilität bildet die Empathie. Empathie ist die Brücke zwischen der gelassenen Zurückhaltung des Klini-

kers, der um Objektivität bemüht ist, und der vitalen, leiden-
schaftlichen und verletzlichen Person, die im Leib des Klinikers zu Hause ist. Empathie läßt mich, als Analytiker und als
Wissenschaftler, aus der Anonymität einer unpersönlichen
Unternehmung heraustreten und bewirkt, daß ich mich darin
ständig wiedererkenne als Mensch aus Fleisch und Blut. Ohne
ihre lebenswichtige Präsenz geht die schöpferische Spannung
zwischen Objektivität und leidenschaftlicher Anteilnahme,
zwischen dem stoisch und dem emotional reagierenden Be-
trachter verloren.

Hindus und Muslime: verschiedene Versionen der Vergangenheit

Mein Ziel ist nicht, hier eine Geschichte der Beziehungen zwischen Hindus und Muslimen während der vergangenen 300
Jahre zu schreiben. Es ist bescheidener und zugleich in mancher Beziehung ehrgeiziger. Bescheiden ist es insofern, als ich
mir ein allgemeines Bild davon machen möchte, was Hindus
und Muslime dann voneinander gehalten haben, wenn sie sich
als Hindus bzw. Muslime gefühlt haben oder – anders,
psychologischer ausgedrückt – wenn übergreifende religiöse
Identitäten an Bedeutung gewannen und andere Gruppenidentitäten, durch die sich die einzelnen auch erleben, in ihrer Bedeutung stark zurücktreten ließen. Das ist gar nicht so leicht,
denn Historiker sind kaum eine Hilfe bei einer Sache, die so
umstritten ist und bei der die Auswertung historischer Daten
ganz untrennbar verbunden ist mit den politischen Zielen, die
der Historiker selbst verfolgt, mit seinen eigenen ideologischen Bindungen und den starken Emotionen, die diese Bindungen oft erzeugen. Und doch ist ein gewisses Verständnis
für diese Vergangenheit unerläßliche Voraussetzung für mein
Vorhaben, wenn man erst einmal sieht, wieviel tausendfach
reflektiert mir diese Vergangenheit in der Gegenwart wieder-
begegnen sollte. In einem alten Land wie Indien, wo das kollektive Gedächtnis Tausende von Jahren zurückreicht, muß

Kulturpsychologie notwendigerweise die Untersuchung von psychischer Repräsentanz kollektiver Vergangenheit miteinschließen, muß klären, auf welchem Weg kollektive Erinnerungen über die Generationen weitervermittelt werden und auf welch unterschiedliche Weise die Vergangenheit dazu benutzt wird, Projektionen aus der Gegenwart in sie hineinzuverlegen.

Die Hauptkontrahenten in der Debatte über die Hindu-Muslim-Beziehungen in der Vergangenheit, die gegenwärtig so viel leidenschaftliche Emotionen wachruft, sind auf der einen Seite der Säkularist (er kann entweder Hindu oder Muslim sein) und auf der anderen der Hindunationalist, dazu rechts außen der muslimische Fundamentalist sowie der Anhänger der hinduistischen Erneuerungsbewegung, die bei alledem versuchen, ihre spezielle Giftmixtur zu verspritzen. Die Debatte hat weitreichende Konsequenzen, denn wer als Gewinner daraus hervorgeht, strebt nichts Geringeres an, als sich der politischen Seele Indiens zu bemächtigen und die Chance zu ergreifen, Indiens Schicksal in den kommenden Jahrzehnten zu gestalten.

Die Säkularisten – Gestalter der indischen Verfassung und seit der Zeit Nehrus politisch im Aufwind – machen den Großteil der westlich erzogenen, linksliberalen Intelligenz aus und spielen eine einflußreiche Rolle an den Hochschulen.[1] Die Kategorisierung in Hindus und Muslime sei, so behauptet der Säkularist, relativ neu in der indischen Geschichte. Vor dem späten neunzehnten Jahrhundert existierten übergreifende religiöse Identitäten wie die hinduistische oder die muslimische noch gar nicht. Unter den Hindus gab es verschiedene Sekten, die häufig im Streit miteinander lagen; und auch die indischen Muslime bildeten keine monolithische islamische Ganzheit. Weiter zeichnet der Säkularist ein Bild verbreiteter Symbiose zwischen Hindus und Muslimen in präkolonialer Zeit und am Anfang der Kolonialzeit sowie einer sich allmählich herausbildenden synkretistischen Volksreligion, vor allem auf Dorfebene, die sich ebenso Elemente aus dem islamischen Brauchtum wie aus dem hinduistischen Ritual her-

ausnahm und in der muslimische Heilige genauso verehrt
wurden wie hinduistische.

Aus säkularistischer Sicht besteht ein klarer Unterschied
zwischen den Termini «religiös» und «kommunal», wobei der
letzte Begriff weder in der angloamerikanischen lexikalischen
Bedeutung von *communal*, die «gemeinschaftlich» oder in al-
truistischer Weise «gemeinschaftlich gesinnt» wäre, [noch in
der deutschen Bedeutung von «kommunal», das heißt, «die
Kommune/Gemeinde betreffend»; Anm. d. Üb.] verwendet
wird, sondern in seiner spezifisch indischen Bedeutung von
jemandem, dessen ausschließliche Bindung an seine Volksgruppe [seine *community*] gepaart ist mit aktiver Feindseligkeit gegenüber anderen Volksgruppen, mit denen er sich den
geographischen und politischen Raum teilt. Während Religion allein als Sache des persönlichen Glaubens betrachtet wird
und die Verehrung bestimmter Götterbilder, besondere Rituale und Dogmen mit sich bringt, ist der «Kommunalismus» [im
obigen indischen Sinne: eine einseitig an den Interessen der
eigenen Volksgruppe orientierte Haltung und entsprechend
gruppenegoistisches Handeln] eine mehr kollektive Angelegenheit und umfaßt politische und wirtschaftliche Aspekte in
einer Volksgruppe genauso wie ihren Glauben. Kommunalismus bewirkt nicht nur eine Identifikation mit einer Religionsgemeinschaft, sondern auch mit deren politischen, ökonomischen, sozialen und kulturellen Interessen und Bestrebungen.
Diese Identifikation geht einher mit einer starken Überzeugung, daß diese Interessen von den Interessen anderer Gemeinschaften bzw. Volksgruppen nicht nur abweichen, sondern mit ihnen in tatsächlichem Konflikt stehen.

Sieht man dies so, dann waren in der vorkolonialen und der
frühen Kolonialzeit Konflikte zwischen Hindus und Muslimen selten. Wenn es dazu kam, dann waren sie im wesentlichen religiöser Natur, das heißt, die Konflikte drehten sich
um religiöse Symbole, etwa in welcher Form eine Prozession
stattfinden und welche Route sie nehmen sollte, oder es war
strittig, wer Herr über einen Tempel oder eine Moschee sein
sollte und ähnliches mehr. Die Konflikte im zwanzigsten

Jahrhundert wurden dagegen durch kommunale, also gruppenspezifische Ideologien ausgelöst, und es ging im Grunde um kollidierende wirtschaftliche Interessen. Nach säkularistischer Ansicht war sogar die religiöse Verfolgung von Hindus durch Monarchen des achtzehnten Jahrhunderts wie den Mogulherrscher Aurangzeb oder später in Südindien durch Tipu Sultan von der Staatsräson diktiert und nicht so sehr von der kommunalen Ideologie des jeweiligen Herrschers. Aurangzebs Diskriminierung der Hindus und die Zerstörung ihrer Tempel wird als ein Versuch interpretiert, die ideologische Basis des vormaligen Mogulstaates neu zu formulieren, während Tipus Attacken auf Hindutempel und die hinduistische Kultur der Nayars von Kerala als ein bewußter politischer Akt und nicht als religiöser Fanatismus betrachtet werden.[2]

Der Säkularist ist der Meinung, daß Kommunalismus, diese einseitig an den Interessen der eigenen Gruppe orientierte Haltung, und die daraus in großem Ausmaß entstehende Gewalt zwischen Hindus und Muslimen sich im späten neunzehnten Jahrhundert hauptsächlich aufgrund des Kolonialismus zu verbreiten begann.[3] Um dem wachsenden indischen Nationalismus entgegenzusteuern, hätten die Briten eine Politik des *divide et impera* verfolgt und dazu den muslimischen Kommunalismus bewußt gestärkt. Die schnelle Ausbreitung der im neunzehnten Jahrhundert aufkommenden hinduistischen Erneuerungsbewegung und des Panislamismus im folgenden Jahrhundert, wiederum beides Ergebnisse der kolonialen Begegnung Asiens mit dem imperialistischen Westen, war ein weiterer Grund für den sich Bahn brechenden Kommunalismus. Ein anderer Faktor war außerdem der Niedergang des synkretistischen Kriegertypus des achtzehnten Jahrhunderts, der sich in den gemischten Soldatentrupps herausbildete, in denen der Hindu neben dem Muslim unter verschiedenen Königen diente, die wieder entweder Hindus oder Muslime waren, ein Krieger, der aber dann bei den anarchischen politischen Zuständen, die in Indien herrschten, als das Mogulreich auseinanderfiel, auch auf eigene Faust auf Raubzüge ging. Die Grundstruktur Indiens bleibt jedoch synkretistisch, das heißt, islamische Einflüsse vermischen sich mit hinduistischen Traditionen. In kultureller oder sozialpsychologischer Hinsicht lassen sich Hindus und Muslime nicht auseinanderdividieren – außer im engen Bereich des persönlichen Glaubens.

Der Hindunationalist argumentiert dagegen, daß eine prinzipielle Kluft zwischen Hindus und Muslimen eine Grundtatsache der indischen Geschichte sei, die von den Säkularisten verkannt werde.[4] Nach Ansicht des Hindunationalisten ist der Konflikt zwischen Hindus und Muslimen eindeutig religiöser, ja eigentlich theologischer Natur. Seine Wurzeln lägen im Anspruch des Islam, im ausschließlichen Besitz der Wahrheit zu sein, und in seiner Weigerung, den hinduistischen Überzeugungen und Lehren einen gleichberechtigten Status einzuräumen. Daß der Islam die Menschen in Gläubige und Ungläubige und die Welt in Gebiete des Friedens – *dar-ul-Islam* – und des Unfriedens – *dar-ul-harb* – unterteilt, was zu schrecklichen Grausamkeiten gegen den hinduistischen Ungläubigen als Person und gegen religiöse Kultstätten führte, könne aus dem kollektiven Gedächtnis des Hindus nicht mehr getilgt werden. Überdies halte der Muslim weiterhin an seiner Intoleranz fest, lebe weiterhin hartnäckig in dem Glauben, daß alles außerhalb des Korans ein Irrtum, wenn nicht gar etwas Frevelhaftes sei. Der Hindunationalist steht auf dem Standpunkt, Säkularisten würden sich mit ihren Argumenten und Appellen bloß an Hindus wenden, da sie damit bei Muslimen, die ihre Identität in ihrer eigenen religiösen Tradition und in ihren eigenen Gesetzen suchen, selbst wo beides in direktem Widerspruch zu den Grundprinzipien eines säkularen Staates stehe, nur auf rigorose Ablehnung stießen. Die Wurzeln des Hindu-Muslim-Konflikts lägen in der religiösen Intoleranz der Muslime, in ihrem Unvermögen, der mittelalterlichen Bigotterie zu entwachsen und in ihrer Unfähigkeit, sich neuen Gegebenheiten anzupassen: Mangels Richtlinien aus dem Koran lernten sie nicht, in einem Staat zu leben, der nicht in muslimischer Hand ist.

Zusammenfassend läßt sich also sagen, daß die Geschichte der Beziehung zwischen Hindus und Muslimen eine unter-

schiedliche Färbung bekommt, je nachdem durch welche
ideologische Brille sie gesehen wird. Für den liberalen oder
den linksgerichteten Historiker ist die Geschichte in das rosige
Licht des präkolonialen Goldenen Zeitalters der Freundschaft
zwischen Hindus und Muslimen getaucht. Ihnen stellt sich die
Geschichte so dar, als würden sich hier verschiedene kulturelle Traditionen zu einer Mischkultur verbinden, die besonders
im Bereich der Kunst, Musik und Architektur zur Blüte ge-
langte.[5] Für sie ist es die Geschichte einer allmählichen Annä-
herung zwischen Hindus und Muslimen in den Formen ihres
Alltagslebens und einer begeisterten Teilnahme an den Festen
der jeweils anderen. Dieses Bild läßt wenig Raum für Konflikte zwischen den beiden Volksgruppen. Gelegentlich ausbre-
chende Gewalt, die der Erklärung bedarf, ist fast nie religiösen Ursprungs, sondern von lokalen wirtschaftlichen
Interessen und politischen Zwängen diktiert. Für den konservativen Hindunationalisten hingegen ist die Kluft zwischen
den beiden Volksgruppen eine Grundtatsache indischer Geschichte. Den Rahmen für die Beziehungen zwischen Hindus
und Muslimen bildet in seinen Augen der tausendjährige
Konflikt zwischen zwei Kulturen, in dem die Muslime, die
jahrhundertelang militärisch siegreich und politisch im Aufsteigen waren, die islamische Kultur ihren hinduistischen Un-
tertanen aufzudrängen versuchten, und zwar mit allen Mitteln
– von Zwang bis zu Bestechung und gutem Zureden –, damit
jedoch nur begrenzten Erfolg hatten. Zu einer Mischkultur
kam es nach hindunationalistischer Sicht nur in beschränktem
Maße: Sie war begrenzt auf kleine Bevölkerungsausschnitte
rund um die muslimischen Höfe und auf die vom Hofe geför-
derten Künste wie Musik und Architektur. Auch einige Hindus, die die persisch beeinflußte Sprache und den Lebensstil
ihrer Herrscher übernahmen, konnten hierzu gezählt werden.
Bei den meisten Hindus aber blieb ihre Kultur im Kern intakt,
während sie den muslimischen Ansturm nicht ohne Ressentiment über sich ergehen ließen.

Zwischen den feindlichen Linien

Gleichgültig welchen Aspekt der heutigen Beziehungen zwischen Hindus und Muslimen man kritisch unter die Lupe nehmen will, man ist fast gezwungen, sich entweder auf die säkularistische oder die hindunationalistische Seite zu schlagen. So wichtig es jedoch ist, Farbe zu bekennen, so muß doch auch noch Raum bleiben, die Sache aus neutraler Distanz zu betrachten, etwas, was ich beabsichtige, wenn ich mich mit den zwei unterschiedlichen Sehweisen der hinduistisch-muslimischen Vergangenheit auseinandersetze. Denn idealerweise ist der Psychoanalytiker im wesentlichen Zuschauer und Kommentator, wenn es um die Welten von Liebe und Haß geht. Immer noch etwas blauäugig trotz so vieler Jahre im Metier, sehe ich den Psychoanalytiker außerhalb des Kampfgetümmels stehen, unberührt von den heftigen Leidenschaften, die um ihn herum toben.

Beginnen will ich mit den Trugschlüssen der säkularistischen Position, die meines Erachtens das Ausmaß der historischen Kluft zwischen Hindus und Muslimen unterschätzt und damit eine Gegenreaktion auf ihr «Heile-Welt»-Bild der Vergangenheit provoziert hat. Der Säkularist neigte mit anderen Worten dazu, die dunklen Seiten der Hindu-Muslim-Beziehungen in Indien herunterzuspielen. Wissenschaftler, die dieser Ansicht sind, haben aufgezeigt, daß die Konflikte zwischen Hindus und Muslimen nicht nur ein Produkt der Kolonialzeit sind, sondern auch in vorkolonialer Zeit vorkamen und es sich dabei oft um kommunale – also durch die Volksgruppenzugehörigkeit motivierte – und nicht so sehr um religiös motivierte Auseinandersetzungen handelte.[6]

Im Mittelalter hatte sogar bei den Sufis, den islamischen Mystikern, die so oft als Musterbeispiele für «Mischkultur», als «synkretistische» Muslime par excellence galten, die Toleranz enge Grenzen. Wo es um den Glauben ging, stand für sie die Überlegenheit des Islam eindeutig fest und desgleichen, daß für hinduistische Ungläubige am Tag des Gerichts nichts

anderes als die höllische Verdammnis in Aussicht stand.
«Tatsächlich ist es, wenn es um das Verhältnis zu Hindus
geht, oft schwierig, zwischen einem orthodoxen Theologen
(dem sich heftig gebärdenden *mullah*, wie ihn sich der Hindu
vorstellt) und einem liberalen Mystiker einen Unterschied zu
finden»[7], wie Muzaffar Alam meint. Manch ein Sufi legte
offene Feindseligkeit gegenüber der Religion und den gesellschaftlichen Bräuchen der Hindus an den Tag, in dem Wahn –
selbst im Zenit muslimischer Macht –, die Hindus könnten
die islamischen Gesetze, den Islam und die muslimische
Volksgruppe ausradieren, wenn sie je die politische Macht an
sich reißen würden. Alam faßt die muslimische Seite des Hin-
du-Muslim-Problemkomplexes folgendermaßen zusammen:
«Ein durchschnittlich gebildeter Muslim war der Überzeugung, daß Islam und Hinduismus zwei radikal unterschiedlichen Traditionen angehörten und die beiden niemals zusammenkommen würden.»[8] Um die als gesondert empfundenen
Identitäten, das Gefühl von Distanz zwischen den beiden
Volksgruppen zu betonen, wurde sogar bei alltäglichen sozialen Gepflogenheiten von solchen, die hinduwanisch, und solchen, die muselmanisch waren, gesprochen.[9] Obwohl also die
hinduistische und die muslimische Identität nicht so festgelegt
und durchgängig über die Zeiten hinweg bestand, wie der
Hindunationalist dies glaubt, war sie auch nicht inexistent,
wie der Säkularist behauptet. In mittelalterlicher Zeit existier-
te die hinduistische und die muslimische Identität für einen
Großteil der Leute eher mit Unterbrechungen, blühte nur gelegentlich auf, und zwar dann, wenn religiöse Symbole und
Gefühle in den Vordergrund des Bewußtseins rückten, was
meist der Fall war, wenn sie als bedroht empfunden wurden
oder einem tatsächlichen Angriff ausgesetzt waren.

Daß der Säkularist die gegenseitige Aversion von Hindus
und Muslimen unterschätzt und die Existenz irgendeiner Art
von kollektiver, kultureller Identität in der Vergangenheit
leugnet, rührt meines Erachtens daher, daß sich viele Historiker und Politologen auf objektive und nicht so sehr auf
subjektive Erfahrungsdaten verlassen, die wiederum eher die

Anthropologie zutage fördert. Um dies zu veranschaulichen, möchte ich als Beispiel den bereits früher erwähnten Tipu Sultan nehmen: Objektiv betrachtet war seine Zerstörung einiger Hindutempel und seine Verfolgung bestimmter Gruppen von Hindus durch seinen Argwohn motiviert, diese Gruppen könnten nicht loyal sein und die Tempelpriester würden noch in enger Verbindung mit dem Hindukönigshaus Wodiyar stehen, an dessen Stelle Tipu und sein Vater getreten waren. Tipu wütete nicht generell gegen die Hindus und unterstützte sogar einige Tempel mit Schenkungen aus dem Staatsschatz.

Es gibt aber noch eine andere, ungeschriebene Variante dieser Vorfälle, die sich bei vielen Hindus in das «kulturelle Gedächtnis», wie ich es gerne nennen würde, eingeprägt hat. Das kulturelle Gedächtnis (ein Begriff, den ich dem «kollektiven Gedächtnis» vorziehe) bildet die imaginative Basis für ein kulturelles Identitätsgefühl. Denn besteht nicht die Imagination in der Erinnerung an entscheidende Augenblicke im Leben, losgelöst von ihrem tatsächlichen historischen Kontext? Auch das kulturelle Gedächtnis ist die aus ihrem Verwurzeltsein in der Zeit herausgelöste Geschichte einer Gruppe – in dem Maße bloße Imagination, wie die tatsächlichen Ereignisse es auch sind, die dort gespeichert werden und es ausmachen. Was über Tipus Vorgehen (und ebenso über das Aurangzebs) im kulturellen Gedächtnis gespeichert ist, hat einen ganz anderen Beigeschmack als das, was man in Geschichtsbüchern darüber liest. Ein völlig anderer Erfahrungsbereich und ein ganz bestimmtes Empfinden wird bei einem gläubigen Hindu angesprochen, wenn er davon hört oder liest, daß Tipu Brahmanen gewaltsam beschneiden ließ und sie hinterher zwang, Kuhfleisch zu essen als eindeutiges Zeichen dafür, daß sie nun ihre Kastenzugehörigkeit verloren hatten. Ein Hindu teilt auch die Empörung seiner Landsleute aus dem siebzehnten Jahrhundert über Tipus Zerstörung des Tempels und ihre Erleichterung, als sie endlich vom «Joch dieses Tyrannen»[10] befreit waren. Es wäre schon sonderbar, wollte man erwarten, wie dies der Säkularist bisweilen zu tun scheint, daß ein so tief religiöses Volk wie die Hindus das mysteriöse Wirken von Tipus Staatsräson hätte verstehen und nicht mit Entsetzen und Abscheu auf das reagieren sollen, was eindeutig ein unverfrorener Angriff auf seine religiösen Empfindungen und seine Glaubenssymbole darstellte.

Bei den Anthropologen des sechzehnten, siebzehnten und neunzehnten Jahrhunderts, die auch die Kulturpsychologen ihrer Zeit waren, handelt es sich vorwiegend um europäische Reisende. Da diese Reisenden in der Regel auf Indien und seine Völker von den Höhen europäischer Überlegenheit herabblickten, begegneten sie insbesondere den meist als Götzendiener oder Heiden bezeichneten Hindus mit Verachtung, während die Muslime, die sich klar als solche identifizieren ließen, den Christen vertrauter waren und für sie daher kein solches Rätsel und nicht so sehr Zielscheibe ihres Spotts waren. Die Reisenden kannten schließlich die religiösen Gepflogenheiten des Landes überhaupt nicht, und so erregte alles ihr Interesse, was ihnen merkwürdig erschien an den hinduistischen Zeremonien, Ritualen und Bräuchen – und das waren insbesondere die Witwenverbrennung, die Tempelprostitution und die orgiastischen Ausdrucksformen hinduistischer Religiosität.

Von den Reisenden können wir daher nur Hinweise auf die Hindu-Muslim-Beziehungen bekommen, wenn wir auf rein zufällige Beobachtungen und beiläufige Bemerkungen achten, während sich das Hauptinteresse der Europäer darauf richtet, ihren Landsleuten die politische und wirtschaftliche Situation Indiens und die fremdartigen Sitten und Gebräuche seiner Bewohner zu schildern. So steuert zum Beispiel der französische Reisende François Bernier, der das Mogulreich zwischen 1656 und 1668 bereiste, folgende Beobachtung bei:

> Ziel der zehnten Inkarnation (von Vishnu), so sagen die Heiden, wird die Befreiung der Menschheit aus der Tyrannei der Mohammedaner sein, und sie wird sich dann vollziehen, wenn nach unserer Rechnung der Antichrist erscheinen soll; dies ist jedoch lediglich eine volkstümliche Überlieferung, die sich nicht in ihren heiligen Büchern findet.[11]

Solche vereinzelten Kommentare, die ohne den nötigen Kontext dastehen, kann man nicht als exakte Beschreibung der Beziehungen zwischen Hindus und Muslimen betrachten. Sie lassen allerdings Zweifel aufkommen am Bild des allgemein guten Einvernehmens, weisen sie doch deutlich darauf hin, daß es viele Hindus gab, die der Muslimherrschaft überdrüssig waren oder überhaupt den Mohammedanern mit Ressentiment begegneten.

Eine der Ausnahmen unter den Reisenden ist Abbé Dubois, ein französischer Missionar, der dreißig Jahre (1792–1823) in Südindien verbrachte. Als ein Mann geistlichen Standes ist der Abbé natürlich überzeugt von der Überlegenheit seines Glaubens gegenüber den Religionen Indiens. Und doch zeigt er einfühlsames Verständnis für die Sitten der Leute, die er so lange Zeit beobachten konnte, und meistens ist er erstaunlich treffsicher in seinem Urteil. Auf den ersten Blick scheint Dubois' Werk die säkularistische These zu stützen, daß der Konflikt zwischen Hindus und Muslimen nicht kommunaler, sondern religiöser Natur war und sich nicht von den Streitereien zwischen einer Reihe von hinduistischen Sekten unterschied. Und es stimmt ja wirklich: Religionsfehden sind etwas so Indisches wie Mango-Pickles. Wenn wir jedoch die innere Zerrissenheit der Hindusekten mit der Gewalt zwischen Hindus und Muslimen vergleichen, so wird der Unterschied zwischen beidem offenkundig. Im folgenden schildert der Abbé zum Beispiel einen von ihm beobachteten «Aufruhr», der zwischen Vishnu- und Shiva-Anhängern ausbrach:

Den Vishnuiten zufolge ist es der Gipfel des Verabscheuungswürdigen, das *lingam* (das Zeichen Shivas) zu tragen. Ihren Widersachern zufolge wird jeder, der sich mit dem *namam* (dem Zeichen Vishnus) schmückt, in der Hölle mit einer Art großen Gabel gefoltert werden, die eine ähnliche Form wie dieses Emblem hat. Diese gegenseitigen Beschuldigungen enden oft in heftigem Wortwechsel und in Auseinandersetzungen. Besonders häufig geschieht dies bei den zahlreichen Gruppen frommer Bettler beider Sekten, die gern einen Streit vom Zaun brechen. Manchmal kann man

beobachten, wie diese Fanatiker sich in großer Zahl zu-
sammentun, um so ihre Überzeugung von der absoluten Un-
übertrefflichkeit ihrer jeweiligen Lehren mit mehr Nachdruck vertreten zu können. Sie überschütten sich dann
gegenseitig mit einem ganzen Schwall von Schmähungen
und obszönen Beleidigungen und werfen sich Blasphemien
und Flüche an den Kopf – gegen Shiva im einen Lager, gegen Vishnu im anderen; und zum Schluß prügeln sie dann
aufeinander ein. Zum Glück wird selten Blut vergossen auf
diesen Schlachtfeldern. Sie begnügen sich damit, sich gegenseitig mit den Fäusten zu bearbeiten und sich die Tur-
bane vom Kopf zu schlagen und die Kleider zu zerreißen.
Nachdem sie so ihren Gefühlen Luft gemacht haben, trennen sich die Kämpfer im Einvernehmen miteinander.
Daß diese religiösen Streitigkeiten nicht auf das ganze Land
übergreifen und zu allen nur möglichen Verbrechen führen,
wie sie jahrhundertelang das Ergebnis des religiösen Fanatismus in Europa und anderswo waren, ist dem von Natur
aus sanften und zurückhaltenden Charakter der Hindus zu-
zuschreiben und insbesondere der Tatsache, daß die über-
wiegende Zahl sich mit ihrem Gewissen gütlich einigt und
Vishnu die gleiche Ehre wie Shiva erweist. Da sie so weder
nach der einen noch nach der anderen Richtung parteiisch
sind, dienen solche Leute als Schiedsrichter in diesen religiösen Kämpfen und können bevorstehende Händel häufig
noch aufhalten.[12]

In der Schilderung dieses Aufruhrs wird dessen ritualisierte,
spielerische Qualität offenkundig: Leidenschaft verbindet sich
darin mit Beherrschung. Wir haben es hier mit einer ritualisierten Feindschaft zu tun, einer von Erik Erikson so bezeichneten «kreativen Formalisierung», die impulsives Übermaß
ebenso wie zwanghafte Selbsteinschränkungen vermeiden
hilft.[13] Die Vishnuiten und die Shivaiten lassen sich miteinander sowohl in ein Zusammenspiel wie in einen Kampf ein,
üben sich in «einer Form des Kriegs, der nur zwischen denen
stattfinden kann, bei denen Frieden herrscht.» Im Gegensatz

dazu haben die hinduistisch-muslimischen Konflikte nichts
von einer solch spielerischen Qualität, liegt doch, wo Häuser
niedergebrannt, Tempel, Moscheen und Kultstätten zerstört
werden, tödliche Absicht zugrunde.[14] Wenn wie hier von
Todfeindschaft, von Sieg und Niederlage gesprochen wird,
dann zeugt dies von einem Kampf, der zu Demütigung und
ernsthaften Wunden im kollektiven Selbst der einen oder der
anderen Gruppe führen muß.

Daß der Hindunationalist Vorhandensein und Stärke über-
greifender religiöser Identitäten bei Hindus und Muslimen in
Indiens präkolonialer Vergangenheit überschätzen mag, habe
ich bereits erwähnt. Er überbewertet auch, so glaube ich, die
Rolle der Unterschiede, die hinsichtlich der Lehre zwischen
islamischem und hinduistischem Glauben bestehen und sieht
zuwenig die Schwierigkeiten in den Beziehungen zwischen den
beiden Volksgruppen. Mir scheint die Kluft zwischen Hindus
und Muslimen nicht nur die Folge von unterschiedlichen Meinungen in Glaubensfragen zu sein, sondern ebensosehr die
Folge davon, daß hier ein kollektiver Narzißmus auf den anderen prallt, daß ein grandioses Gruppenselbst auf ein ebenso
grandioses anderes stößt, die beide von ihrer kulturellen Überlegenheit überzeugt sind. Abbé Dubois hebt dies klar hervor:

Besonders die Brahmanen hegen einen unsterblichen Haß
gegen die Mohammedaner. Der Grund dafür ist, daß letztere so wenig halten von diesen sogenannten Göttern der
Erde und ihrer Anmaßung; und vor allem bringen die Mohammedaner ihre Verachtung für ihre Zeremonien und
überhaupt ihre Sitten offen zum Ausdruck. Außerdem können die hochmütigen Muselmanen es mit ihnen an Stolz
und Überheblichkeit durchaus aufnehmen. Und doch ist da
ein Unterschied: Die Arroganz eines Muselmanen gründet
sich auf die politische Macht, über die er verfügt, oder die
ranghohe Stellung, die er bekleidet, während der Brahmane
sein Überlegenheitsgefühl von Haus aus hat, und es bleibt
unberührt davon, in welcher Lebenssituation er sich befindet. Ob arm oder reich, im Glück oder Unglück, immer

läßt er sich leiten von dem tief in ihm verwurzelten Grundsatz, daß er die edelste, die vortrefflichste und vollkommenste aller Kreaturen ist, daß die übrige Menschheit unendlich unter ihm steht und daß nichts auf der Welt so erhaben und großartig ist wie seine Sitten und Bräuche.»[15]

Der Hindunationalist überschätzt vielleicht auch die historisch gewachsene Aversion des Hindus gegenüber dem Muslim, die möglicherweise in den oberen Kasten stärker ausgeprägt war, weil hier die religiöse Intoleranz der Muslime auf die brahmanische Überzeugung von der Überlegenheit der Hindus traf. Dubois stellt fest:

Doch auch wenn man Brahmanen gerechterweise nicht der Intoleranz in religiösen Angelegenheiten bezichtigen kann, so läßt sich gleiches über ihre Sitten und Gepflogenheiten als Bürger sicherlich nicht sagen. In dieser Beziehung sind sie von äußerster Unvernunft ... Zwar mußten sie sich mehreren Eroberern, die sich als ihnen überlegen an Mut und Tapferkeit erwiesen, geschlagen geben, gleichwohl betrachteten sie sich doch in kultureller Hinsicht als ihnen unendlich überlegen.

Die Mohammedaner, die keine Gesetze, keine Sitten als ihre eigenen und keine Religion als die ihre zulassen können, nützten jeden Vorteil, den ihnen eine Eroberung verschaffte, um ihre Religion dem Volk aufzuzwingen, das sich ihnen fast ohne Widerstand ergeben hatte, indes sie versuchten es vergeblich: Dieselben Hindus, die sich nicht aufzumucken trauten, wenn sie mitansehen mußten, wie diese grimmigen Eroberer ihre Frauen und Kinder fortschafften, wie ihr Land mit Feuer und Schwert verwüstet, ihre Tempel niedergerissen und ihre Götterbilder zerstört wurden, genau dieselben Hindus, sage ich, boten nur dann ein paar Funken Energie auf, wenn es darum ging, daß sie ihre Sitten und Gebräuche gegen die ihrer Unterdrücker eintauschen sollten.[16]

Auslöser für die feindselige Haltung der Hindus war sowohl der muslimische Angriff auf ihre Lebensart als auch auf das, was ihnen heilig war. Wie wir später sehen werden, ist zum

Beispiel die Empörung des Hindus über den Rindfleisch es-
senden Muslim damals wie heute ein viel maßgeblicherer Faktor in den Hindu-Muslim-Beziehungen als die Intoleranz, die
man dem Islam nachsagt.

Auch die Auswirkungen der zehn Jahrhunderte währenden
muslimischen Vorherrschaft werden meines Erachtens in hindunationalistischer Sicht überbewertet. Daß sich die negative
Einstellung des Hindus gegenüber dem Muslim aus den
«natürlichen» Ressentiments eines unterjochten Volkes erklären soll, kann nicht so ganz überzeugen, wenn man bedenkt,
daß dies im Falle der Briten zu keiner nennenswerten Aversion geführt hat. Trotz der Tatsache, daß die britische Herrschaft in ökonomischer Hinsicht ausbeuterisch war, weil damals Reichtum außer Landes geschafft wurde, wohingegen er
während der muslimischen Herrschaft im Lande blieb, ent-
wickelte sich kein feindseliges Verhältnis zu den Briten, wohl
aber zu den Muslimen. Politische Unterwerfung und wirtschaftliche Ausbeutung spielten für die Reaktion der Hindus
anscheinend nur eine untergeordnete Rolle, denn die kollektive Identität der Hindus, wie verschwommen sie auch war,
formte sich rund um gemeinsame religiöse Symbole und
gründete sich nicht auf politische oder ökonomische Strukturen. Wer in den Augen der Hindus ihre religiösen Gefühle mit
Füßen trat und sich über ihren Glauben mokierte, waren die
Muslime, die Briten dagegen waren schlimmstenfalls indifferent. Zwar hatten auch die Briten die den meisten Hindus zutiefst widerstrebende Gewohnheit, Rindfleisch zu essen, aber
ihre Zahl war gering, und sie taten es privat im Schutze ihrer
Bungalows und Kasernen, die hinter hohen Mauern und dich-
ten Hecken dem Auge der Öffentlichkeit verborgen blieben.
Im Gegensatz dazu lebten die Muslime auf Tuchfühlung mit
den Hindus. Diese Nähe barg in sich einerseits das Potential
zur Entstehung neuer kultureller und gesellschaftlicher Formen, führte aber andererseits zu unterschwelligen Ressentiments und ewigen Reibereien. Der rindfleischessende Brite
war fern, blieb fast abstrakt. Der muslimische Metzger in seinem blutbefleckten Unterhemd und dem *lungi*, der mit dem

riesigen Schlachtermesser hantierte, war ein sehr sichtbarer Teil des städtischen Lebens, eine Gestalt, die dem Hindukind Furcht und Schrecken einflößte, beim Erwachsenen Abscheu mit einer Spur von Angst auslöste. Der Engländer blieb der Fremde, der Muslim wurde zum Anderen.

Sieht der Hindunationalist die Begegnung von Hindus und Muslimen als entscheidend geprägt durch Vorherrschaft und Unterwerfung, durch Aggression und Widerstand, so huldigt er damit dem Paradigma, das im gegenwärtigen wissenschaftlichen Schrifttum von Geschichts- und Politikwissenschaft sowie der Anthropologie großen Einfluß hat: Macht wird darin als die Hauptachse gesehen, um die alle Beziehungen zwischen Gruppen angeordnet sind. Aber wie Raymond Grew herausgestellt hat, bewirkt gerade die Betonung dieses Aspekts häufig, daß die Prozesse von Assimilation und Transformation, von Neuschöpfung und erneutem Sichbehaupten, die ebenfalls immer da ablaufen, wo Kulturen aufeinandertreffen, entweder nicht klar herausgearbeitet oder aber ideologisiert werden.[17]

Daß hinsichtlich der hinduistisch-muslimischen Begegnung zwei gegensätzliche Sehweisen unüberbrückbar auseinanderklaffen, spiegelt sich in vielen Facetten des gegenwärtigen Bewußtseins wider und nimmt Einfluß darauf. Ein Großteil des indischen Erbes – Denkmäler, Kunst, Musik, Legenden, Geschichte –, das Angehörige früherer Generationen fraglos hinnahmen, ist auf einmal heiß umstritten. Als Beispiel möchte ich die Legende von der Gründung Hyderabads heranziehen. Für diejenigen, die sich der synkretistischen Schule anschließen, wird in dieser Legende die grundlegende Freundschaft, die zwischen Hindus und Muslimen in der Vergangenheit bestand, erzählerisch dargestellt. Die Geschichte selbst ist ein Mythos und sucht durch die Kraft ihrer Ästhetik und Symbolik zu überzeugen, und sie setzt somit einen Kontrapunkt zum *logos* des formalen Denkens, womit Sozialwissenschaftler in aller Regel an die Beziehungen zwischen Hindus und Muslimen herangehen:

Sultan Mohammed Quli Qutub Shah (1580–1612) war der Enkelsohn von Sultan Quli Qutub Shah, dem Begründer

der Qutub-Shahi-Dynastie. 1579, als er noch Prinz und erst
vierzehn Jahre alt war, verliebte er sich in Bhagmati, eine
Bürgerliche (und ein Hindumädchen), die eine außeror-
dentlich talentierte und schöne Tänzerin war. Sie lebte auf
der anderen Seite des Musi in dem Dorf Chichlam, in einiger Entfernung der königlichen Zitadelle in Golkonda. Jeden Abend, wenn es dunkel wurde, stahl sich der Prinz aus
dem Palast, um seine Geliebte auf der gegenüberliegenden
Seite des Flusses zu treffen. Eines Tages brach ein schreckli-
cher Sturm los, und der Fluß hatte Hochwasser. In der
Angst, seine Geliebte könnte ertrinken, trotzte der Prinz den
aufgewühlten Fluten, die immer noch im Steigen waren,
und rettete Bhagmati. Solcherart gezwungen, die Wahl seines Sohnes zu akzeptieren, ließ der König, Sultan Ibrahim,
eine breite Steinbrücke über den Musi bauen, damit Mohammed Quli der Tänzerin den Hof machen konnte. Heutzutage bekannt unter dem Namen Purana Pul («alte Brük-
ke»), ist sie stumme Zeugin dieser Geschichte. Nach seiner
Thronbesteigung heiratete Mohammed Quli Bhagmati und
baute ihr zu Ehren eine prächtige neue Stadt an die Stelle
des Dorfes Chichalam. Er nannte die Stadt «Bhagnagar»
oder «Stadt des glücklichen Geschicks». Bhagmati nahm
später den Namen Hyder Mahal an, worauf Mohammed
Quli die Stadt in Hyderabad umbenannte.[18]

Es ist nicht weiter erstaunlich, daß die Legende die Gründung
der Stadt der erhabenen Liebe eines Prinzen zu einer Bürgerlichen zuschreibt, während die Geschichtsforschung die Ur-
sprünge der Stadt auf ganz irdische Umstände zurückführt,
nämlich auf die Übervölkerung und den Wassermangel in der
alten Festungsstadt Golkonda. Was jedoch für unsere Zwecke
mehr interessiert, ist die Art und Weise, wie Hindunationalisten die Legende heute interpretieren. Sie sehen in der Geschichte eine weitere Veranschaulichung der grundlegenden
Kluft zwischen Hindus und Muslimen. «Alles, was uns die
Geschichte zu sagen hat», meint ein militanter Hindu, der
sich aktiv dafür einsetzt, Hyderabad wieder seinen ursprüng-

lichen Namen Bhagnagar zurückzugeben, «ist doch, daß es der Muselmann mit unseren Frauen schon immer getrieben hat, wann er wollte, genauso wie er es auch mit uns durch die Jahrhunderte hindurch getrieben hat. Wenn es ihm beliebte, eine von unseren Frauen in seinen Harem aufzunehmen, dann konnte er es nicht dulden, daß sie bei ihrem Glauben blieb, sondern zwang sie, zum Islam zu konvertieren. Wo gibt es denn Geschichten von Hinduprinzen, die Muslimfrauen heiraten?» So interpretiert, geht es in der Legende nicht um die Liebesbesessenheit eines für ein Mädchen entflammten Jugendlichen, die zur tiefen Liebe eines reifen Mannes erblüht, oder um eine Zeit, in der die Beziehungen zwischen Hindus und Muslimen eng waren und die Liebe über die Glaubensgrenzen hinweg zwar nicht gerade gefördert wurde, aber doch erlaubt war. Für den Hindunationalisten geht es in der Legende um die Niederlage der Hindus und um eine kollektive Schmach, da sie ihre schönsten und kultiviertesten Frauen den muslimischen Erobern überlassen mußten.

Was ist letztlich die Wahrheit? Soweit ich dies erkennen kann, gibt es zwei übergreifende Darstellungen der geschichtlichen Vergangenheit der Hindu-Muslim-Beziehungen – dazu noch viele lokale Varianten –, derer sich verschiedene politische Interessengruppen und Ideologien jeweils bedienten und die sich jahrhundertelang gegenseitig den Platz streitig machten. Zu Zeiten des sich zuspitzenden Konflikts zwischen den beiden Volksgruppen erhält die hindunationalistische Geschichtsdarstellung, in der die Konfliktversion vertreten wird, erhöhte Bedeutung und strukturiert das kulturelle Gedächtnis. Zu Zeiten relativen Friedens rückt wieder die Geschichtsdarstellung in den Brennpunkt, die die Gemeinsamkeiten und die miteinander durchlebten Vergangenheitsabschnitte betont. Viele Aspekte des kulturellen Gedächtnisses, die während der akuten Konfliktsituation gelegen kamen, treten dann wieder in den Hintergrund, verblassen oder nehmen eine neue Bedeutung an, während andere, in denen sich die friedliche Koexistenz von Hindus und Muslimen manifestiert, wieder auftauchen. Und so geht es immer weiter.

2.
Der Aufruhr

Selbst erlebt habe ich Gewalt zwischen Hindus und Muslimen zum ersten Mal in der Zeit der Teilung des Landes im Jahre 1947, als heftige Unruhen zwischen den beiden Bevölkerungsgruppen viele Teile des Subkontinents und insbesondere den Norden erschütterten. Ich war damals neun Jahre alt, und wir lebten in Rohtak, einer kleinen Stadt, fünfzig Meilen westlich von Delhi gelegen, in der mein Vater die Funktion eines «additional district magistrate» innehatte. Als in den Dörfern und Städten des Punjab blindes Morden und Plündern wütete, strömten immer mehr Mitglieder unserer weitverzweigten Familie als Flüchtlinge nach Rohtak. Die Städte Lahore, Lyallpur und Sialkot, wo sie seit vielen Generationen gelebt hatten, lagen nun in dem neu geschaffenen Staat Pakistan. In unserem Haus wurden Zimmer und Veranden zu sich immer mehr ausweitenden Schlafsälen umfunktioniert, wo auf dicht an dicht auf dem Boden ausgebreiteten Matten und Teppichen Onkel und Tanten, Cousins und Cousinen verschiedenen Verwandtschaftsgrades in einem für mich als Kind aufregend intimen Chaos wohnten und schliefen. In der Küche, als deren Herrscherin meine Mutter freiwillig abgedankt hatte, summte es den ganzen Tag über vor zielgerichteter Geschäftigkeit der Frauen, und zu jeder Tageszeit lagen in Nischen und Winkeln des Hauses zusammengerollte Gestalten in mehr oder weniger tiefem Schlaf.

Für die Flüchtlinge bei uns gab es, nun da sie ihr Zuhause und ihre Arbeitsstelle verloren hatten und von alten Freundschaften und anderen sozialen Bindungen abgeschnitten waren, wenig anderes zu tun, als Trost darin zu finden, ihre jeweiligen Erfahrungen während der Unruhen auszutauschen. Sie taten dies in Gruppen, deren Zusammensetzung sich mit

jedem Raumwechsel immer wieder änderte. Ich war zwar ein
kleiner Junge, doch privilegiert als Sohn eines Vaters, der
Nahrung und Zuflucht bot, und konnte so bei jeder Gruppe
von Erwachsenen dabeisitzen, wenn auch am Rande, ohne
davongescheucht und zum Spielen mit anderen Kindern geschickt zu werden. Mir wurde klar, welche Bitterkeit sie gegenüber den Führern des gerade erst unabhängigen Indiens
empfanden, gegenüber Nehru und vor allem gegenüber
Gandhi, von dem sie sich am meisten verraten fühlten. Gegen
Gandhi richteten sich auch die Aversionen meiner Großmut-
ter mit Vorliebe, und viele meiner Onkel und Tanten ermun-
terten sie schamlos, wenn sie sich mit einer Stimme, die der
des Mahatmas verblüffend ähnelte, über Gandhis zahlreiche
Affronts gegen die Gefühle der Hindus ausließ und anzügliche
Spekulationen über die Gründe für seine Liebe zu den
«Muselmanen» zum Besten gab.

Zum ersten Mal wurde mir da auch der Haß der Hindus
auf die Muselmanen bewußt – diese Tempelzerstörer, Rind-
fleischesser, Schänder hinduistischer Frauen, Vergewaltiger
und Mörder allesamt! Die Muselmanen waren nicht viel besser als Tiere, dreckig und ohne Selbstbeherrschung, die allen
sinnlichen Bedürfnissen nachgaben und insbesondere ihrem
Hang zu körperlicher Gewalt und den Freuden des Fleisches
frönten. Bis dahin hatte ich Muslime als gelegentliche Kollegen meines Vaters, als Mitschüler und vor allem als gutmütige
Dienstboten gekannt. In Sargodha, wo mein Vater eine Stellung hatte, bevor er nach Rohtak versetzt wurde, war ich besonders angetan von Imtiaz, seinem muslimischen Burschen,
der mich verbotenerweise auf dem Fahrrad zum Basar mit-
nahm. Einmal, als ich zusah, wie er sich den Unterarm kunst-
voll tätowieren ließ, hatte ich das auch unbedingt gewollt –
was anschließend auf entsetzte Mißbilligung meiner Eltern
stieß. Dann war da noch Fatima, ein vierzehnjähriges Mädchen, in dessen Obhut ich im Alter zwischen vier und sieben
war, und sie wurde fast ebenso wie meine Mutter Objekt
meiner ersten Begierden und Sehnsüchte. Fatima war geduldig
und machte sehr oft bereitwillig mit bei den Spielen, die ich

mir für uns beide ausdachte, und sie konnte in meinem Interesse tüchtig lügen, wenn so eine Unternehmung katastro-
phal geendet hatte. Halb noch Mädchen, halb schon Frau,
vergaß sie, wenn sie mit mir zusammen war, konsequent das
eine oder das andere zu sein. Sie konnte in einem Moment ihren *salwar* hochraffen und einen Guavenbaum hochklettern,
um mir von oben die schönste Frucht zu holen, und im nächsten Augenblick, wenn sie wieder unten war, die Mutterrolle
übernehmen und die Guave für mich säubern und mir das
Salz auf der Handfläche hinhalten, während ich sie aß. Fatima war unentbehrliche Helferin bei unseren Expeditionen
zum kleinen Teich, der auf dem zum Haus gehörenden Grund
lag. Sie half mir, aus einem Zweig, einem Stück Schnur und
einer gebogenen Nadel eine Angel zu basteln. Sie knetete Teig
und machte Kügelchen daraus, die als Köder dienten. Und
obwohl ich nie einen Fisch fing, zerstörte sie meine Illusion
nicht, daß sich doch ein paar versteckt hielten unter dem
schleimigen grünen Film, der auf dem Teich lag.

Es ist nicht, als wäre es mir nicht klar gewesen, daß Muslime irgendwie anders sind, obwohl ich mich nicht erinnern
kann, je die Bemerkung «Er (oder sie) ist Muselman(in)» als
Identitätskennzeichnung für jemanden in unserem Hause gehört zu haben. Ich wußte wohl, daß Imtiaz und Fatima die
Küche, das Reich des brahmanischen Koches Chet Ram, nicht
betreten konnten, weil sie Muslime waren. Auch gab es zwischen den muslimischen Vierteln Sargodhas und den sich um
den Basar konzentrierenden hinduistischen Stadtteilen subtile
Unterschiede. In den muslimischen Vierteln waren die Kü-
chendüfte, die am frühen Abend in die Gassen hinausgetragen
wurden, durchdringender – der Geruch nach mit Zwiebeln
und Knoblauch, Ingwer, Koriander und Kumin gebratenem
Hammel schien sich in den Hausmauern regelrecht festgesetzt
zu haben. Alte Männer mit hennarot gefärbten Bärten saßen,
ihre Wasserpfeifen rauchend und unablässig schwatzend, auf
ihren mit Schnüren bespannten Bettgestellen. Von Kopf bis
Fuß in fließende weiße und schwarze Schleier gehüllte Frauen
glitten still durch die Gassen, hinter ihnen ein Schwanz klei-

ner Kinder, eilig trippelnd, um mitzuhalten. Es waren auch nicht so viele Hunde auf der Straße, da das als unrein geltende Tier von den Muslimen weit weniger geduldet wurde als von den gleichgültigeren Hindus.

Als kleines Kind hatte ich zwar die Unterschiede registriert, es aber nie für nötig befunden, sie zu bewerten oder mir eine Erklärung dafür zu suchen. Erst jetzt in Rohtak formten sich meine frühen Beobachtungen nachträglich durch die «Kriegsgeschichten» der Familie aus den von Unruhen zerrissenen Städten Pakistans allmählich zu Vorurteilen um. Eine Zeitlang drohten diese Geschichten zum Kernstück meiner Erinnerung an «die Muslime» zu werden, obwohl sie sich letzten Endes – so möchte ich meinen – nicht über die Liebe des Kindes zu Imtiaz und Fatima legten und nicht Furcht, Zorn und Abneigung an ihre Stelle traten. Als ich mich im Rahmen dieser Studie in einem muslimischen Lokal in Hyderabad mit Gruppen von Muslimen unterhielt, wurde mir bewußt, daß in mir «der Muslim» noch immer irgendwie ein Fremder war. Die Fremdheit rührte nicht daher, daß ich nichts über ihn gewußt hätte, sondern daß ich eigenartig berührt war von jemandem, den ich nicht kannte. Meine in der Vergangenheit wurzelnde ambivalente Haltung, Furcht und Faszination zugleich, mit der ich Muslime betrachtet hatte, war nicht verschwunden; ich stand dem Gegenstand meiner Untersuchung nicht indifferent gegenüber. Mir wurde klar, daß mein erster Impuls dahin ging, mich gegen die Bedrohung, die die Muslime für meine Grenzen bedeuteten, dadurch zur Wehr zu setzen, daß ich sie stärkte und festigte, und zwar als Hindu. Anschließend dann tendierte ich in einer Art Gegenreaktion in die andere Richtung und gab den Aussagen von Muslimen einen positiveren, «humaneren» Anstrich als denen von Hindus. Diese Ambivalenz hat jedoch auch eine gute Seite. Sie verhindert, daß sich feste ideologische Überzeugungen herausbilden und ich die Studie mit vorgefaßten, unverrückbaren Meinungen angehe. Feste Ansichten sind, wie Nietzsche anmerkte, verheerender für die Wahrheit als Lügen.

Familiengeschichten

Ein Cousin erzählt die Geschichte seines jüngeren Bruders: Sohan Lal brachte sich auf dem Weg nach Rohtak um. Er warf sich vor einen Zug. Ich konnte ihn nicht zurückhalten. Wir hatten alle Vorbereitungen für die Flucht aus Lyallpur getroffen. Ein muslimischer Lastwagenfahrer war für sechshundert Rupien bereit, uns die dreihundert Meilen zur Grenze zu fahren. Sohan Lal war erst seit fünf Monaten verheiratet gewesen. Er hatte eine sehr hübsche Frau.

Am Tag unserer Abreise gingen wir aus dem Haus, um letzte Vereinbarungen mit dem Lastwagenfahrer zu treffen. Während unserer Abwesenheit wurde das Haus angegriffen. Als wir zurückkamen, versteckten wir uns auf dem Dach eines leerstehenden Nachbarhauses, das einem Hindu gehörte. Wir konnten in unserem Hof fünf Muslime von stämmiger Gestalt ausmachen. Sie hatten lange Fleischermesser in ihren *lungis* stecken und plünderten systematisch das Haus. Die Leiche unseres jüngsten Bruders (wir waren drei) lag auf dem Hof, der Kopf war völlig vom Rumpf abgetrennt. Einer der Muslime saß vor der Leiche auf einem Stuhl und gab den Plünderern Anweisungen. Sie brachten die gepackten Koffer aus dem Haus und warfen sie vor ihm auf den Boden, der übersät war mit Hochzeitssaris und farbigen Seidenblusen. Ich sehe noch die glänzenden Messingtöpfe vor mir, wie sie umgekippt dalagen und die Strahlen der Nachmittagssonne reflektierten. Wir konnten uns nicht von der Stelle rühren. Ich war wie gelähmt vom Anblick des behaarten Oberkörpers des Anführers, der über und über von einem dicken schwarzen Pelz überzogen war. Dann gingen zwei der Muslime ins Haus und brachten Sohan Lals Frau heraus, und der Anführer zog sie zu sich. Sie saß auf seinem Schoß, bis zur Taille nackt, ihr Unterrock aufgeschlitzt, und die haarige Hand des Muslims legte sich wie eine riesige schwarze Spinne auf ihren Schenkel. Nachdem man sie neben die Leiche unseres Bruders, wo noch die Blutstropfen aus dem abgetrennten Hals sickerten, auf die

Erde gelegt hatte, wurde sie von einem nach dem anderen
vergewaltigt. Ich hielt Sohan Lal fest und preßte ihm die
Hand auf den Mund. Wenn er den leisesten Laut von sich gegeben hätte, wären wir von den Muslimen entdeckt worden.
Aber ich glaube gar nicht, daß Sohan Lal irgend etwas unternommen hätte. Seine Beine sackten unter ihm weg, und ich
mußte ihn stützen. Nachdem sie fertig waren, schlitzten sie
ihr den Bauch auf. Sohan Lal sagte kein einziges Wort, nachdem alles vorbei war und die Muslime abgezogen waren.
Während der paar Tage, die wir brauchten, um über die
Grenze zu kommen, blieb er stumm. Ich tat mein möglichstes,
um ihn zum Sprechen zu bewegen und ihn dazu zu bringen,
etwas von seinem Leid in Tränen aufzulösen, aber seine Seele
blieb weit weg. Er brachte sich um, kurz bevor wir Rohtak
erreichten.

Ein anderer Verwandter aus Lahore berichtet: Wir versuch-
ten sehr wohl, Vergeltung zu üben, zumindest die jüngeren
Sangh-Mitglieder (Mitglieder des militanten Verbandes
Rashtriya Swayam Sevak) wie ich. Und dann natürlich die
Sikhs. Ein Polizeiinspektor erzählte mir, daß er in ein Sikh-
Dorf gefahren sei, von wo ein unter Muslimen angerichtetes
Massaker gemeldet war. Als die Polizisten in das Dorf kamen,
fuhren sie unter einer Art Begrüßungsbogen durch, einem
zwischen zwei Stangen gespannten Seil. An dieses Seil waren
mit kurzen Schnurenden die beschnittenen Penisse aller muslimischen Männer, die im Dorf gelebt hatten, gebunden und
hingen da wie in der Sonne trocknende kleine Aale. In unserem Viertel gab es drei von Muslimen bewohnte Häuser.
Zwei der Muslimfamilien zogen weg, und nur Gul Mohammed, ein Silberschmied, blieb zurück. Er war ein ruhiger, an-
gegrauter Mann, der zurückgezogen lebte und eigentlich keine
Freunde unter seinen Hindunachbarn hatte, obwohl er schon
über fünfzehn Jahre in derselben Straße lebte. Wir kannten
ihn und seine Familie – seine Frau und drei kleine Kinder –
flüchtig und nickten ihm zu, wenn wir an seinem Laden im
Erdgeschoß seines Hauses vorbeikamen. Mit seinem ausgebli-
chenen, bestickten Scheitelkäppchen, oft bis spät in die Nacht

an der Arbeit, mit konzentriert gesenktem Kopf silberne
Armbänder oder dekorative Fußspangen mit feinfühligen
Hammerschlägen in Form bringend, war er für uns alle eine
vertraute Gestalt. Die jungen Männer aus unserer Straße, die
während der Unruhen aus dem Haus gingen, um sich den in
anderen Stadtteilen operierenden Hindumobs anzuschließen,
wandten die Augen ab, wenn sie an seinem Laden vorbeigin-
gen. Sie hatten Gul Mohammed in Ruhe gelassen, nicht weil
sie besondere Zuneigung für ihn empfanden, sondern weil sie
einem unter Aufrührern, Hindus wie Muslimen, gängigen
Verhaltensmuster folgten. Ein Mob verübt seine Überfälle
immer weit entfernt von seinem Heimatstützpunkt, man
mordet und plündert in anderen, entfernten Stadtteilen und
tut den in der eigenen Gegend wohnenden Angehörigen der
jeweils anderen Bevölkerungsgruppe nichts. Es ist leichter,
Menschen zu töten, die Fremde für einen sind, Gesichter aus-
zulöschen, über die kein Lächeln des Wiedererkennens ging.
Es ist leichter, Häuser niederzubrennen, in denen man noch
nie als Gast begrüßt wurde. Also blieben wir in unseren Häusern, als ein Hindumob von Anarkali zu Gul Mohammed in
unsere Gasse kam. Wie mir später erzählt wurde, brachen sie
die Tür auf und schleiften einen nach dem anderen von Gul
Mohammeds Familie hinaus auf die Gasse, wo man sie mit
Stricken fesselte und auf der Erde liegen ließ. Aus den offenen
Fenstern wurden Bettgestelle, niedrige Holzhocker und Ma-
tratzen herausgeworfen und zu einem Haufen aufgestapelt.
Türen und Fensterläden wurden zerhackt und auch auf den
Stapel geschichtet, der dann angezündet wurde. Der Reihe
nach packten sie die Kinder und warfen sie auf den brennen-
den Scheiterhaufen. Gul Mohammeds Frau war die letzte, die
man bei lebendigem Leib verbrannte, nachdem sie vorher zu-
sehen mußte, wie Mann und Kinder in den Flammen grausam
umkamen. Dann brachen sie in den Laden ein und räumten
systematisch die ganzen Silberwaren aus. Innerhalb einer
Stunde war es wieder still in unserer Gasse, und nur ein ver-
kohlter und noch vor sich hinrauchender Haufen blieb übrig
als Zeichen für das Ende von Gul Mohammeds Familie. Wo

immer dies möglich war, geschah es auf diese Weise, daß Hindumobs Muslime umbrachten: Sie wurden bei lebendigem Leibe verbrannt. Ein Muslim, der verbrannt wird und den man nach dem Tod nicht beerdigt, muß zwangsläufig in den Feuern der Hölle schmoren.

Wenn ich hier die Geschichten meiner Verwandten aus dem Gedächtnis nacherzähle, bin ich nicht sicher, ob sie sich wirklich streng an die Fakten hielten. Und natürlich bin ich mir bewußt, daß ich kleinere Ausschmückungen angebracht habe, um die Schilderungen vom Erzählerischen her attraktiver zu gestalten. Vielleicht haben auch die jeweiligen Erzähler schon in die ursprünglichen Geschichten Details aus anderen Berichten über Unruhen eingefügt, um ihre emotionale Wirkung zu erhöhen. Ebenso frage ich mich, wie weit ich meinem eigenen Erinnerungsvermögen trauen kann, ob es mir nicht etwa beim Erzählen Ergänzungen untergeschoben hat aus dem Repertoire an Bildern, das sich bei mir aus Schilderungen über Unruhen angesammelt hat. Die Wahrheit dieser Geschichten liegt also wohl eher in der in ihnen enthaltenen archetypischen Substanz und nicht so sehr in der faktischen Richtigkeit einzelner Details. Die Unruhen brachten (wie jedesmal, wenn sie wieder erneut ausbrechen), sowohl auf der Handlungs- wie auf der Vorstellungsebene, bestimmte primitive Phantasien körperlicher Gewalt an die Oberfläche, die wir als Erbe aus Kindheit und Jugend in uns tragen. Darunter fallen diejenigen Phantasien auf, die mit geschlechtlicher Verstümmelung zu tun haben – das Abschneiden der männlichen Genitalien und die sadistische Wut, die sich gegen die weiblichen Brüste richtet, die wiederholt mit Eisenstangen malträtiert, mit Messerstichen durchbohrt und mittels Sensen oder Schwertern abgehackt werden. Auf einer Ebene ist in der Kastration von Männern und dem Abschneiden weiblicher Brüste der mehr oder weniger bewußte Wunsch enthalten, den verhaßten Feind vom Erdboden verschwinden zu lassen, indem man ihn der Mittel zur Fortpflanzung und zum Nähren seiner Kinder beraubt. Auf einer anderen, unbewußteren Ebene, in der tiefgehenden Regression und nach dem Zusammenbrechen vieler normaler Abwehrmechanismen, beides ausgelöst durch die weitverbreitete Gewalt und die Angst vor dem drohenden eigenen Tod, kann die Kastration des Feindes als kontraphobisches Ausagieren dessen verstanden werden, was in der Psychoanalyse als eine der Hauptängste des Mannes gilt: Das heißt, man tut anderen das an, von dem man befürchtet, es könnte einem selber angetan werden. Die Verstümmelung der Brust läßt sich in ähnlicher Weise aus einer beherrschenden kindlichen Phantasie, die plötzlich übermächtig hochkommt, erklären – die Phantasie einer gewalttätigen Rache an einer bösen, dem Kind vorenthaltenen Brust, einem Teil der Mutter, dessen Nichtvorhandensein Gefühle der Desintegration und rasende Wut aufsteigen läßt.

Sexuelle Gewalt kam während der Teilung Indiens mit Sicherheit vor, wenn auch in weit geringerem Ausmaße, als sich dies im kollektiven Gedächtnis bewahrt hat. Aus einem mehr soziologischen Blickwinkel gesehen, liegt der Hauptgrund für das Überwiegen gerade von sexueller Gewalt bei den im Norden im Zusammenhang mit der Teilung des Landes ausbrechenden Unruhen darin, daß die Gesellschaft des noch ungeteilten Punjab im Vergleich zu vielen anderen Landesteilen relativ gewalttätig war (und dies immer noch ist). Die hohe Mordrate ist nur *ein* Indikator dafür, daß hier der Einsatz physischer Gewalt kulturell sanktioniert wurde, wenn damit gesellschaftlich akzeptierte Ziele erreicht wurden, wie etwa die Verteidigung des eigenen Grund und Bodens oder der Familienehre. Inzwischen hat sich empirisch erwiesen, daß je stärker legitimiert der Einsatz von Gewalt in einigen ganz bestimmten Lebensbereichen ist, desto größer die Wahrscheinlichkeit, daß Gewalt auch in anderen Bereichen zum Einsatz kommt, wo sie eigentlich nicht gebilligt wird. Bei diesem sogenannten «kulturellen Überlaufeffekt» besteht ein enger Zusammenhang zwischen dem Ausmaß an nichtsexueller Gewalt und an Vergewaltigungen, da Vergewaltigung teilweise ein Überschwappen von kulturellen Normen darstellt, wonach Gewalthandlungen in anderen Lebensbereichen geduldet werden.[1] Wenn nun eine derartige Tradition der Gewalt zusam-

men mit den entsprechenden kulturellen Normen vorliegt,
dann ist es verständlich, daß die ohnehin schwachen Normen,
die der männlichen Aggression Einhalt gebieten, durch eine
Situation, wie sie durch die Unruhen geschaffen ist, unterminiert, wenn nicht gar vollständig hinweggefegt werden. So ist
auch einsichtig, daß sexuelle Gewalt während der Teilungs-
unruhen einen Grad der Brutalität erreichen konnte, wie er in
späteren Unruhen in anderen Teilen des Landes kaum je anzutreffen war.

Erst jetzt kann ich ruhiger und gelassener über die Schilderungen der Unruhen nachdenken und einen psychologischen
Kommentar dazu abgeben. Damals, als ich sie hörte, gingen
mir die beängstigenden Bilder unentwegt durch den Kopf,
und die Gefühlsaufwallungen der Erzählenden fanden in mir
starken Nachhall. Die Geschichten wurden in einem überer-
regten Ton, mit einer unterschwelligen Hysterie vorgebracht,
die ich als Kind spürte, aber erst als Erwachsener benennen
konnte. Schließlich hatten meine Onkel und Tanten, meine
Cousins und Cousinen sich noch nicht von dem Trauma, das
sie erlebt hatten, erholt. Die im Zuge der Teilung sich abspie-
lenden Greuel verfolgten sie in ihren Träumen, und die ihnen
wochenlang im Nacken sitzende Angst um ihr Leben ließ sie
immer noch nicht los. Sie hatten ihre Heimat verloren, wo sie
geboren waren und gelebt hatten und die eine solch wichtige,
obgleich unbewußte Facette unserer Identität darstellt. Mit
dem Verlust ihres Zuhauses geriet ihr Gefühl der eigenen
Identität ins Wanken, war in Eriksonscher Begrifflichkeit
«diffus» geworden,[2] während sie schon dabei waren, diese
auseinanderbrechende Identität einer neuen Heimat anzupassen.

Es ernüchtert, wenn man an die Hunderttausenden von
Kindern in vielen Teilen des Subkontinents denkt, Hindu- und
Muslimkinder, die während der Teilung oder bei späteren
Unruhen von ihren Eltern oder anderen älteren Familienmit-
gliedern Geschichten über das Wüten eines erbitterten Feindes
hörten. Dies ist der Hauptkanal, durch den eine historische
Feindschaft von einer Generation an die nächste weitergege-

ben wird, da ein Kind in Unkenntnis vordergründiger Erklärungen und Rationalisierungen nur den Ton hilfloser Wut und Ohnmacht in den Berichten geliebter Erwachsener wahrnimmt und in seiner Vorstellung Racheszenarien gegen jene entwirft, die seine Familie und seine Verwandten gedemütigt haben.[3] Diese Phantasien, die sich später bei aufflammenden Unruhen von vagen, unbewußten Bildern zu konkreten Taten wandeln können, sind nicht nur eine Ehrenrettung der Eltern und ein Zurückzahlen dessen, was man ihnen schuldet, sondern auch ein Geltendmachen der größeren Kraft, die das Kind dann als Mann hat, und ein erfolgreiches Bezwingen derer, die über die eigene Familie in ferner Vergangenheit Schande gebracht haben. Angesichts der überall in Indien zu beobachtenden starken Familienbande wird die Feindschaft eines Hindu gegenüber einem Muslim (und umgekehrt) vom Individuum oft als Teil der den Eltern geschuldeten Loyalität oder (im Falle einer konfliktreicheren Eltern-Kind-Beziehung) der ihm von den Eltern auferlegten Loyalität erfahren. Später, wenn das Kind heranwächst, kann die elterliche Botschaft durch das, was ihm ein oder mehrere Lehrer vermitteln, vielleicht noch verstärkt werden. Rajesh zum Beispiel, einer der Probanden dieser Studie, den wir später noch genauer kennenlernen werden, äußert sich folgendermaßen: «Wir hatten in der Schule mal einen Geschichtslehrer, der war einer von denen, die ihr Fach lieben. Das Schulbuch ließ er links liegen und trug den Stoff aus dem Stegreif vor – wie Geschichten. Und wenn er uns etwas über die unmenschlichen Greueltaten erzählte, die die muslimischen Invasoren an den Hindus verübt hatten, dann wurde ich immer so zornig, daß ich am liebsten aus dem Klassenzimmer marschiert wäre und ein paar Muslimjungen verprügelt hätte.»

Einmal ganz abgesehen von diesen Erzählungen bin ich mir gar nicht vollkommen sicher, ob selbst meine unmittelbaren Kindheitserinnerungen an die Unruhen mit ihren eindringlichen Bildern, die mit einem solch starken Realitätsgehalt aufgeladen sind, tatsächlich die Realität abbilden und auch wirklich alle von mir stammen. Zum Beispiel «erinnere» ich mich, daß ich eines Nachts mit meinem Vater zum Bahnhof gegangen bin. War es in Rohtak? Hindu- und Sikh-Flüchtlinge aus Pakistan kampierten auf dem Bahnsteig. Viele stöhnten im Schlaf auf, und manche waren schreiend aufgewacht, um – wie ich mir jetzt denke – ihren hartnäckigen Alpträumen zu entkommen. Wir waren durch das Meer unruhiger Schläfer gegangen, deren Gesichter durch den matten violetten Schein der Neonröhren, die hoch oben über dem Bahnsteig hingen, verfärbt waren. Von den zwischen leeren Kanistern und zerschlissenen Bettrollen still herumsitzenden Kindern, die zusammenschreckten, als wir uns näherten, kam kein Weinen und nur selten ein Wimmern. In ihren großen schwarzen Augen lag eine verstörte Verletztheit und (so stelle ich mir das jetzt vor) die Erinnerung an die auf den Straßen der jetzt zu Pakistan gehörenden Städte und Dörfer herumliegenden erdolchten oder erschlagenen Leiber. *Ein* Bild hat sich mir für immer eingeprägt: ein vierjähriger Junge mit Rotznase, dem gelbgrünen Schleim und einer dünnen Schicht salzigem Schweiß auf der Oberlippe, dicht umschwirrt von sirrenden Fliegen, – und das Kind hebt keine Hand, um sie wegzuscheuchen, vielleicht aus Angst, Ärgernis zu erregen, und sei es auch nur bei dem allerkleinsten Lebewesen.

Die in den Familiengeschichten geschilderten Gewalttaten habe ich während der nur wenige Tage dauernden Unruhen in Rohtak nicht mit eigenen Augen gesehen. Wir wohnten nämlich am Stadtrand, im Beamtenviertel Civil Lines, wo die geräumigen Bungalows der *sahibs* der Raj [der britischen Oberherrschaft in Indien; Anm. d. Ü.] und von ein paar nicht im Staatsdienst stehenden Angehörigen der Oberschicht zu finden waren. Die Familien von Civil Lines fuhren selten in die Stadt und blieben lieber unter sich. Unser Gesellschaftsleben war auf den Club von Rohtak konzentriert und spielte sich in dessen hohen Räumen ab mit ihren Polstersesseln, dem Parkettboden und den Büchern über Großwildjagd und die Sitten obskurer indischer Stämme, die ungelesen in den Teakholzregalen standen. Manchmal am Abend, wenn Kinder im Club nicht zugelassen waren, hatte ich hinter der den Club umge-

benden Kaktushecke einen Beobachtungsposten bezogen und
von dort aus meinen Vater und seine Freunde, die draußen
auf dem Rasen saßen, im Blick. In ihren Hosen aus weißem
Drell und ihren baumwollenen Buschhemden wirkten sie
frisch und kühl und verströmten eine Aura des Friedens und
ruhiger Autorität, die mir ein Gefühl der Sicherheit gab und
entspannte Schläfrigkeit bei mir auslöste. Teilweise wurde
dies durch die alle Sinne ansprechende Kulisse bewirkt: die
einsetzende Abenddämmerung, der Geruch des frisch ge-
sprengten Rasens, das leise Gemurmel der Kellner, die mit
eisgekühltem Zitronen- oder Orangensaft zwischen dem
Clubhaus und den weit auseinanderstehenden Bridgetischen
hin- und herglitten. Und während sie hier saßen und die Gar-
tenlampen angingen und der Rasen zu einer mattgelben Insel
inmitten der großartigen indischen Dunkelheit wurde, aus der
sich nur Mücken und Feuerfliegen als Eindringlinge ins Licht
hineinwagten, wirkten sie weit entfernt vom Staub, von der
Farbigkeit und dem Lärm der Stadt, die sie verwalteten.

Ich erinnere mich gut an die Nacht, als die Unruhen aus-
brachen. Von der Dachterrasse aus, wohin der Großteil der
Familie hochgegangen war, als ein anhaltendes, gedämpftes
Donnern die Stille der Nacht durchbrach, zählte ich während
einer Stunde mindestens zwanzig einzelne Feuer, als Häuser
und Läden von Muslimen in dieser ersten Nacht angezündet
wurden. Um Mitternacht dann hatte die Nacht den schim-
mernden Schein eines langsam herunterbrennenden Kohlen-
feuers, und der bedeckte Himmel bekam allmählich den aus-
gefransten roten Rand einer uneinheitlichen und unnatür-
lichen Morgenröte. Obwohl am nächsten Tag die von der
Stadt herüberdringenden Geräusche des Aufruhrs zu einem
dumpfen Dröhnen verschmolzen, ähnlich dem eines Bienen-
stockes, bildete ich mir manchmal ein, das ferne Geschrei der
die Basare unsicher machenden Mobs von den panischen
Schreien ihrer Opfer unterscheiden zu können.

Wir hatten genügend Gesellschaft in dieser Nacht. Ganze
Familien waren auf die Dachterrassen der Nachbarhäuser
hochgekommen, um die Feuer aus der Entfernung zu sehen.

Ärgerliches Weinen aus dem Schlaf gerissener Babys mischte
sich unter die aufgeregten Schreie, wenn neue Feuer gesichtet
wurden. Über die Dächer hinweg fand ein reger Austausch
darüber statt, wo denn nun ein neu entdecktes Feuer genau zu
lokalisieren sei und wie wohl die Muslime reagieren würden.
Im großen und ganzen herrschte eine ausgelassene Stimmung
unter den Zuschauern, man fühlte sich der kleinen Sorgen des
Alltags vorübergehend enthoben, eine Art Entspannung,
nachdem lang aufgestaute Spannungen sich entladen hatten,
trat ein. «Es war mal nötig, den Muslimen diese Lehre zu erteilen. Wir hätten sie schon längst in die Schranken weisen
müssen!» war die übereinstimmende Meinung.

Wenn sich in der Nachtluft auch allmählich beißender
Rauchgeruch breitmachte, so waren die Feuer doch weit entfernt, und für unsere eigenen Häuser und unser Leben bestand keinerlei erkennbare Gefahr. Höchstens rief die ferne
Bedrohung bei uns allen ein prickelnd aufregendes Gefühl
hervor, das noch zu der Ausgelassenheit beitrug und das Ganze schnell in einen festlichen Anlaß verwandelte.

So hatte für uns Kinder – und vielleicht auch für die Erwachsenen – jene erste Nacht des Aufruhrs einen ähnlichen
Charakter wie das Fest des Drachensteigens am Anfang des
Frühjahrs, wenn sich alles auf den Dächern drängt und der
klare blaue Himmel übersät ist mit Drachen in den leuchtend-
sten Farben; dann hallt die Stadt wider von den Schlachtru-
fen der Kinder, wenn die Männer miteinander in Wettstreit
treten und versuchen, die Schnur des gegnerischen Drachen,
der sich in den eigenen verheddert hat, durchzuschneiden. Bei
den Duellen, die sich in jener Nacht in der Stadt abspielten,
waren keine Papierdrachen als Waffen im Einsatz, und die
ganz schwach zu uns herüberdringenden Schlachtrufe waren
nicht Ausdruck bloßen kindlichen Überschwangs, sondern
tödliche Absichtserklärung. In der Sicherheit des Hauses
und im Schutze der Familie jedoch hielt sich während der
Stunden, die ich auf dem Dach zubrachte, der unheimliche
Eindruck, daß es sich bei dem Aufruhr um ein makabres Fest
handelte.

Als die Unruhen nach drei Tagen unter Kontrolle waren, gab mein Vater, wie ich mich erinnere, meinem hartnäckigen Drängen nach und versprach, mich am nächsten Morgen in die Stadt mitzunehmen, um die Folgen der Unruhen zu besichtigen. Ich weiß noch, daß ich an jenem Tag zeitig aufwachte und hinausschaute zu dem fleckigen Morgengrauen, als die Sonne gegen die ersten Wolken der bevorstehenden Regenzeit ankämpfte. Der Monsun würde in ein paar Tagen da sein, und ich beobachtete vom Fensterbrett im Schlafzimmer meiner Eltern aus seine Vorboten: dunkle flockige Wolken, die, Herolden gleich, mit Macht über den Himmel jagten. Der Morgen unterschied sich von anderen, er roch nicht nur nach Sonnenwärme, sondern auch nach sprießendem Gras, und weit entfernt grollte der Donner. Der Spaziergang mit meinem Vater durch die Basare von Rohtak war enttäuschend. Ich hatte erwartet, daß die Bilder aus den Geschichten, die ich gehört hatte, konkrete Gestalt annehmen würden. Ich erwartete mir den Anblick noch schwelender Aschehaufen, abgetrennter Gliedmaßen, abgehackter Brüste – die ich mir als blasse fleischige Kugeln ohne eine Spur von Blut vorstellte. Die Realität war seltsam enttäuschend. Außer hier und da ein Haus mit angekohlten Türen, fehlenden Fenstern und Rußspuren an der Vorderfront boten die Basare den unveränderten Anblick einer Provinzstadt, die einem neuen Tag entgegengeht: Männer kauten zur Reinigung ihrer Zähne fest (und lautstark) auf Marigossa-Zweigen und räusperten sich unter viel Gehuste und Herumgespucke, um den Hals frei zu bekommen. Andere murmelten ihre Gebete, während sie sich unter dem kalten Wasserstrahl öffentlicher Hydranten wuschen. Die Frauen hielten mit anspornendem Zischen nackte Babys über den Rinnstein. Andere Kinder kauerten sich alleine hin, mit jenem abwesenden Gesichtsausdruck, der von völliger Versunkenheit in das Arbeiten der eigenen Gedärme zeugt, einer Trance, die nur gelegentlich unterbrochen wurde, wenn sie sich hinunterbeugten, um ihren Kot zu betrachten.

Fast zwanzig Jahre später, als ich 1969 wiederum Zeuge eines Hindu-Muslim-Aufruhrs war, diesmal in Ahmedabad im westlich gelegenen Staat Gujarat, kamen mir zu meiner Überraschung im wesentlichen dieselben Gerüchte wie schon als Kind in Rohtak zu Ohren. So hörten wir (und damals in Rohtak glaubten wir es auch), daß Milchverkäufer von Muslimen bestochen worden waren, morgens Gift in die Milch zu geben. Vier Kinder wurden angeblich bewußtlos und zwei Hunde waren verendet, nachdem sie von der vergifteten Milch getrunken hatten. Anscheinend hatten die meisten der Dienstboten in Civil Lines, die häufig in die Stadt kamen, mit eigenen Augen die Hunde in ihrem Todeskampf gesehen. Frauen hatten eilends die Milcheimer ausgekippt; bald breiteten sich in den Straßen klebrige weiße Flecken auf den Pflastersteinen aus. Wir hörten auch, daß Muslime in der Nacht in Lebensmittelgeschäfte eingebrochen seien und pulverisiertes Glas unter das Salz gemischt hätten. Ein Polizeiwagen mit Lautsprecher fuhr angeblich in der Stadt umher und warnte die Leute davor, Salz zu kaufen. Sowohl in Rohtak als auch in Ahmedabad war die Rede von großen geheimen Waffenlagern in unterirdischen Kellern von Moscheen sowie Vorräten an Säure und anderen Materialien, die zur Herstellung von Bomben nötig waren, und außerdem von vorausgegangenen Vorbereitungen für ein Gemetzel an Hindus, dem der Aufruhr zuvorgekommen war. In Ahmedabad kursierte zusätzlich noch das Gerücht, es seien des Nachts mit Fallschirmen in der Stadt landende bewaffnete pakistanische Agenten gesichtet worden. Dafür ging in Rohtak das Gerücht um, daß der Angriff tausender Waffen tragender Männer des Meo-Stammes bevorstehe, die auf ihrem Weg nach Pakistan einen Umweg über die Stadt machen würden.

Daß Gerüchte während eines Aufruhrs eine derart dramatische und phantastische Wendung nehmen, ist nicht weiter erstaunlich. In einer Studie über das Verhältnis zwischen Gerüchten und tatsächlichen Ereignissen wie Totschlag und Vergewaltigung, Prügeleien, Schikanen, Eigentumsverletzung und generellen Unannehmlichkeiten, die unter von Idi Amin aus Uganda vertriebenen Asiaten durchgeführt wurde, war dieses Verhältnis auffallend linear.[4] Das heißt, je bedrohlicher und dramatischer das Erlebte war, desto größer war die Wahrscheinlichkeit, daß es die Gerüchteküche zum Brodeln brachte. Auf dem Höhepunkt eines Aufruhrs sind die Gerüchte von ihrem Inhalt her am bedrohlichsten und ihre Umlaufgeschwindigkeit ist am höchsten.

Gerüchte dienen natürlich auch weniger bewußten Zwecken. Da sie sich aus dem in uns allen latent vorhandenen paranoiden Potential herleiten und dieses verstärken, waren sie die über Unterhaltungen aufgenommene Nahrung, die dazu beitrug, ein kollektives Hinduganzes entstehen zu lassen. Sie schärften unser Bewußtsein für unsere eigene Art, und viele, die sich früher relativ fremd waren, obwohl sie im selben Basar wohnten, wurden über Nacht zu Brüdern. Sie ließen Geizhälse eine schon vergessene Großzügigkeit wiederentdecken, als sie anboten, ihr Essen mit denen zu teilen, die nichts hatten; Nachbarn, die bisher nicht viel miteinander anfangen konnten, erkundigten sich täglich nach dem Befinden des anderen. Gerüchte sind zweifelsohne der Brennstoff und Unruhen das Feuer, in dem ein erhöhter Gemeinschaftssinn geschmiedet wird. Wenn ich mich an die Unruhen in Rohtak so lebhaft erinnere, dann nicht nur, weil ich ein für Eindrücke empfängliches Kind war, sondern auch weil ich die Verbundenheit mit meiner Familie und einem zwar unbestimmten, aber größeren Ganzen – «den Hindus» – tief empfinden konnte. Die Unruhen riefen Emotionen wach, die meine Grenzen ausdehnten. Sie ließen erregende Gefühle der Nähe und der Zugehörigkeit zu etwas, was jenseits von mir selbst war, entstehen, die ich mir auf alle Fälle bewahren wollte.

Dadurch daß ein Aufruhr die gewohnten psychischen Kontrollen unterminiert, bringt er des öfteren uns fremde, beunruhigende Phantasien und vielschichtige Emotionen ans Licht. So kann es passieren, daß jemand gegenüber einem Mitglied der feindlichen Bevölkerungsgruppe Abscheu und zugleich dessen übermächtige sexuelle Anziehungskraft empfindet. Der Überdruck einer mit Gewalt aufgeladenen Atmosphäre, in der man sich Tag für Tag bewegt, kann bewirken, daß aus dem Kessel unserer instinktiven Triebe Dampf entweicht, wenn die

zivilisierte Sensibilität vor dem Druck der Instinkte in ihren
sexuellen und gewalttätigen Erscheinungsformen zu kapitulie-
ren droht. Wird während eines Aufruhrs zum Beispiel über sexuelle Gewalt berichtet, so ruft dies nicht nur Abscheu, eine
öffentlich akzeptierte Reaktion, hervor, sondern kann auch
eine geheimere Empfindung freisetzen, nämlich eine unan-
ständige Erregung, die auf eine instinktive Begierde in ihrer
primitiveren Form verweist. Bei Unruhen auftretende Gewalt
kann, außer daß sie moralische Entrüstung provoziert, sub-
jektiv auch für eine ungewollte, aber doch herbeigewünschte
Ersatzbefriedigung sadistischer Impulse herhalten, für die Er-
füllung des Dranges, einen anderen Menschen völlig zu unter-
jochen, dessen Bewußtsein allein auf die Reaktionen des Fleisches zu reduzieren.

Brillant eingefangen wurden die vielschichtig ablaufenden
subjektiven Vorgänge während eines Aufruhrs von dem Hin-
di-Schriftsteller Krishan Baldev Vaid in seinem Roman *Guzra
hua Zamana* («Ein vergangenes Zeitalter»). Biru, der halb-
wüchsige Held des Romans, hat während der Teilungsunru-
hen in einer kleinen Stadt im Punjab bei Bakka, bei einem
muslimischen Freund Unterschlupf finden können – zusammen
mit seinen Eltern, seiner Schwester Devi und Kumari, der jungen Frau eines Nachbarn, die Biru mit der Unschuld und dem
alten Wissen eines Knaben an der Schwelle zum Mannesalter
schon immer begehrte. Während der marodierende Muslim-
Mob, bestehend aus vielen Männern, die Biru gut kennt, darunter auch Bakka, die Straßen des Nachts in einer Orgie des
Plünderns, des Mordens und Vergewaltigens unsicher macht,
kauert die Hindufamilie in einem kleinen dunklen Raum, und
die Gedanken eines in Schrecken versetzten Biru fließen in einem mächtigen, kaum unter Kontrolle zu haltenden Strom:

Wenn ich überlebe, dann nur als Krüppel. Bevor er uns
hinausjagt, wird Bakka uns allen erst noch ein Ohr abschneiden. Devi und Kumari werden auch noch eine Brust
abgehackt bekommen. Vielleicht bricht er mir auch eins
meiner Beine. Und was ist, wenn alle anderen umgebracht

werden und ich überlebe? Ich werde mich selbst umbringen. Ich weiß schon, wie. Irgendwo hier muß ein Strick sein. Aber was ist, wenn sie mich totschlagen und die anderen am Leben bleiben? Mutter wird sich bestimmt selbst das Leben nehmen. Oder sie wird verrückt werden. Sie wird herumgehen und fragen: ‹Habt ihr meinen Biru gesehen? Meinen unschuldigen, einfältigen Biru?› Was wahrscheinlich passieren wird, ist, daß wir alle sterben und nur Kumari am Leben gelassen wird. Bakka wird sie sich zur Frau nehmen. Oder zur Sklavin. Er wird ihr einen anderen Namen geben. Sakina oder Hafiza. Ich mag muslimische Namen. Muslimische Frauen auch. Wenn Bakka kommt und mich umbringen will, werde ich sagen: ‹Töte mich nicht, ich mag muslimische Namen und muslimische Frauen.› Er wird so überrascht über meinen Mut sein, daß ihm die Hand, die er schon erhoben hat, in der Luft stehen bleibt. Ich werde sagen, daß ich ein halber Muslim bin. Wenn ich von der Moschee den Gebetsruf höre, zittere ich am ganzen Leib. Er wird glauben, ich mache mich lustig über den Islam, aber ich sage wirklich die Wahrheit ...
Der Mörder wird zugeben, daß ich im Herzen ein Muslim bin. Aber das wird ihn nicht davon abhalten zuzuschlagen. Wenn ich in ein Muslimmädchen verliebt wäre, würde ich dann um ihretwillen konvertieren? Sicher würde ich Muslim werden, wenn sie mich darum bittet. Liebende haben einen Glauben und keine Religion ...
Erst wenn es Morgen ist, werden sie anfangen abzurechnen. Die Leichen zählen. Wieviele Hindus, wieviele Sikhs. Ein paar Muslime müssen es wohl auch sein. Sie haben sich vorgenommen, zehn von uns für einen von ihnen zu töten. Auf der anderen Seite (würden die Muslime sagen) wurden so viele der unsrigen umgebracht, warum dann hier so wenige von denen? Dort haben sie unsere Frauen nackt in Umzügen vorgeführt, warum ist das hier nicht geschehen? Zieht ihren Frauen die Kleider aus! Reißt ihre Leiber in Stücke. Vor ihren Männern. Und stellt sie dann im Basar zur Schau! Vor ihren impotenten Männern! Wenigstens

lernen sie dann, Gott zu fürchten! Dort, hören wir, haben
sie unseren Frauen die Brüste abgeschnitten, und dann noch
die Haare. Wir werden sie auch nicht unangetastet davon-
kommen lassen. Hackt jeder eine ab! Schert ihnen die Köpfe! Und dann tretet sie in den Arsch! Sie sind es doch, die
sich von uns nicht berühren lassen wollten. Sie wollten von
uns kein Essen annehmen. Jetzt zwingt sie, alles zu essen.
Stopft es ihnen in den Mund! Und sagt: Geht doch in euer
Hindustan! Warum gibt es hier so wenig Waisen? Warum
hört man so wenig vom Weinen der Witwen? Warum sind
die Trümmerhaufen so klein? Ruht nicht, bis all diese
Rechnungen beglichen sind. Rächt Blut mit Blut! Zahlt jeden Ziegelstein, der geschleudert wurde, mit einem Stein
heim! Nehmt Rache am Sohn für die Taten des Vaters! ...
Und dieser Kreislauf wird sich fortsetzen, jahrhundertelang.
Es ist besser, wenn es gar nicht hell wird. Denn der Tag
wird unerträglich dunkel sein. Denn wenn der Morgen
kommt, wird niemand sich schämen. Niemand wird mich
umarmen. Niemand wird trösten.[5]

Territorium und Leidenschaft

Es herrscht weithin Übereinstimmung, daß die während der
Teilung auftretende Gewalt als das Ereignis mit der größten
Tragweite für die sich im unabhängigen Indien herausbildenden Beziehungen zwischen Hindus und Muslimen zu sehen
ist. Keine derart breite Akzeptanz findet die Hypothese, daß
bei vielen Hindus vielleicht nicht die über die Generationen
weitergegebenen Erinnerungen an diese Gewalt den stärkeren
psychologischen Eindruck hinterlassen haben – so traumatisch auch die Gewalt in ihrem Ausmaß und ihrer Heftigkeit
war –, sondern die *Teilung* des Landes in die zwei Staaten
Indien und Pakistan. Die Teilung Indiens ließ den Unterschied
zwischen dem säkularistischen und dem nationalistischen
Hindu stärker hervortreten, wenn sie ihn nicht gar erst schuf.
Der Säkularist sah zuversichtlich der zukünftigen politischen

Ordnung des Landes entgegen, wenn nur erst dieses bedauerliche Geschäft der Teilung des Landes vorbei wäre. Eine der angesehensten politischen Gestalten der Zeit nach der Unabhängigkeit, Jai Prakash Narain, vertrat den Standpunkt, daß hier gleichsam zwei Brüder darum gekämpft hätten, getrennt voneinander zu leben. War die Trennung dann einmal erfolgt und die elterlichen Vermögenswerte aufgeteilt, würden die Brüder in Freundschaft und brüderlicher Harmonie leben.[6]

Die größten Hoffnungen, daß der Hindu-Muslim-Konflikt ein Ende finden werde, setzte der Säkularist in die wirtschaftliche Entwicklung. Die Position, die Nehru vertrat und die viele Jahre hindurch in der politischen Führungsschicht Indiens und der westlich orientierten, fasziniert auf Marx blickenden Intelligenz einen bemerkenswerten Konsens schuf, war die, daß die Industrialisierung des Landes und das sich durch moderne Ausbildung zunehmend verbreitende «wissenschaftliche Temperament» die religiöse Ausrichtung des Volkes untergraben und eine säkulare Wertorientierung verankern werde. Implizit enthalten in diesem «Modernitätsprojekt» – einem Sammelbegriff für politische Demokratie, wissenschaftliches Denken und philosophischen Individualismus – war die Vorstellung, daß die Aufgaben, vor die die Wirtschaftsentwicklung das Land stellte, alle Energien auf sich ziehen würde und dabei auftretende Konflikte sich auf demokratischem Wege beilegen ließen.

Für den Hindunationalisten, der bis zu dem in den letzten Jahren beachtlichen Aufstieg der Bharatiya-Janata-Partei (BJP) und der ihr eng verbundenen Hindutva-Bewegung, politisch auf schwachen Beinen stand, war die Teilung, bei der die «Muslim-Liga» Jinnahs erfolgreich auf einem separaten Staat für die Muslime bestand, der endgültige Beweis, daß Hindus und Muslime tatsächlich zwei unterschiedliche Nationen waren, wie dies Jinnah behauptet hatte. Islam und indischer Nationalismus standen in grundlegendem Gegensatz zueinander, und die indischen Muslime werden, vorausgesetzt die Umstände sind entsprechend, noch einen weiteren eigenen Staat für sich beanspruchen. Das im aktuellen hindunationalistischen Diskurs zu hörende Schlagwort «Sie wollen ein zweites Pakistan schaffen!» ruft, wie wir später sehen werden, starke Emotionen wach.

Es gab freilich noch eine dritte Art von Hindu, der wahrscheinlich, zumindest bis vor wenigen Jahren, die große Mehrheit ausmachte, den indifferenten Hindu nämlich, für den die Hindu-Muslim-Problematik und die Frage der nationalen Identität einfach keine herausragende Bedeutung hatten. Er lebte weiter in seinem angestammten Glauben und begegnete dem Mitmenschen neben sich mit traditioneller Indifferenz – die oft mit Toleranz verwechselt wird –, ob dieser Mitmensch nun ein Mohammedaner oder ein Christ war.

Nationale Identität kann sich, wie uns Politologen erklären, auf mehrere Definitionsprinzipien kollektiver Zugehörigkeit gründen: Territorium (z.B. in der Schweiz), Ethnizität (z.B. in Japan), Religion (wie in Pakistan) und Ideologie (wie z.B. in den USA).[7] Obwohl ein Staatsgebiet stets zur Vorstellung eines Nationalstaates gehört, muß es nicht in allen Fällen Definitionsprinzip sein. Zum Beispiel ruft der Begriff der Ethnizität in Deutschland oder der der Religion im Iran größere politische Leidenschaften auf den Plan als der des Territoriums. In Indien, so sieht es der Politologe Ashutosh Varshney, ist sowohl für den Säkularisten als auch für den Hindunationalisten «Territorium» das für ihre Auffassung von nationaler Identität relevante Definitionsprinzip; «nationale Einheit» und «territoriale Integrität» sind daher stark emotional aufgeladene Schlagworte im politischen Diskurs Indiens.[8] In säkularer Sicht ist die territoriale Vorstellung von Indien, wie sie 2500 Jahre schon – seit den Zeiten des Mahabharata – herausgestellt wird, die eines Landes, das sich vom Himalaya im Norden zum Kap Komorin im Süden, vom Arabischen Meer im Westen bis zum Golf von Bengalen im Osten erstreckt. Diese Grenzen decken sich mit der «heiligen Geographie» des Hindunationalisten, dessen heilige Pilgerstätten im wesentlichen dieselben Landesgrenzen markieren, wenngleich er viel weiter als zweieinhalb Jahrtausende in die

mythische Geschichte zurückgehen würde, um den Ursprung
dieser Stätten zu datieren. Varshney merkt hierzu an:

Da das territoriale Prinzip sich herleitet aus einem Glauben
an das alte Erbe, wie er sich im Begriff der «heiligen Geographie» verdichtet hat, und da es in beiden Vorstellungswelten (der säkularistischen wie der nationalistischen) vorkommt, hat es mit der Zeit die politische Vorherrschaft
errungen. Es ist das einzig Gemeinsame der beiden konkur-
rierenden Vorstellungswelten. Genauso wie Amerikas lei-
denschaftlichste politische Momente mit Freiheit und
Gleichheit zu tun haben, haben daher Indiens explosivste
Augenblicke mit seiner «heiligen Geographie» zu tun, und
die Teilung von 1947 ist nur das offensichtlichste Beispiel
hierfür. Immer wenn ein weiteres Auseinanderbrechen, eine
weitere «Teilung» sich drohend abzeichnet, dann setzt so
ein Augenblick erstaunliche Leidenschaften in der Politik
frei. Eine Politik, die auf dieser Vorstellung aufbaut, ist eine
ganz andere als das, was zu sehen war, als sich Malaysia
und Singapur voneinander abspalteten oder als die Tsche-
choslowakei sich in Tschechien und Slowakien teilte. Da
hier das Territorium kein derart unveräußerlicher Teil der
nationalen Identität war, stellten diese territorialen Auf-
spaltungen keine Entweihung dar. In Indien werden sie dagegen zu einer Entweihung der heiligen Geographie.[9]

Profil eines Aufruhrs

Kommunale Unruhen in Indien unterscheiden sich von allen
anderen Arten von Unruhen – Studentenunruhen, Kasten-
unruhen, Sprachunruhen, Bauern- und Arbeiteraufständen –
insofern, als es die brutalsten und am schwersten unter
Kontrolle zu bringenden sind. Sie werden am erbittertsten
ausgetragen, weil der einzelne Konflikt, in dem in der Regel
religiöse, politische und ökonomische Ziele zugleich verfolgt
werden, durchdrungen ist von religiöser Unbedingtheit. Mit

anderen Worten, durch ein Arsenal von Symbolen aus Ideen-
welt und Ritual wird das, was jeweils auf dem Spiel steht, zu
einer Frage von Leben und Tod. Außerdem hat sowohl die
religiöse Kultur der Hindus als auch die der Muslime, wie wir
im letzten Kapitel gesehen haben, ein in langer Tradition ent-
standenes, detailliert festgelegtes «Feindbild», und wie in anderen religiösen Kulturen auch haben ihre gewalttätigen Verfechter eine akzeptable, ja sogar Bewunderung auslösende logische Erklärung für die zu «Verteidigungszwecken» entfes-
selte Gewalt. Kommunale Unruhen unterscheiden sich von
anderen auch darin, daß sie selten auf einen Ort begrenzt bleiben und innerhalb weniger Tage oder (bei der Schnelligkeit
und Reichweite unseres modernen Kommunikationsnetzes) in
wenigen Stunden auf viele Landesteile übergreifen können.

Sieht man einmal von der schwierigen und umstrittenen
Frage seiner letzten Ursache ab, so ist der Ausbruch eines Auf-
ruhrs immer absehbar und kommt doch für jeden unerwartet.
Wenn ich von Ausbruch spreche, dann meine ich damit nicht,
daß ein Aufruhr spontan erfolgt und keinerlei Planung oder
Vorbereitung damit verbunden ist, sondern nur, daß er gewöhnlich stattfindet, nachdem sich ein beträchtliches Maß an
Spannung zwischen zwei Bevölkerungsgruppen aufgebaut hat.
Der Aufruhr ist dann, um eine andere Metapher zu gebrauchen, das Aufplatzen einer Eiterbeule, das Herausspritzen von
Eiter, von «bösem Blut» zwischen Hindus und Muslimen, das
sich über Tage oder sogar Wochen an einem bestimmten Ort
angesammelt hat. In manchen Städten, wo die Eiterbeule eine
schwärende Wunde ist – und sofort denkt man da an Ahmedabad und Hyderabad –, baut sich die Spannung nie ganz ab,
sondern hält sich auf einem unguten Niveau, das noch unter-
halb der Schwelle zu einem heftigen Ausbruch liegt.

Abgesehen von der letzten Ursache kennt ein Aufruhr also
eine Periode *unmittelbarer Spannung*, die ihm vorausgeht,
und ein *auslösendes Moment*, und beidem wurde viel weniger
Aufmerksamkeit geschenkt als der eher zum Ruhme gerei-
chenden Suche nach «letzten» Ursachen. Das Sich-Aufbauen
unmittelbarer Spannung geschieht dann, wenn religiöse Iden-

titäten in den Vordergrund rücken, weil gerade diese soziale Identität als bedroht empfunden wird. Diese Bedrohung – eine kollektive Sinnentstellung eines realen Ereignisses – läßt die Angehörigen einer Gemeinschaft in Wort und Tat demonstrativ als Hindus oder Muslime agieren. Die Demonstration dieser religiösen Identität bedroht dann wiederum die Mitglieder der anderen Religionsgemeinschaft, die nun ebenfalls ihre Identität rund um ihre religiöse Zugehörigkeit mobilisieren. So beginnt sich eine Spirale der wechselseitigen Bedrohungen zu drehen: Eine als solche verstandene (oder mißverstandene) Bedrohung löst im Gegenzug eine reaktive Drohgebärde aus, was die Spannung zwischen Hindus und Muslimen steigen läßt.

So wurde zum Beispiel die Zerstörung der Babri-Moschee, die sich Ende 1992 ereignete, als Bedrohung der muslimischen religiösen Identität empfunden. In einer Assoziationskette verband sich das Niederreißen einer unbenutzten Moschee mit dem Verschwinden des Islam aus Indien, wogegen daraufhin offen demonstriert wurde, was wiederum im Gegenzug eine weitere Konsolidierung und Demonstration einer militanten Hindu-Identität zur Folge hatte. Dem Aufruhr von 1969 in Ahmedabad ging eine Zeit der Spannung voraus, die damit anfing, daß Mitglieder der Rashtriya Swayamsevak Sangh (RSS) eine Kampagne starteten, in der die «Indisierung» von Muslimen gefordert wurde, was dann der Auslöser war für eine ähnliche Kette von Assoziationen und tatsächlichen Ereignissen.

Für die Hindus hat, wie wir gesehen haben, eine Bedrohung in der Regel mit der Frage der territorialen Integrität zu tun, die die Muslime entweder durch eine demonstrative Identifikation mit der panislamischen Sache oder durch ihre Forderung nach einer eigenen kulturellen Identität zu bedrohen scheinen. Diese Forderung äußert sich darin, daß Muslime darauf bestehen, ihr eigenes islamisches Recht beizubehalten, und fordern, daß Urdu eine wichtigere Rolle spielt. Hier kommt auf seiten der Hindus eine falschverstandene Bedrohung durch eine Assoziationskette zustande, die solche Mus-

lim-Aktionen als erste Schritte sieht zu einer separaten Muslim-Enklave, der Schaffung eines weiteren Pakistan und, letzten Endes, der befürchteten Erneuerung der mittelalterlichen
Muslim-Herrschaft. Zum Beispiel wurden die Spannungen,
die 1967 unmittelbar zu den Ranchi-Unruhen führten, ausgelöst durch den Plan der Staatsregierung, dem Urdu einen
höheren offiziellen Status zu geben, was von den Hindus als
ein weiterer Schritt hin zum Muslim-Separatismus aufgefaßt
wurde.

Spannung ist natürlich ein zu allgemeiner Begriff, um damit
mehr als nur sehr oberflächliche Aussagen machen zu können. Wir müssen schon die Inhalte und den Verlauf dieser
«Spannung» im speziellen Kontext der Zusammenstöße zwischen Hindus und Muslimen genauer untersuchen. In einer
Periode steigender sozialer Spannung begreift sich der einzelne zunehmend als Hindu oder Muslim. In der psychologisch
eingefärbten Sprache der mit Henri Tajfel und seinen Mitarbeitern assoziierten Theorie der «sozialen Identifikation» hie
ße das: Wenn die Gruppe überragende Bedeutung bekommt,
denkt und verhält sich der einzelne in Übereinstimmung mit
den stereotypen Charakteristika der Kategorie «Hindu» (bzw.
«Muslim») und nicht so sehr gemäß seinen individuellen, seine Persönlichkeit ausmachenden Charakteranlagen.[10] In einer
Periode steigender sozialer Spannung dominiert die soziale
Identität über die persönliche Identität, ja tritt sogar völlig an
deren Stelle, da dann Mitglieder der «anderen» Gruppe nur
noch unter dem Vorzeichen dieser Zugehörigkeit wahrgenommen werden. Wenn Hindus und Muslime einander zunehmend als Stereotype sehen, ist eine Homogenisierung und eine
Entpersönlichung die unvermeidliche Folge. Der einzelne Hindu oder Muslim wird austauschbar, da beide sich gegenseitig
nur noch unter dem Vorzeichen gemeinsamer Merkmale einer
Kategorie wahrnehmen und nicht in ihrer persönlichen und
ganz speziellen Eigenart. In Unterhaltungen nehmen vom
Standpunkt einer Gruppe her formulierte Aussagen deutlich
zu: «Schaut, was die Hindus sich da leisten!»; «Die Muslime
haben mal wieder sämtliche Grenzen überschritten!» Die

Stereotype, die der eigenen und der gegnerischen Gruppe unterstellt werden, nehmen, wie wir später sehen werden, im Laufe der Geschichte eines Volkes feste Gestalt an und werden mündlich über Generationen weitergegeben.

Die Spannung unmittelbar am Vorabend eines Aufruhrs hat nicht bloß damit zu tun, daß hier Leute vom Verstand her entsprechend einer sozialen Identität reagieren und agieren. Die Spannung baut sich auch aus starken Affekten und Emotionen auf, «primitiven Leidenschaften», wenn man so will. Die etwas blutleeren Formulierungen der Theorie von der sozialen Identität reichen nicht vollständig aus, um einen Vorgang zu erklären, der dann so blutig endet. Hinzukommen müssen hier psychoanalytische Erkenntnisse über das Verflochtensein des Individuums und der Gruppe von frühester Kindheit an und über ein Wiederaufleben der damit assoziierten Gefühle in der aktuellen Situation.

Nur allmählich lernt das Kind in den ersten Lebensjahren dichotome «gute» und «böse» Bilder des Selbst – das zornige und das liebe Baby – zu integrieren, ebenso gegensätzliche Vorstellungen von den mit seiner Versorgung betrauten Menschen, die es sowohl zufriedenstellen als auch frustrieren. Das Kind lernt auch, daß es für sein eigenes Wohlbefinden gefährlich ist, wenn es feindselige Impulse hat, die sich gegen jene richten, von denen es abhängig ist und daß es solche negativen Gefühle nicht als seine eigenen anerkennen darf. Eine der Hauptmethoden, «böse», hassenswerte Vorstellungen zu verleugnen, ist, sie nach außen zu projizieren, sie zu externalisieren, zuerst auf unbelebte Objekte oder Tiere und dann auf Personen und andere Gruppen. Innerhalb einer bestimmten kulturellen Gruppe bieten die Mutter und andere Erwachsene gewöhnlich die gleichen Ziele oder «Auffangbecken», wie der Psychiater Vamik Volkan sie nennt, für die Externalisierung, die Projektion nach außen, an.[11] Der Hindu (und mit ihm assoziierte kulturspezifische Symbole) wird so von früh an zu einem emotional aufgeladenen Ziel für die eigenen «bösen» Vorstellungen und ärgerlichen Gefühle des Muslims, die zu externalisieren sind, zu einem geeigneten Auffangbecken auch für spätere Wutanfälle, die aus unbefriedigten Bedürfnissen und persönlichen Verletzungen erwachsen. (Dasselbe gilt natürlich für die Entstehung des umgekehrten Feindbildes). Gleichzeitig mit der Schaffung dieses Feindbildes, wobei der Feind «weder ‹bloß› real noch ‹bloße› Projektion»[12] ist, findet auch ein Identifikationsprozeß mit der eigenen Gruppe statt. Das Kind verleibt sich die Bilder von Familien- und Gruppenmitgliedern ein und wird ihnen dadurch immer ähnlicher, und gleichzeitig befrachten sich die der Gruppe gemeinsamen Symbole und Traditionen zunehmend mit Emotionen.

Zu Zeiten unmittelbarer Spannung, wenn die eigene religiös-kulturelle Gruppe deutlich in den Vordergrund tritt, leben die mit den frühen Identifikationen assoziierten Gefühle der Liebe wieder auf, genauso wie der Haß und die Wut, die sich mit den Zielen der Externalisierung verbunden haben. Da der Feind zugleich ein Auffangbecken unserer eigenen unerwünschten Selbstbilder und negativen Gefühle ist, ist es wichtig, ihn in psychischer Distanz zu halten. Auf bewußter Ebene sollte er nie wie wir sein. Selbst geringfügige Unterschiede zwischen «uns» und «ihnen» werden daher – in einem, wie Freud es nennt, «Narzißmus der kleinen Unterschiede»[13] – zu einer unüberbrückbaren Kluft vergrößert und rufen größere Feindseligkeit und größeren Haß hervor als es starke Ungleichheiten tun. Die Feindschaft, die ich gegenüber einer Person empfinde, die mir am ähnlichsten, aber nicht ich ist, hat eine besondere Qualität. Meinen Nachbarn – neben meinem Bruder – zu lieben wie mich selbst machen mir die zehn Gebote gerade deshalb zur Pflicht, weil er derjenige ist, den ich am ehesten als Rivalen betrachte. Wenn der Feind mit Stereotypen belegt wird, so ist damit eine zunehmende Abwertung verbunden, die bis zu einem Punkt der Entmenschlichung gehen kann, wo dann «sie», die anderen, in die Nähe der frühesten, nicht menschlichen Ziele der kindlichen Externalisierung geraten. Den Feind unmenschlich zu machen bedeutet, daß man keine Schuldgefühle zu haben braucht, wenn man ihn in dem Aufruhr, der gerade bevorsteht, vernichtet.

Unter den verschiedenen auslösenden Ereignissen kehren zwei mit solcher Regelmäßigkeit in Berichten über Unruhen wieder, daß man sie geradezu als Archetypen bezeichnen kann. Einer davon hat mit Gewalt von Muslimen gegenüber der Kuh zu tun, während der andere die Kontroversen über religiöse Prozessionen betrifft. Während Unruhen, die sich um die einer Kuh angetane Gewalt drehen, spezifisch für Indien sind, sind solche, die von religiösen Prozessionen ausgelöst werden, gängig in der Geschichte religiöser Gewalt.[14] Beide Vorfälle sind archetypisch in dem Sinne, daß sie – ungeachtet dessen, ob sie sich in einem bestimmten Fall auch tatsächlich so zugetragen haben – als legitimer Grund für den Ausbruch von Gewalt gelten, als Startschuß sozusagen. Man betrachte nur einmal die Auslöser kommunaler Unruhen im Punjab während eines einzigen Jahres des letzten Jahrhunderts:

1886 brachen in Ambala, Ludhiana, Hoshiarpur und Delhi Unruhen aus. In Ambala war der Auslöser eine Änderung der Route der Hinduprozession am Bawan-Sawadasi-Fest, auf der die Muslime bestanden. Außerdem ging überall das Gerücht, daß die Muslime vorhatten, am nächsten Tag zum Eid-Fest große Mengen Rindfleisch in die Stadt zu bringen. In Ludhiana begann der Aufruhr mit der Nachricht, daß im Haus eines Muslims eine Kuh geopfert worden war. In Hoshiarpur hatte die Muharram-Prozession der Muslime den Hauptteil des Weges schon zurückgelegt, als sich plötzlich ein Stier mitten hineinverirrte. Die Hindus protestierten dagegen, daß die Muslime auf den Stier einschlagen wollten, und schon begann der Aufruhr. In Delhi fingen die Unruhen damit an, daß eine Muslim- und eine Hinduprozession, deren Wege sich kreuzten, zusammenstießen.[15] Es nimmt also nicht Wunder, wenn man achtzig Jahre später liest, daß eine der schlimmsten Unruhen in Indien nach der Unabhängigkeit, der Aufruhr von 1969 in Ahmedabad, von einem muslimischen Gemüseverkäufer ausgelöst wurde, der auf eine Kuh einhieb, die an seinem Stand Halt gemacht hatte, um sich am Gemüse gütlich zu tun. Darauf kam es zu Handgreiflichkeiten mit dem Hindu-Kuhhirten, und «die Behandlung der Kuh (die nicht ernsthaft verletzt war) wurde maßlos aufgebauscht, ging wie ein Lauffeuer durch die Stadt und zog weitere Zwischenfälle nach sich. Noch etwa zehn Tage lang setzten sich die Zusammenstöße in verschiedenen Teilen von Gujarat fort.»[16]

Dem auslösenden Vorfall folgt unmitttelbar ein von der geschädigten Gruppe mobilisierter Umzug, wenn nicht die Prozession selbst der Auslöser ist. Eine Prozession oder ein Demonstrationszug ist notwendig, damit eine – wie ich sie nenne – «physische» Gruppe entsteht. Eine physische Gruppe ist eine Gruppe, die sich in ihren Mitgliedern körperlich konkretisiert und nicht nur als Vorstellung in deren Köpfen existiert, ein notwendiger Vorgang, damit eine Gruppe zum Instrument konkreter Gewalt wird. Wenn wir nämlich über unsere eigenen Erfahrungen mit verschiedenen Gruppen nachdenken, wird uns sofort klar, daß ein signifikanter Unterschied besteht zwischen, sagen wir, meiner Erfahrung mit meiner kulturellen Identität als Hindu und den psychischen Vorgängen in mir, wenn ich an einer religiösen Versammlung teilnehme. Im letzteren Fall ist die Selbsterfahrung stärker bestimmt von konkreter, körperlicher Kommunikation und physischen Empfindungen bei engem Körperkontakt mit anderen Menschen.

Die Selbsterfahrung der kulturellen Gruppenidentität vollzieht sich dagegen überwiegend – und auf ganz andere Weise – über gemeinsame kulturspezifische Symbole und die gemeinsame – stark mythologisch befrachtete – Geschichte, die von den Hoffnungen und Ängsten der Gruppe geformt und durch deren Erwartungen und Ideale verzerrt wird.

Die Information, die ich über Sinnesorgane und Sinnesempfindungen, sprachlich und unterschwellig in einer physischen Gruppe aufnehme und die darauf einwirkt, wie ich mich gerade in diesem Moment selbst erlebe, ist von anderer Art und wird auf andere Weise verarbeitet als die Information, die ich als Mitglied einer kulturellen Gruppe aufnehme. In einer Menschenmenge – ein Beispiel für eine physische Gruppe – bringt es schon die spezielle Situation, der enge körperliche Kontakt mit vielen Leuten, mit sich, daß eine ganze Menge an

Sinnesreizen über diverse Kanäle (Berührung, Hören, Sehen und Riechen) gleichzeitig eintreffen und sich durch die Vielzahl der Quellen verstärken.[17] Es findet auch Kommunikation über Körperwärme, Muskelspannung und manchmal über Körperrhythmen statt. Das Individuum geht sozusagen in der Menge auf und erfährt über alle dem Körper zur Verfügung stehenden Kanäle ein dauerndes Bombardement seiner Sinne. Die Folge davon ist, daß das eigene Körperbild und das Ich unscharf werden, daß die Grenzen des Selbst in gewisser Weise überschritten werden, worauf man mit Panik oder Hochgefühl reagiert, sobald die Individualität dahinschwindet und ‹Integrität›, ‹Autonomie› und ‹Unabhängigkeit› des Ich nur mehr illusionäre Wunschvorstellungen und bloße hypothetische Konstrukte zu sein scheinen. Daß physische und kulturelle Gruppen bisweilen zusammenfallen und daß diejenigen, die Symbole kultureller Identität bewußt und manipulierend einsetzen, das Bestreben haben, die kulturelle Gruppe dem psychischen Zustand der physischen Gruppe näherzubringen, ist ein Thema, das ich hier nicht weiterverfolgen will.

Meiner Überzeugung nach ist der Zustand, der zurückbleibt, wenn die eigene Identität sich in der Menge auflöst, kein irgendwie regredierter, primitiver Zustand, in dem die gewalttätige Seite der menschlichen Natur freien Lauf bekommt, wie dies in der Tradition Freuds und Jungs gleichermaßen postuliert wird. Solche Formulierungen müssen relativiert werden und im Kontext und Rahmen eines bestimmten geschichtlichen Ortes und einer bestimmten geschichtlichen Zeit – dem Europa zwischen den zwei Weltkriegen – verstanden werden, als extremistische Ideologen von rechts und links Massenbewegungen ins Leben riefen, die ganz von messianischem Eifer getragen waren. Freuds Reflexionen über die Psychologie der Massen, die auf den klassischen Vorstellungen über die Masse von Le Bon aufbauten (dessen eigene Ideen wiederum geprägt sind von Furcht und Schrecken der französischen Oberschicht angesichts revolutionärer Massen), waren genausowenig wie C. G. Jungs Beobachtungen über die Massenpsychologie frei von den ideologischen Ängsten ihrer Zeit, nämlich der liberalen Furcht vor dem Verlust der Autonomie des Individuums in einem Kollektiv und der sozialistischen Sorge, wie man die ersehnten Kollektive tolerabler und toleranter gestalten könnte.

In einer Menschenmasse richtet sich die Identität lediglich neu aus.[18] Diese Neuausrichtung ist selbstverständlich dramatisch und affektgeladen, da die Masse alle Emotionen verstärkt, also ein Gefühl des Wohlbefindens zu einem Hochgefühl, Furcht zu Panik steigert. Der Verlust der eigenen Identität in einer Menschenmenge läßt jedoch den einzelnen im Sinne der Identität der Menge handeln, zum Beispiel entsprechend dem von einem antihinduistischen oder antimuslimischen Mob «zu erwartenden» Verhalten. Der einzelne agiert dabei nicht auf einer tief regredierten, primitiven Stufe der Psyche, sondern gemäß den Normen der jeweiligen Gruppe. Die Gewaltakte geschehen daher nicht zufällig, sondern sind Ausdruck für und Anpassung an eine neue Situation in der historischen Tradition der Gewalt, die von einem antihinduistischen bzw. antimuslimischen Mob ausgeht.

Es scheint paradox, daß religiöse Umzüge, die doch, so möchte man meinen, spirituelle Ziele verfolgen, die vielleicht stärksten physischen Gruppen überhaupt bilden. Die rhythmisch sich vollziehenden religiösen Rituale sind besonders effektiv darin, soziale Schranken zwischen den Teilnehmern einzureißen. Sie stellen unter den Beteiligten ein Maximum an gegenseitiger Aktivierung und an Handlungsbereitschaft – und oft Gewaltbereitschaft – her. Daher setzt Gewalttätigkeit, wenn sie von muslimischer Seite ausgeht, auch häufig am Ende des Freitagsgebets ein, wenn die Versammelten, die soeben zu einer Gemeinde geworden sind, aus der Moschee zu einem Protestzug auf die Straße strömen. Muharram-Prozessionen der Muslime und Hindu-Umzüge an Dussehra (und zunehmend am Ganesh-Chaturthi-Fest) sind ein fast sicheres Rezept für den Ausbruch von Gewalt, wenn ihnen eine Zeit voller Spannungen zwischen den beiden religiösen Gruppen vorangeht und wenn sich gerade ein Vorfall ereignet hat, der zum Auslöser werden könnte.

Während sich eine Prozession nach innen hin in eine physische Gruppe umwandeln muß, sollte sie nach außen hin die Stärke einer Gemeinde demonstrieren. Wie die Politologin Sarah Moore zeigt, hängt der Erfolg einer Prozession nicht nur von der Anzahl der Teilnehmer ab, sondern von dem Weg, den sie nimmt.[19] Routen werden unterschiedlich bewertet. Wenn eine Prozession nahe an oder durch das Gebiet des Gegners führt, so wird das höher bewertet, als wenn sie eine Route nimmt, die potentielle Auseinandersetzungen umgeht. Ein Umzug, der über bekannte Problemstellen und durch große Verkehrsadern führen kann, wird als erfolgreicher angesehen als einer, der sich durch Seitengassen stehlen muß. Die Anzahl der Polizisten, die als Begleitschutz dienen für eine Prozession, die dann genau die Krawalle auslöst, die die Polizei zu verhindern versucht, ist ein anderer Indikator für den Erfolg.

Normalerweise sind die ersten zwei oder drei Tage eines größeren Aufruhrs am gewaltträchtigsten und fordern die meisten Opfer. Wenn dann die Polizei die Situation wieder unter Kontrolle hat, pendelt sich der Aufruhr auf einem niedrigeren Gewaltniveau ein: Vereinzelt kommt es noch zu Messerstechereien, zu Plünderung und Brandstiftung, aber eher in den engen Gassen und gewundenen Seitensträßchen als in den größeren Basaren. Allmählich kehrt dann wieder Frieden ein, obwohl noch mehrere Wochen lang eine Art Ausgangssperre und ein Versammlungsverbot in Kraft bleiben können. Das offizielle Ende des Aufruhrs ist dadurch gekennzeichnet, daß der Staat eine Untersuchungskommission unter dem Vorsitz eines pensionierten Richters einberuft, die die Ereignisse, die zu dem Aufruhr führten, herausfinden und diejenigen benennen soll, die dafür verantwortlich waren, die die Verluste errechnen und Vorschläge unterbreiten soll, um künftige Unruhen zu verhindern. Einziges Ergebnis einer solchen Untersuchung, ist – abgesehen von der vorübergehenden Einstellung des Richters – die Versetzung einiger glückloser Polizeibeamter, die für schuldig befunden werden, keine adäquaten Vorsichtsmaßnahmen getroffen zu haben. Die Polizeibeamten, freilich nur die unredlichen, haben schon lange den Geldwert dieses Berufsrisikos taxiert und ihn zum Teil eines berechtigten Ausgleichs gemacht, der ihnen über das mickrige vom Staat gezahlte Gehalt hinaus zusteht.

Hyderabad: die Stadt «ohnegleichen auf der Welt»

Hyderabad wurde als neue Hauptstadt des dekkanischen Königtums Golkonda konzipiert, nachdem in der ein paar Meilen entfernt liegenden alten Festungsstadt zu viele Leute auf zu engem Raum und aufgrund akuter Wasserknappheit in unhygienischen Verhältnissen gelebt hatten.[20] Mohammed Quli Qutub Shah, der Gründer der Stadt, nannte sie Bhagnagar nach dem von ihm innig geliebten Hindumädchen Bhagmati. Offiziell wurde die Stadt nach deren Tod umbenannt – Hyder war der ihr vom König verliehene Titel. Jedoch noch hundert Jahre nach ihrer Gründung anno 1589 tauchte die Stadt in Reiseberichten nach wie vor unter ihrem populären Namen Bhagnagar auf.

Hyderabad sollte nach der Vorstellung ihres Gründers eine Stadt «ohnegleichen auf der Welt und ein Ebenbild des Himmels auf Erden sein». Dieser milde Herrscher mit einem ausgeprägten Sinn für Kunst und Literatur, der es liebte, seine sinnlichen Exzesse in Verse zu gießen, tat gut daran, seinen Premierminister, Mir Momin, mit der Aufgabe zu betrauen, dieser Vision eine konkrete Form zu geben. Der Minister, der in der Gartenstadt Isfahan in Persien aufgewachsen war, plante die neue Hauptstadt im Stil der Stadt, die er als Kind geliebt hatte, und holte Architekten und Baumeister aus Persien, um das gewaltige Vorhaben auszuführen. Mir Momin plante eine Stadt im Gitternetzmuster mit zwei sich kreuzenden Hauptstraßen, jede zwanzig Meter breit, die die Stadt in vier Viertel teilten. Das sich nordwestlich an die Kreuzung anschließende Viertel war den königlichen Palästen und das östliche Viertel den Residenzen des Premierministers und der Adligen des Reiches vorbehalten.

Für die Häuser der Bürgerlichen waren zwölf Hauptzonen
ausgewiesen, die sich über ein Gebiet von zehn Quadratmeilen
erstreckten. Jedes dieser *mohallas* hatte Schulen, Krankenhäu-
ser, Moscheen, Gasthäuser und Gärten und an seiner Peripherie
jeweils Obst- und Gemüsemärkte, da man wollte, daß jedes
mohalla autark war. Als später Hyderabad für kurze Zeit unter
Mogulherrschaft kam, wurde mit dem Bau einer Schutzmauer
um die Stadt begonnen. Diese Mauer, die 1740 von Asaf Jah
vollendet wurde, hatte zwölf Tore, die sich abends um acht
Uhr schlossen und bei Tagesanbruch wieder öffneten.

Die Hauptstraßen wurden von vierzehntausend zweige-
schossigen Läden gesäumt, und für staatliche Behörden, öffentliche Gebäude und ausländische Botschaften waren wiederum eigene Bezirke vorgesehen. Die Zierde der öffentlichen
Gebäude waren die Jami-Moschee und das Char Minar («die
vier Minarette») – ein quadratisches Bauwerk mit vier breiten
und hohen Torbogen und ebensovielen Minaretten an den
Ecken, jedes über siebzig Meter hoch –, das inzwischen für
das alte Hyderabad und den verblaßten Glanz seines islamischen Erbes steht. Durch seine Lage im Zentrum der mauer-
bewehrten Stadt am Schnittpunkt der beiden Hauptstraßen
war gerade das Char Minar dazu angetan, die fürstliche
Macht der Qutub Shahis über die Stadtgrenzen hinausstrah-
len zu lassen.

Während der Herrschaft Abdulla Qutub Shahs, der seinem
Vater Mohammed Quli 1611 auf den Thron von Golkonda
gefolgt war und bis 1672 regierte, kam im April 1641 der
französische Kaufmann und berühmte Reisende Jean-Baptiste
Tavernier nach Hyderabad und beschrieb die Stadt folgendermaßen:

Ein breiter Fluß umspült an der Südwestseite die Mauern
der Stadt und fließt in der Nähe von Masulipatam in den
Golf von Bengalen. Man überquert ihn in Bhagnagar auf
einer großartigen Steinbrücke (Purana Pul), die dem Pont
Neuf in Paris an Schönheit kaum nachsteht. Die Stadt hat
fast die Größe von Orléans, ist schön gebaut und großzügig

angelegt, und sie hat viele große Straßen, aber da sie – genauso wie in allen anderen Städten Persiens und Indiens – nicht gepflastert sind, sind sie voller Sand und Staub, was im Sommer sehr störend ist ...

Hat man die Brücke überquert, so kommt man direkt auf eine breite Straße, die zum Königspalast führt. Rechterhand sieht man die Häuser einiger Adliger vom Hofe und vier oder fünf zweistöckige Karawansereien mit weiten Gängen und kühlen Zimmern. Am Ende dieser Straße befindet sich ein großer Platz und nicht weit weg davon eine der Palastmauern, und wenn der König dem Volk eine Audienz geben will, dann läßt er sich dazu auf einem Balkon in der Mitte des Platzes nieder. Das Hauptportal des Palasts liegt jedoch nicht an diesem Platz, sondern an einem anderen gleich in der Nähe, und von hier aus kommt man als erstes in einen großen Hof, der rundum von Säulengängen umgeben ist, unter denen die Wachen des Königs postiert sind. Von diesem Hof aus gelangt man in einen weiteren, der genauso gebaut ist und rund um den mehrere schöne Wohnungen mit Dachterrassen liegen, auf denen, ebenso wie in dem Teil des Palastes, wo die Elefanten gehalten werden, wunderschöne Gärten und dermaßen ausladende Bäume sind, daß man nur staunen kann, wie diese Bogen solch ein Gewicht zu tragen vermögen ...

Auf der anderen Seite der Stadt, wo es nach Masulipatam geht, sind zwei künstliche Teiche von jeweils mehreren Kilometern Umfang, auf denen geschmückte Vergnügungsboote des Königs schwimmen, und an den Ufern haben die höchsten Beamten des Hofes ihre Häuser.[21]

Hyderabad war in derselben Art wie andere mittelalterliche islamische Städte angelegt: Imposante öffentliche Gebäude und Paläste standen entlang der Hauptstraßen. Nebenstraßen führten dann zu selbständigen Vierteln oder *mohallas* mit ihren engen gewundenen Sträßchen, die oft in Sackgassen endeten, mit kleinen offenen Plätzen und eng stehenden niedrigen Häusern mit Innenhöfen, viele davon erstaunlich weiträumig.

Islamisch war die Stadt auch, was ihre Bevölkerung und ihre
vorherrschende Kultur anging, die ihre Wurzeln in arabischer,
türkischer und vor allem persischer Lebensart hatte. Da die
Qutub Shahis Schiiten waren und in enger Verbindung zu ihren Glaubensgenossen im Iran standen, strömten im Lauf der
Jahre Perser in großer Zahl nach Hyderabad, um dort ihr
Glück zu machen. Die Perser hatten auch die wichtigsten Positionen in der Verwaltung des Königtums inne, und ihr Einfluß auf die Kunst, Architektur, Literatur und Kultur von
Hyderabad war nach seiner Gründung fast zweihundert Jahre
lang enorm. Erst mit der Herrschaft von Asaf Jahi ließ er
etwas nach, prägte aber auch weiterhin die Lebensart der
Hyderabadis, zumindest in den oberen Schichten. Tavernier
erwähnt besonders die helle Gesichtsfarbe und die kräftige
Statur der muslimischen Bewohner der Stadt im Vergleich zur
Dunkelhäutigkeit des Landvolkes der Umgebung, bei dem es
sich wohl um Hindus handelte, denen innerhalb der feudalen
Ordnung ein sehr bescheidener Platz zugewiesen war und deren hier eigentlich heimische Telegu-Kultur lediglich ein Dasein am Rande der beherrschenden islamischen Zivilisation
fristete. In der kulturellen Rangordnung standen die Perser
ganz an der Spitze, gefolgt von Türken und anderen zentralasiatischen Einwanderern. Der eingeborene indische Muslim
fühlte sich beiden unterlegen, und er legte großen Wert darauf, persisches oder türkisches Blut in seinem Stammbaum
nachzuweisen, eine Denkweise, die sich bis in jüngste Zeit gehalten hat. Der Anthropologe S. C. Dube zitiert Hindus aus
den Dörfern des vor den Toren Hyderabads gelegenen Sha-
mirpet mit folgendem Ausspruch aus den sechziger Jahren:
«Ein hinduistischer Unberührbarer von gestern wird heute
zum Muslim – und morgen dann fängt er an zu verkünden,
daß seine Vorfahren in Arabien gelebt hätten!»[22] Wegen der
brahmanischen Reinheitsvorstellungen konnten die wenigen
Hindus, denen daran gelegen war, an der dominierenden Kultur teilzuhaben, dies nur in begrenztem Maße tun.

Daß Hyderbads kulturelles und gesellschaftliches Leben
persoislamisch beherrscht war, heißt nicht, daß Hindus von

Verwaltungsposten und von der politischen Macht ganz aus-
geschlossen waren. Begabte Brahmanen und später die Kaste
der Kayasthen konnten am Hofe zu hohen Positionen aufsteigen. Ein anderer französischer Reisender, François Martin,
erzählt uns, wie sehr es die persischen, pathanischen und dekkanischen Adligen erzürnte, daß der Brahmane Madanna zum
mächtigsten Minister des Königs erhoben worden war.[23]
Hindus sollten noch bis weit in die frühe Zeit der Asaf-Jahi-
Dynastie hinein hohe Ämter in der Zivil- und Finanzverwal-
tung des Staates bekleiden.

Während es mit dem Bau der neuen Hauptstadt voranging
und der großartige Entwurf allmählich konkrete Form annahm, konnte Mohammed Quli nicht ahnen, daß von den in
der sozialen Hierarchie niedrigstehenden Hindus eines Tages
eine Bedrohung für die kulturelle Oberherrschaft des Islam in
dieser Stadt ausgehen würde und sich in einem unbedeuten-
den Ereignis, das sich ganz an der Peripherie seines Herr-
schaftsgebietes zutrug, ihr Niedergang bereits ankündigte.
Damit meine ich selbstverständlich das Eindringen dessen,
was man später als den «modernen Westen» bezeichnete, in
Gestalt der Ostindiengesellschaft, die in der Hafenstadt Masulipatam 1611 eine Handelsniederlassung errichtete.

Beinahe hundert Jahre lang erlebte die Stadt eine Blütezeit –
annähernd so, wie es Mohammed Qulis Vision entsprach.
Selbst wenn man berücksichtigt, daß Reisende gern übertrei-
ben, so scheint Hyderabad das Lob, das ihm ausgesprochen
wurde als einer nicht nur bedeutenden, sondern auch kultivierten Stadt mit unübersehbarem hedonistischen Charme,
doch verdient zu haben. Ihr islamisches Ethos war nicht von
puritanischer Art, sondern von der mehr lustbetonten persischen Variante. Martin schildert uns ein Gastmahl, zu dem
ihn ein persischer Adliger – der Schwager des Königs – am
Abend des 28. Juni 1681 an den Hof von Hyderabad lud, in
verlockenden Details.[24] Die Anzahl und Qualität der bei dieser denkwürdigen Gelegenheit aufgetragenen Gerichte über-
traf noch die der Speisen bei Hoffesten in der Türkei. Alle
Viertelstunden wurden beim Läuten einer Glocke neue Wein-

gläser serviert. Tänzerinnen unterhielten die Gäste und wurden als Abschiedsgeschenk des großzügigen Gastgebers als Gespielinnen für die Nacht offeriert.

So angenehm dieser Abend auch für Martin und die Beteiligten gewesen sein mag, so ist daran doch keineswegs etwas sonderlich Ungewöhnliches. Überall und zu allen Zeiten ist es kennzeichnend für die Reichen und Mächtigen gewesen, den sinnlichen Genüssen zu frönen, etwas, was heute in den Fernsehserien als «Lebensstil derer, die Rang und Namen sowie das nötige Geld haben,» bezeichnet wird. Das Interessante an Hyderabad ist, daß dort der Hedonismus auch in die niedrigeren Bevölkerungsschichten vorgedrungen war und eine befriedigende Partnerschaft mit den Handels- und Staatsinteressen einging. Tavernier – ein Epikuräer, der Wein und gutes Essen liebte (und sich ja als Franzose auf diese Dinge verstand) – weiß uns folgendes zu erzählen:

In der Stadt, den Vororten und der Zitadelle, die wie eine Stadt für sich ist, trifft man auf soviele Freudenmädchen, daß es in der Regel 20.000 sein dürften, die beim Darogha (dem Polizeipräsidenten) registriert sind, und ohne amtliche Zulassung darf keine Frau diesem Gewerbe nachgehen. In der Kühle des Abends sieht man sie vor ihren Häusern stehen – meistens sind es kleine Hütten –, und bei Einbruch der Nacht stellen sie als Zeichen eine Kerze oder Laterne an die Tür. Dann sind auch die Geschäfte, die *tari* (Palmwein) verkaufen, geöffnet. Der König bezieht aus der Steuer, mit der er diesen *tari* belegt, ein ansehnliches Einkommen, und hauptsächlich aus diesem Grunde sind auch soviele Freudenmädchen zugelassen, denn sie sind der Anlaß, daß eine Menge *tari* konsumiert wird.[25]

Einem anderen Franzosen, Thevenot, fällt auf, welche Freiheit die Frauen von Hyderabad genossen. In ihren Eheverträgen fand sich eine Klausel, nach der die Frau vollständige Bewegungsfreiheit behielt und sogar *tari* trinken konnte, wenn sie dazu Lust hatte!

Hyderabad wurde 1685 von den Moguln geplündert und zwei Jahre später von Aurangzeb dem Mogulreich einverleibt, doch es dauerte nicht lange, bis es aus der Versenkung, in der es für eine Zeitlang verschwunden war, wieder auftauchte. 1725 machte sich Nizam ul Mulk, der Vizekönig des Moguls im Dekkan, faktisch unabhängig von seinem nominellen Oberherrn. Hyderabad wurde wieder Hauptstadt einer Dynastie, diesmal von der Asaf Jahis («an Rang Asaf, dem Minister König Salomons, ebenbürtig»), ein Titel, der Nizam ul Mulk vom glücklosen Herrscher des rapide auseinanderfallenden Mogulreiches verliehen worden war.

Es waren jedoch weniger die sich im achtzehnten und neunzehnten Jahrhundert auf Indiens politischer Landkarte vollziehenden schnellen Veränderungen, die eine Bedrohung für die weiteren Geschicke der mauerbegrenzten Stadt darstellten (die Mauern selbst wurden erst in den zwanziger Jahren des 20. Jahrhunderts geschleift, um die Verkehrsstauungen etwas zu reduzieren). Die drohende Gefahr resultierte vielmehr aus dem Modernisierungsprozeß, der sich nach der britischen Eroberung Indiens mit zunehmender Geschwindigkeit vollzog. Der Nizam konnte seine Souveränität über sein Herrschaftsgebiet zwar wahren – er wurde 1798 ein untergeordneter Verbündeter der Briten –, doch war die Altstadt in ihrer politischen, wirtschaftlichen und administrativen Bedeutung nun einem allmählichen Aushöhlungsprozeß unterworfen. Nachdem 1874 die erste Eisenbahn nach Hyderabad fuhr und es zum Standort einer beginnenden Industrie wurde, als Eisenbahnreparaturwerkstätten und eine Textilfabrik sich hier niederließen, wurde – zumindest im nachhinein – deutlich, daß Hyderabads Zukunft außerhalb der befestigten Mauern im nördlichen Teil der Stadt beschlossen lag.

Die Verlagerung nach Norden, auf die andere Seite des Musi, wurde durch die Überschwemmungen von 1908 und die Pest von 1911 beschleunigt, die den Nizam dazu veranlaßten, seine Residenz und seine Verwaltungsbehörden vor die Stadtmauern auf die Nordseite des Flusses zu verlegen. Der Großteil des Adels folgte bald dem Beispiel des Herrschers. Der endgültige Schlag für das alte Hyderabad kam dann freilich mit der Integration in die Republik Indien, nachdem das Land aus der britischen Herrschaft in die Unabhängigkeit entlassen war. Dies bedeutete nicht nur, daß der ganze Verwaltungsapparat des Nizam demontiert wurde, sondern auch, daß der Feudalwirtschaft, die die Mehrheit der Altstadtbewohner ernährt hatte, die Basis entzogen war. Zudem flüchtete ein großer Teil der muslimischen Oberschicht aus Hyderabad, zumeist nach Pakistan. Die Altstadt war nun auf dem besten Wege, zum Ghetto zu werden. In ihrer soziologischen Studie über Hyderabad kommt Ratna Naidu zu folgenden Beobachtungen: «Nachdem die Stadt mit der Demontage der Feudalstruktur ihrer wirtschaftlichen Möglichkeiten beraubt war und ihre Oberschicht verloren hatte, die sich ja gewöhnlich stark macht für städtische Einrichtungen, die die Lebensqualität verbessern, siecht der Altstadtbereich mit vielfachen Mangelerscheinungen dahin.»[26] Es herrscht nicht nur ein Mangel materieller Art, sondern es handelt sich auch um eine psychische und kulturelle Deprivation.

In der Kulturgeschichte Hyderabads läßt sich ein Prozeß stetig zunehmender Heterogenisierung beobachten. Obwohl die Hindus immer zu dieser im wesentlichen muslimischen Stadt dazugehörten, galt ihre einheimische Telegu-Kultur aus vorwiegend islamischer Sicht der Dinge eindeutig als eine «niedrigstehende» Kultur. Im achtzehnten und neunzehnten Jahrhundert siedelten sich in Hyderabad Angehörige verschiedenster Kulturen aus anderen Landesteilen an, und manche – wie die Araber – sogar aus dem Mittleren Osten. Die Araber kamen – ebenso wie die Marathen – nach Hyderabad, um als Söldner in der Armee des Nizams zu dienen. Die engen Handelsbeziehungen zwischen den muslimischen Bohras aus Gujarat und den hinduistischen Marwaris aus Rajasthan wurden zu einem wichtigen Faktor im Handelsleben der Stadt. Außerdem waren da noch die Kayasthen und Khatris aus Nordindien, die immer schon vielerorts in Indien eine tragende Rolle in der staatlichen Verwaltung gespielt hatten und nun unter dem Nizam eine ähnliche Funktion ausfüllten. Diese Gruppen lebten in der Regel in gesonderten Enklaven zusammen, wo sie weiterhin ihrer eigenen Form der Religion und des Gemeinschaftslebens nachgehen konnten.

Das soll nicht heißen, daß sich nicht bei einzelnen die angestammte Lebensart mit Elementen der dominierenden persoislamischen Kultur durchsetzt hätte. Wie die Kayasthen, die dafür bekannt waren, sich mit den Herren, denen sie so vortrefflich dienten, zu identifizieren, ob es sich dabei nun um einen britischen oder um einen muslimischen Herrscher handelte, lernten auch viele andere die Urdu-Dichtung sehr zu schätzen oder übernahmen das eine oder andere Kleidungsstück, wie den *sherwani*, den langen, geknöpften Mantel mit einem runden Stehkragen, und den *gumi topi*, dem türkischen Fez verwandt. Sie fanden auch Gefallen an der unverwechselbaren Küche Hyderabads und der dort üblichen kultivierten Art, in der Öffentlichkeit aufzutreten und zu sprechen. Im großen und ganzen jedoch behielten die verschiedenen Gruppen in der übrigen Bevölkerung die jeweils für sie charakteristische Lebensweise bei – ihre Sitten und Gebräuche, ihren Baustil, ihre Essensgewohnheiten. Im siebzehnten Jahrhundert erhielten zum Beispiel Muslime in den von den Qutub Shahis für mittellose Reisende errichteten Gasthöfen umsonst eine Ration Brot, Reis oder Gemüse, das bereits gekocht war, während «die Götzendiener, die nichts essen, was von anderen zubereitet ist, etwas Butter und Mehl zum Backen von Brot bekommen, das sie, sobald es fertiggebacken ist, auf beiden Seiten mit geschmolzener Butter bestreichen.»[27] Wie im übrigen Land gab es in dieser frühen Zeit im öffentlichen Bereich viele gemeinsame Aktivitäten und Erfahrungen von Hindus und Muslimen, «auch wenn sie sich im Privaten völlig voneinander isolierten, ja einander fast ablehnend gegenüberstanden.»[28] Kurz und gut, wir haben es mit einem multikulturellen Nebeneinanderleben und nicht mit einem Verschmelzen zu einer einzigen Mischkultur zu tun. Hindus und Muslime waren keine Fremden füreinander, selten Feinde, aber auch keine richtigen Freunde.

Nach der Integration Hyderabads in das unabhängige Indi-
en griff die Heterogenisierung sogar auf die *mohallas* über, als
Hindus an die Stelle von Muslimen, die nach Pakistan gegangen waren, traten. So nahm von 1951 bis 1961 die muslimische Bevölkerung der Altstadt von 69 auf 55 Prozent ab und
der Anteil der Hindus von 21 auf 40 Prozent zu, eine Tendenz, die erst rückläufig wurde, nachdem es hier ständig zu
Gewalttätigkeiten zwischen den beiden Bevölkerungsgruppen
kam. Der wiederholte Aderlaß der vergangenen fünfzehn Jahre wirkte sich demographisch so aus, daß sich Muslime aus
den umliegenden Gebieten in die Altstadt wie in eine Festung
flüchteten, während der Hindu-Exodus die umgekehrte Richtung nahm. Im Moment wird die muslimische Bevölkerung in
der Altstadt auf circa siebzig Prozent geschätzt.

Das heutige Hyderabad ist sicherlich keine Stadt für No-
stalgiker. Der Musi ist schon lange kein Fluß mehr, es ist eine
stinkende Kloake, in der im Unterschied zu einem Abwasser-
kanal kein Wasser mehr fließt, das dort segensreicherweise
den Abfall wenigstens davonspült. Er ist nichts als eine mora-
stige Fläche zwischen der alten und der neuen Stadt, mit
schlammbedeckten Pfützen und einem im Abwasser gezeugten
Leben, das da nun kreucht und fleucht und schwirrt und
Hyderabad für mich zur Moskitohauptstadt Indiens macht.
So wie der Fluß keiner mehr ist, gibt es auch die «alte Stadt»
des mittelalterlichen Islam nicht mehr. Leprakranke Bettler,
die im Namen Allahs um Almosen bitten, findet man noch,
doch die Adligen, die in fließenden Musselingewändern die
Abendluft genießen, gibt es schon lange nicht mehr. Keine
Kutschen rumpeln mehr über ungepflasterte Straßen, keine
Gruppen verschleierter Frauen, ein unterdrücktes Lachen und
geflüsterte Verabredungen andeutend, gleiten durch heller-
leuchtete Basare, über denen der Duft starker, blumiger Par-
fums und der Geruch frischer Pferdeäpfel liegt und wo die
Läden ausgesuchte Waren aus Persien, Arabien und aus dem
übrigen Hindustan feilbieten.

Heute ist die alte Stadt nicht mehr weit davon entfernt, zu
einem Riesenghetto von über einer Million Menschen zu wer-

den, die in homogen zusammengesetzten Siedlungen, in *bastis*
und *mohallas,* einzig mit Angehörigen derselben Religion und
derselben Kaste zusammenwohnen. Kleine Häuser reihen sich
in gewundenen Gassen, durch die man nur zu Fuß oder mit
dem Fahrrad kommt, eng aneinander. Ziegen, Hunde und
Hühner, die ewiger Hunger einträchtig nebeneinanderleben
läßt, durchstöbern den Abfall, der überall offen herumliegt.
Arbeitslose junge Männer schreiten zielbewußt durch die
Sträßchen, selbst wenn das Ziel nur darin besteht, sich im Laden an der Ecke eine Zigarette zu kaufen oder eine versteckte
Beobachterin mit diesem zielbewußten Gebaren zu beein-
drucken. Kinder spielen das, was die Armen überall spielen:
Bei den Mädchen ist es Himmel und Hölle, während die
Buben hinter einem alten Autoreifen herlaufen, der, von ihren
aufgeregten Stockschlägen angetrieben, schlingernd dahin-
rollt.

Das Bild, das Naidu von der wirtschaftlichen Situation der
Stadt innerhalb der Mauer entwirft, ist düster.[29] Die arbei-
tende Bevölkerung macht um die dreißig Prozent der Gesamt-
einwohnerzahl aus. Der größte Teil davon, etwa ein Drittel,
sind gelernte oder halbausgebildete Handwerker, die den
traditionellen Beschäftigungen nachgehen: weben, töpfern,
Sandalen schustern und Essen zubereiten. Circa ein Viertel
der arbeitenden Bevölkerung verdient sich den Lebensunterhalt mit Gelegenheitsarbeiten im Tagelohn: Sie verkaufen als
fliegende Händler Obst und Gemüse oder Billigschmuck, ziehen Rikschas, durchstöbern Müllhalden nach Verwertbarem
und gehen sonstigen als niedrig geltenden Tätigkeiten nach,
wie Wachmann oder Botenjunge für Regierungsbehörden.
Der legendäre Verdienst der Muslime, die in den arabischen
Ländern am Persischen Golf Arbeit fanden, hat am Leben und
dem Lebensstandard ihrer Familien nur wenig verändert. Er
brachte lediglich eine zeitweilige Erleichterung in der zunehmend schwierigen wirtschaftlichen Situation. Die Golfkontak-
te der Muslime hatten eher gesellschaftliche und kulturelle als
ökonomische Folgen; zum Beispiel führten sie zu einem größeren panislamischen Stolz, wie er in den schmucken neuen

Moscheen, die in den vorwiegend muslimischen Gebieten der
Altstadt entstanden sind, sichtbar zum Ausdruck kommt.

Die Stadt ist arm, aber diese Armut äußert sich mehr in einer allgemeinen Verwahrlosung und einem Chaos als in grau-
er Eintönigkeit. Wirtschaftliche Not hat Hyderabads Vitalität
nicht unterdrücken noch seine Lust auf leuchtende Farben
dämpfen können. Selbst in *mohallas*, in denen bittere Armut
herrscht, sind überraschende Farbkleckse zu finden. Einmal
ist bloß die Eingangstür farbig gestrichen, ein andermal die
Holzläden an einem Fensterchen. Grün, die Farbe der Gläubigen, sieht man am meisten. Es reicht im Ton von einem
gallefarbenen Grün bis zum Grün von frisch gepflanztem
Reis, in dem die mit Geld vom Golf in den letzten zwanzig
Jahren errichteten neuen Moscheen erglänzen. Hier und da
zieht sich ein Streifen in Sonnenblumengelb quer über eine
Hausfront, aber bei Hindus wie Muslimen gleichermaßen be-
liebt scheint außerdem ein billiges Metallic-Blau zu sein, das
sich auch auf den Hochglanzpostern mit religiösen Motiven
in der Farbe des Himmels wiederfindet. An den Läden auf
den Basaren Hyderabads und an den Häusern wohlhabender
Bürger erfreuen sich schmiedeeiserne Ziergitter großer Be-
liebtheit. Jedes ist anders und in verschlungenen Mustern gearbeitet, und man hat den Eindruck von wirbelnden Schnör-
keln und Krummsäbeln, von in Eisen gegossener persischer
Kalligraphie.

Hyderabad: Dezember 1990

Der Aufruhr vom Dezember 1990 in Hyderabad, das zentrale
Ereignis meiner Studie, fand nach einer Periode relativen
Friedens zwischen Hindus und Muslimen statt: Der letzte
Aufruhr in der Stadt hatte sich 1984 ereignet. Bis dahin wa-
ren seit 1978, als es zu dem ersten großen Aufflammen von
Unruhen nach 1948 kam – dem Jahr, in dem Hyderabad Teil
des unabhängigen Indiens wurde –, Unruhen eine alljährlich
wiederkehrende Erscheinung gewesen.

Der Aufruhr von 1978 wurde durch die Vergewaltigung einer muslimischen Frau, Rameeza Bi, und den Mord an ihrem Mann, Ahmed Hussain, in der Polizeiwache von Nallakunta ausgelöst. Am Anfang waren bei den Mobs, die gegen die Brutalität der Polizei demonstrierten, noch Hindus dabeigewesen, aber bald trat eine Wende ein, und die beiden Bevölkerungsgruppen standen sich als Gegner gegenüber. Entzündet hatte sich das feindselige Verhalten wie üblich an einem winzigen Funken: Ein paar Hindus schlugen einen Muslimjungen zusammen, die Muslime schlugen zurück, die Hindus zahlten die Vergeltungsaktion mit neuerlicher Vergeltung heim, und so eskalierte das Ganze immer weiter. Die Unruhen konzentrierten sich auf Subzimandi, den zentralen Gemüsemarkt, der auch einer der beiden Schauplätze dieser Studie ist. Trägt man der weit verbreiteten Neigung Rechnung, die Gewalt zwischen Hindus und Muslimen vom Ökonomischen her erklären zu wollen, so verbirgt sich hinter diesen Unruhen eine Wirtschaftsoffensive von seiten der Muslime, die darauf abzielt, Subzimandi von den Hinduhändlern zurückzuerobern.[30] Nachdem die Muslime der Altstadt nach Abwanderung der meisten wohlhabenderen Mitglieder der muslimischen Gemeinde nach Pakistan und in andere Länder fast drei Jahrzehnte lang völlig verarmt gewesen waren, hatten Überweisungen aus den arabischen Golfländern, wo der Wirtschaftsboom der späten siebziger Jahre einen großen Markt für muslimische Arbeitskräfte aus Hyderabad geschaffen hatte, sie wieder zu Geld kommen lassen. Nach dem raschen wirtschaftlichen Abstieg, den sie in dem Jahrzehnt nach der Eingliederung Hyderabads in das unabhängige Indien erlitten hatten, suchten die Muslime nun die Kontrolle über den Gemüsemarkt, die sie an die Hindus verloren hatten, zurückzugewinnen.

Nach 1978 kam es wenigstens einmal im Jahr, manchmal auch öfter, zu Zusammenstößen, gewöhnlich zur Zeit der großen religiösen Feste. Besonders greifbar ist die Spannung in der Stadt während des Ganesh-Chaturthi-Festes der Hindus, wenn die Götterbilder aus Ton in einer Prozession durch

die Straßen getragen werden, um dann im Musi versenkt zu
werden, und beim Muharram-Fest der Muslime, wenn Schiiten durch die Stadt ziehen und das Martyrium von Hussein,
dem Enkel des Propheten, beklagen. Die Unruhen flammen
auch unter diversen anderen Vorwänden auf: weil sich Hin-
du-Ladenbesitzer weigern, ihre Läden während der Streiks zu
schließen, die von den Majlis ausgerufen wurden (um dagegen
zu protestieren, daß sich ein Mann, der sich als Mahdi aus-
gab, der *kaaba* in Mekka bemächtigt hat), oder weil die Al-
Aqsa-Moschee in Jerusalem angezündet worden ist oder weil
ein wichtiger Minister, der mit einer der beiden Gruppen
sympathisiert, abgesetzt wurde. Zwischen 1978 und 1984
fanden über vierhundert Menschen in kommunalen Unruhen
den Tod, und Tausende wurden verletzt.

Doch kommen wir auf die gewalttätigen Auseinandersetzungen von 1990 zurück: Der Countdown für die Hydera-
bad-Unruhen lief, als L. K. Advani, der Vorsitzende der Bharatiya-Janata-Partei seine *rath yatra*, seine «Pilgerfahrt im
Streitwagen», ausgehend vom Tempel Somnath an der West-
küste nach Ayodhya im hindisprachigen Kernland des Nor-
dens unternahm. Der ausdrückliche Zweck der *yatra*, die Advani in dreißig Tagen und über zehntausend Kilometer durch
einen großen Teil des Landes führen sollte, war der Bau des
Rama-Tempels am legendären Geburtsort des Gottes, wo eine
1528 vom Begründer der Moguldynastie errichtete Moschee
stand. Der Toyota-Transporter, in dem der BJP-Führer reiste,
war so bemalt, daß er dem Streitwagen des legendären Helden Arjuna glich, so wie er in der überaus populären Mahab-
harata-Fernsehserie gezeigt wurde. Advanis Streitwagen rief
bei den Hindus leidenschaftliche Reaktionen hervor. Menschenmengen säumten die Straßen, um einen flüchtigen Blick
auf den *rath* werfen zu können, ließen Blütenblätter auf die
Kavalkade niederregnen, wenn sie durch ihre Dörfer und
Städte kam, und das Fahrzeug selbst wurde zu einem neuen
Gegenstand der Verehrung, dem Frauen bei jedem Halt ri-
tuelle Gebete, Kokosnüsse, Weihrauch und Sandelholzpaste
darbrachten. Doch die Fahrt hatte ein düsteres Nachspiel: Im

Gefolge der *rath yatra* kam es vielerorts zu Gewalt zwischen Hindus und Muslimen.

Wie in einem Teich zur Monsunzeit dicht an dicht die Lotusstiele stehen, so war diese religiös-politische Unternehmung vollgepackt mit Symbolen. Die Symbolik fing schon bei dem «Streitwagen» an, auf dessen Kühlergrill ein großer Lotus, das Symbol der BJP, aufgemalt war. Für den Hindu ist der Streitwagen, weil er es von den Erzählungen aus dem Mahabharata und von den Grafiken beliebter Poster und Kalenderblätter so kennt, das Fahrzeug der Götter und der ín den Krieg ziehenden Helden aus der Mythologie. Vor allem wird der Streitwagen mit Arjuna – und mit Krishna als seinem Wagenlenker – assoziiert, wenn er sich zu einem gerechten, dharmischen Krieg gegen einen bösen, aber eng verwandten Feind, die Kauravas, rüstet. Arjunas Pferde waren weiß, was für seine Reinheit steht; Advanis Toyota-Gefährt, dem die Zeitungen bald den Namen «Jaganath der Hindutva» gaben, hatte die gleiche Farbe. [Jaganath ist Herr des Weltalls und steht im Mittelpunkt des Rathayatra-Fests, bei dem er auf einem riesigen Tempelwagen in seine Sommerresidenz überführt wird. Anm. d. Ü.]

Der auf den Wagen aufgemalte Lotus, das Symbol der BJP, ist zudem eines der hinduistischsten Symbole und ist allgegenwärtig in der religiösen Ikonographie Indiens. Verschiedenartige Lotusblüten werden mit unterschiedlichen Göttern und Göttinnen assoziiert, zum Beispiel ist der achtblättrige Lotus der Wohnsitz Brahmas.

Somnath, wo ein alter Shiva-Tempel steht, war der Ausgangspunkt der *yatra* und ist zugleich das größte Symbol der Niederlage der Hindus und ihrer Demütigung durch die Muslime. Die Legende weiß über Somnath zu berichten – und dies ist auch in weiten Teilen des Landes in die hinduistische Folklore eingegangen –, daß im elften Jahrhundert Somnath der reichste und herrlichste Tempel des hinduistischen Indiens war. Tausend Brahmanen waren bestellt, die tägliche Verehrung des Shiva-Emblems zu vollziehen, eines dreizehneinhalb Fuß hohen *lingams* mit viereinhalb Fuß Umfang. Dreihundert

Frauen und Männer waren angestellt, jeden Tag vor dem *lingam* zu singen und zu tanzen, und der Tempelschatz umfaßte über die Jahrhunderte angesammelte Reichtümer an Gold, Silber und kostbaren Edelsteinen. Mahmud, dem Sultan des zentralasiatischen Königreichs Ghazni, der fast jedes Jahr wie ein Feuermonsun über Nordindien hinwegfegte und dem der Ruf eines großen Tempelzerstörers und einer Geißel der Hindus weit vorauseilte, kam der hinduistische Glaube zu Ohren, daß er nur deshalb so viele ihrer Tempel zerstören konnte, weil die Götter jener Tempel die Unterstützung Somnaths verwirkt hätten. In der Aussicht, damit direkt an die Wurzel des Götterglaubens der Hindus zu rühren, und verlockt durch die Perspektive, die Tempelschätze zu plündern, marschierte Mahmud auf Somnath zu. Die Hindus gaben sich selbstgefällig dem Glauben hin, daß Shiva Mahmud nur deshalb nach Somnath hatte ziehen lassen, um den Sultan für seine Raubzüge zu strafen. Da nun die Hindus auf ein Sich-Manifestieren von Shivas göttlichem Zorn hofften, war ihr Widerstand gegen Mahmud unorganisiert und kam viel zu spät. Hunderttausende von Hindus kamen nach der Legende in dem anschließenden Gemetzel um – fünfzigtausend nach neueren Schätzungen hindunationalistischer Historiker. Der Tempel wurde dem Erdboden gleichgemacht. Das Shiva-*lingam* wurde in Stücke zerbrochen und zusammen mit dem geplünderten Tempelschatz nach Ghazni gebracht, wo die Bruchstücke dann zu Stufen am Tor der Hauptmoschee wurden. Die Hindu-Historiker, die Mahmuds Talent als General und die Tatsache, daß er von muslimischen Chronisten als einer der glanzvollsten Könige und als ein großer Kämpfer für den Islam gesehen wird, durchaus anerkennen, fügen noch hinzu: «Durch diese rücksichtslose Zerstörung von Tempeln und Götterbildern verletzte er die heiligsten Gefühle des indischen Volkes, und sein Eintreten für den Islam setzte ihn daher in ihren Augen nur noch mehr herab als dies irgend etwas anderes vermocht hätte.»[31] Somnath und Mahmud von Ghazni sind über die folgenden Jahrhunderte hinweg im Gedächtnis des Volkes eine enge Verbindung eingegangen. Heute be-

schwört der Name des Tempels unter Hindus weniger das
Bild Shivas herauf als vielmehr die Erinnerung an einen der
räuberischsten und grausamsten der muslimischen Invasoren.
Bei der Wahl von Somnath als Ausgangspunkt für die *rath yatra* waren die symbolischen Anklänge dieser Unternehmung
wohl kalkuliert; der Hindu-Streitwagen in gerechter Sache
machte sich auf, alte Demütigungen zu rächen, Unrecht aus
vergangener Zeit wiedergutzumachen.

Für die Hindus ist Somnath tatsächlich das, was Volkan als
«erwähltes Trauma» bezeichnet, genauso wie die Zerstörung
der Babri-Moschee in Ayodhya im Dezember 1992 wohl eines
der erwählten Traumata des indischen Muslims zu werden
verspricht.[32] Der Begriff «erwähltes Trauma» bezieht sich auf
ein Ereignis, das bewirkt, daß sich eine Gemeinschaft hilflos
und von einer anderen ungerecht behandelt fühlt und daß sich
die psychische Vorstellung davon in der kollektiven Identität
der Gruppe verankert. Erwähltes Trauma heißt nicht, daß
Hindus oder Muslime es sich ausgesucht hätten, zu Opfern zu
werden, sondern nur, daß sie ein bestimmtes Ereignis aus ihrer Geschichte «erwählt» haben, um daraus einen Mythos zu
machen, um es zu internalisieren und sich so ständig damit zu
befassen. Ein einmal erwähltes Trauma wird immer wieder
aufs neue aktiviert, um den Zusammenhalt in einer Gruppe
zu stärken durch die «Erinnerungen» an ihre Verfolgung, ihre
ungerechte Behandlung und daran, daß sie letztlich dennoch
überlebt hat. Im späten neunzehnten Jahrhundert hatte sich
Swami Vivekananda folgendermaßen an Somnath «erinnert»:
«Seht, diese Tempel tragen die Male von hundert Angriffen,
und hundertmalige Erneuerung geht ständig aus den Ruinen
hervor, so daß sie verjüngt sind und stark wie eh und je.»[33]
Zu Beginn des letzten Jahrzehnts des zwanzigsten Jahrhunderts
sollte Advani das erwählte Trauma der Hindus wiederum aus
den Tiefen des kulturellen Gedächtnisses hervorholen.

Wenn die *yatra* also in Somnath begann, so war es eine Sache der symbolischen Symmetrie, daß sie in Ayodhya endete,
dem Geburtsort und der Hauptstadt des Reiches von Rama
und daher Sitz der «erwählten Glorie» der Hindus. Für viele

Hindus stellt die Geschichte von Rama den glanzvollsten
Moment in der Geschichte Indiens dar. Die erneuerte Erinnerung daran, wie sie jährlich beim Ram-Lila-Fest begangen
wird, läßt die kollektive Brust vor Stolz schwellen. Auch die
erwählte Glorie ist verinnerlicht und von ebenso herausra-
gender Bedeutung für die kulturelle Identität einer Gruppe
wie ihr erwähltes Trauma; beide bilden Marksteine im Territorium des kulturellen Gedächtnisses einer Gruppe.

Advanis Zug kam zum Stehen, als er im November in Bihar
verhaftet wurde, bevor er sich auf die letzte Etappe seiner
Reise nach Ayodhya machen konnte, wo die BJP und die ihr
verbundene Organisation, die *sangh parivar*, versprochen hatten, mit dem Bau des Rama-Tempels am 9. November zu beginnen. Die bereits angeheizten politischen Leidenschaften
standen kurz vor dem Ausbruch. Den Funken lieferte der
Ministerpräsident von Uttar Pradesh, Mulayam Singh Yadav,
der geschworen hatte, daß er, um den Bau des Tempels zu
verhindern, «nicht einmal einen Vogel Ayodhya betreten lassen» würde. Dem gut geölten Parteiapparat der *sangh parivar*
war es jedoch gelungen, Tausende von *kar-sevaks* aus dem
ganzen Land für den Tempelbau herbeizuschmuggeln. Am
9. November gab Yadav der Polizei den Befehl, das Feuer auf
die *kar-sevaks* zu eröffnen, die die Polizeiabsperrungen durch-
brochen hatten in der Absicht, die Babri-Moschee nieder-
zureißen, um damit den Tempelbau einzuleiten. Unter dem
Feuer der Polizei kamen Dutzende von *kar-sevaks* ums Leben.
Ihre Leichen wurden am Ufer des Flusses Saryu verbrannt,
und die Asche wurde dann von BJP-Aktivisten in die Dörfer
und Städte in den verschiedenen Landesteilen gebracht, aus
denen sie stammten und wo sie als Märtyrer für die Sache der
Hindus gefeiert wurden. Bald brachen in vielen Teilen des
Landes Unruhen zwischen Hindus und Muslimen aus.

In Hyderabad, das mehr als tausend Meilen südlich von
Ayodhya liegt, begannen die Unruhen von 1990 damit, daß
zwei Hindus einen muslimischen Motorrikschafahrer umbrachten. Obwohl der Mord später mit einem Gebietsstreit
zwischen zwei rivalisierenden Banden in Verbindung gebracht

wurde, fügte er sich doch in den Kontext der Spannungen zwischen Hindus und Muslimen, die gerade zu der Zeit, als er geschah, im Steigen waren. Die Muslime übten Vergeltung, indem sie vier Hindus in verschiedenen Teilen der alten Stadt niederstachen. Dann wurde Majid Khan, ein einflußreicher lokaler Politiker aus Subzimandi, der in der Dunkelzone zwischen Verbrechen und Politik lebt und erfolgreich tätig ist, von ein paar BJP-Aktivisten mit dem Schwert angegriffen, und es ging das Gerücht, er sei gestorben. Muslim-Mobs rotteten sich in den Gassen und Straßen der Altstadt zusammen und Hindu-Mobs daraufhin in den Gegenden, wo die Hindus stark waren, und der Aufruhr brach los. Er sollte zehn Wochen lang dauern und forderte mehr als dreihundert Menschenleben und Tausende von Verwundeten. Eine der Verwundeten war das zweijährige Mädchen vom Zeitungsphoto.

3.
Die Krieger

Majid Khan überlebte den Angriff. Als ich ihm anderthalb Jahre später gegenüberstand, war ihm sehr daran gelegen, mir die Narbe von dem Schwertstreich zu zeigen, der seinen allmählich kahl werdenden Kopf in der Mitte gespalten hatte. Die wulstige, schartige Narbe, die um viele Nuancen dunkler war als der nußbraune Schädel, über den sie lief, bevor sie hinunter zu dem schütteren schwarzen Haar hinten im Nacken mäanderte, stellte er als stolzes Ehrenabzeichen, als Tapferkeitsorden aus einem alten Krieg zur Schau. Der mörderische Überfall hatte ihn, wie Majid Khan es formulierte, zum «Helden von Hyderabad» gemacht. «Tausende von Menschen kamen zum Krankenhaus, als sie von der Attacke erfuhren», erinnerte er sich mit Stolz und schaute zu den beiden jungen Männern im Zimmer hin, damit sie dies beide im Chor bekräftigten. «Tausende jeden Tag», erwiderten die Männer zustimmend. «Nichts verband die Muslim-Nation in dieser Stadt so sehr wie dieser feige Anschlag», sagte Majid Khan. «Ganz genauso ist es. Hyderabad hat noch nie zuvor so etwas gesehen», bestätigten die Männer, diesmal mit größerer Begeisterung, da sie in ihrer Rolle warm wurden.

Ich hielt die Männer, beide Anfang dreißig, für seine *cham-chas*, herumscharwenzelnde Faktoten, die für alles zu gebrauchen sind, um Politiker und Filmstars herumstreichen und für ihre körperlichen und insbesondere ihre narzißtischen Bedürfnisse sorgen. Majid Khan war noch kein politischer Star von der Sorte, die sich mit einer ganzen Schar umgebt, mit einem sogenannten *katori*, der bescheideneren lokalen Ausgabe des Klüngels, der sich traditionellerweise um Premierminister bildet.

Doch ist es mit Majid Khan nach den Unruhen politisch steil bergauf gegangen, und die Visitenkarte, die er mir gab, war der Beweis für seine Bedeutung bei den Majlis. Sie war in Englisch gedruckt, mit seinem Namen in kursiven roten Lettern, darunter mehrere Zeilen in grünen Buchstaben verschiedener Größe, und glich so einer Miniaturausgabe der Flagge einer neuen islamischen Nation; sie informierte mich, daß Abdul Majid Khan Ratsmitglied der All India Majlis-e-Itehad-ul-Muslimeen und Direktor der Sarussalam-Urban-Cooperative-Bank ist, zwei Telefonnummern hat und eine Privatadresse im Stadtteil Karwan Sahu, wo er ein Haus besitzt sowie ein Eßlokal (das man als Restaurant bezeichnen könnte, auf das aber respektvoll als «Hotel» verwiesen wird).

Ich glaube, er war nicht darauf vorbereitet, als wir etwa um elf Uhr morgens an einem heißen Tag Ende April unangemeldet in das Vorzimmer seines Hauses kamen. Falls ihm unser Eindringen ungelegen kam, so verrieten doch seine tiefliegenden Augen in einem dunklen runden Gesicht keinerlei Verärgerung. Er unterbrach seine Unterhaltung mit den _chamchas_ und begrüßte uns herzlich, erkundigte sich nach der Gesundheit Sahbas, meiner muslimischen Assistentin, und brachte seine große Freude zum Ausdruck, sie wiederzusehen, bevor er sich mir mit höflicher Aufmerksamkeit zuwandte. Majid Khan war ein breit gebauter Mann mittleren Alters, nicht allzu groß, mit kurzem, kräftigem Hals, der seine Funktion, den Kopf mit dem Rumpf zu verbinden, ernster nahm als die, beides voneinander zu trennen, und auch wenn er nur sein Unterhemd und den verknitterten grün und schwarz karierten _lungi_ anhatte, umgab ihn die raumfüllende Aura eines puren Machtmenschen. An einer Zimmerwand hingen aufgezogene Schwarzweißphotos, die ihn zeigten, wie er nationalen Politikern Girlanden umhängte und umgekehrt wie er – von Lokalpolitikern allerdings – behängt wurde. Der hochgewachsene, ausgemergelte Führer der Partei, Sultan Owaisi, war – ernst und gütig – ebenfalls auf den meisten Photos zu sehen. Eine andere Wand war ganz mit einem grobkörnigen Farbphoto eines Schweizer Chalets tapeziert, das am Rand eines

kühlen Eisbaches stand und sich gegen einen unglaublich
blauen Himmel abhob, dessen Blau durch zwei hellgraue
Schäfchenwolken noch intensiver wurde. Bäume im Früh-
lingskleid warfen dunkelviolette Schatten auf sonnengefleck-
tes Gras. Pralle europäische Kühe, seidig glänzend und mit
rosa Euter, grasten auf der sanft gewellten Weide. Draußen
wurde der Morgen ständig heißer. Die Temperatur hatte die
Vierzig-Grad-Marke überschritten, obwohl die sengende Sonne ihren unaufhaltsamen Aufstieg erst begonnen hatte.

Majid Khans leichtes Unbehagen, als wir weitere Höflichkeiten austauschten, während er sich nach dem Zweck meines
Besuches erkundigte, war nicht auf die Hitze und den Schweiß
zurückzuführen, der auf seinem kahlen Schädel glänzte und
sich in regelmäßigen Abständen zu großen Schweißtropfen
vereinigte, die dann seine Stirn hinunterrannen. Ihn schien
mehr sein legerer Aufzug und der Ort unserer Zusammenkunft zu stören. Als jemand, der gern eine politische Figur
von mehr als lokaler Bedeutung wäre, wollte sich Majid Khan
natürlich in einer angemesseneren Umgebung und passend für
seine Rolle gekleidet präsentieren. Er entschuldigte sich und
bat einen seiner Männer, uns zum Parteibüro zu bringen, das
sich circa hundert Meter von seinem Haus entfernt über seinem Restaurant befand, wo wir dann auf ihn warten sollten.

Das Büro selbst war funkelnagelneu, sah aber kahl und un-
benutzt aus. An einer Wand, die in der Farbe, die für mich inzwischen das typische Hyderabad-Blau ist, gestrichen war,
stand ein braunes Kunstledersofa. Das einzige andere Möbel-
stück war ein Tisch mit Resopalplatte und ein weißer Korb-
stuhl aus Plastik. Auf dem Sofa, dem Tisch und dem Stuhl lag
eine feine Staubschicht. Es gab keine Schränke, keine Akten-
ordner, keine Kugelschreiber, Bleistifte, Büroklammern, No-
tizblöcke noch all die anderen Utensilien, die auf ein Büro
hätten schließen lassen, in dem gearbeitet wird. Wir wurden
von unserem Begleiter in den angrenzenden Raum gebeten,
der luxuriöser, ja sogar pompös und knallbunt ausgestattet
war, so wie sich in der vom indischen Film geprägten Vorstellung der Unterklasse aristokratische Pracht ausnimmt. Auf

dem pfirsichfarbenen Plüschsofa konnte man leicht zu sechst
sitzen, und ähnlich viel Platz bot ein Diwan in einem üppigen
Blumenmuster mit zwei zylindrischen Kissen in dunkelrosa
Satinüberzügen. Ein neu glänzender, grellblauer Mirzapur-
Teppich mit einem verschlungenen persischen Motiv in Dun-
kelrot bedeckte den ganzen Boden. Majids Mann fragte uns
höflich, ob wir vielleicht die Photographien des Sahibs anschauen wollten, ein Angebot, das wir mit der gleichen Höf-
lichkeit annahmen. Der Mann kam nach ein paar Minuten
mit zwei überquellenden Schuhkartons und einem jüngeren
Mann im Gefolge zurück, dem *chamcha* des *chamchas*, der
zwei Flaschen gekühlter Limonade trug. Während wir etwas
von der übersüßen Limonade tranken, nahmen wir teil an einer Photoreise durch Majid Khans Leben, auf der seine politische Karriere und der soziale Status, den er erreicht hatte, in
ein helles Licht gerückt wurde. In der Stimme des *chamchas*
lag aufrichtige Bewunderung und ehrfürchtige Scheu, wenn er
auf seinen Gönner in verschiedenen Situationen hindeutete:
Hier ist er im Empfangskomitee für den früheren Minister-
präsidenten, dort steht er neben dem Sahib Sultan beim Emp-
fang für den Sahib Gouverneur, dort steht er vor einer Gruppe, die dem Sahib Sultan bei der Eröffnungszeremonie der
Bank eine Girlande umhängt.

Während wir unsere Anteilnahme mit leisen «Oohs!»,
«Ahs!» und zunehmend mit «Ahas!» bekundeten, kam Majid
Khan herein, gefolgt von einem der jungen Männer, die wir
zuvor bei ihm zu Hause gesehen hatten. Majid Khan steckte
jetzt in der Uniform des Politikers: frische, leicht gestärkte
weiße *kurta-pyjamas* und dazu passende weiße Ledersanda-
len. Er entschuldigte sich wortreich, weil er uns hatte warten
lassen und nahm dann eine Fernsteuerung aus seiner Tasche,
mit der er versuchte, den Ventilator, der neben dem Diwan
stand, einzuschalten. Die Blätter drehten sich einmal im Kreis
und blieben dann stehen. Der Knopf der Fernsteuerung wurde
nochmals gedrückt, und der Ventilator unternahm eine neuer-
liche Anstrengung. Dies wiederholte sich ein paarmal, bevor
ein fast unmerklicher Wink den *chamcha* in Bewegung setzte

und er den Ventilator mit der Hand anknipste. Während des
Spiels mit dem Ventilator redete Majid Khan weiter mit dem
jungen Mann darüber, wie nun alles mit der Polizei in Ordnung gebracht war und daß es keinen Grund zur Sorge mehr
gab. Ich hatte das deutliche Gefühl, daß diese Unterhaltung
schon vorher im Haus und auf dem Weg zum Büro stattgefunden hatte. Mir schien, daß deren Höhepunkte nun speziell
für uns wiederholt wurden; Majid Khan stellte sich vor: Ohne
sich direkt zu brüsten, übermittelte er durch das Gespräch,
wie groß seine Macht war, wie sehr ihm alles und jeder ein
Anliegen war und welch wichtige Rolle er im Leben seiner
Gemeinde und dem *mohalla*, in dem er zu Hause war, spielte.
Jemand hatte anscheinend der Polizei gemeldet, daß in einem
Haus im Viertel eine Bombe und ein Revolver versteckt seien.
Ein Trupp Polizisten kam am Abend nach Karwan, nahm alle
im Haus zum Verhör auf die Polizeiwache mit, und einige der
Männer wurden brutal behandelt. Der junge Mann, der in ei-
ner Fabrik arbeitete, war der einzige in der Familie, der zur
Zeit der Polizeirazzia nicht zu Hause war. Er kam zu Majid
Khan gerannt und bat um seine Hilfe. Majid ging zum Poli-
zeirevier und erreichte, daß die Familie des jungen Mannes
freigelassen wurde, was dadurch erleichtert wurde, daß die
Hausdurchsuchung keine Waffe zutage gefördert hatte. Nachdem der junge Mann wieder draußen war, ging Majid Khan
dazu über, einen langen Vortrag über den zunehmenden
zulm, die Unterdrückung der Muslime durch die Polizei, zu
halten. Der *chamcha* griff den Faden auf und erzählte uns von
anderen Vorfällen, bei denen Majid Khan auch als der große
Helfer und Retter der Unterdrückten aufgetreten war und sich
der Eigenmächtigkeit der Polizei furchtlos entgegengestellt
habe, wobei er bewaffneten Polizisten die Stirn bot, die während eines Aufruhrs in die Muslim-Menge feuern wollten.

Für mich war es schwierig, das Bild dieses höflichen, selbst-
sicheren Mannes, dessen Engagement im Dienste seiner Gemeinde nicht reinweg vorgetäuscht sein konnte, mit dem Bild
in Einklang zu bringen, das englischsprachige Zeitungen in
Hyderabad und die Polizei von ihm entwarfen, für die er ein

bekannter *goonda* war. Der Großteil der städtischen Elite
kennt den *goonda* aus hindisprachigen Filmen, wo er kari-
kiert wird als der dunkelhäutige, gewöhnlich unrasierte Bösewicht mit den kräftigen Muskeln, in engen Sweatshirts und
Jeans (oder in einem karierten *lungi*, wenn es sich um einen
Muslim handelt), mit einem Tuch um den Hals gebunden und
einer Goldkette im Brustpelz. Die Polizei von Hyderabad hat
einen speziellen Namen für solche Leute. In ihren Akten werden sie als «Rowdies» geführt. Ein Rowdy ist, wie uns das
Oxford English Dictionary mitteilt, ein «roher Mensch, der
die öffentliche Ordnung stört; ein notorischer Unruhestifter,
der Streit und Auseinandersetzung sucht». Obwohl amerikanischen Ursprungs, beschwört das Wort Rowdy heute eher
das Bild eines britischen Fußballfans herauf, der in einem
Fußballstadion irgendwo in Europa herumrandaliert, als das
eines harten Typs, der in den Seitengassen Hyderabads mit
dem Messer zusticht. Die Polizei nennt diese Leute auch «history sheeters», womit die Blätter in den Polizeiakten gemeint
sind, auf denen Jahr für Jahr die Geschichte ihrer gesetzes-
widrigen Aktivitäten sorgfältig registriert wird und auch ihre
Haftstrafen und eventuelle weitere gerichtliche Verurteilungen aktenkundig gemacht werden.

In den *mohallas*, wo Majid Khan und andere von seiner
Sorte leben, würden sich nicht viele finden, die mit dieser
Charakterisierung als *goondas* – wie sie Polizei und obere
Mittelschicht vornehmen – einverstanden sind. Die Männer
selbst haben, was nicht weiter erstaunt, keinen Namen für
sich, obwohl ihnen eine anschauliche Wendung, wie etwa
«Freund der Armen», «Beschützer der Unterdrückten» wohl
lieber wäre. Ein Name würde sie klassifizieren, sie aus der
Gemeinschaft ausgrenzen, sie aus dem Meer, in dem sie als
große Fische schwimmen, zu dessen Ökologie sie aber dennoch wesentlich beitragen, herausnehmen. Der einzige Name,
den sie nicht ungern akzeptieren und der auch für andere –
einschließlich der Polizei – akzeptabel ist, ist *pehlwan*. Ge-
naugenommen ist ein *pehlwan* ein Ringer, doch kann dieser
Begriff auch ganz allgemein «starker Mann» bedeuten; wofür

die Stärke eingesetzt wird, bleibt offen und der Interpretation der verschiedenen Gruppen überlassen. Also will ich die Männer *pehlwans* nennen (und nicht *goondas*, Hooligans, Rowdys oder «history sheeters») ohne Rücksicht darauf, ob sie tatsächlich als Ringer und Bodybuilder trainiert haben, wenn das auch bei erstaunlich vielen der Fall ist. Und wirklich ist es die Kultur des traditionellen indischen Ringkampfes – auf die ich später noch genauer eingehen werde –, die einen starken Einfluß auf ihre Persönlichkeitsbildung hatte und ihre Identität am entscheidendsten prägte.

Im strengen Sinn ist also Majid Khan kein *pehlwan*, obwohl er als Junge ein paar Jahre Ringkampftraining – das sogenannte *talim* – hinter sich brachte. Sein jüngerer Bruder ist der bekannte *pehlwan* Mumtaz, und viele der jungen Männer aus seinem Anhang, *seine* Männer, sind angehende *pehlwans*, die dem täglichen Training eines Ringers nachkommen und die für einen Ringer vorgeschriebene Lebensweise einhalten. Er ist ein großer Bewunderer des gesamten Ringerethos, das seiner Meinung nach den Charakter formt und die jungen Männer davon abhält, auf Abwege zu geraten. Es bekümmert ihn, daß das traditionelle Ringen in Hyderabad keine Zukunft mehr hat, und junge Männer sich eher zu solchen Importen wie Judo und Karate hingezogen fühlen. Die japanischen Kampfkünste kommen an, sind eine Kunst, die man sich mal eben so aneignet, ohne daß man sich dabei unbedingt auf die dahinterstehende Kultur ganz und gar einlassen und sie verinnerlichen müßte. Für den Niedergang des Ringens gibt es viele Gründe. Zuerst einmal ist es die sich verschlechternde wirtschaftliche Lage, die es einer Familie schwer macht, einen Sohn *pehlwan* werden zu lassen, da er dann eine teure Extrakost braucht: Pistazien, Mandeln, ausgesuchte Fleischstücke und mehrere Liter Milch pro Tag. Zudem haben die Spannungen zwischen Hindus und Muslimen dazu geführt, daß Ringkämpfe in der Stadt polizeilich verboten sind, da ein Wettkampf zwischen einem Hindu- und einem Muslim-Ringer leicht den ersten Funken für einen Zusammenstoß zwischen den beiden Bevölkerungsgruppen liefern kann. «Nur

zehn Prozent der *pehlwans* sind in Gewalttätigkeiten verwik-
kelt», meint Majid. «Eigentlich stärkt es den Charakter, wenn
man *pehlwan* wird, und wirkt sich positiv auf viele junge Leute
aus, die sonst zu Gewalt und Unbeherrschtheit neigen. Wenn
man die Straße entlanggeht und vier Leute grüßen einen respektvoll als ‹pehlwan›, dann trägt man den Kopf hoch und
wird nichts tun, um sich diesen Respekt zu verscherzen.»

Majid beschreibt seine eigene Rolle in den Unruhen vorwiegend als die eines Friedensstifters, eines älteren Mentors
mit einigem Einfluß auf die jungen Hitzköpfe der Muslim-Ge-
meinde speziell in Karwan. Es gelingt ihm im allgemeinen,
heftige Leidenschaften und erregte Menschenmengen zur Ruhe zu bringen. «Es ist nicht so leicht, diese Jungs unter Kontrolle zu halten», sagt er in gespieltem Kummer, während er
den bewundernd zu ihm aufblickenden jungen *chamcha*
nachsichtig anlächelt. «Auch ohne zu provozieren, werden
diese jungen Männer bei einem Aufruhr von der Polizei rein-
gelegt, die ihnen dann einen Mord anhängt. Wenn sie gegen
Kaution freikommen, führen sie sich danach auf, als ob sie
wirklich Killer und den *pehlwans* ebenbürtig wären. Die Polizei hat sie dann offiziell als Killer abgestempelt, und was für
ein besseres Zeugnis könnten sie haben?» Majid Khans Meinung nach besteht seine Funktion bei den Unruhen zu einem
großen Teil darin, die jungen «Killer» dabei zu bremsen, mit
ihren Killerfähigkeiten zu sehr anzugeben, also die Konsolidierung einer Killeridentität zu verhindern, wie der Psycholo-
ge sagen würde. Er selbst, meinte Majid Khan, habe nie so etwas wie Mordlust an sich erlebt, nicht einmal mitten in den
schlimmsten religiösen Gewaltausbrüchen. Das heiße nicht,
daß er irgendwie an Gewaltlosigkeit glaube, wenn es zu Unruhen zwischen Hindus und Muslimen komme. Er sei, was
die Gewalt betreffe, nach keiner Seite ein Fanatiker. Er habe
eine «gesunde» Haltung gegenüber dem gegenseitigen Ab-
schlachten, eine Einstellung, die er folgendermaßen definiert:
«Unruhen sind wie Kricketspiele, die über einen Tag gehen,
und das Töten ist wie die Runs. Man muß wenigstens einen
Run mehr schaffen als das gegnerische Team. Die Ehre der ei-

genen Nation hängt davon ab, daß man nicht weniger Runs schafft als der Gegner.»

Zum anderen besteht seine Funktion bei einem Aufruhr darin, für seine Gemeinde Verbindung mit Polizei und Verwaltung aufzunehmen und im Auftrag seiner Partei, der Majlis, Hilfsgüter zu organisieren und zu verteilen. Zwar beschuldigen ihn manche, dabei einiges auf die Seite zu schaffen («Von zehn Tüten Reis behält er sieben!») und sich daher auf Kosten des Elends anderer zu bereichern, doch ist Majid Khan auf überzeugende Weise beredt, wenn er über das große menschliche Leid spricht, das jeder Aufruhr mit sich bringe, und über seine eigenen bescheidenen Bemühungen, es zu lindern. Ich habe den Eindruck, daß Majid Khan sich, wenn er über menschliches Leiden spricht, viel wohler fühlt, als wenn er von Gewalt redet, daß er lieber über die Verbundenheit, die das Elend schafft, redet als über die Spaltung, die der mörderische Ethnozentrismus hinterläßt. Der Verlust geliebter Menschen, das In-Flammen-Aufgehen des Hauses und der spärlichen Habe, das Wimmern der Kinder vor Hunger und Angst sind Erfahrungen, die Muslime und Hindus gleichermaßen machen, und schließlich bin ich, sein Gesprächspartner, ein Hindu. Über das während der Unruhen hereinbrechende Leid zu reden bringt uns beide in unserem gemeinsamen menschlichen Mitgefühl näher zueinander, während ein Eingehen auf die Gewalt uns auseinanderbrächte und uns ständig daran erinnern würde, daß wir potentielle Todfeinde sind.

In früheren Begegnungen mit Sahba, die Muslimin ist, mußte Majid Khan sich nicht wie jetzt, wo ich, ein fremder Hindu, anwesend war, derartige Zurückhaltung auferlegen und hatte freier über seine mehr muslimischen Empfindungen gesprochen: Die Muslime hätten nie von sich aus angegriffen, sie hätten sich nur verteidigt. Sie würden in allen Bereichen diskriminiert, und die Polizeischikanen machten die gesamte Gemeinschaft rebellisch. Eines Tages würden sie sich erheben und kämpfen, auch gegen die modernen Waffen der Polizei. Schließlich gäbe es nur vier Bevölkerungsgruppen in Indien, die kämpfen: die Sikhs, die Marathen, die Rajputen und die Muslime. Sogar wenn sie völlig in der Minderzahl sind, könnten Muslime sich gegen eine weit überlegene Schar von Hindus zur Wehr setzen, solange die Polizei nicht ihre Schußwaffen auf sie richte. Aber auch diese Situation werde sich ändern. Nichts sei besser geeignet als ein Aufruhr, um eine gesellschaftliche Gruppe zusammenzuschweißen und ihren kollektiven Kampfeswillen für die bevorstehende Auseinandersetzung zu stärken.

Test der Tiger

Der Gießen-Test ist heutzutage in Deutschland einer der am weitesten verbreiteten Tests im klinischen Einsatz.[1] Er ist auf psychoanalytischer und psychosozialer Basis entwickelt, und seine vierzig Statements sind in sechs Skalen unterteilt: soziale Resonanz, Dominanz, Selbstbeherrschung, Grundstimmung, Durchlässigkeit und soziale Potenz. Ich habe diesen Test eingesetzt, um systematisch das Selbstbild der *pehlwans* – der «Tiger», wie sich auch gern nennen – zu eruieren, und fand ihn ein besonders nützliches Instrument bei meinen Interviews, weil ich mir in relativ kurzer Zeit ein umfassenderes Urteil über die «Krieger» bilden konnte. Die *pehlwans* begnügten sich oft nicht damit, nur eine Alternative zu einem Statement anzukreuzen, sondern lieferten im allgemeinen nähere Ausführungen, oft indem sie Anekdoten aus ihrem Leben zur Veranschaulichung beisteuerten. So notierte zum Beispiel Majid Khan als Antwort auf ein Statement nicht einfach: «Ich bin sehr geduldig», sondern fügte noch hinzu: «Ich mußte Geduld lernen und dabei viel Lehrgeld bezahlen» und erzählte dann einen Vorfall aus seinem Leben, der schmerzlich für ihn war, weil sein Temperament mit ihm durchging.

Im ersten Bereich, der sozialen Resonanz, die mit der Wirkung einer Person auf ihre Umwelt zu tun hat, damit, ob man in sozialen Interaktionen narzißtisch befriedigt oder frustriert ist, sieht sich Majid als jemand, der auf der sozialen Bühne positive Resonanz auslöst. Er findet es leicht, andere anzuziehen, und glaubt, daß man mit seiner Arbeit hoch zufrieden ist. Ihm ist sehr daran gelegen, gut auszusehen, und er findet, daß er erfolgreich darin war, seine Lebensziele zu erreichen.

Im Bereich Dominanz, der auf der einen Seite mit Aggressivität, Impulsivität, Starrsinn und dem Hang zu autoritärem Verhalten zu tun hat und auf der anderen mit Aggressionsunfähigkeit, Geduld, Bereitschaft zu angepaßtem Verhalten und der Tendenz, sich unterzuordnen, wirkt Majid Khan besonders dominierend und starrköpfig, obwohl er sich sehr bemüht, im öffentlichen Leben seine Ungeduld unter Kontrolle zu halten.

Was seine Selbstbeherrschung betrifft, so ist Majid Khan eher unbeherrscht als zwanghaft, aber nicht in einem Grad, der Kriminalität und soziopathische Tendenzen signalisieren würde. Es ist jedoch offensichtlich, daß Majid Kahn Probleme hat mit seinen aggressiven Regungen: Er neigt dazu, seinem Zorn freien Lauf zu lassen, und kämpft sehr darum, sich in die Hand zu bekommen, damit es nicht zu unkontrollierten Wutanfällen und Ausbrüchen von Gewalt kommt.

Obwohl Majid seinem Ärger Luft macht und überhaupt nicht schüchtern ist, weist einiges recht deutlich auf eine depressive Grundstimmung hin. Er macht sich in der Regel viele Gedanken über persönliche Probleme, ist in seinem Gefühlszustand stark von äußeren Veränderungen beeinflußt und oft bedrückt. Sieht man dies zusammen mit dem Problem, das er mit der Selbstbeherrschung hat, und der Tatsache, daß er sehr leicht in Hochstimmung gerät, so scheint mir das darauf zu verweisen, daß eine Disposition vorliegt, mit Überaktivität eine dysphorische Stimmung zu kompensieren, und so manchmal eines das andere ablöst. Außerdem besteht eine deutliche Tendenz, daß in angespannten Situationen die Sicherung durchbrennt.

Was die Durchlässigkeit betrifft, die grundlegende Art und Weise, in der der Kontakt mit der Außenwelt erlebt wird und wie offen oder verschlossen jemand in der Interaktion mit anderen ist, so sieht sich Majid Khan als sehr vertrauensvoll und erlebt starke Gefühle in der Liebe. Jedoch findet er es gleichzeitig sehr schwer, aus seinem Schneckenhaus herauszukommen, gibt sehr wenig von sich preis und vermeidet zu große Nähe zu einer anderen Person. Daß dies nur auf persönliche Beziehungen und nicht auf den Öffentlichkeitsbereich zutrifft, wo er gut mit anderen arbeiten kann, könnte bei ihm eine Störung in der Entwicklung des Urvertrauens und in der Offenheit gegenüber den eigenen Gefühlen vermuten lassen. Es scheint, als wären die ersten Kontakte zur Welt nicht so positiv verlaufen und hätten Furcht vor einer feindlichen Umwelt erzeugt, die zu einem defensiven Sich-Verschließen und Bewahren des innersten Selbst geführt haben. Ich spüre bei Majid Khan die Sorge, ausgenützt und mißbraucht zu werden, wenn er sich einem anderen Menschen je ganz öffnen würde. So kann er auch von anderen nicht zerstört werden, auch wenn er dabei wohl emotional isoliert bleibt. Diese Hypothese wird gestützt durch seine Antworten auf andere Statements des Fragebogens, wie etwa die, daß er sich relativ schwer tue, sich über längere Zeit an jemanden zu binden, das heißt, er hat Angst vor persönlichen Bindungen. Er wirkt so wie jemand, der Vertrauen und Zuneigung nur spielt, ohne beides zutiefst zu fühlen, etwas, was er im öffentlichen Leben mit Erfolg praktiziert, zumal er zugibt, ein guter Schauspieler zu sein und es mit der Wahrheit nicht allzu genau zu nehmen.

Killer und Poet

Anders als Majid Khan ist Akbar ein echter *pehlwan*. Er wurde seit seinem zehnten Lebensjahr als Ringer ausgebildet und kommt aus einer Familie, wo die Männer der letzten vier Generationen alle Ringer waren. Bei den Hindus ist er berüchtigt als Killer, während viele Muslime seine Rolle bei der Organisation der Gewalt von seiten ihrer Gemeinde während der Unruhen beifällig anerkennen. Akbar wohnt mit vier Ringer-Brüdern und ihren Familien, seiner verwitweten Mutter und drei Frauen in einem großen Haus und ist ein wohlhabender Mann, dem ein Hotel und drei *talimkhanas*, wie die Ringerschulen auf Urdu genannt werden, gehören. Wie bei den meisten anderen *pehlwans* ist seine Haupteinnahmequelle das, was von den *pehlwans* dezent als «land business» umschrieben wird.

Nennt man die Dinge beim Namen, so ist dieses «land business» – das «Grund-und-Boden-Geschäft» – eine der Folgen des Zerfalls des indischen Gesetzessystems. Da Streitigkeiten zwischen Grundbesitzern und Pächtern und andere Kontroversen über den Besitz von Grund und Boden, wenn man Klage vor Gericht erhebt, über Jahrzehnte gehen können, bevor es zu einer Klärung kommt, wendet sich eine der streitenden Parteien an einen *pehlwan*, um die Gegenpartei gewaltsam zu vertreiben oder auf andere Weise einzuschüchtern. Wenn der Streit auf diese Weise «beigelegt» wird, erhält der *pehlwan* ein reichliches Entgelt für seine Dienste. Falls es sich um bekannte *pehlwans* mit mehreren *talimkhanas* (oder dem Hindu-Pendant, den *akharas*) handelt, die dann über ein großes Reservoir an harten jungen Burschen in Gestalt von Schülern und Allzweckassistenten verfügen, kann dieses Grund-und-Boden-Geschäft sehr einträglich sein. Viele der *pehlwans* müssen auch gar nicht mehr zu gewaltsamen Methoden greifen. Die bloße Tatsache, daß ein berühmter *pehlwan* wie Akbar von einer der Parteien engagiert worden ist, reicht aus, daß der Gegner klein beigibt und eine Beilegung des Streits erreicht wird. In Fällen, wo die andere Partei sich ebenfalls einen *pehlwan* nimmt, um ihre Interessen zu wahren – und diese Fälle mehren sich –, werden sich die zwei *pehlwans* in der Regel einig und kommen zu einer für beide Seiten befriedigenden Lösung, die sie – aufgrund der Furcht, die sie erwecken – ihren Klienten aufzwingen können. Da dieses inoffizielle System sich auf die *Androhung* physischer Gewalt gründet, kommt es selten zu offener Gewalt, denn es spielt sich wie ein Schwarzmarkt zwar abseits der Legalität, doch nach eigenen Gesetzen parallel zum legalen staatlichen System ab, und zu Gewalt kommt es nur, wenn sich neue *pehlwans* ohne Rücksicht auf Verluste in das Herrschaftsgebiet etablierter «Tiger» hineinzudrängen versuchen und deren vitale Interessen bedrohen und so schnelle Vergeltungsmaßnahmen herausfordern. Zumindest unter muslimischen *pehlwans* ist Akbar ein Tiger unter Tigern, ein wohlgeachteter Mann aufgrund seiner Ringerfähigkeiten, seines Erfolges im Grund-und-Boden-Geschäft und aufgrund des hohen Ansehens, das er innerhalb seiner Gemeinde genießt. Eine politische Karriere steht zu erwarten: Akbar ist gebeten worden, sich bei den staatlichen Wahlen für die Muslim-Partei aufstellen zu lassen, und will dies auch tun.

Die Polizeiakten jedoch nehmen keine Rücksicht auf Ansehen und Erfolg. Dort wird er weiterhin als notorischer ‹Rowdy› geführt, und beginnend in den frühen sechziger Jahren folgt eine Liste von Daten mit jeweils ein paar lakonischen Zeilen über die verübten Straftaten. Als erstes wurde Akbar mit zwanzig wegen sexueller Belästigung verurteilt – er hatte einem Mädchen nachgestellt, wie in der Akte steht, – und wurde vom Gericht zu einer Geldbuße von zehn Rupien verurteilt. Ein paar Monate später wurde er wegen Körperverletzung auffällig, jedoch erstattete der Kläger dann keine Anzeige, weil Akbar, so vermutet die Polizei, das Opfer einschüchterte. Als nächstes wird er verdächtigt, eine Goldkette entwendet zu haben. Doch das erste gravierende Vergehen, für das er zu ein paar Jahren Gefängnis verurteilt wird, ist ein tätlicher Angriff auf einen Sondertrupp der Polizei, der «schwere Verletzungen zur Folge gehabt» habe. Es folgt nun eine Reihe von Anklagen wegen Körperverletzung, Messerstecherei, Entführung und Freiheitsberaubung, meist in Zusammenhang mit Grundstücksgeschäften, von denen er aber jedesmal freigesprochen wird, weil entweder der Kläger oder die Zeugen oder beide Seiten sich aus Angst nicht trauen, vor Gericht gegen ihn auszusagen. Nun folgt eine lange Liste mit eintönigen Details über Verhaftungen, Ausweisungsbefehle, die ihm den Aufenthalt in der Stadt auf bestimmte Zeit verbieten, Verurteilungen zu kurzen Gefängnisaufenthalten, von denen er viele umgeht, indem er sich ins Krankenhaus einweisen läßt.

Was nun an der Akte auffällt, sind die zunehmenden Konfrontationen mit der Polizei. Polizeibeamte werden beschimpft, bedroht und ein paarmal tätlich angegriffen, was die Polizei von Hyderabad, wie die jeder anderen Stadt auf der Welt, besonders übel vermerkt und streng ahndet. Was in der Akte nicht erwähnt wird, ist, daß es zu diesen Konfrontationen mit der Polizei sehr oft im Zusammenhang mit Gewalttätigkeiten zwischen Hindus und Muslimen kommt, bei denen Akbar die muslimischen Interessen in klarer und eindeutiger Weise durch körperlichen Einsatz verteidigt. Das trägt ihm viele Bewunderer in seiner Gemeinde ein, vor allem unter den jungen Leuten. Und dann passiert etwas Seltsames: Der Rowdy wird von der Polizei rekrutiert, wird ausgebildet und als Polizist in der bewaffneten Polizei eingestellt, etwas, was nur zustande kommen konnte als Nebenprodukt eines politischen Handels, der genau zu dieser Zeit zwischen den Majlis und der regierenden Kongreß-Partei geschlossen wurde. Akbars Polizeikarriere findet ein abruptes Ende: Er wird entlassen, weil er während einer der Unruhen in den siebziger Jahren gedroht hatte, einen stellvertretenden Polizeipräsidenten umzubringen. Er greift dann einen Polizeikommissar tätlich an und landet wieder im Gefängnis, dieses Mal für ein Jahr. Einen großen Teil dieser Strafe verbüßt er im Gefängniskrankenhaus, wo er weiter aktiv ist. Es finden sich Fälle von Freiheitsberaubung, Körperverletzung und Erpressung, die Akbar vom Krankenhausbett aus organisiert haben soll.

Über zehn Jahre lange bleibt nun Akbars Akte ohne neue Einträge. Akbar wird in der politischen Arena zunehmend aktiv und ist nicht mehr persönlich in irgendwelche Straßenkämpfe verwickelt. Er ist kein Soldat mehr, sondern General und während eines Aufruhrs einer der mutmaßlichen Hauptorganisatoren der Gewaltaktionen von Muslimseite. Die Polizei räumt in einem von ihr schriftlich niedergelegten Resümee (in dem eine Aversion gegenüber Pronomen offensichtlich ist) ein: «Ist sehr populär. Wird in seiner Gegend *pehlwan* genannt. Hat eine Menge Geld im Grund-und-Boden-Geschäft verdient. Wird von vielen Leuten der Gegend wegen Beilegung häuslicher Probleme und privater Streitigkeiten angegangen, die er gütlich schlichtet. Hat Auto, Grundbesitz und Einkommen aus Vermietung und aus Hotels. Bildet viele Leute der Gegend im Ringen aus. In letzter Zeit nicht in Straffälle verwickelt. Jedoch bleibt scharfe Beobachtung seiner Aktivitäten weiterhin bestehen.»

Akbar fragte Sahba genau aus, als sie sich zum ersten Mal trafen. Er wollte wissen, wer seinen Namen erwähnt hatte, woher sie seinen Schüler kannte, der sie zu ihm gebracht hatte, wie oft sie schon in Karwan gewesen war und was die Leute über Politik, Religion und Gewalt gesagt hatten. Er war zunächst auf der Hut und wenig gesprächig und fragte, warum er unbedingt interviewt werden sollte und warum er denn glauben sollte, daß Sahba tatsächlich Muslimin sei, auch wenn ihre Kleidung, ihr Aussehen und die Art, wie sie auftrat und redete, die Muslimin erkennen ließen. Nach all den bitteren Erfahrungen in seinem Leben fiel es ihm schwer, Menschen zu vertrauen. Wenn ihn die Leute kannten, dann deshalb, weil er gute Arbeit geleistet hatte, um die Ehre (*izzat*) der muslimischen Nation hochzuhalten. Als sein Argwohn aber einmal beschwichtigt war, redete Akbar mit Sahba freimütig über sich und darüber, wie er die Beziehungen zwischen Hindus und Muslimen sah.

«Ich bin stolz darauf, Muslim zu sein. Dieser Stolz war es, der mich durch viele Wettkämpfe, die ich gewonnen habe, gebracht hat. Mein Ziel beim Ringen war es nicht, Ruhm für mich selbst zu erlangen, sondern mir als Muslim einen Namen zu machen. Ich habe mich immer riesig gefreut, wenn Massen von Muslimjungen Karten kauften, weil ich in der Arena gekämpft habe. Jedes Mal, wenn ich einen Hindu-Ringer besiegte, fühlte ich, daß ich nicht nur mir selbst einen Namen gemacht hatte, sondern der ganzen Muslim-Gemeinschaft, die zu mir aufschaute, weil ich ihr Ehre und Ruhm eintrug. In meinen *talimkhanas* trainiere ich viele Muslimjungen. Ich besuche die *talimkhanas* nur von Zeit zu Zeit, da ich jetzt andere dazu ausgebildet habe, das Training zu übernehmen. Aber ich habe die Oberaufsicht. Außer dem Ringen lernen die Jungens auch, sich gegen feindliche Angriffe zu schützen. Sie werden unter der Bedingung ausgebildet, daß sie das,

was sie hier lernen, nie dazu mißbrauchen, jemanden unnötig
zu verletzen.

Ich bringe meinen Schülern auch bei, gute Muslime zu sein:
ihre Eltern, ältere Personen, Nachbarn und Frauen zu achten.
Das Leben eines Ringers ist nicht leicht. Er muß sich sehr
streng an bestimmte Regeln halten. Außer daß er sich gut ernährt, muß er früh ins Bett gehen und sehr früh aufstehen.
Alkohol, Zigaretten und *pan* [Betelblätter; Anm. d. Ü.] sind
absolut verboten. Er darf auch keinen Tee trinken und sich
nicht auf den Straßen herumtreiben. Ich selbst habe mich
strikt an diese Regeln gehalten, und noch heute trinke ich weder Alkohol noch Tee, rauche nicht und kaue kein *pan*. Um
anderen ein Beispiel zu geben, bin ich durch viel Schweres
hindurchgegangen. Heute hängen meine Schüler sehr an mir.
Wenn ich ihnen sagen würde, sie sollen sich umbringen, würden sie keinen Augenblick zögern. Aber sie wissen, daß ihr
ustad [Meister] nie ihr Leben fordern würde. Er tut alles zu
ihrem Besten. Er will, daß sie tapfer sind.»

Akbar lehnte sich jetzt nach vorne, und in seiner Stimme
schwang Stolz.

«Auf Ihrer Liste mit *pehlwans* sind mehr Muslim- als Hin-
du-Namen, weil nämlich die Muslime stärker sind als die
Hindus. Der Muslim trägt Gottes Kraft in sich. Ein Muslim
spiegelt die Stärke der Nation wider. Muslime sind vereint
und eines Sinnes. Die andere Nation (die Hindunation) hat
diese Einigkeit nicht. Sie ist gespalten. Wir kennen unsere von
Gott verliehene, ungeheure Stärke. Ein wahrer Muslim hat
nie Angst. Die einzige Furcht in seinem Herzen ist die vor
Gott. Der Holzstock eines Muslims oder auch nur der Ruf
«Allah-u-Akbar» wiegt mehr als zehn Hinduschwerter. Was
immer auch heute geschieht, es ist eine Prüfung, durch die die
Muslime durchmüssen. Der Koran sagt sehr deutlich, daß es
eine Sünde ist, andere zu unterdrücken, aber eine noch größere Sünde, Unterdrückung zu ertragen. Ein guter Muslim kann
Unterdrückung nie dulden. Heute bin ich *pehlwan*, weil unsere Gesellschaft, unsere Regierung und Polizei mich dazu gezwungen haben. Ich bin mit viel *zulm* konfrontiert worden,

aber ich habe mir nie etwas gefallen lassen. Ich habe immer dagegen gekämpft.

Ich war selbst einmal Polizist, aber ich quittierte den Dienst, nachdem ich das brutale Vorgehen der Polizei selbst erlebt habe. Ich sah, welche Grausamkeiten sie unschuldigen Leuten antaten. Eines Tages habe ich mich in aller Öffentlichkeit mit der Polizei angelegt. Ich habe einen Polizisten übel zusammengeschlagen. Danach haben sie mein Haus geplündert und mein Hotel zerstört. Ich wurde wegen Körperverletzung angeklagt und kam ein Jahr ins Gefängnis. Es war Einzelhaft. In diesem einen Jahr habe ich mich sehr verändert. Mein Empfinden für Gott und meine Liebe zur Nation ist erwacht. Ich las auch den Koran und betete regelmäßig. Ich beschloß, mein Leben dem Wohlergehen meiner Gemeinde zu widmen.

Bei meiner Heimkehr wurde ich als Held empfangen. Die Leute waren so glücklich, daß ich wieder da war. Ich setzte mich sehr für die Armen in der Gemeinde ein. Es befriedigt mich, daß ich gute Arbeit leiste – nicht für mich selbst oder zu meinem eigenen Nutzen, sondern für andere, für mein Volk. Ein *pehlwan* zieht seine Kraft nicht aus der körperlichen Ertüchtigung, sondern aus den Segenswünschen der Armen und der Gnade Allahs, zu dem er betet. In den frühen Morgenstunden, wenn andere noch schlafen, zu Gott zu beten, ist am besten. Dann ist Er nicht abgelenkt durch die Gebete so vieler anderer, die dann noch im Schlaf liegen.»

Der spöttische Ton war jetzt dahin, da war nur noch tödlicher Ernst.

«Ich glaube an Gleichberechtigung für alle. Es sollte keine Kluft zwischen Arm und Reich geben. Ich denke kommunistisch. Ich bin religiös und gleichzeitig Kommunist. Sie meinen vielleicht, ich bin ein Heuchler, weil ich doch so ein großes Haus habe und ein Hotel und Grundbesitz. Aber selbst in Rußland hatten die Führer alles. Ich rede von Überzeugungen und Ideen. Ich hasse die Reichen, ihre unfeine Lebensart und die Zurschaustellung von Reichtum. Ich hasse auch die Weißen, weil sie die dunkelhäutigen Rassen nicht nur in Afrika, sondern auf der ganzen Welt ausbeuten. Ich hasse auch die

Polizei, der ihre Uniform die staatliche Erlaubnis gibt, so entsetzliche Untaten zu begehen. Heute richtet sich der Kampf der Muslime nicht nur gegen die andere Nation, sondern auch gegen die Polizei.

Ich bin froh, wenn Muslimjungen von der Polizei gefoltert werden. Sie sollten sie ruhig noch mehr zusammenschlagen. Ich bete zu Gott, daß die Polizei den jungen Muslimen unbegrenzt Grausamkeiten zufügt. Immer wenn ich höre, daß Muslimjungen gefoltert worden sind, könnte ich vor Freude tanzen. Wenn diese Jungen die Unterdrückung nicht direkt am eigenen Leib erleben, werden sie sich nie dagegen wehren können. Erst wenn sie Opfer der Polizeibrutalität geworden sind, werden sie Tiger, die zu meiner Armee kommen. Heute sind es durch Gottes Gnade Hunderte von diesen jungen Anhängern, die über die ganze Stadt verteilt sind.»

Er sagte dies ohne jede Hysterie, nur mit kalter fanatischer Hingabe.

«Der Eindruck täuscht, daß bei jedem Aufruhr mehr Muslime als Hindus ihr Leben lassen. Ich kann mit vollkommener Überzeugung sagen, daß dies zumindest für Hyderabad nicht zutrifft. Hier sind die Muslime sehr stark, und sie sind sich vollkommen einig. Bei jedem Aufruhr finden mehr Hindus als Muslime den Tod.

In etwa zehn bis fünfzehn Jahren werden die Hindus als politische Kraft am Ende sein und nicht nur politisch. Man muß bedenken, daß viele muslimische Männer mehr als einmal heiraten und große Familien mit vielen Kindern haben. In jedem zweiten Muslimhaushalt sind wenigstens fünf bis sechs Kinder zu finden. Man stelle sich vor, nur zwei Jungen aus jeder Familie würden zu Tigern heranwachsen! Und diese Tiger sind es doch, die es ohne Angst mit ihnen aufnehmen. Außerdem haben die Hindus das Kastensystem, in dem arme Hindus ausgebeutet werden. Es ist schon viele Male in der Vergangenheit geschehen, daß Hindus aus niedrigeren Kasten zum Islam oder zum Christentum übergetreten sind. Dies wird jetzt in großem Ausmaß passieren. Es werden nicht viele Hindus übrigbleiben.»

Sein Ausdruck wurde wieder entspannter, in seine Augen kehrte ein verführerischer Glanz zurück und um den Mund die Andeutung eines Lächelns.

«Während der Unruhen oder wenn Ausgangssperre ist, gehe ich oft weg von zu Hause. Denn immer wenn es zu Ausschreitungen kommt, ist dies der Ort, wo die Polizei als erstes auftaucht. Die Arbeit, die für mich während der Unruhen zu tun ist, erledige ich, aber nicht von meinem eigenen Haus aus. Die ganzen letzten Jahre hindurch hat mich die Polizei nicht schnappen können. Genauso tätige ich auch meine Grund-und-Boden-Geschäfte. Ich kaufe und verkaufe Land, aber bin nicht raffgierig hinter Grundstücken her wie andere. Alle meine Grundstücksgeschäfte mache ich von zu Hause aus. Nie sieht mich jemand draußen vor Ort, und meine Unterschrift ist auf keinem Dokument zufinden.

Als Sie hergekommen sind, um mich zu sprechen, müssen Sie ein bestimmtes Bild von mir als *pehlwan* gehabt haben. Ich bin sicher, wenn Sie jetzt gehen, denken Sie anders über Akbar, den *pehlwan*. Ich bin nicht wie die anderen!»

Sahbas Bericht über ihre Begegnung mit Akbar hatte meine ganze Neugier geweckt. Sie war beeindruckt gewesen von seinem würdevollen Auftreten, von seiner Eleganz und seinem reinen, gewandten Urdu, in das reichlich Verse bekannter Dichter eingeflochten waren. Seine vornehme Art, zusammen mit der Aura des Bedrohlichen, die ihn aufgrund seines Rufes umgab, machte ihn zu einer faszinierenden Gestalt. Akbar war wie die sanfte Pfote einer Großkatze, die Krallen eingezogen und fast nicht zu sehen im seidigen Fell, ein Schwert aus Damaszener Stahl, das in einer samtenen Scheide steckte. Mit großen Erwartungen ging ich zu unserem Treffen mit Akbar, das am späten Nachmittag im Hotel stattfinden sollte.

Der Rikschafahrer, der uns zum Ort der Begegnung brachte, brauchte als Adresse nichts weiter als die einfache Weisung, er solle uns zu «Pehlwan Akbars Hotel» bringen. Das Hotel lag in der Nähe eines Busbahnhofes, wo Omnibusse aus ganz Andhra Pradesh sowie den Nachbarstaaten Pilger entlu-

den, die zum Tirupati-Tempel wollten, einem der heiligsten
Hinduschreine. Familien aus entlegenen Dörfern, oft unter
der Führung verhutzelter Frauen, die zwar vom Alter gebeugt,
jedoch von ihrem Glauben beflügelt dahinschlurften, strömten aus den Bussen, um sich die Beine zu vertreten, die Toiletten aufzusuchen und eventuell etwas zu essen, bevor sie die
Anschlußbusse nach Tirupati nahmen. Ich empfand es als Ironie, daß Akbars Hotel seine vegetarischen Gerichte speziell
für Hindupilger anpries. Dieses Mal war aber ‹Hotel› keine
falsche Bezeichnung, da an einer Seite des Restaurants eine
Treppe zum ersten Stock hinaufführte, wo sechs Zimmer
nebeneinander an einem langen Gang lagen. Am Ende des
Ganges war in einer Nische in der Wand eine Art Rezeption.
Dahinter befanden sich, im Dunkel kaum auszumachen, drei
kräftige junge Männer. Wir fragten nach Akbar, und einer
der Jugendlichen löste sich aus der Gruppe seiner Gefährten
und teilte uns mit, wir würden erwartet. Akbar würde in
zwanzig Minuten bei uns sein, und inzwischen sollten wir
ihm doch bitte folgen. Er führte uns durch den Korridor zum
letzten Zimmer, bedeutete uns hineinzugehen und verschwand dann. Alle anderen Zimmer schienen leer, und auf
dem Gang war es ruhig, nur der spätnachmittägliche Straßenlärm drang gedämpft durch die eisenvergitterten, geschlossenen Fenster herein. Das Zimmer war stickig und winzig,
ohne ein einziges Fenster, und der schwach surrende Ventilator wälzte die gleiche abgestandene Luft wieder und wieder
um. Es gab zwei Stühle, ein Doppelbett, einen Fernsehapparat
auf einem niedrigen Hocker und ein rotes Telefon auf einem
Tisch. Ansonsten war das Zimmer kahl: Nicht einmal ein Poster oder ein Druck minderten die durchgängige Häßlichkeit.
Über dem Bett ragte eine rote Glühbirne aus der Wand, und
man fragte sich, welchem Zweck sie wohl diente. Ich spürte,
wie der Schweiß in immer breiteren Strömen Rücken und
Brust hinunterrann, daß die Schweißmoleküle einander suchten
und sich zu Tropfen vereinigten, die hinunterliefen und in der
Taille den Weg in die Hose fanden. Der Ventilator ging mühsam keuchend und gab seinen kärglichen Lufthauch nur an

jemanden ab, der direkt darunter saß, eine Stelle, zu der Sahba und ich unsere Stühle hätten hinrücken müssen, die in Beschlag zu nehmen aber jeder von uns zu höflich war. Die Bettlaken waren gewaschen, schauten aber immer noch verschmutzt aus, da sie von Flecken strotzten, deren ursprüngliche Farbe ein billiges Waschmittel lediglich in verschiedene Grautöne verwandelt hatte. Auf den Kopfkissen waren ölige Fleken, die Gäste hinterlassen hatten, die der Meinung waren, ein tägliches Einreiben mit Kokosnußöl halte nicht nur das Haar gesund und kräftig, sondern wirke auch als Kühlung für den Kopf und als Tonikum für den Körper. Ich konnte nicht umhin, mich zu fragen, wofür das Hotel wohl benutzt wurde und wie viele seiner Gäste die Zimmer für kürzere Zeit als für eine Nacht in Anspruch nahmen.

Eine halbe Stunde verging, und von Akbar war nichts zu sehen und von jemand anderem genausowenig. Ein Gefühl der inneren Unruhe, ja der Angst war mit Händen zu greifen, führte doch der einzige Ausweg aus dem leeren Hotel durch einen engen Gang, dessen Ende von den drei harten jungen Burschen versperrt war, die nicht anders als die übrigen Schüler Akbars bereit waren, auf den kleinsten Wink des Meisters zu töten, wie er uns ja selber gesagt hatte. Unsere Angstvorstellungen versuchten wir durch ein scherzhaftes Wortgeplänkel, unterbrochen von lautem nervösen Lachen, in Schach zu halten.

«Wieviel, glaubst du, kostet ein Zimmer in diesem Hotel?»

«Ach, meinst du denn, sie geben es pro Nacht ab?»

«Wenn sie versuchen, dich zu vergewaltigen», sage ich zu Sahba, «dann leiste möglichst wenig Widerstand. Ich will nicht, daß sie in Wut geraten und uns beide umbringen. Auf der anderen Seite, wenn sie dich dann genommen haben, bezweifle ich, daß sie einen von uns am Leben lassen, wir wären dann ja Zeugen.»

«Sie werfen die Leichen unter die Brücke, erinnerst du dich?» meint Sahba.

Das rote Telefon läutet. Einen Augenblick lang sitzen wir angewurzelt auf unsern Stühlen und starren darauf, bis Sahba

den Hörer abnimmt. «Er wird ungefähr in einer Viertelstunde
da sein», sagt sie.

Die Minuten vergehen sehr langsam. Wir schweigen uns
jetzt an, jeder hängt seinen eigenen beunruhigenden Gedanken nach. Ich stelle mir das Zimmer als Schauplatz in einem
Film mit Ajit vor, dem Bösewicht alter Hindifilme, dessen ge-
dehnte Aussprache eine ganze Serie von Ajit-Witzen hervorgebracht hat.

Da kam Akbar herein, und mein Ajit-Witz blieb unvollen-
det. (Ehrlich gesagt, ich habe zwar damit meine Angst erfolgreich bekämpft, aber ich weiß nicht, ob sonst viel bei dem
Witz herausgekommen wäre.) Er war ein kräftig gebauter
Mann von nicht ganz mittlerer Größe und trug weiße Kurta-
Pyjamas, die Kurta mit einem zarten rosa und gelben Blumenmuster, so zurückhaltend in der Farbe, daß es aus einer
Entfernung von drei Metern kaum zu erkennen war. Seine
weißen Sandalen liefen vorne zu schmalen Streifen zu, die
nach oben gebogen waren wie die Enden des Schnurrbarts bei
einem stolzen Krieger. Sein eigener Schnurrbart bildete eine
dünne Linie auf einem ansonsten glattrasierten Gesicht. Seine
Haare hatte er pechschwarz gefärbt, und es war unverkennbar, daß Akbar großen Wert auf ein gepflegtes Äußeres legte.

Nach einem Austausch obligater Höflichkeiten wandte Akbar seine Aufmerksamkeit mir zu, und er musterte mich mit
scharfen, hellen Augen. Er stellte mir Fragen zu meiner Studie, wollte wissen, welchen Zweck ich eigentlich damit ver-
folgte, wie ich meinen Lebensunterhalt im einzelnen verdien-
te, wo ich in Delhi wohnte und so weiter. Meine Antworten
versah er oft mit einem witzigen Kommentar, mit dem er sich
über meine Ernsthaftigkeit mokieren und meine Unkenntnis
des Lebens, so wie es eigentlich wirklich war, bloßstellen
wollte. Ich folgte ihm in die Richtung, in die er unsere Begegnung lenken wollte, übertrieb meine Weltferne, täuschte größere Einfältigkeit vor, als mir, wie ich finde, von Natur aus zu
eigen ist. Das lahme Lachen, mit dem ich seine Bonmots
quittierte und seinen leichten Siegen Tribut zollte, ließ ihn
lockerer werden, und oft wandte er sich um zu Sahba, um ein

anerkennendes Lächeln von ihr einzuheimsen, was seinen
Triumph weiter besiegelte.

In diesem Stil fuhr er dann auch bei dem Gießen-Test fort.
Anstatt eine Frage zu beantworten, trieb er sein Spiel mit mir,
fragte mich, wie er meiner Meinung nach eine bestimmte Frage beantworten würde. Mit gespielter Bescheidenheit wandte
er sich oft an Sahba und diskutierte mit ihr, manchmal mittels
Zitaten aus der Urdudichtung, über den Inhalt einer Frage –
über Geduld oder starke Gefühle in der Liebe zum Beispiel –,
während ich als Zuschauer am Spielfeldrand auf eine Antwort
wartete, die ich für den Test verwerten konnte. Er hatte eine
kokette Art an sich, besonders im Spiel seiner Augen. Oft
schaute er Sahba ganz normal an, während er redete, und
plötzlich wurde sein Blick verwegen, aufgeladen mit sexueller
Komplizenschaft, wobei die Verwegenheit noch unterstrichen
wurde von einem ganz kurz aufblitzenden Lachen, bevor
dann Blick und Lachen verschwanden.

Ich hatte das Gefühl, ich konnte nachempfinden, in welchem Dilemma sich Akbar mir gegenüber befand. Er war mir
eindeutig weit überlegen an Körperkraft, physischem Mut
und Kampfesfähigkeiten. Und was das Herz anging – oder die
Seele – war er nicht auch hier der Bessere? Schließlich war er
ein Dichter. Worum sonst ging es denn bei einem Mann als
um Kraft und Gefühl, und beides hatte er im Übermaß. Und
doch konnte er mich nicht so einfach links liegenlassen, diesen «Doktor» aus Delhi, der da wegen einer «Studie» in seine
Stadt kam, zusammen mit einer modernen Muslimin als Assistentin, die unverschleiert durch die Stadtviertel ging und mit
Männern sprach, als ob sie auf einer Stufe mit ihnen stünde.
Ich hatte den besseren Zugang zur modernen Welt, zu ihren
wissenschaftlichen Erkenntnissen und den neuen Beziehungen
zwischen den Generationen und den Geschlechtern. Vom
Standpunkt seiner eigenen Zivilisation aus stand Akbar weit
über mir; jedoch konnte er die moderne Welt nicht so leicht
abtun, eine Welt, deren Werte ich besser verstand und mit deren Symbolen ich vielleicht besser umgehen konnte. In diesem
Moment schien es mir, als wären Akbar und ich mehr als nur

zwei Männer, die einander argwöhnisch umkreisten, jeden
Vorteil zum Schlagabtausch nutzend; in unserer jeweiligen
individuellen Gestalt verkörperten wir zugleich das Kollektiv-
schicksal des indischen Muslims und des Hindus am Ende des
zwanzigsten Jahrhunderts.

Als ich dann schließlich aufgab, den Fragebogen in schein-
barer Ratlosigkeit zugeklappt und Akbar die Gelegenheit gegeben hatte, Sahba gegenüber zu äußern, daß es ihm gelungen
sei, den Psychiater in geistige Verwirrung zu stürzen, zeigte
Akbar Großmut gegen den Besiegten. Er erklärte sich jetzt bereit, die Statements des Gießen-Tests mit mehr Ernsthaftigkeit
durchzugehen.

Wie ich erwartet hatte, kreuzte Akbar, anders als Majid
Khan, nicht viele extreme Antworten zu den Statements an
und unterstrich so das Bild eines vorsichtigen Menschen, das
ich mir von ihm gemacht hatte. Die einzige Ausnahme waren
die Statements, die sich auf die Skala der gesellschaftlichen
Resonanz bezogen. Er meinte, die Leute seien sehr zufrieden
mit seiner Arbeit. Er wurde schnell gemocht, fand es leicht,
auf andere anziehend zu wirken und war sich sicher, daß man
eine hohe Meinung von ihm hatte. Diese für Akbar uncharak-
teristische Betonung seiner gesellschaftlichen Attraktivität gab
mir zu denken, und zwar in bezug auf seine narzißtische Ver-
letzlichkeit: Ich fragte mich, ob bei ihm nicht ein starkes Bedürfnis nach ständiger narzißtischer Befriedigung vorhanden
war, das einer depressiven Tendenz, wie sie sich in seinen
Antworten auf einige andere Statements zeigte, entgegenzuwirken suchte. Akbar gab an, daß er seinen Ärger durchweg
unterdrückte und oft deprimiert war. Er konnte in der Liebe
intensive Gefühle empfinden, gab jedoch wenig von sich preis
und fand es schwer, aus seinem Schneckenhaus herauszukommen oder anderen zu vertrauen. Der vorsichtige und be-
herrschte Eindruck, den er machte, schien zudem ein Aspekt
einer Tendenz zur Zwanghaftigkeit zu sein, wie sie sich in
seinen Geldgeschäften, seiner Gepflegtheit und seiner Konzen-
trationsfähigkeit äußerte. Ich fragte mich, ob die von ihm angestrebte Kontrolle über seine Innenwelt und das in der Au-

ßenwelt an den Tag gelegte dominante Verhalten anderen gegenüber nicht zwei Seiten ein und derselben Abwehr waren,
die ein Selbst, das von starken sexuellen und aggressiven Im-
pulsen bedroht war, ein Selbst, das Gefahr lief, seinen inneren
Zusammenhalt zu verlieren, vor der Fragmentierung bewahr-
te, also eine Abwehr dagegen, daß es zum Ausbruch einer re-
gelrechten Depression kam.

Insgesamt stellte sich Akbar als der «starke, ruhige Mann»
dar mit ungeahnter Gefühlstiefe, die jedoch durch hohe
Umzäunungen gesichert und eingegrenzt waren und einem
flüchtigen Besucher fast nie offenbart wurden, ja nicht einmal
denen, die ihm gern nahe wären. Als das lange Gespräch
vorbei war, blickte mich Akbar mit einer gewissen distanzier-
ten Freundlichkeit an. Er würde mir gern eines seiner Ge-
dichte schenken, sagte er, und ich sollte es doch bitte auf-
schreiben.

Mach dir nicht die Mühe, mich auf die Probe zu stellen,
ich bin immer in vorderster Linie,
wenn es darauf ankommt,
die Last der Trauer zu tragen.

[...]

Eine zertrümmerte Moschee
kann in vier Tagen wieder aufgebaut werden.
Es dauert jedoch ein Leben lang,
entzweite Herzen wieder zusammenzufügen.

Die Weine von einst gibt es nicht mehr.
Auch die Zecher sind davon.
In den Weinhäusern
trinken sie jetzt Blut.

Akbar, bewahre den Spiegel
deines Herzens mit Sorgfalt.
Er wird zerbrechen,
wenn du ihn überall herumzeigst.

«Sie werden mich in ein Buch stecken», meinte er resigniert, nachdem ich eine anerkennende Bemerkung über sein dichterisches Talent gemacht hatte. Damit meinte er, der letzte Sieg gehöre mir, nicht ihm, denn so, wie ich ihn darstelle, werde ihn die Welt außerhalb von Hyderabad tatsächlich sehen. Wenn er in seinem Gedicht dafür plädiert, den Spiegel des Herzens mit Sorgfalt zu behandeln, dann ist diese Zeile auch an mich gerichtet, doch um sich dessen bewußt zu sein, war er viel zu stolz, und nicht im Traum wäre ihm eingefallen, direkt darum zu bitten.

Junge Tiger und Kätzchen

Nissar ist einer der Soldaten, achtundzwanzig Jahre alt, ein junger Tiger, der Akbar und andere berühmte muslimische *pehlwans* verehrt. Er ist ein hübscher junger Mann mit breiten Schultern, schmalen Hüften, schulterlangen Haaren und einem freundlichen Gesicht mit hohen Backenknochen. Er trägt einen dünnen Schnurrbart, wie er jetzt unter jungen Muslimen Mode ist, die nicht mit dem bei den Älteren beliebten Bart herumlaufen mögen. Nissar ist extravagant gekleidet: Sein Hemd aus einem seidigen Stoff ist blau mit großen roten Blumen, und seine engen Hosen sind zitronengelb. Er tritt mit einer gewissen Zurückhaltung auf, einer Mischung aus Arroganz und Scheu, mit der es manchmal vorbei ist, wenn er in jugendlicher Prahlerei damit angibt, für seine Hemden ganze Stoffballen aus den USA zu importieren, oder wenn er uns verschämt bittet, wir sollten raten, wieviele Leute er schon getötet hat. Es sind keine acht, wie in den Polizeiakten als Mordfälle, die auf sein Konto gehen, registriert ist. Einige Anschuldigungen seien falsch, sagt er, fügt aber dann mit verhaltener, doch offensichtlicher Freude hinzu, natürlich habe er dafür andere auf dem Gewissen, von denen die Polizei nichts ahne. Nissar erzählt gern Kriegsgeschichten: Geschichten von durchschnittenen Muslimkehlen, vom Hindufeind bei geheimen Blutopfern seinen obszönen Göttern und Göttinnen dargebracht, von mitten in der Nacht unter Brücken in den Fluß geworfenen Leichen. Akbar und die anderen *pehlwans* schützen das Leben der Muslime, gewiß, aber sie wachen auch über den Schlaf und die Ruhe der Knaben angesichts solch furchterregender Phantasien.

Nissars Bewunderung für die alten Tiger steigt proportional zu der Anzahl von Hindus, die sie getötet haben sollen. Für ihn sind sie Kampfpiloten, deren Ruhm im Dienste der Nation von der Zahl der feindlichen Flugzeuge abhängt, die jeder von ihnen abgeschossen hat. Tatsächlich hilft die Analogie zum Krieg am ehesten, die Tiger zu verstehen, die jungen wie die alten. Ein Aufruhr ist eine Schlacht, ein Ausbruch von Feindseligkeiten in einem auf kleiner Flamme kochenden Krieg, in dem mit dem Töten keine moralischen Skrupel oder Gewissensbisse verbunden sind. Im Gegenteil, das Töten ist unter solchen Umständen eine moralische Pflicht, die höher einzustufen ist als der Patriotismus eines Soldaten, der in einem modernen Nationalstaat Dienst tut, da das Töten von Hindus bei einem Aufruhr im Dienste der eigenen Glaubensnation geschieht. Eigentlich sollte ein Ausbruch von Gewalt in einem Hindu-Muslim-Konflikt nicht mehr als Aufruhr bezeichnet werden, birgt doch dieses Wort anarchische Konnotationen. Weniger planvoll als eine Schlacht, jedoch durchorganisierter als ein Aufruhr liegt die kommunale Gewalt irgendwo dazwischen.

Die von Majid Khan, Akbar, Nissar (und, wie wir später sehen werden, von Mangal Singh) verwendeten Vergleiche, die den kriegerischen Aspekt ihrer religiösen Identität hervorheben, sollten nicht überraschen. Es wäre falsch, darin bloße Rationalisierungen ihrer Morde und sonstigen Gewaltakte sehen zu wollen. Wie Samuel Klausner aufzeigt, sind Aufruhr, Attentat, Massaker, Terrorismus von seiten der Opfer definierte Teilbereiche von Gewalt.[2] Aus der Sicht des Initiators und Täters handelt es sich dabei um die Verteidigung des Glaubens, um einen Kreuzzug, einen gerechten Krieg, eine Säuberungsaktion.

«Das sind die Leute, die der Muslimnation wirklich dienen. Alle anderen sind nutzlos, sind nur am Geldverdienen interessiert und kleben an ihrem Stuhl. Wenn das nächste Mal ein Majlis-Führer in diese Gasse kommt, fliegt er in hohem Bogen raus. Unsere zweite Parole wird lauten: Tod der Polizei! Wenigstens zweihundert Polizisten müssen weg. Sie haben die Muslime dermaßen schikaniert. Im Gefängnis waren wir so hungrig und durstig, aber nie haben wir Wasser oder Essen bekommen. Als ich, nachdem ich aus dem Gefängnis heraus war, zum Majlis-Büro ging, sagte der Führer: ‹Warum regst du dich auf? Du bist nicht tot, du lebst ja noch!› Wenn Hindus verhaftet werden, kommt gleich ein BJP-Führer an und sieht zu, daß er sie gegen Kaution freikriegt. Und wir verfaulen im Gefängnis. Die Majlis nützen uns gar nichts. Die Führer bekämpfen sich untereinander. Sie sammeln Geld für arme Muslime wie mich und stecken es dann in ihre eigene Tasche. Sie haben ein College für Mediziner eingerichtet, aber die Muslime, die dort studieren, sind verschwindend wenige. Woher sollten sie auch das Geld für die Gebühren haben? Das College kommt eher den Hindus zugute. Eigentlich ist die größte Schule der Welt der Mutterschoß. Das Kind wird als Erwachsener genau soviel zuwege bringen, wie es von seiner Mutter an Bildung mitbekommen hat. Meine Mutter war vollkommen ungebildet, und Sie sehen ja, wie traurig jetzt meine Lage ist!»

Nissar ist verheiratet, hat vier Kinder und verkauft von fünf bis acht Uhr morgens Gemüse. An einem guten Tag kommt er auf hundert Rupien. Außerdem ist er im Grund-und-Boden-Geschäft tätig, wenn ihn ein älterer *pehlwan* dazu auffordert, einen Deal auszuhandeln. Gewöhnlich bekommt er dann eine Provision von fünf Prozent. Auf seine Aktivitäten als «Soldat» im Dienste der Muslimnation ist er sehr stolz.

«Unsere Arbeit besteht darin, der Nation (dem muslimischen *qaum*) zu dienen und unsere Mütter und Schwestern zu beschützen. Wir werfen nie einen Blick auf die Schwestern der Hindus, doch deren Mut beschränkt sich darauf, unsere Mütter und Schwestern zu vergewaltigen und zu töten. Der Entschluß, mich für die Nation einzusetzen, fiel für mich nach all dem, was ich in den Unruhen, die auf die Sache mit Rameeza Bi folgten, gesehen habe. Es sind immer die Hindus, die mit den Krawallen anfangen. Früher hatten wir große Angst. Wir wurden oft beschimpft, wenn wir durch ihre Gassen gingen. Doch heute bin ich stolz, wenn ich durch ein Hindusträßchen gehe und die Köpfe neigen sich. Sie kennen mich als *dada* Nissar.»

Ein *dada* (wörtlich: älterer Bruder) ist noch kein *pehlwan*, aber jemand, der vielleicht einer werden kann, jemand, der hoch genug in der Hierarchie der starken Männer rangiert. Als *dada* ist Nissar kein am Hungertuch nagender Gemüseverkäufer, kein armer Muslim, der gegenüber den wohlhabenden Hindus Respekt zeigen muß, sondern jemand, der Respekt verlangt und dem Respekt gezollt wird. Nachdem er viele Jahre lang in diversen *talimkhanas* als Ringer ausgebildet worden war, gab er das Training nach seiner Heirat auf, denn er merkte, daß er sich die für einen Ringer erforderliche Kost – die riesigen Mengen an Milch, Nüssen und Fleisch – nicht mehr leisten konnte. Jetzt dient er der Nation durch *chaku-bazi*, durch das Führen des Messers. «Wenn ich höre, daß zwei Leute von uns an der Holzbrücke attackiert und getötet worden sind, brauche ich bloß fünf Minuten, um fünf von ihnen zu erstechen.» Als Sahba offenes Interesse bekundete (natürlich hätte er sich nicht in dieser Weise offenbart, wenn ich, ein Hindu, dabei gewesen wäre), strich Nissar seine Professionalität heraus: «Um jemanden mit dem Messer zu töten, gibt es eine bestimmte Methode. Wenn ich einmal zugestochen habe, brauche ich mich nicht umzudrehen und nachzuschauen. Schon wenn er im Fallen ist, bin ich sicher, der Mann ist tot. Außerdem kann ich auf der Straße, ohne mich zu irren, einen Hindu von einem Muslim unterscheiden. Wir können die Religion vom Gesicht ablesen. Wenn ich Sie irgendwo anders sehen würde und anders angezogen, würde ich sofort wissen, daß Sie eine Muslimin sind. Es ist allein von Ihrem Gesicht her klar.

Meistens erwischt uns die Polizei nicht. Wir sind sehr schnell. Sie können uns nur verdächtigen, das ist alles. Manchmal werfen wir die Leichen unter irgendeine Brücke, wo sie nach drei oder vier Tagen entstellt gefunden werden. Manch-

mal werden sie von Hunden angefressen und sind dann
schwer zu identifizieren. Wir achten immer darauf, daß, wenn
die Hindus zwei von unseren Leuten töten, wenigstens vier
von ihnen dran glauben müssen. Das tun wir, um sie ab-
zuschrecken. Sie sollen nicht denken, daß wir uns nicht zu
helfen wissen oder uns fürchten oder daß wir unbewaffnet
sind.

Ich selbst nehme keine Waffe mit, wenn wir bei Unruhen
losziehen, um Hindus zu töten. Ich habe nur einen Holzstock
(*lathi*) dabei, aber ich habe da meine Taktik. Ich achte darauf,
daß der erste von der anderen Seite, mit dem ich mich anlege,
einer mit einem Schwert ist. Ich entwaffne ihn mit meinem
lathi und töte ihn dann mit seinem eigenen Schwert. Es ist
nicht schwer.

Ob ich Angst habe? Was für eine Idee! Wenn man sich mal
entschlossen hat, der Nation zu dienen, bleibt doch für Angst
kein Platz! Man muß einfach mutig sein. Nur Feiglinge sterben einen ruhigen Tod. Besser als drinnen im Haus zu sterben
ist es, draußen zum Märtyrer zu werden. Allah ist mit uns. Er
weiß, daß wir gute Arbeit leisten, und Er beschützt uns.

Ich habe meiner Frau gesagt, sie soll sich nie Sorgen um
mich machen und mich nicht von meiner Arbeit abbringen.
Ich habe ihr gesagt, sie soll bei Unruhen nicht länger als drei
oder vier Tage auf mich warten. Wo soll sie auch nach mir
suchen? Wir gehen doch überall hin, wo Unruhen sind. Sie
sollte dann einfach ihre Armreifen zerbrechen (zum Zeichen
der Witwenschaft) und stolz darauf sein, daß ich zum Märtyrer geworden bin.»

Nissars Frau allerdings machen weniger seine Heldentaten
oder sein eventuelles Märtyrertum zu schaffen. Sie beklagt
sich bitter über ihre eigene Situation, über Nissars Einstellung
zu Frauen, die es ihr nicht erlaubt, das Haus zu verlassen. Um
ihren Haushalt zu führen, ist sie auf ihren alten Vater angewiesen, der Lebensmittel und Arzneien und andere lebens-
notwendige Dinge einkauft. Nissar nimmt sie nie mit hinaus,
da es ihm peinlich ist, mit einer dunkelhäutigen Ehefrau gesehen zu werden. «Wenn ich hellhäutig wäre, würde er überall

mit mir hingehen», seufzt die Frau des Killers in bitterem Schmerz.

Ein anderer Mann, Aslam, ein mürrischer Gemüseverkäufer mittleren Alters, der den größten Teil des Tages nichts zu tun hat und auf der anderen Seite der Straße in zynischen Trübsinn gehüllt dasitzt, hat beobachtet, daß wir uns für *dadas* und *pehlwans* interessieren, und er gibt uns seine eigene Einschätzung der jungen Tiger. Auf seine rissigen, staubigen Füße mit grotesk verformten Zehen und verfärbten Nägeln zeigend, sagt er: «Die Polizei hat mir die Nägel einzeln herausgezogen, als sie mich während des letzten Aufruhrs ins Gefängnis brachten. Ich muß meine Füße in Wasser einweichen, wenn ich mir die Nägel schneiden will. Diese ganze Sache mit den Tigern ist Unsinn, außer daß sie drei Viertel der Hilfsgüter, die durch ihre Hände gehen, in die eigene Tasche stecken. Und wenn ihn die Polizei schnappt, wird ohnehin jeder Tiger zum Kätzchen.»

Die den Wind säen

Mangal Singh ist ein bekannter *pehlwan* auf der Hinduseite. In vielerlei Hinsicht ist er das Hindugegenstück zu Akbar, obgleich er nicht dessen altmodischen muslimischen Charme hat. Er gehört zur Gemeinde der Lodhas, die eine der wirtschaftlich am schnellsten aufsteigenden Gruppen in Hyderabad sind, deren Wohlstand, wie Beobachter sagen, im Schwarzbrennen von Branntwein seinen Grund hat. Der unverdünnte Schnaps, der in den Hinterhöfen der Häuser und kleinen Brennereien in der Nähe des Flußbetts gebrannt wird, ist ein starkes Gebräu, das die Lebenserwartung seiner unglückseligen Konsumenten drastisch senkt. Da er im wesentlichen aus Palmzucker und dem grauen Oxydpulver, das zum Auskleiden der Innenwände von Messingwaren mit Zinn verwendet wird (und Blei mühelos zersetzen kann), gebrannt wird, hat der Schnaps erwartungsgemäß schlimme Auswirkungen auf die Magenschleimhaut. Man nimmt an, daß jemand, der täglich eine halbe Flasche von diesem Alhohol, dem *pauwa*, zu sich nimmt, dies nicht länger als ein Jahr überlebt. In armen Stadtvierteln, wo der Schnaps am meisten getrunken wird, ist es kein ungewöhnlicher Anblick, wenn frühmorgens in der Nähe einer *adda*, wo der Schnaps heimlich verkauft wird, ein oder zwei Leichen auf der Straße liegen.

Die Lodhas stehen in dem Ruf, impulsive und hitzige Leute zu sein, die bei einem Aufruhr von Hinduseite immer in vorderster Front zu finden sind. «Sie töten in zwei Stunden so viele Leute wie die anderen in einer Woche», meint ein alteingesessener Hyderabadi, der sich mit dieser Volksgruppe eingehender beschäftigt hat. Sie behaupten, Rajputen zu sein, die traditionelle Kriegerkaste und der bewaffnete Arm der Hindugesellschaft, wenngleich dieser Anspruch von anderen oft bestritten wird. Obwohl sie eine führende Rolle spielen, wenn es um religiöse Gewalt geht, unterhalten sie enge wirtschaftliche Beziehungen zu Muslimen. Diese sind die Hauptabnehmer ihres tödlichen Gebräus, sowohl als Einzelhändler wie auch, zusammen mit den *dalits*, den in Armut lebenden kastenlosen Hindus, als Konsumenten. Sogar einige Muslimbräuche haben die Lodhas übernommen. Obwohl sie die Muslime als ihren Hauptfeind betrachten, hält sie dies zum Beispiel nicht davon ab, regelmäßig in frommer Absicht Muslimheiligtümer aufzusuchen, die *dargahs*.

Mangal Singhs Haus liegt in einem der übervölkerten Viertel von Hyderabad, wo besonders viele Lodhas wohnen und arbeiten. Die Läden des Basars, der sich hier durchzieht, führen zwar etwas teurere Waren, doch ansonsten unterscheidet er sich von anderen Basaren der Stadt eigentlich nur in einem merkwürdigen Detail: Immer mal wieder sieht man zwei oder drei Männer mit sehr weiten Kleidern auf Fahrrädern aus einer der Gassen auftauchen, die wild entschlossen in die Pedale treten, in eine andere Gasse abbiegen und verschwinden. Dies sind die Schnapsträger, die sich mit dem verbotenen Stoff gefüllte Fahrradschläuche um den Leib geschlungen haben und damit unterwegs zu verschiedenen Verteilerzentren in der Stadt sind.

Mangal Singh, der für seine vierzig Jahre jung wirkt, ist ein gutaussehender Mann, der gern lacht und eine Art manischen Charme hat. Er hat den festen, wiegenden Gang eines Ringers, mit Schultern, die hin und her schwingen wie das Hinterteil einer jungen Frau, wenn er uns stolz im Haus herumführt und uns sein *vyamshala*, die Sporthalle, zeigt, beides auf einem großen umzäunten Grundstück gleich neben der Straße und sehr nah am Fluß gelegen. Seine Schule, in der über hundert Buben und junge Männer trainieren, besteht aus zwei rechteckigen Hallen, die aneinandergrenzen. Die erste Halle wird für das Krafttraining benutzt. Hier findet man Holzhanteln, Eisenreifen, die zur Stärkung der Nackenmuskeln um den Hals gelegt werden, Barren, Seile, die von Eisenringen an der Decke herunterhängen, und viele andere Vorrichtungen zum Ziehen, Stoßen und Heben von Gewichten. Die weiß getünchten Wände sind mit Farbdrucken und Postern behängt. Auf einem Druck ist der ruhende Gott Vishnu zu sehen, mit dem Gesicht im Schatten der Kobrahauben der vielköpfigen Schlange Sheshnag. Ein Poster zeigt eine seiner Inkarnationen, den Gott Rama, in seiner Heldenpose mit einem langen Bogen und einem Köcher mit Pfeilen, die über die Schultern hinausragen. Auf einem anderen sieht man die Göttin Durga in ihrer grausamen Gestalt, wie sie gerade den Büffeldämon, Mahisasura, tötet. Es finden sich auch Porträts der Hinduhelden Shivaji und Rana Pratap, die heute für den Widerstand der Hindus gegen die Moguln stehen, und außerdem gibt es eine Reproduktion eines bekannten Gemäldes von Nehru, das ihn zeigt, wie er, hinter sich die stolz wehende indische Nationalflagge, vom Festungswall des Roten Forts in Delhi nachdenklich auf eine große Menschenmenge hinunterblickt, wobei die führenden Köpfe der indischen Unabhängigkeitsbewegung – Patel, Rajagopalachari, Kripalani, Maulana Azad – deutlich im Vordergrund zu erkennen sind.

Auch die andere Wand hängt voller Bilder: Auf dreien sind Ringer lebensgroß abgebildet, einer davon ist Mangals eigener *guru*, die anderen zwei sind berühmte Ringer aus den dreißi-

ger und vierziger Jahren, jeder in einem Lendentuch und in
Angriffspose. Mangal Singh zeigt auf einen der *pehlwans*, der
sehr dichtes kurzes Haar und einen kräftigen Schnurrbart hat,
und teilt mir mit, daß er der Hauptangeklagte beim ersten
größeren Zusammenstoß zwischen Hindus und Muslimen in
Hyderabad im Jahr 1938 war, als noch der Nizam den Staat
regierte. Dieser *pehlwan* – seinen Namen habe ich vergessen –
hatte eines der führenden Mitglieder der Razakars, der inoffiziellen Muslimmiliz des Nizam, getötet und war dann verschwunden. Er soll angeblich noch leben, und zwar in einer
abgelegenen Gegend Nepals, wo er jetzt das entsagungsreiche
Leben eines Heiligen führt.

Außerdem gibt es viele Farbdrucke von Szenen aus der Unabhängigkeitsbewegung: Gandhi an der Spitze einer langen
Schlange von Freiwilligen bei seinem Marsch ans Meer, das
Blutbad von Jalianwala Bagh, wo man britische Soldaten auf
eine eingekesselte Menge feuern sieht, getroffene Männer,
dargestellt, wie sie sich im Fallen an die Brust greifen, aus der
Blut spritzt, den Mund geöffnet zu lautlosem Schrei. Auf anderen Drucken sind Szenen aus früherer Zeit abgebildet, z.B.
kleine Hindukinder, die hochgeworfen und von den Speeren
der Razakars aufgespießt werden, indische Soldaten, die von
den Briten nach dem Scheitern des ersten indischen Unab-
hängigkeitskrieges (dem Sepoy-Aufstand, wie er von britischen Historikern genannt wird) von Kanonenrohren in die
Luft gejagt werden. Mangal Singh weist auf das Bild mit den
Razakars und erklärt mir dazu: «Das passierte damals in Hyderabad in einem fort. Hindumädchen konnten jederzeit nach
Lust und Laune der muslimischen Adligen von der Straße
oder dem Feld aufgelesen und vergewaltigt werden. Deshalb
kam es dazu, daß unsere Mädchen so früh heirateten. Wenn
ein Mädchen nämlich ein *mangalsutra* um den Hals und
payals um das Fußgelenk (die Zeichen des Ehestandes) trug,
wurde es nicht entführt.»

Auf einer Reihe weiterer Bilder sind muslimische Greueltaten aus der langen Zeit der islamischen Herrschaft abgebildet:
wie Banda Bairagi und seine Anhänger von Muslimsoldaten

geköpft werden, wie Sikh-Gurus Märtyrerqualen erleiden, wie
Mahmud von Ghazni den berühmten Tempel von Somnath
zerstört und kahlrasierte Brahmanenpriester in verständnis-
losem Entsetzen mit offenem Mund und hervortretenden Augen hochschauen. Als nächstes kommen wir zu einer Photographie von Subhash Chandra Bose, dem hitzigen Rebellen
der nationalen Bewegung, der während des Krieges eine
Allianz mit Hitler-Deutschland und mit Japan unter Tojo
anstrebte, um die britische Herrschaft in Indien zu stürzen.
Daneben ist eine lebensgroße Holzstatue von Gandhi, die umgekippt ist und mit dem Gesicht zur Wand daliegt. «Vor ein
paar Tagen ging ein starker Wind, und Gandhi ist umgestürzt.
Er wendet uns den Rücken zu, weil er die augenblickliche
Lage in diesem Land nicht mehr mitanschauen kann», scherzt
Mangal Singh.

«Wie kommt es, daß Sie hier Gandhi, den Apostel der Gewaltlosigkeit, direkt neben den gewalttätigen Hinduhelden
haben?» wage ich zu fragen.

«Zuerst einmal rede ich – wie Gandhi», antwortet er mit
einem Lächeln. «Erst wenn das Reden nichts nützt, setze ich
Gewalt ein – wie Shivaji oder Bose.»

Die zweite Halle wird vom *akhara*, auf dem das eigentliche
Ringen stattfindet, beherrscht. Der *akhara* ist ein gut einen
Meter unter dem Hallenbodenniveau liegendes ebenes, glattes
Rechteck aus rötlicher, mit Öl vermischter Erde und feinge-
droschenen Weizenhalmen und nimmt ungefähr die Hälfte
der Hallenfläche ein. Die dominierende Position hat ein Shi-
va-*lingam*, und eine Girlande aus frischen weißen Jasminblü-
ten und brennende Räucherstäbchen zeugen dort von der täglichen Morgenandacht. Auf der anderen Seite des Raums
befindet sich neben der Wand ein kleiner Tempel Hanumans,
des asketischen Schutzgottes der Hinduringer. Die Götter-
statue ist mit roter Paste eingerieben, Blumen sind um die Füße herum gestreut, und brennende Räucherstäbchen stecken
zwischen den Zehen. An der Wand selbst hängen Photos berühmter Ringer – ich kann Guru Hanuman aus Delhi unter
ihnen erkennen – sowie aus westlichen Bodybuilding-Illu-

strierten ausgeschnittene und an die Wand geklebte Photos.
Die leicht verblichenen Bilder betonen ölig glänzende, schwel-
lende Bizepse, gewaltige Schenkel und plastisch hervortreten-
de Brustmuskeln. Auf einer Seite hat die Halle keine Wand
und öffnet sich auf den Fluß und eine friedliche Szene: Dunkelhäutige Frauen mit über die Knie hochgebundenen Saris
schwingen nasse Kleider über die Schulter und lassen sie dann
rhythmisch auf die flachen Steine klatschen, um sie sauber zu
bekommen. Mangal Singh lenkt meine Aufmerksamkeit zurück auf die Halle, als er auf die Ecke neben dem Tempel
zeigt, wo ein paar Lendentücher an einem Holzständer hängen. «Früher hatten wir Speere und Schwerter. Heutzutage
stecken sie einen schon ins Gefängnis, wenn man nur ein
Messer zum eigenen Schutz hat. Viele junge Männer lernen
heute lieber Karate», fährt er in seiner Aufklärung fort.
«Karate macht die Handkanten zu Mordinstrumenten, indem
dort das Gefühl abgetötet wird. Sie verbrennen sich die
Handkanten und tauchen die Ellbogen in kochendes Salzwas-
ser, bis sie ohne jedes Gefühl sind. Aber die indische Art zu
ringen ist immer noch überlegen, weil man damit einen Menschen töten kann, sobald man ihn direkt zu fassen kriegt. Karate ist nur gut für einen Kampf mit großer Distanz. Sobald
man nah am Gegner dran ist, wie beim Ringen nach indischer
Art, ist Karate nutzlos.»

Der *talimkhana* der Muslime unterscheidet sich nicht wesentlich vom *akhara* der Hindus. Dort wird man weniger
Photographien und natürlich kein Bildnis eines Hindugottes
finden, höchstens vielleicht ein *ayat* aus dem Koran oder einen Farbdruck der *kaaba*, der heiligsten Kultstätte des Islam.
Im Vergleich wirkt die Hinduhalle mit ihrer größeren Fülle an
religiösen Darstellungen stärker hinduistisch als der neutrale-
re *talimkhana* muslimisch. Die Trainingsprogramme und die
Lebensführung sehen bei den Muslimen nicht anders aus als
bei den Hindus, außer daß dort die Ringer die vorgeschriebe-
nen Morgengebete zu Hause verrichten, bevor sie zum *talim*
kommen. Auch sie trinken Wasser oder Milch mit zerstoße-
nen Nüssen und Zucker, wenn das Vormittagstraining vorbei

ist, essen aber im Gegensatz zu den Hindus größere Mengen Hammelfleisch.

Es war nicht leicht gewesen, eine Begegnung mit Mangal Singh zu arrangieren. Wir mußten Freunde von Freunden von Freunden einschalten, bevor es dazu kam. Aber nachdem die Verabredung einmal zustandegekommen war, redete Mangal Singh so offen und ohne sichtbaren Argwohn, daß ich mich fragte, warum es zuerst so schwierig gewesen war. Er verstand nicht so recht, worum es bei meiner psychologischen Studie über Gewalt zwischen Hindus und Muslimen eigentlich ging (und ich muß gestehen, als ich versuchte, die Ziele meiner Studie anderen *pehlwans* auseinanderzusetzen, verstand ich sie selbst nicht so ganz). Er hatte den Eindruck, daß wir letztlich einen Film über das Thema machen wollten, und ich setzte nicht unbedingt alles daran, ihm diesen Eindruck zu nehmen. Jedenfalls erwies sich Mangal Singh als sehr freimütig in der Darstellung seiner Aktivitäten als Geißel der Muslime, vielleicht auch weil er annahm, Sahba und ich wären beide Hindus.

Die muslimischen *pehlwans* waren bei Sahba offen gewesen, aber verständlicherweise auf der Hut, wenn ich dabei war. Bei Sahba konnten sie ihrer Verbitterung und ihrer Verachtung für die Hindus Ausdruck verleihen und zeigen, wie stolz sie auf ihre Rolle als Beschützer der Gemeinde vor dem Hindufeind waren. In meiner Gegenwart waren sie weniger muslimisch und neigten eher dazu, eine allgemeinhumanistische Gesinnung an den Tag zu legen. Da fiel dann etwa die gutgemeinte Bemerkung, die nicht gerade beruhigend war, daß mein Blut, falls ich verwundet würde, genau dieselbe Farbe hätte wie das ihre. Gegen Ende des Interviews wurden jedoch alle *pehlwans* zusehends herzlicher. Ich will gern glauben, daß dieses Auftauen darauf zurückzuführen ist, daß sie mein echtes Interesse an ihrer Person spürten, und nicht so sehr auf die typischen «Ahas!» und «Ah-sos!» und andere Interessebekundungen in Wendungen und Tonfall hörten. Ich vermute allerdings, daß das unterschiedliche – obwohl für meine Zwecke sich in hohem Maße ergänzende – psychische

Programm, das sie abspulten, je nachdem ob sie mit Sahba
oder mit mir sprachen, durch Umschwünge in ihrem eigenen
Identitätsgefühl diktiert wurde. Anders gesagt, bei Sahba, einer Muslimin, war ihre Selbstdarstellung mehr von einer gemeinsamen sozialen Identität bestimmt. Bei mir dagegen, einem Hindu, trat, sobald sie einmal sicher waren, daß ihnen in
der Situation keine Gefahr drohte, die persönliche Identität in
den Vordergrund und beeinflußte ihre Selbstdarstellung entsprechend. Jedenfalls wurden beim Abschied Versprechen,
mich in Delhi zu besuchen, gegeben, Visionen von Festessen
in meinem Haus heraufbeschworen, die ich alle lächelnd zur
Kenntnis nahm, jedoch nicht ohne innerlich zu zittern bei der
Aussicht, das Versprechen könnte je wahrgemacht werden. Es
gab Situationen bei den Treffen mit den *pehlwans* – zum Beispiel, als wir in dem Zimmer in Akbars Hotel auf ihn warte-
ten –, während denen ich mich bei dem Gedanken ertappte,
daß doch die wissenschaftliche Arbeit, bei der man ein Buch
aus anderen Büchern macht, den Feldforschungen, wo es einem schon mal angst und bange werden kann, unendlich vor-
zuziehen ist. Außerdem überkam mich, während ich es in der
ständigen Hitze und dem Dreck, zwischen üblen Gerüchen
und stechenden Moskitos wenig gemütlich hatte, ein Gefühl
des Neids, wenn vor meinem geistigen Auge Freunde auf-
tauchten, die in ruhigen Bibliotheken mit Klimaanlage lasen
und schrieben.

Bei der Begegnung mit Mangal Singh rührte die einzige Bedrohung von seiner großzügigen, aber insistierenden Gastlich-
keit her, da er mir ein Glas Zuckerrohrsaft aufdrängte, der
köstlich war, aber tödlich sein konnte, da er als Hauptüber-
träger von Magenkrankheiten und eventuell von Cholera gilt.
Wir saßen in einem Zimmer im ersten Stock seines Hauses, in
dem Mangal Singh mit seinen zwei Frauen lebte. Die meisten
der elf Zimmer in diesem Stockwerk waren leer. Im Erdgeschoß gab es neun Zimmer, die von seiner verwitweten Mutter und seinen fünf Brüdern mit ihren Familien bewohnt wurden. Die Räume waren in Form eines Quadrats angeordnet
und gingen auf eine Veranda, die um einen Innenhof lief, in

dessen Mitte eine *tulsi*-Pflanze (Basilikum) wuchs. «Keine *tulsi*, eine Mutter *tulsi*», hatte mich Mangal Singh korrigiert und damit gleichzeitig seine Hindufrömmigkeit demonstriert. Außer einem Motorroller und einem Motorrad, die auf der Veranda geparkt waren, gab es einen Eisschrank und einen Wasser-kühltank sowie ein paar Spielsachen. Alles sah gepflegt und ordentlich und frisch gescheuert aus. Mangal Singh hatte uns seiner ersten Frau vorgestellt, einer schüchternen, hübschen jungen Frau, die er mit offener Zuneigung bedachte. Weil sie keine Kinder bekommen konnte, hatte er nochmals geheira-tet. «Aber eigentlich mag ich sie lieber», hatte er zur offen-sichtlichen Freude der jungen Frau gesagt. «Sie versorgt mich gut. Die andere ist auch nett, aber da sie gebildet ist, sorgt sie nicht so gut für mich.» Wie gegenüber seiner Mutter, der er uns einen Stock tiefer vorgestellt hatte, verhielt sich Mangal Singh auch seiner Frau gegenüber wie ein verwöhnter Junge, riß Witze, lobte sie überschwenglich, kommandierte sie her-um und rief oft nach ihr, um sicherzugehen, daß sie nicht weit weg war.

Es waren noch drei Männer im Zimmer, als wir mit dem Interview anfingen: die obligaten *chamchas*, die auf seine Darlegungen näher eingingen, wenn er eine Atempause oder eine Kunstpause einlegte. Sie gaben seinen Behauptungen Nachdruck und waren bemüht, durch ein unüberhörbares «Genau!» auf ein rhetorisches «Ist es nicht so?» von ihm den Wahrheitsgehalt des Gesagten zu unterstreichen. Von Zeit zu Zeit stimmten sie ein Loblied auf ihn an, während er zusah und bescheiden lächelte. «Er braucht gutes Essen, um seine ‹manpower› aufrechtzuerhalten», meinte der eine. «Man-power» sagte er auf Englisch, in einer mehr schlechten als rechten Übersetzung des Hindiwortes für Kraft. «Wenn er die Hand hebt, würden sich alle Hände in der Stadt heben, so groß ist seine ‹manpower›.» Sie zeigten mir den Ausweisungs-befehl, der Mangal Singh von der Polizei zugestellt worden und vom Sahib Polizeipräsidenten selbst unterzeichnet war und der ihn sechs Monate lang aus der Stadt verbannte wegen «Verdachts auf Anstiftung zur Gewalt und öffentlicher Ruhe-

störung». «Aber ich bin in anderthalb Monaten wieder zurück. Ich habe einen Vollstreckungsaufschub vom Obersten
Gerichtshof», sagt Mangal Singh. Auch die Kopie des Ausset-
zungsbefehls wird mir jetzt von einem *chamcha* zum Durchle-
sen gereicht. Ein zweiter *chamcha* kommt mit einem Stapel
Photos an. Auf denen, die mir gezeigt werden, geht es um Po-
lizeifolter. Ein gesenkten Blickes im Lendentuch dastehender
Mangal Singh weist auf seinen mit Striemen überzogenen
Rücken. Das Gesicht ist voller Blutergüsse und die Augen ver-
schwollen. Mangal Singh zeigt auf sein linkes Auge, unter
dem die Haut merklich dunkler ist. «Ich habe mich immer
noch nicht vollständig von den Prügeln erholt», sagt er mit
Entrüstung, nicht darüber, daß er zusammengeschlagen wurde, sondern über die begleitenden Umstände, von denen Mangal zwei Versionen liefert. Anscheinend hatte Mangal vor einigen Monaten, zur Zeit der Spannungen wegen der Zerstörung der Babrimoschee, ein Paket bekommen, sehr wahrscheinlich von seinen muslimischen Feinden. Es wurde im
Zimmer neben dem, in dem wir jetzt sitzen, abgelegt. Sein
dreijähriger Sohn fiel darüber, und es explodierte und tötete
den kleinen Jungen. In der zweiten Version – und dies ist die
Aussage, die er auch gegenüber der Polizei machte – hatte er
für die Kinder in der Familie Knallkörper in dem Zimmer
gelagert. Sein Sohn spielte damit, und sie explodierten und töteten ihn. «Mein Sohn stirbt, und diese Arschlöcher verhaften
mich und schlagen mich zusammen, weil ich, so behaupten
sie, Bomben herstellen würde!» sagt er, und seine Entrüstung
ist recht überzeugend.

Es gibt noch weitere gelegentliche Widersprüche in Mangals Monolog, der wie ein Sturzbach aus ihm hervorsprudelt.
Zum Beispiel hatte er, als er über die asketische Lebensführung eines Ringers sprach, gesagt, daß er jeden Abend genau
um acht Uhr esse und danach nie mehr aus dem Haus gehe.
Doch kurz bevor er sich von uns verabschiedete, sagte er, als
seine Frau herausgekommen war: «Die arme Frau macht immer so ein schönes Essen für mich, aber ich habe derart viel
zu tun, daß ich nie weiß, wann ich wieder daheim bin. Ich

esse zu ganz unregelmäßigen Zeiten. Wie oft ist sie wegen mir aufgeblieben und konnte erst dann selbst zu Abend essen.» Mangal ist kein Lügner in dem Sinne, daß er sein Publikum täuschen will. Er schmückt die Fakten aus, und es kann sein, daß manches umgeformt wird, damit es sich mit dem vereinbaren läßt, was er zu einem bestimmten Zeitpunkt für wahr hält. Vielleicht verdreht er auch die Wahrheit, ohne sich dessen bewußt zu sein, um ein bestimmtes Bild von sich zu vermitteln. Nach einiger Zeit gehören die Widersprüche mit zu seinem manischen Charme, und ich beobachte fasziniert, welche Person er da zurechtbastelt, für sich selbst ebensogut wie für uns.

Das erste Mal stieß Mangal Singh 1979 mit Muslimen zusammen. Die Muslime erhoben Anspruch auf ein Stück Land aus dem fadenscheinigen Grund, daß es sich um einen alten Gemeindefriedhof handle. Der Mann, dem das Land gehörte, hatte seinen Prozeß gegen den Übergriff vor Gericht gewonnen, konnte aber nicht erreichen, daß das Grundstück geräumt wurde und kam zu Mangal Singh. Er war im Recht, und Mangal erklärte sich einverstanden, ihm zu helfen. Mangal würde nie jemandem beistehen, der illegal in den Besitz von Land kommen will. Er beschleunigte sozusagen nur die notorisch schwerfällige Gesetzesmaschinerie und half bei der Vollziehung von gerichtlichen Anordnungen, die sonst nicht durchgeführt würden. Für seine Dienste erhielt Mangal eine vereinbarte Geldsumme. Heute ist sein Mindesthonorar hunderttausend Rupien, aber er nimmt das Geld erst, wenn die Arbeit erledigt ist, nicht wie manche andere *pehlwans*, die das Geld nehmen, aber sich weigern, die Arbeit zu tun, und damit den Klienten herausfordern, bis zum Äußersten zu gehen. Mangal dagegen ist ein Mann mit Prinzipien.

Mangal ging mit fünf seiner Leute zu dem Grundstück. Sie hatten zusammen ein paar Messer und einige Schwerter dabei. Die Muslime waren acht an der Zahl, alle hatten Schwerter, und jeder war ein Experte im Führen der Waffe. Aber sie waren alt – der älteste fast sechzig –, und obwohl sie durch und durch Profis waren, fehlte ihnen das Durchhaltevermögen der viel jüngeren Leute von Mangal. Die Muslime waren bald außer Atem, und Mangal und seine Männer töteten sechs von ihnen. Sie schafften vier der Leichen in einen Ambassador [indische Automarke; Anm d. Ü.] und warfen sie an unterschiedlichen Stellen der Stadt heraus, um die Polizei zu verwirren. Ihm wurden bei diesem speziellen Vorfall drei Morde zur Last gelegt. Er kann *zulm* nicht ertragen, schon gar nicht von Muslimen.

Der Polizeibericht über den Vorfall schreibt ihm nur einen Mord zu, von dem er mangels Beweisen freigesprochen wurde. Einen Monat später – so ist in den Akten weiter zu lesen – «griff er, zusammen mit anderen, Imtiaz und seine Eltern mit Stöcken an und fügte ihnen blutende Wunden zu.» Zwei Monate danach, im Dezember 1979, als nach dem Mord an Rameeza Bi Unruhen ausbrachen, führte Mangal Singh laut Aktennotiz eine bewaffnete Gruppe von zwanzig Leuten an, die muslimische Läden in Brand setzten, Muslime mit Stöcken und Messern attackierten und die Polizei mit Steinen bewarfen. Über einige Jahre hinweg folgen eine ganze Reihe weiterer kurzer Eintragungen: tätliche Angriffe, Zusammenrottung, Teilnahme an einem Aufruhr. Einige Monate mußte er sich täglich um acht Uhr morgens und um neun Uhr abends bei der Polizei melden. Aber er wurde nie rechtskräftig verurteilt trotz über vierzig ihm polizeilich zur Last gelegten Fällen. Weil die Zeugen eingeschüchtert wurden, sagt die Polizei. Weil die Leute mich lieben und nicht wollen, daß ich ins Gefängnis komme, sagt Mangal. Der Polizeibericht stellt zusammenfassend fest: «Jung und vital. Steht BJP-Abgeordneten sehr nahe. Hat gute Kontakte zur RSS. Steht auch Parteiabgeordneten der örtlichen Telegu Desam Partei nahe. Versucht auch an die Kongreßpartei heranzukommen. Ist ein kommunales Element. Sehr aktiv bei kommunalen Unruhen und hat sehr großen Anhang. Wurde inzwischen sehr gewitzt und exponiert sich nie selbst bei Straftaten, sondern setzt seine Gefolgsleute ein, um Unruhe zu stiften. Leute aus der Gegend sind verschreckt und wollen keine Klage anstrengen oder als Zeugen aussagen. Verdient eine Menge Geld durch Beilegen von Grundeigentumsstreitigkeiten.»

Mangal Singh gibt seine politischen Verbindungen offen zu, empfindet jedoch Empörung darüber, daß er wegen der Sprengstoffsache hinter Gitter gebracht wurde. «Ich war sehr viele Jahre bei der Kongreßpartei. Und ich habe sehr viel Arbeit für sie geleistet. Ich habe auch Arbeit privater Art für einige Abgeordnete erledigt, indem ich für sie Mieter aus ihren Häuser herausbrachte. Aber dann wechselte ich zur BJP über, da das die einzige Partei ist, die sich vor die Hindus stellt. Und was passiert? Die Kongreßpartei bringt mich ins Gefängnis! Keinerlei Dankbarkeit!»

Während eines Aufruhrs treffen sich die «starken Männer» (nicht alle sind *pehlwans*), die verschiedene Stadtviertel vertreten, fast täglich und entscheiden, wo «der Wind gesät werden muß» (*hawa phailana*), ein Euphemismus dafür, wo das Töten stattfinden soll und wo es eingestellt werden soll. Zum Beispiel werde bei so einem Treffen entschieden, daß die Gewalttaten in Dhulpet ein Ende haben sollen, aber daß damit in der Altstadt angefangen werden sollte. Mangal Singh achtet in seinem eigenen Gebiet auf strenge Disziplin. Einmal hat sich bei Unruhen in seiner Gegend spontan ein Mob zusammengerottet. Er schickte sofort einige seiner Jungs zu einer *satrol*-Aktion dorthin (d. h. um dort ein Chaos herbeizuführen), und in zwei Minuten waren sie zurück. Dann ließ er die Anführer des Mobs kommen und teilte ihnen mit: «Macht das nicht noch einmal ohne meine Erlaubnis!»

Zwar genießt es Mangal Singh, über seine wilden Heldentaten im Grundeigentumsgeschäft oder im politischen Bereich eingehend zu berichten – etwa wie er und seine Jungs den Umzug eines neu ernannten Ministers auf Geheiß seines Kabinettskollegen mit einer *satrol*-Aktion massiv störten, aber worauf er wirklich stolz ist, sind seine Zusammenstöße mit den Muslimen, wenn es um die Verteidigung von Hindus geht. Diese erlauben es ihm, sich mit Helden wie Shivaji und Rana Pratap zu identifizieren, die er sehr bewundert wegen ihres bewaffneten Widerstands gegen die muslimischen Eroberer, und er kann sich so in die lange Reihe dieser Helden stellen. Er erzählt von einem Zwischenfall bei einer Hinduhochzeitsprozession, die vor einer Moschee angehalten wurde, weil es Zeit für das Freitagsgebet war. Es kam zu einem Wortwechsel, und der Bräutigam, der der Lodha-Gemeinde angehörte, wurde vom Pferd gestoßen. Der Vorfall wurde Mangal Singh berichtet, der sofort mit einigen seiner Männer zur Stelle war. «Innerhalb von zwei Minuten», brüstet er sich, «lagen vier ihrer Männer auf dem Boden, zwei davon schon im Fallen tot. Die anderen flohen, und die Hochzeitsprozession konnte an der Moschee vorbeiziehen.»

Mangal Singhs psychologisches Profil weist eine große Ähnlichkeit mit dem von Akbar auf; mit dem Unterschied, daß seine Antworten viel extremer sind. Er glaubt, er versuche andere zu beherrschen, sei sehr eigensinnig und von Konkurrenzdenken geprägt. Auch er ist oft niedergeschlagen, macht sich viele Sorgen wegen persönlicher Probleme, neigt dazu, Ärger zu unterdrücken und gibt sich immer selbst die Schuld, wenn Dinge schieflaufen.

Trotz seiner dysphorischen Grundstimmung fühlt sich Mangal selbst stark und gesellschaftlich anerkannt. Nach Auswertung des Interviews und der Antworten im Gießen-Test meine ich, daß das herausragende Persönlichkeitsmerkmal bei Mangal eine Überaktivität zur Abwehr von Depression ist, während im Vergleich dazu Akbars Abwehrmechanismen mehr zwanghaft waren.

Und wenn ich schon beim Vergleichen bin, will ich damit fortfahren und mir die psychologischen Profile aller vier *pehlwans* anschauen. Zwar handelt es sich hier um eine zu kleine Auswahl, um definitive, generelle Aussagen treffen zu können über die Welt der «starken Männer», die die eigentlichen Gewaltakte in einem Aufruhr ausführen, doch kann mein vorläufiges Kollektivportrait vielleicht trotzdem einige Hypothesen für zukünftige psychologische Studien liefern.

Meine erste Beobachtung ist die, daß diese Männer nicht abnorm im klinischen Sinne sind. Das heißt, sie sind weder Psychopathen noch hoch neurotisch oder kriminell, ja nicht einmal sonderlich unkontrolliert im Ausagieren aggressiver Regungen. Alle sind jedoch ungewöhnlich dominierend und haben eine auffallende Neigung zum Autoritären. Auch ist eine deutlich depressive Tendenz in ihrer Grundstimmung festzustellen, eine drohende Depression, gegen die verschiedene Abwehrmechanismen eingesetzt werden. Erstaunlicherweise hält die depressive Tendenz an, obwohl die *pehlwans* das Gefühl haben, eine positive soziale Resonanz hervorzurufen, das heißt, daß sie durch ihre Umwelt eher narzißtische Befriedigung als Frustration erfahren.

Vielleicht trägt das Bedürfnis, gegen ein Leerwerden und Auseinanderbrechen des Selbst anzugehen, dazu bei, eine Überaktivität als Abwehr aufzubauen, bei der der Zusammenhalt des Selbst durch plötzlich zum Ausbruch kommendes gewalttätiges Handeln wiederhergestellt und am unmittelbarsten erfahren wird. Die durch Gewalt ausgelöste Erregung wird zur besten Bestätigung, daß man psychisch noch lebendig ist, zur Bestätigung dafür, daß man überhaupt existiert.

Die Psyche des Ringers

Bis jetzt haben wir uns die Krieger im ‹kommunalen› Kampf angeschaut, die Männer, die die Drahtzieher der Gewalt sind und in jüngeren Jahren direkt daran beteiligt waren (und es in den jetzigen jugendlichen Ausgaben noch sind), und gesehen, daß sie von ganz spezifischen Aspekten ihrer religiösen und persönlichen Identität dazu bewogen werden. Doch wir müssen auch, sei es in Hyderabad oder den vielen anderen Städten, wo *pehlwans* die führende Rolle in der ‹kommunalen› Gewalt spielen, ihre Sozialisation als *pehlwans* genauer unter die Lupe nehmen. Anders gesagt, ist es für ein besseres Verständnis dieser Krieger in Sachen religiöser Gewalt nötig, einen eingehenderen Blick auf die Kultur des indischen Ringkampfes zu werfen. Es kann gut sein, daß es uns ein vollständigeres Bild davon verschafft, was im Kopf des *pehlwan* vor sich geht, wenn wir Einblick in die Herausbildung seiner beruflichen Identität bekommen, die ja Hand in Hand läuft mit seiner persönlichen und seiner religiösen Identität. Eine apo-

kryphe Geschichte über Sufi Pehlwan, einen alten *peshawar*
(Profi), der sich nach den Unruhen von 1979 aus dem Killer-
geschäft zurückgezogen hat, veranschaulicht dies. Er soll angeblich das Gefühl gehabt haben, daß die Unruhen, wie auch
alles andere in Indien, nicht mehr das sind, was sie einmal
waren. Da wir alle die Welt aus dem begrenzten Blickwinkel
deuten, aus dem heraus wir daraufschauen, sah auch Sufi
Pehlwan den Niedergang im Land durch seine spezielle berufliche Brille. Die Qualität der Nahrung und von daher auch
die Robustheit des menschlichen Körpers hatte über die Jahre
kontinuierlich abgenommen. Die Knochen waren so schwach
geworden, daß die Messerklinge, wenn sie beim Erdolchen
eines Menschen durch die Muskeln, Knorpel und Knochen
schnitt, kaum auf Widerstand stieß. Schlicht gesagt, ließ sich
aus einem Aufruhr keine berufliche Befriedigung mehr ziehen,
und Sufi Pehlwan wandte sich anderen Beschäftigungen zu,
die eine größere Herausforderung darstellten, wenn sie auch
vielleicht nicht so spannend waren.

Die Tradition des indischen Ringkampfes, des *malla-yuddha*
der Epen, ist nicht überall gleich verbreitet. Am stärksten tritt
sie in den nordindischen Bundesstaaten Punjab, Haryana,
Delhi, Uttar Pradesh und West-Bihar in Erscheinung, im
übrigen Land dagegen nur vereinzelt. Im Süden und in
Zentralindien ist der Ringkampf zumeist nicht anzutreffen, in
Teilen Bengalens und Maharashtras sowie in einigen einstigen
Fürstentümern wie Hyderabad, wo die Herrscher diese Kunst
förderten, hält er sich nach wie vor recht gut. Der Ringkampf
ist in Indien nicht nur ein Sport, sondern umfaßt die ganze
Lebensweise; es ist nicht nur ein körperliches Training,
sondern eine moralische Tradition mit wechselnden politischen Koordinaten. Wie es der Anthropologe Joseph Alter
treffend formuliert, «begegnen sich beim Ringen Muskeln
und Moral».[3]

Was die körperliche Seite des Ringertrainings betrifft, ist
kaum ein Unterschied in Form und Technik zwischen den verschiedenen Landesteilen und auch nicht zwischen Hindu- und
Muslimringern. Der angehende Ringer steht bei Tagesanbruch

auf, läuft ein paar Meilen, um seine Kondition zu verbessern, und idealerweise sollte er dann einige Zeit meditieren (oder tatsächlich beten im Falle des Muslims), bevor er sich auf den Weg zum *akhara, dangal* oder *talim* macht, alles Bezeichnungen für die Ringerhalle. Hier fängt er mit einem Bad an und legt dann die Ringerkleidung, den *langot* oder das Lendentuch an. Anschließend wird der Körper eingeölt und gemeinsam der eigentliche *akhara*, die ungefähr zehn Quadratmeter große Grube hergerichtet. In einem Hindu-*akhara* findet dann eine gemeinsame Anrufung von Hanuman, dem zölibatären Gott der Ringer und dem Symbol der tiefsten Verehrung Ramas statt.

Die Ringer werden dann vom *guru* (dem *ustad* oder *khalifa* bei Muslimen) in Paare eingeteilt, um mit einem Partner zu ringen und Griffe und Kontergriffe zu üben, immer unter der strengen Aufsicht und mit häufigen Unterweisungen des *gurus*. Nach zwei oder drei Stunden dieses *jors* (wörtlich: «Kraft») wälzt sich der Ringer in der Erde der Grube, um an deren kühlenden, belebenden und heilenden Eigenschaften teilzuhaben und nimmt zum Abschluß ein Bad. Nun folgt eine reichliche und herzhafte Mahlzeit, bestehend aus den Grundnahrungsmitteln eines Ringers: geklärter Butter, mehreren Litern Milch und gemahlenen Mandeln (oder Kichererbsen) bei den Hindus, Fleisch mit Pistazien und Mandeln bei den Muslimen (zu Zeiten, als Pistazien und Mandeln noch erschwinglich waren). Dann hält der Ringer ein kurzes Schläfchen und ruht sich am Nachmittag ein paar Stunden aus. Am frühen Abend schließlich ist er wieder im *akhara*, um in Einzelübungen Kraft, Ausdauer und Beweglichkeit der Gelenke zu trainieren. Neben verschiedenen Arten von Krafttraining werden als zentrale Übung Hunderte von tiefen Kniebeugen und gehechteten Liegestützen gemacht. Nun noch ein Bad und später wiederum eine Spezialmahlzeit, und um acht oder neun Uhr abends soll der Ringer in der Regel im Bett sein, um frisch und voller Energie in aller Frühe erneut sein Training zu beginnen.

Das körperliche Training ist Teil eines moralischen und ideologischen Ganzen, und darin ähnelt der indische Ringkampf den traditionellen ostasiatischen Kampfkünsten, in denen das Körperliche nicht zu trennen war vom Geistigen, und technische Fertigkeiten nicht ohne die entsprechende sittliche Haltung denkbar waren. Hier unterscheidet sich auch das traditionelle Ringen vom Unterrichten und Lernen von Judo, Karate oder Ringen, wie es im modernen Kontext als Freizeitsport, zur körperlichen Ertüchtigung oder zur Ausbildung von Kampffähigkeit praktiziert wird. Der Ringer sieht und erlebt sich selbst, obwohl fest in die Gesellschaft eingebunden, als jemand, der abseits steht. Schon sein massiger, aber muskulöser Körper bildet einen Gegensatz zu den unterernährten und ausgezehrten Körpern anderer Männer in den Wohnvierteln der Unterschicht, aus der die meisten Ringer kommen. Zu diesen äußeren Zeichen des Abseitsstehens kommt die strenge Befolgung ethischer Prinzipien: Enthaltsamkeit, Ehrlichkeit, innere und äußere Hygiene, Einfachheit und Kontemplation Gottes, die, wie Alter aufzeigt, der Ringer mit dem Asketen – dem *sanyasin* oder dem *sadhu* – gemeinsam hat, der ja ebenfalls sein Dasein am Rande der normalen Gesellschaftsordnung betont.[4] Worin sich natürlich der Ringer (wie der Asket) am auffälligsten vom Durchschnittsmenschen unterscheidet, ist in seiner Befürwortung des absoluten Zölibats. Sexualität und vor allem der Verlust von Samen sind eine Angelegenheit, die ihn stark beschäftigt. Das Bild, das in bekannten Hindi-Filmen vom Ringer gezeichnet wird, ist im allgemeinen das eines starken, aber einfältigen Provinzlers, der die absurdesten Anstrengungen unternimmt, um die Gesellschaft von Frauen und damit jede Gelegenheit zu sexueller Erregung zu meiden. Wie uns Alter mitteilt, ist für den Ringer der Samen das A und O seiner Kraft und seines Wesens. Milch, geklärte Butter (*ghee*) und Mandeln, die Hauptbestandteile der Ringerkost, sollen nach allgemeiner Meinung einen Vorrat von Samen mit besonders hoher Energie entstehen lassen. Milch und *ghee* senken angeblich auch die Körperhitze, so daß sich der Samen nicht im Schlaf versehentlich ergießt, sondern seine gewünschte Funktion erfüllen kann, nämlich Körperkraft aufzubauen.[5]

Die Beherrschung der Sexualität – und dazu die ängstliche Sorge bei allem, was mit sexuellen Dingen zu tun hat – ist der Eckpfeiler aller konservativen Sittenlehren, und die ideologische Welt des Ringers mit dem Zölibat im Zentrum steht den hinduistischen und muslimischen religiösen Traditionen dort, wo sie am konservativsten sind, sehr nahe. Wie der sogenannte Fundamentalist lehnt auch der Ringer die modernen Formen der Unterhaltung wie Kino und Fernsehen ab, die Sex im Übermaß zur Schau stellen. Er mißbilligt moderne Bildungseinrichtungen, in denen Jungen und Mädchen in engen und von daher gefährlichen Kontakt miteinander kommen. Er steht Modeströmungen in Sachen Kleidung und Körperpflege mißtrauisch gegenüber, denn sie sind seiner Meinung nach nur dazu da, der Erregung von lüsternem Interesse zu dienen. In der Regel verdammt die konservative Moral des Ringers alle Erscheinungen der Moderne, die die Sinne reizen, anstatt sie zu beruhigen, die das sinnliche Feuer schüren, anstatt Wasser in seine Flammen zu gießen.

In den verschiedenen philosophischen und sozialwissenschaftlichen Abhandlungen über die Moderne fehlt oft etwas, was viele Künstler, Schriftsteller und Filmemacher des zwanzigsten Jahrhunderts – ganz zu schweigen von den Psychoanalytikern – als ihre zentralen Kennzeichen ansehen: das In-den-Vordergrund-Rücken des biographischen Ichs und der Sexualität (im weitesten Sinne) im subjektiven Empfinden des Menschen. Die Psychoanalyse, die das sexuelle Ich zum Studienobjekt hat, ist daher eine eminent moderne Disziplin. Der Protest gegen die Allgegenwart, die Signifikanz und die Manifestationen des sexuellen Selbst ist zwangsläufig das Grundcharakteristikum rückwärtsgewandter und fundamentalistischer Rhetorik.

Ein Element der Ringerideologie allerdings scheint auf den ersten Blick dem ihr anhaftenden konservativen Etikett zu widersprechen: der Egalitarismus nämlich. Im *akhara* gibt es lediglich Leiber, ohne Unterschied der Konfession, Schicht oder Kaste, wie dies in folgendem Kommentar über den Ringkampf zum Ausdruck kommt: «In jedem Dorf geht jeder mit jedem in die Arena, vom gewöhnlichen Arbeiter bis zum Wohlhabendsten. Jeder hat jeden auf dem Rücken, die Knie des einen sind im Nacken des anderen. Ein Stigma oder Feindschaft, Ärger oder Bedrohung gibt es da nicht. Der *akhara* war ein Wallfahrtsort der sozialen Gleichheit, ein Tempel brüderlicher Liebe.»[6] Bis in die allerjüngste Vergangenheit waren viele *akharas* in Hyderabad gemischt in dem Sinne, daß dort sowohl Hindus als auch Muslime unter einem Hindu- oder Muslim-*pehlwan* trainierten. Der *khalifa* von Majid Khans Bruder zum Beispiel war Pehlwan Chintamani, ein Hindu. Jedenfalls kann das Prinzip der Gleichheit der Menschen, auch wenn sie in einigen konservativen Ideologien des Westens fehlen mag, sehr wohl Bestandteil konservativer Traditionen des Hinduismus sein und findet sich selbstverständlich auch in der Vorstellungswelt des Islam. Eine starke Betonung des Egalitarismus findet sich zum Beispiel in den tief konservativen Ideologien des RSS, der organisierten Vorhut bei der gegenwärtigen Wiederbelebung des militanten Hinduismus. Das entscheidende Kriterium für Konservativismus bleibt immer noch die Einstellung zur Sexualität und nicht so sehr die zur Macht.

Moralisch und ideologisch gesehen fühlt sich folglich der Ringer, ob Hindu oder Muslim, den Kräften in seiner Gruppe verwandt, die sich durch eine Wiederbelebung traditioneller Werte gegen die Moderne wenden, und er steht ihnen positiv gegenüber. Die veränderten politischen Koordinaten seiner Position erleichtern es dem Ringer auch, zu einem aktiven und, vorausgesetzt er fühlt sich dazu berufen, zu einem militanten Vertreter seiner Gemeinschaft zu werden. Vor der Unabhängigkeit des Landes im Jahr 1947 standen Ringer unter der Protektion indischer Fürsten, die sich Hofringer hielten, genauso wie sie auch Hofmaler oder Hofmusiker hatten. Die Vorfahren des *pehlwan* Akbar waren über vier Generationen Ringer am Hofe des Nizam von Hyderabad gewesen. Für alle äußeren Bedürfnisse des Ringers wurde durch den königlichen Gönner Sorge getragen. Was von einem Ringer erwartet wurde, war, sich auf die Verfeinerung seiner Kunst und das Stählen seines Körpers zu konzentrieren. Dafür gingen die Ringer bei feierlichen Anlässen in den königlichen Prozessionen mit durch die Straßen der Hauptstadt, um mit ihren prachtvollen Körpern von der Macht des Fürsten zu zeugen und sie ins rechte Licht zu rücken. Auch vertraten sie die Ehre des Fürsten in ihren Wettkämpfen mit Ringern aus anderen Staaten, worin eine legendäre Art der Kriegsführung zwischen Königtümern wiederaufgegriffen wurde, die in der persischen Erzählung von Rustum und Sohrab verewigt ist.

Zwar versuchten einige Politiker als Schirmherren von Ringer-*akharas* die Stelle der Fürsten einzunehmen und die Ringer dazu zu benutzen, auf gewaltsame Art politische Ziele durchzusetzen, doch hatten diese Ringer in der Regel die moralisch hochstehende Auffassung ihrer Berufung, wie sie Tradition und Ideologie eigentlich erfordern, bereits eingebüßt. Erst in der Polarisation zwischen Hindus und Muslimen und im Kontext einer religiösen Renaissance findet der Ringer wieder eine Rolle, nämlich die, die physische Macht und kriegerische Potenz der Gemeinschaft, der er angehört, nach außen sichtbar zu machen. Obwohl er auch da vom Politiker benutzt werden kann, der religiöse Gewalt für seine eigenen Zwecke einsetzt, kann der Ringer hier an seinem hohen moralischen Anspruch festhalten, denn er ist stolz auf seine neue Rolle als «Beschützer der Muslim- bzw. der Hindunation».

Das traditionelle Ringertraining hatte, obgleich es auch zum religiös motivierten Killer ausbildete, doch seine Vorzüge, weil dadurch die religiöse Gewalt eine bestimmte Form annahm. Oft waren die *akharas* gemischt, und die Lehrer dort hatten Hindu- und Muslimschüler, die einander nie in oder außerhalb des Rings bekämpfen würden, was sich dämpfend auf den Kampfgeist der beiden Gruppen auswirkte. Über das Training wurde den Schülern auch eine starke Ideologie eingeimpft, wonach Kämpfen und Töten an bestimmte Regeln gebunden war, so daß zum Beispiel die Achtung vor Frauen verhinderte, daß bei Krawallen eine Frau zum Opfer wurde. In Hyderabad wird noch jetzt Vergewaltigung nicht als Ausdrucksmittel der Gefühle von Verachtung, Wut und Haß ein-

gesetzt, die eine Volksgruppe für die andere empfindet, wie
dies zum Beispiel in Bosnien geschieht. Sobald die traditionelle Ideologie des *pehlwan* an Boden verliert und seine
Funktion, nämlich die von seiner Volksgruppe ausgehende
Gewalt zu kanalisieren, von brutaleren Schlägern übernommen wird, steht zu erwarten, daß auch in der religiösen Gewalt eine neue Ära ungehemmter Grausamkeit anfängt. Es
gibt natürlich noch andere Gründe dafür, daß Vergewaltigung
in einem Hindu-Muslim-Aufruhr kaum vorkommt, unter anderem, wie wir später sehen werden, die starke moralische
Mißbilligung von Vergewaltigung als Instrument religiöser
Gewalt in beiden Bevölkerungsgruppen. Außerdem müssen,
anders als im Bosnienkonflikt, Hindus und Muslime nach einem Aufruhr weiterhin zusammenleben und in ihrem täglichen Leben muß es zu minimaler gesellschaftlicher und er-
heblicher wirtschaftlicher Interaktion kommen. Mangal Singh
stellt dazu fest: «Ein paar Tage, nachdem der Aufruhr vorbei
ist, muß mich *pehlwan* Akbar doch wieder aufsuchen, und
mögen wir noch soviel Bitterkeit im Herzen tragen und unsere
Stimmen noch so kalt klingen, er muß mich dennoch fragen:
«*Bhai* Mangal, was machen wir nun mit diesem strittigen
Stück Land in Begumpet?» Und mir bleibt nur die Antwort:
«Wir sollten uns zusammensetzen, *bhai* Akbar, und die Sache
auf friedlichem Wege lösen.» Vergewaltigung macht derlei Interaktion unmöglich und läßt die Feindseligkeit zwischen
Hindus und Muslimen zu unversöhnlichem Haß werden.

Was die Krieger selbst angeht, so beweist ihre Fähigkeit,
die Verbitterung, die der Konflikt hinterlassen hat, zu über-
winden und wieder zusammenzuarbeiten, erneut, wie hervor-
ragend ihr Ich funktioniert. Anders als viele andere Angehörige ihrer Gemeinschaft, die entweder unfähig sind zum Haß
oder nicht aufhören können zu hassen, haben *pehlwans* sowohl gelernt zu hassen als auch über den Haß hinwegzu-
kommen.[7] Zwar sind sie Killer im Dienste ihrer jeweiligen
religiösen Gemeinschaft, doch lassen sie sich nicht einfach bestimmten psychologischen oder philosophischen Kategorien
zuordnen. So gibt es keinen Beweis dafür, daß es sich bei

ihnen um Psychopathen handelt, die brutal darauf trainiert sind, jedes menschliche Gefühl zurückzudrängen, daß sie sexuell gehemmt sind oder als Kinder mißbraucht wurden. Da sie mit Führungsqualitäten begabt sind und sich in verschiedenen Charakteraspekten deutlich von ihrer Umwelt abheben, sind sie auch nicht – entsprechend Hannah Arendts These von der «Banalität des Bösen» – vollkommen gewöhnliche Menschen mit der Fähigkeit, sich als Ungeheuer aufzuführen.

4.
Die Opfer und die anderen:
I. Die Hindus

Eines der von den Unruhen am schlimmsten betroffenen Gebiete war Pardiwada («Siedlung der Pardis») in Shakkergunj.
Pardiwada, vom Stadtzentrum, dem Char Minar, zwei Meilen
entfernt, ist eine Hindu-Enklave von ungefähr fünfzig Häusern, die von muslimischen Wohnsiedlungen umgeben ist. Vor
dem letzten Aufruhr hatte Pardiwada eine Bevölkerung von
ungefähr hundertfünfzig Familien (in einer familienzentrierten
Kultur wird die Bevölkerung nach der Anzahl der Familien
und nicht nach Einzelpersonen gezählt), die sich jetzt auf
fünfzig reduziert hat.

Die enge Straße, die von der Hauptstraße abzweigt und
nach Pardiwada hineinführt, schlängelt sich durch muslimische *mohallas*, wo sich bei vielen Häusern die Religionszugehörigkeit des Besitzers an einem grün gestrichenen Fenster,
einer grünen Tür oder einer ganzen Wand in Grün ablesen
läßt. Die Zufahrtsstraße ist gewöhnlich verstopft mit Fahrrädern, Ziegen, Büffeln und Obstverkäufern, die ihre Karren
durch einen in beide Richtungen fließenden Fußgängerstrom
schieben. Diese Fußgänger sind sowohl Hindus aus Pardiwada als auch ihre muslimischen Nachbarn, und der Mangel an
Herzlichkeit, der zwischen beiden herrscht, ist mit Händen zu
greifen. Eine Momentaufnahme blieb mir im Gedächtnis haf-
ten: zwei Frauen mittleren Alters, beide dick, die eine im Sari
– eine Hindufrau, die andere in einem schwarzen, bis auf die
Knöchel reichenden *burqa* – eine Muslimin, jedoch unverschleiert. Beide bewegen sich mit demselben Watschelgang
übergewichtiger Enten vorwärts, und ihre Wege kreuzen sich.
Es gibt kein äußeres Zeichen des Erkennens, als sie sich aneinander vorbeizwängen, obwohl vor den Unruhen, wie man

mir sagte, zumindest ein höflicher Gruß ausgetauscht worden wäre.

Die in unregelmäßigen Reihen stehenden, kleinen, mit Mörtel verputzten Ziegelhäuser von Pardiwada wurden vor dreißig bis vierzig Jahren gebaut. Einige davon, besonders die am Rande des *basti*, sind verlassen und weisen deutliche Zeichen auf, daß hier ein Aufruhr stattgefunden hat: verkohlte Türen und Fenster, zerbrochene Glühbirnen und herausgerissene elektrische Leitungen, die über einem Fußboden mit Löchern und herausgeschlagenen Ecken baumeln. An vielen hängen ungelenk beschriftete Schilder, auf denen in falschem Englisch steht: «house for seal», als ob der ganze Umfang der Gefühle, die für den Verkäufer mit so einem Angebot verbunden sind, nur in einer emotional distanzierenden Fremdsprache und nicht in der ihm näheren Muttersprache zu bewältigen wäre. Es findet sich kein Käufer. Die Pardis glauben, daß die voraussichtlichen Käufer, die Muslime, darauf warten, daß die Preise weiter fallen, wenn die Eigentümer zu Notverkäufen gezwungen sind.

Dennoch geht es recht fröhlich zu auf den Straßen von Pardiwada. Da die Hauptbeschäftigung der Pardis der Verkauf von Obst und Gemüse ist, spielt sich ein Großteil der Tätigkeiten am frühen Morgen ab, wenn ganze Familien damit beschäftigt sind, das vor den Häusern aufgehäufte Obst und Gemüse auszusortieren und zu säubern und auf die Handkarren zu laden. Viele der Frauen sind schon seit drei Uhr morgens auf, um mit ein paar anderen das Obst vom Großhändler, in der Regel einem Muslim, zu holen oder sogar von den am Stadtrand gelegenen Obstplantagen in Muslimbesitz. Diese traditionellen Geschäftsbeziehungen haben Generationen überdauert und funktionieren auf Vertrauensbasis: Die Frauen nehmen das Obst auf Kredit mit und bezahlen es am nächsten Tag, wenn es verkauft ist. Die Unruhen haben diese geschäftlichen – und mit der Zeit zwangsläufig auch persönlichen – Beziehungen zwischen den Pardis und ihren muslimischen Zulieferern empfindlich gestört. Die Frauen haben jetzt mehr Angst, zu nächtlicher Stunde durch die leeren, dunklen

Muslimbasare oder -gärten zu gehen. Aber es ist schließlich Tradition bei ihnen, daß die Frauen die Waren holen und die Männer sie verkaufen, eine Tradition, die zweifellos auch deshalb fortbesteht, weil sie für die Männer bequem ist, denn, wie auch eine der Frauen, die sich zu dieser Tradition äußert, meint: «Außerdem hat mein Mann keine Lust, so früh aufzustehen.»

Wenn dann später die Männer weg sind, die halbwüchsigen Jungen auf Fahrrädern davongefahren sind, um Zwiebeln, Knoblauch und Ingwer zu verkaufen, und die Kinder, die schon alt genug sind, sich auf den Weg zur Schule beim Hanuman-Tempel gemacht haben, nimmt das Leben in Pardiwada einen ruhigeren Verlauf. Die Frauen haben die morgendlichen Haushaltsarbeiten hinter sich gebracht, setzen sich vors Haus, rauchen, unterhalten sich, baden ihre Babys und die kleinen Kinder, während die alten Männer sich im Schatten der Bäume zu einem Schwätzchen oder endlosem Kartenspiel versammeln. Um ein Uhr dann sind die arbeitenden Familienmitglieder und die Schulkinder zurück, und nach einem Mittagessen – Reis und ein Gemüsecurry – ist Zeit zum Ausspannen und zum Austauschen von Neuigkeiten. Kinder spielen auf der Straße, meist mit Murmeln, und es herrscht ein reges Hin und Her zwischen den Häusern, weil jeder mal diesen, mal jenen besucht.

Ihren Einkommensverhältnissen nach gehören die Pardis der Unterschicht an. Ihre Armut läßt sich an der Müllhalde ablesen, auf der nicht allzu viel zu finden ist, lediglich ein paar Scherben von zerbrochenem Geschirr, kleine Stoffetzen, Getreidespreu und etwas verfaultes Gemüse. Weil die Armen für fast alles Verwendung haben und wenig wegwerfen, findet sich auf ihren Müllplätzen im allgemeinen weniger Unrat als auf denen ihrer reicheren Nachbarn. Doch die Pardis mögen arm sein, notleidend sind sie nicht. Sie scheinen genug Geld zu haben für einfache Nahrung, für Kleidung und sogar für den notwendigen Luxus des städtischen Proletariats: einen Schwarzweißfernseher. Die Mädchen und die Frauen sind in leuchtenden Farben gekleidet und tragen Ringe, Arm- und

Fußreifen, Halsketten und große *bindis* (roter Punkt) selten nur den schlichten kleinen Punkt auf der Stirn, nicht ahnend, daß inzwischen genau dieses Accessoire zum urbanen Chic der Oberschichtsfrauen von Delhi und Bombay gehört. Da ihre Finanzen entscheidend davon abhängen, welche Preise sie für ihr Obst und Gemüse erzielen, bewegt sich ihr täglicher Verdienst zwischen null – an einem Tag, an dem ein Pardi nicht arbeitet – und hundert Rupien an einem außergewöhnlich guten Tag.

Die Wohnverhältnisse sind ebenfalls recht passabel, aber beengt, nicht nur weil die Häuschen so klein sind, sondern auch weil die Pardifamilien so groß sind und sich planlos in alle Richtungen auszubreiten scheinen wie die Wurzeln eines *banyan*-Baumes. Genau besehen gibt es in dieser ausgesprochen eng zusammengewachsenen Gemeinschaft gar keine klaren Grenzlinien zwischen den Familien. Es wird so viel untereinander geheiratet, daß jeder mit jedem verwandt ist. Die Volksgruppe ist in vier Sippschaften aufgeteilt, von denen jede sich nach einer von vier Göttinnen nennt – Chowkat Mata, Shakti Mata, Kali Mata und Naukod Mata. Theoretisch sind Heiraten innerhalb einer Sippe verboten, und die Ehepartner können nur innerhalb der anderen drei Clans gewählt werden; dies ist jedoch eine Regel, an die man sich hält, indem man dagegen verstößt.

Das Wort Pardi scheint sich von *pahadi* – die Hügelleute – herzuleiten, und die Gruppe kommt auch ursprünglich aus dem Norden, von den Hügeln von Chittorgarh im fernen Rajasthan, die von den Jägerstämmen der *bhil* bevölkert waren. Die Sprache, die innerhalb der Volksgruppe gesprochen wird, ist eine Mischung aus Marwadi und Rajasthani, doch beherrschen alle auch den Dialekt von Hyderabad und einige auch Telegu. Die Pardis waren einst nomadisierende Jäger, versiert in der Jagd auf Vögel, wie Wachteln und Rebhühner, und auf Kleintiere, wie Kaninchen und Niederwild, und zogen vor zweihundertfünfzig Jahren Richtung Süden nach Hyderabad. Ihrer Überlieferung zufolge litt der damals Hyderabad regierende muslimische König an einer schlimmen offenen Wunde, die auf keine Behandlung ansprach. Einer der Ärzte des Königs, ehrwürdiger *hakim* der Unani-Medizin, empfahl als einzig mögliches Heilmittel das Auflegen von zerkleinertem Fleisch einer bestimmten Wachtelart, die schwierig zu fangen war. Der König hatte von einer Gruppe von Pardis gehört, die gerade in sein Reich gekommen waren, und er hatte auch gehört, welch tüchtige Jäger sie waren. Ein Pardi wurde an den Hof beordert und mit der Aufgabe betraut, eine Anzahl solcher Wachteln zu fangen. Der Jäger führte den Befehl aus und kehrte mit mehreren Vögeln zurück, deren Fleisch kleingehackt und auf die königliche Wunde aufgelegt wurde. Der Wurm, der sich ins Fleisch des Königs gefressen hatte, richtete seine Aufmerksamkeit nun auf das Fleisch des Vogels, das für ihn giftig war und starb. Der König erholte sich, und aus Dankbarkeit verfügte er, daß die Pardis fortan herzlich eingeladen seien, sich im Königtum Hyderabad niederzulassen. Seine Dankbarkeit brachte er außerdem – und konkreter – zum Ausdruck, indem er ihnen ein großes Stück Land gab – Jalpalli genannt –, das circa zehn Meilen von dem Pardiwada, um das es gerade geht, entfernt liegt. Hier gruben sich die Pardis einen Brunnen für Trinkwasser, bauten Häuser und wurden zum ersten Mal in der Geschichte dieser Volksgruppe an einem Ort seßhaft, den sie ihr eigen nennen konnten.

Da um Jalpalli herum für ihre Zwecke nutzbare Wälder rar waren und die jüngere Generation das mühsame Jägerhandwerk ohnehin nicht mehr so bereitwillig lernen wollte, begannen sich die Pardis nach anderen Verdienstquellen zur Sicherung ihres Lebensunterhalts umzusehen. Aus Jägernomaden wurden so Tagelöhner in den Obst- und Gemüsegärten muslimischer Grundeigentümer: Sie verpackten das Obst und das Gemüse und transportierten es von den Anbauflächen in die Stadt zum Verkauf. Nach und nach zogen dann immer mehr von ihnen von Jalpalli nach Hyderabad, wo sie während der letzten fünfzig Jahre verschiedene Ansiedlungen, genannt Pardiwadas, geschaffen haben. Zu wichtigen Festen wie Dussehra und Holi kommt aber immer noch die ganze Gemeinde in

Jalpalli im Dorf der Vorfahren zusammen, um dort gemeinsam zu feiern.

Obwohl sie jetzt Obst- und Gemüseverkäufer sind, ist die Jägertradition und die Erinnerung an die Zeit, als diese Nomaden für die seßhafteren Gemeinden eine Plage darstellten, immer noch sehr lebendig als ein Teil der pardischen Identität und ihres kulturellen Gedächtnisses. Sie stehen in dem Ruf, wilde und aggressive Gesellen zu sein, und dies erfüllt sie durchaus mit unverhohlenem Stolz. Auch daß sie einst, als ihr königlicher Wohltäter noch regierte, als Diebe und Räuber verrufen waren und sich, wenn eine Schar von ihnen in der Nähe eines Dorfes ihr Lager aufschlug, um zu jagen, täglich beim Dorfschulzen und der Polizei melden mußten, nimmt sich in ihrer Erinnerung kaum als Schande aus. Im allgemeinen ist aber der «geächtete Jäger» nun ein dunkler Aspekt der Pardi-Identität, nach dem sie sich nur gelegentlich zurücksehnen und der selten in ihrer Phantasie auftaucht. Anlaß dazu geben nur die Jägerrituale, wenn sich die Gemeinde zu ihren Festen in Jalpalli versammelt. In verzerrter Form jedoch kommt er meines Erachtens auch zum Vorschein, wenn die Unruhen, an denen sie beteiligt sind, und die religiöse Gewalt, die sie erleben, für sie unter dem Vorzeichen von Jägern und Gejagten stehen.

Das Selbstverständnis der Pardis, das von den anderen anerkannt werden soll, ist das einer Gemeinschaft, die als Teil der etablierten Hindugesellschaft respektiert und akzeptiert wird. Ihrem Ursprungsmythos nach sind die Pardis eng verwandt mit den Marwadis, einer Volksgruppe, aus der hochgeachtete Geschäftsleute, die reichsten Indiens, hervorgegangen sind: Sie stammen aus demselben Gebiet in Rajasthan, wo auch die Pardis die felsigen Hügel durchstreift haben, und ihrer beider Vorfahren waren Brüder, von denen der eine den Beruf des Kaufmanns und der andere den des Jägers ergriff. In dem Bemühen, ihren rituellen Status zu erhöhen, sind die Pardis bestrebt, die Sitten und Gebräuche von Hindugemeinschaften höherer Kasten nachzuahmen und zu übernehmen, um so ihre «Sanskritisierung», wie der Soziologe M. N. Srinivas diesen Prozeß nennt, weiter voranzutreiben.[1] Sie, die einstmals von der Jagd lebten, unterliegen jetzt dem strengen Verbot, Rindfleisch zu verzehren. Auch der Alkoholkonsum wird mißbilligt, dabei haben in früheren Generationen sogar die Frauen regelmäßig Alkohol getrunken, und einige von den älteren Frauen haben dies beibehalten. Heiraten waren früher eine einfache Angelegenheit: Die Familien von Braut und Bräutigam setzten sich mit einigen Respektspersonen aus der Gemeinde unter einem Baum zusammen, um die nötigen Vereinbarungen zu treffen und die Beteiligung an den Kosten zu regeln. Die schlichte Zeremonie leitete dann das Gemeindeoberhaupt. Heutzutage werden Eheschließungen nach dem ausgefeilteren Muster anderer Hindukasten vollzogen: Die Familie des Bräutigams fordert und erhält von seiten des Mädchens eine Mitgift; brahmanische Ritualkundige werden zugezogen, um die Horoskope aufeinander abzustimmen, die günstigen Tage zu bestimmen und die komplizierten Hochzeitsfeierlichkeiten zu leiten.

Parallel zu ihren Bemühungen um «Sanskritisierung» zur Anhebung ihres rituellen Status in der Hindugesellschaft arbeiten die Pardis im sozioökonomischen Bereich paradoxerweise auf eine «De-Sanskritisierung» hin, anders läßt sich dies nicht bezeichnen. Der Grund dafür liegt in der Förderungspolitik des indischen Staates, der bestrebt ist, die aus historischen Gründen rückständigen und unterprivilegierten Gesellschaftsgruppen durch Vorzugsquoten bei der Aufnahme in Schulen und bei der Vergabe von Regierungsposten zu begünstigen. Die Pardis, die einmal als «*scheduled tribe*» eingestuft waren [d.h. als «Volksstamm» (meist Angehörige der arischen Urbevölkerung) auf der staatlichen Förderliste geführt wurden; Anm. d. Ü.], und sich so ganz unten auf der sozioökonomischen Rangskala befanden (dadurch aber in der Ausbildung und bei der Postenvergabe vorrangig Anrecht auf staatliche Förderung und Begünstigung hatten), wurden kürzlich neu eingestuft als eine lediglich «rückständige Kaste». Diese Höherstellung brachte den Verlust vieler wirtschaftlicher Vergünstigungen mit sich, und die Pardis liegen im

Augenblick im Clinch mit der Bürokratie, weil sie nachweisen wollen, daß ihre Rückständigkeit doch größer ist als die einer «rückständigen Kaste», um so wieder ihren früheren, niedrigeren Status zurückzugewinnen.

Die anfängliche Ambivalenz der Pardis mir gegenüber – einerseits zeigten sie sich auskunftsbereit und dann wieder rückten sie nicht mit der Sprache heraus – hatte offensichtlich damit zu tun, daß ihnen daran gelegen war, wieder als *scheduled tribe* eingestuft zu werden. Ihr Argwohn richtete sich daher auf Unbekannte, die ja von der Regierung beauftragt sein könnten, Daten über sie zusammentragen, die ihrer Sache schaden – so wie der Forscher, der vor zwanzig Jahren erschienen war und auf dessen Bericht hin die Regierung gehandelt hatte: «Für seine eigene Karriere richtete er eine ganze Volksgruppe zugrunde.» Schließlich setzten sie sich über ihre Bedenken hinweg, und die Hoffnung gewann die Oberhand, ich könnte mich doch angesichts meines offenbar hohen Status als wirksamer Beistand bei ihren Verhandlungen mit dem Staat erweisen.

Eine Pardi-Familie

Das zweistöckige Haus von Badli Pershad aus der Sippe der Naukod Mata liegt direkt im Herzen von Pardiwada. Über dem Eingang, durch den man auf einen Hof kommt, finden sich zwei farbig bemalte Götterstatuen aus gebranntem Ton, jede ungefähr dreißig Zentimeter hoch. Auf der linken Seite steht der Affengott Hanuman mit einer goldenen Keule auf seiner mächtigen Schulter und beschützt mit seiner legendären Kraft die Hausbewohner vor den bösen Mächten, von denen die Menschen umgeben sind. Rechts kniet vor der Figur des Gottes Rama ein kleinerer Hanuman in gleichfalls legendärer Verehrung. Der circa siebzigjährige und seit fünf Jahren blinde Badli Pershad ist gewöhnlich in einem auf der rechten Seite des Hofs gelegenen Zimmer zu finden. Abgesehen von einem Bettgestell ist das Zimmer leer und peinlich sauber: Der grau gefliese Steinboden wird jeden Morgen gekehrt und gewischt.

Badli Pershad hat vier erwachsene Kinder, zwei Söhne und zwei Töchter, von denen sein jüngster Sohn Rajesh mit seiner Familie bei ihm wohnt. Die anderen leben jeder für sich in verschiedenen Teilen der Stadt. Beide Söhne haben einen College-Abschluß, und nur mit Widerstreben stehen sie jetzt, wie es Familientradition ist, als Obstverkäufer hinter ihren Karren, weil sie keine andere Arbeit finden konnten. Daß sie dies als bitter und demütigend empfinden, bleibt einem nicht lange verborgen. Außer Badli Pershads Sohn, seiner Schwiegertochter und zwei Enkelkindern lebt auch noch seine neunzigjährige Mutter bei ihm. Seine Schwester Laloo Bai bewohnt mit ihrem ältesten Sohn und seiner Familie fast den ganzen zweiten Stock des Hauses. Sie wohnt dort separat, mit eigener Küche, doch an manchen Abenden, besonders im Sommer, wenn es sehr heiß ist, kommen sie und ihre Familie mit dem Essen, das sie sich gekocht haben, herunter in den Hof, und beide Familien essen dann zusammen.

Dies ist eine Momentaufnahme der Familie, wie sie sich im Winter 1991 präsentierte, denn eines der Hauptmerkmale einer Pardiwada-Familie ist ihre ständig wechselnde Zusammensetzung. Familienmitglieder kommen und gehen und bleiben unterschiedlich lang, je nachdem, wie Ereignisse von außen Einfluß auf ihr Leben nehmen und wie sich innerhalb der Familie das Leben und die Beziehungen in ihrem Auf und Ab gestalten. Bis vor wenigen Monaten noch lebte Badli Pershads ältester Sohn Satish mit seiner Familie hier im Haus, der nach den Dezemberunruhen des letzten Jahres in eine sicherere Gegend zog. Wenn es ihm finanziell schlechter geht, kommt er möglicherweise bald zurück.

Badli Pershads Frau, die mit den fünfzig bis sechzig Rupien, die sie als Obstverkäuferin pro Tag heimbrachte, eine der wirtschaftlichen Hauptstützen der Familie war, ist 1988 gestorben, und er vermißt sie schrecklich: «Manchmal ist es für mich kaum auszuhalten ohne sie. Sie hat immer für alle meine Bedürfnisse gesorgt, hat mir mein Essen und die Arzneien gebracht, ist mit mir zur Toilette gegangen. Ich bin schon fünfunddreißig Jahre lang zuckerkrank und muß streng Diät leben. Ich darf nur Brotfladen und Gemüse essen und keinen Reis oder Weizen. Sie hat gut verstanden, daß mir diese Einschränkungen auf die Nerven gehen, und mir manchmal Fleischsauce unter mein Essen gemischt.

Obwohl meine Kinder und Enkel tun, was ich ihnen anschaffe, habe ich das Gefühl, sie haben es langsam satt, sich so viel um mich kümmern zu müssen. Manchmal empfinde ich mich schon als arge Last für sie, weil ich nicht sehen kann. Wenn ich nur diese Staroperation machen lassen könnte, dann wäre ich selbständiger. Meine Mutter ist da mit ihren wohl neunzig Jahren noch gesund und rüstig, und die Leute halten sie eher für meine Tochter als für meine Mutter, wenn sie so sehen, wie sie mich versorgt. Sie bringt mir mein Essen, geht mit mir zur Toilette, badet mich und sieht zu, daß es mir an nichts fehlt. Sie ist noch aktiv und munter, und das in ihrem Alter! Wenn meine Schwiegertochter bei ihrer Mutter ist, dann schafft sie die ganze Kocherei alleine.

Ich hatte in Familienangelegenheiten mehr zu sagen, als ich noch sehen konnte. Da waren auch die Kinder kleiner. Ich war kräftig, arbeitete hart, und bei allen wichtigen Entscheidungen im Haushalt wandte man sich an mich. Jetzt habe ich das Gefühl, ich bin auf die anderen angewiesen und falle der Familie nur zur Last. Sie respektieren mich zwar und achten auf meine Wünsche und Bedürfnisse. Aber ich meine, es ist jetzt ihr Leben und sie sollten tun dürfen, was sie wollen. Deshalb will ich anderen nicht meine Meinung aufdrängen, außer jemand fragt mich danach.»

Respektvolle Rücksichtnahme gegenüber Badli Pershad gehört nicht nur zur täglichen Routine, auch in für das Wohlergehen der Familie zentralen Fragen wird sie ihm entgegengebracht. Seine Schwester und seine Söhne wollen, daß er das Haus verkauft und daß sie aus Pardiwada wegziehen, da sie sich hier nach dem letzten Aufruhr plötzlich überhaupt nicht mehr sicher fühlen. Bisher hat sich Badli Pershad dieser Bitte widersetzt, nun aber hat er sich mit dem Umzug abgefunden:

«Mit diesem Haus verbinden sich für mich viele Erinnerungen: an meine Jugend, an meine Frau, die Kinder und die guten Zeiten, durch die wir gemeinsam gegangen sind. Wenn ich die Wahl hätte, würde ich eigentlich lieber in diesem Haus wohnen bleiben, bis ich sterbe. Aber unter den gegebenen Umständen, wo keine Hoffnung auf Sicherheit und Frieden besteht, bleibt mir ja gar nichts anderes übrig, als ans Verkaufen zu denken. Der Grund, warum ich es noch nicht getan habe, ist, daß die Käufer in der Hauptsache Muslime sind, die nur sehr wenig für so ein schönes Haus zahlen wollen.»

Die Pardis und die moderne Welt

Badli Pershads jüngerer Sohn, der vierzigjährige Rajesh, ist verbittert darüber, daß er nicht die Arbeit finden konnte, zu der ihn seine College-Ausbildung seiner Meinung nach berechtigen würde. Mit dem Gefühl, daß ihm damit eine kränkende Demütigung angetan wird, fährt er Motorriksha, um sich seinen Lebensunterhalt zu verdienen, und hilft außerdem noch beim Obst- und Gemüsehandel der Familie mit aus. Er hat den Eindruck, man habe ihn verraten und gegebene Versprechen nicht eingelöst, und es ist ihm ein Rätsel warum, obwohl er auch nicht sagen kann, worin die Versprechungen bestanden haben oder wer sie gemacht hat. Er gibt – wie viele seiner Freunde – den sich wandelnden Zeiten die Schuld an diesem Gefühl bohrender Unzufriedenheit. Rajesh trauert früheren Zeiten nach, als es noch unkomplizierter und freundlicher auf der Welt zuging und die Bande zwischen den Pardis viel enger waren als sie es heute sind. «In Hyderabad war unser *jaat* (was sowohl Kaste als auch Volksgruppe bedeutet) einst unübertroffen im Mango- und Traubengeschäft. Kein anderer *jaat* konnte uns da das Wasser reichen. Jetzt stehen wir in Konkurrenz zueinander und sind unübertroffen darin, uns gegenseitig das Wasser abzugraben. Jeder läuft dem Geld hinterher und sieht nur sich selber. Als alles noch ein Miteinander war, waren wir glücklicher.

Hatte man früher seine zwanzigtausend Rupien verdient, dann legte man erstmal eine Pause ein. Man hatte nun genug zu essen für ein halbes Jahr, und dann würde man schon weitersehen. Wir gingen zurück ins Dorf, lagen auf der faulen Haut und redeten die Tage und die Nächte hindurch. Heute ist nie mehr jemand zufrieden mit dem, was er erreicht hat. Jeder will immer noch mehr: ein größeres Haus, besseres Essen, mehr von diesem, mehr von jenem. Es ist ja gut, wenn jemand meint, er will unbedingt vorwärtskommen, er will höher hinaus. Aber dies geht auf Kosten des anderen: Man kommt nur hoch, wenn man den andern hinunterdrückt. Als wir weniger verdienten, es dafür aber Freundschaft und Liebe zwischen uns gab, waren wir glücklicher.

Selbst die Art und Weise, wie wir unser Gewerbe betreiben, hat sich verändert. Heutzutage ist Kalkulation alles. Früher sind wir in einen Obstgarten gegangen und haben geschätzt, was ein Baum trägt, und haben uns mit dem Besitzer geeinigt. Meistens lag dann der Obstertrag höher als die Schätzung, und das bedeutete einen kleinen Extraverdienst. Dann kamen diese Verpackungskisten auf: Wir kaufen das Obst nicht mehr am Baum, sondern kriegen es genau abgewogen in Kisten. Man muß mit Vertretern, Auftragnehmern, Lastwagenbesitzern verhandeln, und jeder mißt, wiegt, kalkuliert. Damit, daß man in frischer Luft in den Obstgärten herumgeht, zu den Bäumen hochschaut und den Ertrag schätzt, ist es jetzt vorbei.»

Natürlich mag sich, wenn Rajesh der «guten alten Zeit» nachtrauert, darin zum Teil das normale «Generationsbewußtsein» ausdrücken – wie Christopher Bollas es nennt –, das dem Bewußtsein einer neuen Generation Platz macht.[2] Rajeshs nostalgisches Sinnieren ist auch durch das Nachlassen seiner jugendlichen Vitalität bedingt, die zu einer bestimmten Zeit seines Lebens die Welt für ihn lebendig machte. Das innere Empfinden, daß das Leben sich für eine ganze Generation verdüstert, äußert sich dann in einem Verlustgefühl, das auf den Wandel in der moderner werdenden äußeren Welt zurückgeführt wird. Viele von uns geben dieses Verlustgefühl an

die Jugend weiter, obwohl es eigentlich nicht direkt das ihre
ist, wovon sich aber dann die meisten Jugendlichen zum
Glück früher oder später wieder freimachen können. Andererseits erhöht sich das Bewußtsein einer Generation gerade
dadurch, daß sich so gravierende Umwälzungen wie der Modernisierungsprozeß vollziehen. Ohne eine Krise solch historischen Ausmaßes ließe sich keine so eindeutige Grenze zwischen
dem Bewußtsein der vorhergehenden und der nachfolgenden
Generation ziehen; der Wandel ist sonst nicht groß genug, um
Anlaß zur Reflexion zu geben.

Wie sein jüngerer Bruder Rajesh konnte der fünfundvierzig-
jährige Satish trotz seiner Ausbildung keine Arbeit finden,
und obwohl auch bei ihm etwas von der Bitterkeit und Ent-
täuschung seines Bruders zu finden ist, stellt er sich aktiver
den Umwälzungen der Moderne. Er ist ein leidenschaftlicher
Verfechter eines Wandels in den Normen und Werten seiner
Volksgruppe. Satish, ein kleiner, ernsthafter Mann, bei dem
der Sinn für die eigene Würde ständig in Konflikt gerät mit
seinem ängstlichen Wunsch zu gefallen, will lieber seine Hoffnungen an die nächste Generation knüpfen, als sie mit der eigenen Hoffnungslosigkeit belasten. «Wissen Sie, in unserem
Gewerbe verdient man nicht soviel, daß man sich ein Haus
kaufen oder Geld auf die hohe Kante legen kann. Wir müssen
von der Hand in den Mund leben. Unser wertvollster Besitz
sind unsere Kinder. Also ist es uns sehr wichtig, wie wir sie
großziehen und was sie aus ihrem Leben machen. Darum
sollen sie nicht nur etwas Anständiges anzuziehen und zu essen haben, sondern auch die beste Ausbildung bekommen, die
wir ihnen ermöglichen können. Wir wollen nicht, daß unsere
Kinder auf die schiefe Bahn kommen. Deshalb habe ich einen
Schwarzweißfernseher gekauft, damit sie, wenn sie einen Film
sehen wollen, dies zu Hause tun können. Sonst passiert es
leicht, daß die Kinder, wenn sie erst einmal Teenager sind, in
schlechte Gesellschaft geraten und sich ihr Leben verpfuschen.
Aber ich weiß, daß nicht alle von uns so denken. Viele sind
der Meinung, Kinder sind dazu da, um die Eltern im Alter finanziell zu unterstützen, und nur deshalb wollen sie, daß sie

studieren und eine gute Arbeit finden. Nicht der Kinder wegen, sondern ihretwegen. So selbstsüchtig sind wir (er deutet
auf seine Frau) nicht. Es ist unsere Pflicht, die Kinder zu guten Menschen zu erziehen, und wenn sie dann, wenn wir alt
sind, für uns sorgen wollen, dann hat es das Schicksal gut mit
uns gemeint.

Es gibt eine ganz bestimmte Reihe von Festen – wie Bonal,
Holi und Dussehra –, die in unserm Volk von jeher begangen
wurden, schon bei unseren Ahnen. Aber jetzt, da unsere Leute
die anderen Hindus so viele Feste feiern sehen, wollen sie
auch mitfeiern. Doch diese Feste wie Ganesh, Diwali, Ugadi
usw. sind nichts als Gelegenheiten, um Geld zum Fenster hin-
auszuwerfen. Um des Festes willen muß man unbedingt etwas
Neues zum Anziehen kaufen, ein gutes Essen herrichten und
Geld für so unnütze Dinge wie Knallfrösche und die Dekora-
tion ausgeben. Das Wichtige daran ist doch der Geist, von
dem ein Fest getragen ist, und nicht das Schauspiel, das sich
nach außen bietet. Leider ist anscheinend heutzutage der äußere Aufwand und der Lärmpegel, auf den man es bringt, ein
Zeichen für die eigene Bedeutung. Und manchmal ist es auch
so, daß die Männer, obwohl sie vielleicht gar nicht daran interessiert sind, ein Fest mit all seinen Ritualen mitzufeiern,
schon um ihrer Frauen willen mitmachen müssen. Ich habe
Glück, daß meine Frau da ganz meiner Meinung ist. Aber von
meinen Freunden klagen viele, daß sie sich diese Ausgaben
nicht leisten können, jedoch nicht zurückstehen wollen, ihrer
Frau zuliebe. Diesen Frauen fehlt es an eigenem Urteil. Sie
wollen alles das machen, was die anderen Frauen auch tun.
Es kommt mir sehr darauf an, daß man sich von unvernünfti-
gen Bräuchen und sinnentleerten Ritualen trennt.

Eine andere Sitte, die ich gerne geändert haben möchte, ist
die Beisetzung der Toten. Ich meine, es ist besser, die Toten zu
verbrennen, als sie zu beerdigen. Und zwar deshalb, weil der
dafür nötige Platz heutzutage zu einem immer größeren Problem wird. Das Dorf unserer Vorfahren ist jetzt ganz voller
Gräber. Das Traurige daran ist, daß die Nachfahren nicht respektvoll umgehen mit diesen Gräbern. Nach ein paar Jahren

wird das Land umgegraben und bebaut. Daher fände ich es besser, wenn damit ein für allemal Schluß wäre und so das Problem mit dem Platz und der fehlenden Achtung vor den Toten aus der Welt wäre. Außerdem bin ich schon oft von meinen Hindufreunden nach diesem Brauch gefragt worden. Sie fragen mich, warum wir, obwohl wir doch Hindus sind, die Toten wie Muslime begraben. Das ist mir sehr peinlich. Die jetzige Situation ist ungeklärt: Einige Familien haben angefangen, ihre Toten zu verbrennen, andere beerdigen sie weiterhin. Mit einem solchen Verhalten macht man sich zum Gespött der anderen, vor allem dieser Muslime. Sie haben es sowieso auf alle die Bräuche bei uns abgesehen, die sonderbar sind. Das ist der Hauptunterschied zwischen ihrer Religion und der unseren: Sie haben feste Regeln, über die sich niemand hinwegsetzen kann.

Was ich noch gern anders hätte, ist die Sitte, daß bei uns innerhalb der Familie geheiratet wird. Früher haben sich die Leute daran gehalten, weil es sicherstellte, daß alle Familienmitglieder an einem Ort zusammenwohnten. Jetzt ist so ein Brauch nicht mehr nötig, weil ohnehin Übervölkerung herrscht. Ich denke, man müßte unsere Töchter in andere Familien schicken und Mädchen aus neuen Familien hereinnehmen, weil uns dies helfen würde, neue Beziehungen zu knüpfen.»

Satishs Hauptstrategie, um mit den durch den schnellen Wandel verursachten Umbrüchen zurechtzukommen, scheint auf einen Abbau der Isolation abzuzielen: die der Familie, indem sie sich in das Netzwerk anderer Familien integriert, und die der Volksgruppe, indem sie sich in ihren Sitten und Bräuchen dem hinduistischen «Mainstream» annähert. Er ist ein Beispiel für die unter Pardis häufig zu findende Haltung, Eigeninitiative zu entfalten, sowohl auf individueller wie auf kollektiver Ebene. Energisch treten sie für die eigenen Interessen ihrer Gemeinschaft ein, wobei sie alle Druckmittel einsetzen, die auf Entscheidungsprozesse in einem modernen demokratischen Staat Einfluß haben – angefangen von detailliert ausgearbeiteten Petitionen zur Vorlage bei den Behörden bis zu hartnäckiger Einflußnahme auf ihre gewählten Abgeordneten –, und so sind die Pardis keineswegs bloß passive Opfer des Modernisierungsprozesses.

Die Nacht der langen Messer

Badli Pershads älteste Schwiegertochter, die fünfunddreißigjährige mollige und fröhliche Lalita, erinnert sich noch gut an jenen Samstagabend. Es muß halb acht gewesen sein, und alle waren um den Fernseher versammelt, wo gerade der Samstagsfilm lief (*Swami Ayappa,* ein nach indischer Klassifizierung religiös-mythologischer Film), der für die Lokalnachrichten kurzzeitig unterbrochen wurde. Die Unruhen waren in einem anderen Teil der Altstadt ausgebrochen, und seit fünf Uhr abends war eine Ausgangssperre in Kraft. Der Nachrichtensprecher gab bekannt, daß die Ausgangssperre am nächsten Morgen für eine Stunde aufgehoben werde, so daß man aus dem Haus gehen und das Nötigste, wie Milch und Arzneien, einkaufen konnte. Plötzlich war eine dumpf grollende Menge mit dem Ruf «Allah-u-Akbar!» und «Tötet sie! Tötet sie!» zu vernehmen und als Reaktion darauf die panischen Rufe: «Die Muselmanen sind gekommen!» Lalita wußte, was sie zu tun hatte. Dies war das dritte Mal, seit sie verheiratet war, daß Pardiwada von Hindu-Muslim-Unruhen betroffen war. Und immer passierte es abends. Die Frauen und die älteren Kinder gingen nach unten und trugen Steine zusammen, damit die Männer sie dann auf den Muslimmob werfen konnten. Die Schultaschen der Kinder wurden ausgeleert, weil sie als Munitionstaschen für die Steingeschosse herhalten mußten; Saris und Bettlaken nahm man her, um sie den Männern um die Stirn zu wickeln, damit sie so vor ernsteren Kopfverletzungen bewahrt wurden. Die Frauen konnten nicht viel erkennen, wenn sie auf die Gasse hinausschauten. Nur, daß da «Hunderte» von Muslimen mit Schwertern und Speeren waren, die Tücher vor dem Gesicht hatten, so daß man nur ihre Augen sah. Prema, die dreiunddreißigjährige Schwiegertochter von Laloo Bai, der Schwester Badli Pershads, ist sich sicher, daß die angreifenden Muslime keine Ortsfremden waren: Sie wußten, welche Häuser Hindus gehörten, und riefen oft sogar die Namen der Besitzer. Vielleicht waren ein paar *goondas* von außerhalb darunter, aber «die ganze Sache war von unseren Muselmanen hier angezettelt». An diesem Abend wurde der Bruder von Premas Mutter getötet sowie ihre Schwägerin Kalavati, die in Panik hinausgelaufen war, um ihren vierjährigen Sohn zu holen, der aus dem Haus geschlüpft war, weil er herausfinden wollte, was es mit all der Aufregung da draußen auf sich hatte. Mutter wie Sohn wurden von Schwerthieben niedergestreckt und schafften es nicht mehr nach Hause.

Kamla Bai, Badli Pershads «Cousine» (den genaueren Verwandtschaftsverhältnissen nachzugehen habe ich inzwischen aufgegeben), die ein paar Häuser weiter am Rand von Pardiwada wohnt, konnte mit knapper Not entkommen. Sie und ihre Familie hatten gerade gegessen und wollten sich eben wieder vor den Fernsehapparat setzen, als plötzlich die Muslime ins Haus einbrachen. Sie rannte mit den Kindern hinaus und flehte die Männer an, ihr und ihrer Kinder Leben zu schonen. Ein Hindu wurde vor ihren Augen umgebracht, aber Kamla Bai ließ man durch und tat ihr nichts. Sie versteckte sich im Haus einer Nachbarin. Das Lebensmittelgeschäft und der Gemüseladen neben ihrem Haus wurden geplündert und in Brand gesteckt. «Eine meine Nachbarinnen hat vier Kinder, die nicht ganz richtig im Kopf sind. Sie brachten sie mit einem Schwert um. Ihr Kopf war buchstäblich in zwei Hälften gespalten. Eine Verwandte der Frau kam heraus, um zu helfen. Sie packten sie und fragten, wo ihr Mann war. Als sie sich weigerte, es zu sagen, schlugen sie ihr die Arme und die Beine ab, und sie starb. Sie brachen in Ratnarams Haus ein und brachten ihn um. Seine junge Tochter Krishnavati versteckte sich vor ihnen hinter einem Schrank. Sie zogen sie hervor und brachten sie um. Sie verschonten nicht einmal alte Frauen.»

Der Überfall auf Pardiwada, der vierundzwanzig Menschen das Leben kostete, endete gegen elf Uhr nachts mit dem Eintreffen der Polizei. Die Pardis waren nicht sicher, ob es die

Polizei war oder ein neuerlicher Muslimmob, der sich mit Polizeiuniformen getarnt hatte. «Bewerft sie mit Steinen!» hieß die Losung, nachdem man beratschlagt hatte, was zu tun sei. «Der Polizei würde das keine Angst einjagen, aber die Muslime würden davonlaufen.» Immer mehr Männer und Frauen kamen jetzt heraus, und die in das unheimliche purpurrote Licht schwelender Feuer getauchten Gassen von Pardiwada hallten bald wider vom Klagen und Weinen der Frauen, die, wenn sie die Leichen naher Verwandter entdeckten, ihre Trauer zum Ausdruck brachten.

Rajesh, Badli Pershads jüngster Sohn, stand gerade unter einem Baum beim Hanumantempel. Wegen der Ausgangssperre hatte er mit seinen Freunden Nambre und Anto den ganzen Nachmittag Karten gespielt. Er war nur mal eben zum Pinkeln herausgekommen, als er eine Gruppe Muslime sah, die mit Schwertern und mit Dosen, in denen sie Kerosin hatten, auf den Tempel zurannten. Rashid versteckte sich hinter einem Baum, und er war froh, daß er kein Hemd anhatte, nur Unterwäsche, und deshalb im Dunkeln weniger leicht auszumachen war. Als er beobachtete, wie die Muslime brennende kerosingetränkte Lappen in den Tempel warfen und dann vorbeirannten, um über das Haus herzufallen, das er eben verlassen hatte, war sein einziger Gedanke, daß er wie seine Freunde ums Leben gekommen wäre, wäre er nicht herausgekommen, um seine Blase zu erleichtern.

Für Rajesh kam der muslimische Überfall auf Pardiwada nicht gänzlich unerwartet. Seine muslimischen Freunde, von denen er ein paar schon seit seiner Kindheit kannte, hatten ihn gewarnt, daß genau so etwas passieren könnte. «Wir machen uns große Sorgen um dich», sagten sie oft, wenn sie zusammen Tee in einem «Hotel» tranken. «Du bleibst da, deine Frau und deine Kinder sind da. Ihr solltet gehen.» Einen Tag vor dem Überfall sagte der muslimische Freund zu Rajesh, er solle ein paar Tage lang verschwinden. «Warum, habt ihr es auf mein Leben abgesehen?» gab Rajesh leicht irritiert zurück. «Es geschieht, was geschehen muß.» Rajesh hatte den Gemeindeältesten – zum Beispiel Dalyan Singh, dem inoffiziellen

Führer der Pardis von Shakkergunj – über die Warnungen der Muslime berichtet. Die Polizei habe alle Vorkehrungen für ihre Sicherheit getroffen, teilte man Rajesh mit, und Dalyan Singh verwies auf die drei Polizisten, die Pardiwada zugeteilt worden waren und mit denen er Karten spielte.

Als Rajesh vom Tempel heimrannte, traf er unterwegs auf Dalyan Singh, der ganz außer sich war. «Die Muslime haben von allen Seiten angegriffen», sagte Dalyan Singh. «Ich versuche gerade, die Polizisten zu finden!» Viele pardische Männer waren aus den Häusern gekommen. Sie wollten die Angreifer davon abzuhalten, ins Zentrum Pardiwadas vorzudringen, indem sie einen Hagel von Steinen dort niedergehen ließen, wo ein muslimischer Durchbruch bevorzustehen schien. «Unsere Männer sind tapfer. Wir waren unbewaffnet und liefen doch nicht vor ihren Schwertern und Speeren davon.» Später am Abend, als sich die Muslime allmählich aus dem Zentrum Pardiwadas zurückzogen, eilte Rajesh zum Haus seiner Schwester an den Rand Pardiwadas. Die Tür war von innen verriegelt. Rajesh hämmerte dagegen, rief und schrie, aber es antwortete niemand. «‹Es ist alles vorbei›, dachte ich. ‹Sie sind alle tot. Alle sind sie umgebracht.› Ich ging auf den Polizeiinspektor zu, dessen Leute dabei waren, eine Leiche zu bergen. ‹Meine Schwester und ihre Familie sind tot›, sagte ich. Dann aber sah ich sie aus dem Haus von Nachbarn kommen, die Muslime sind. ‹Wir sind hier!› sagten sie. Die muslimische Familie hatte ihnen Unterschlupf gewährt und ihnen so das Leben gerettet.»

Als die Polizei endlich kam, half Rajesh tatkräftig mit, die Leichen zu identifizieren und die Verletzten zu einer Sammelstelle zu bringen, von wo aus sie ins Krankenhaus weitertransportiert werden konnten. Dort sah er dann auch zwei Männer den durch Messerstiche schwer verwundeten Dalyan Singh hereintragen. Die Männer sagten, Jafar habe auf ihn eingestochen. Jafar war der Anführer der Muslime dieser Gegend und ein Freund von Dalyan Singh. Die zwei hatten in der Vergangenheit eng zusammengearbeitet und sich in Verbindung mit der Stadtverwaltung dafür eingesetzt, daß die

Beziehungen zwischen Hindus und Muslimen friedlich blieben, sooft es in der Stadt zu Spannungen zwischen den beiden Gruppen kam. (Später stellte sich heraus, daß der Attentäter nicht Jafar war, sondern ein Mann aus seiner Begleitung.) Zu diesem Zeitpunkt teilte jemand Rajesh mit, daß man seinen «Onkel» umgebracht hatte und die Leiche ins Osmania-Krankenhaus geschafft worden war.

Es dauerte ewig, bis der Polizeijeep kam, und Rajesh erbot sich, einige der Schwerverwundeten in seiner Motorriksha zum Krankenhaus zu fahren. Er konnte dann auch die Leiche seines Onkels dort abholen und sie mit nach Hause nehmen. Als er etwa um eins in der Nacht aus Pardiwada hinausfuhr, verließ ihn der Mut, den er vorher dank eines Adrenalinstoßes mobilisieren konnte. Er mußte muslimische Viertel durchqueren, wo schattenhafte Männergestalten sich in bedrohlich wirkenden Horden in den dunklen Straßen herumtrieben. «Heute nacht muß ich sicher sterben», dachte Rajesh – oder fühlte er vielmehr – in panischer Angst. Aber als die Scheinwerfer der Riksha die Männer erfaßten, zerstreuten sie sich und verschwanden in die Nebenstraßen. Sie hatten das Gefährt für ein Polizeimotorrad gehalten, und Rajesh, der das schnell kapiert hatte, verstärkte diesen Eindruck noch, indem er Vollgas gab und dabei Drohungen und Beschimpfungen wie ein richtiger Polizeiinspektor brüllte.

Im Osmania-Krankenhaus, benannt nach dem letzten Nizam von Hyderabad, der bekannt war für seinen Reichtum und seine geringe Neigung, ihn auszugeben, herrschte das totale Chaos. Die Ärzte, die an allen Ecken gleichzeitig sein sollten, und das Personal wurden überhaupt nicht mit dem Strom der Verwundeten und Toten fertig, der von allen Seiten der Stadt über sie hereinbrach. Rajesh entlud seine schaurige Fuhre auf dem Boden der Aufnahmehalle, hetzte durch einen Gang nach dem anderen und suchte in Bergen von Leichen, die, wie sie gerade kamen, vor den Krankensälen aufeinandergeschichtet wurden, nach der Leiche seines Onkels. Er fand zwar seinen toten Onkel nicht, konnte aber dazu beitragen, das Leben seiner Nichte Pushpa zu retten. Er sah, wie

sich in einem Leichenhaufen eine Hand bewegte. Als er daran
zerrte und den dazugehörigen Körper herauszog, erkannte er
Pushpa, die bewußtlos war und eine schwere Kopfverletzung
hatte, aber noch lebte. Mit Bitten und Betteln erreichte er,
daß ein gerade vorbeigehender Arzt sich bereitfand, eine Operation in die Wege zu leiten, und Pushpa wurde gerettet.

Bei seiner Rückkehr nach Pardiwada trafen die Pardis gerade Anstalten, aus ihren Häusern auszuziehen. «Ich war gegen einen solchen Schritt und legte heftigen Protest ein. Das
Viertel zu räumen war gleichbedeutend mit Davonlaufen. Es
ging dabei um unsere Selbstachtung. Dies wäre ein bleibender
Schandfleck für unsere Gemeinschaft. Doch Gerüchte gingen
wie ein Lauffeuer herum: ‹Hier war ein Überfall von Muslimen; und dort war auch einer!› Und die Leute bekamen es
mit der Angst zu tun. Dann tauchten die *pehlwans* Jaggu und
Suraj auf. ‹Wir sind mit Lastern gekommen›, sagten sie. ‹Das
basti muß sofort geräumt werden.› Ich war immer noch nicht
glücklich über das Ganze, hielt mich aber an ihre Anweisungen. Mein Bruder weigerte sich wegzuziehen. Ich war sehr
ärgerlich. Wenn alle anderen weggingen, was brachte es
dann, wenn er blieb? Ich bat die Polizei um Hilfe, und sie
zwangen ihn mitzukommen. Die Laster fuhren uns nach
Gandhi Bhawan.»

Ich hatte den Eindruck, daß die geistige Verarbeitung der
Ereignisse bei Frauen anders als bei Männern verlief. Nicht
nur bezogen sich die Erinnerungen der Frauen an die Ausschreitungen in der Regel auf das, was innerhalb des Hauses
geschah, und nicht auf das Geschehen draußen; ihre Ängste
kreisten um die Gefahr für ihre Kinder. Auch der Zorn auf
die Muslime äußerte sich bei den Frauen nicht als diese fas-
sungslose Wut, auf die ich bei den Männern stieß. Frauen fällt
es außerdem leichter, einen Wegzug aus ihren gefährdeten
Häusern ins Auge zu fassen und zu planen, alles hinter sich zu
lassen und mit dem Leben weiterzumachen. Männer scheinen
sich schwerer damit zu tun, sich von dem Eindruck der jüngsten gewalttätigen Ereignisse zu befreien. Sie ringen mit sich,
ob sie Pardiwada verlassen sollen, und quälen sich mit der

Frage herum, was ein Wegziehen für ihre eigene Selbstachtung und für das Ehrgefühl der ganzen Gemeinschaft bedeuten würde. Die Männer grübeln mehr über die Geschehnisse
nach, die sich während des Aufruhrs ereignet haben. Den
Verrat ihrer muslimischen Nachbarn, die ihrer Meinung nach
dem gewalttätigen Mob geholfen haben mußten, die Häuser
der Hindus zu identifizieren (wenn sie nicht überhaupt selbst
mit zum Mob gehört haben), nehmen sie viel persönlicher.
Das Gefühl von Verrat und Heimtücke ist vielleicht darauf
zurückzuführen, daß die Beziehungen der Männer zu ihren
muslimischen Nachbarn um einiges persönlicher waren; manche waren sogar miteinander befreundet. Bei den Frauen gab
es (und gibt es) Freundschaften immer nur innerhalb der eigenen Gruppe. Die Beziehungen zu den muslimischen Nach-
barsfrauen gingen nicht über ein gegenseitiges höfliches Grüßen hinaus. Die Frauen müssen also nicht in gleichem Maße
wie die Männer mit dem Trauma fertigwerden, daß der
Nachbar sich auf einmal als Todfeind entpuppt.

Obwohl die Unruhen nicht ohne Auswirkungen auf bestehende Freundschaften zwischen Hindus und Muslimen blieben, sind nicht alle Freundschaften deshalb, weil sich der
Konflikt zwischen den beiden Bevölkerungsgruppen ver-
schärft hat und es zu Gewalttaten gekommen ist, gleich
komplett in die Brüche gegangen, vor allem die nicht, die
schon in die Kindheit zurückreichen. Als Außenstehender
kann man nur schwer beurteilen, wie tief eine Freundschaft
ist, und es mag sein, wie dies Studien über andere einander
feindlich gegenüberstehende Gruppen nahelegen, etwa solche
über Protestanten und Katholiken in Nordirland und über
Franko- und Anglokanadier in Quebec, daß solchen Freundschaften über die Gruppengrenzen hinweg eher etwas Illusio-
näres anhaftet und es sich um keine ganz richtigen Freundschaften handelt oder daß sie qualitativ anders sind als als
solche, die jemand mit Angehörigen seiner eigenen Ingroup
pflegt.[3] Diese sozialpsychologische Theorie gibt solchen
Freundschaften eher eine Überlebenschance, wenn die Betref-
fenden sich mehr bei den Ähnlichkeiten als bei Unterschieden

aufhalten, das zwischen ihnen stehende Problem der unterschiedlichen Religionszugehörigkeit ausklammern und ihre Interaktionen so anlegen, daß ihre Gruppenzugehörigkeit – daß der eine Hindu und der andere Muslim ist – keine so herausragende Rolle spielt. Nach meinen Beobachtungen scheint es mir, daß sich die Zugehörigkeit zur jeweiligen religiösen Gruppe nicht dadurch in den Hintergrund drängen läßt, daß man dieses Problem umgeht, zumindest dann nicht, wenn es sich um eine tiefe Freundschaft handelt. Ein solches Ausklammern mag flüchtige Begegnungen zwischen einem Hindu und einem Muslim glatter verlaufen lassen, Begegnungen, die ohnehin nur vorübergehender Natur sind. Soll dagegen eine Hindu-Muslim-Freundschaft dauerhaften Bestand haben, so scheint mir dies erforderlich zu machen, daß man sich mit der Tatsache, daß die Freunde gegnerischen Lagern angehören, direkt konfrontiert, bevor man sie als nebensächlich abtut. Rajesh zum Beispiel stellte in den Tagen, die auf den Aufruhr folgten, seine Muslimfreunde ganz offen und heftig zur Rede für das, was ihre Glaubensgenossen den Pardis angetan hatten. Unter normaleren Umständen verfallen Freunde, um die Spannung, die aus der Zugehörigkeit zu einander feindlich gegenüberstehenden Religionen erwächst, zu lösen, von Zeit zu Zeit darauf, sich gegenseitig im Spaß negative stereotype Wendungen wie «Komm doch, du hinduistischer Götzendiener!» oder «O du muslimischer Schänder von vier Frauen!» an den Kopf werfen. Durch solche Frotzeleien in freundschaftlichen Beziehungen ist man bestrebt, den Antagonismus zu reduzieren, indem man den Unterschied anerkennt, ihn aber gleichzeitig herunterspielt.

Viele Pardifamilien, auch die von Satish, Badli Pershads ältestem Sohn, zogen nach dem Aufruhr aus Pardiwada weg in sicherere Gegenden. Einige von ihnen sind zurückgekehrt, sowohl aus finanziellen als auch aus emotionalen Gründen. Es versteht sich von selbst, daß sie ihr Heim, in dem sie aufgewachsen waren, vermißten. Ihnen ging der seelische Nährboden ab, den ihnen das eng verflochtene Gemeinschaftsleben geboten hatte, das sie hinter sich lassen mußten, als sie sich unter Fremden ansiedelten. Auch konnten sie ihre Häuser in Pardiwada nicht zu vernünftigen Preisen verkaufen. Die einzigen Käufer, die Interesse daran zeigten, waren Muslime, und auch wenn sich ein Pardi widerwillig mit dem Gedanken anfreunden würde, das Haus seiner Ahnen an einen Muslim zu verkaufen, so waren doch die gebotenen Preise sehr niedrig: Die muslimischen Käufer konnten in Ruhe abwarten, bis bei den Pardis die Angst vor dem Bleiben größer wurde als der Wunsch dazubleiben.

Der Aufruhr hatte einen beträchtlichen Bruch in ihrem Leben verursacht. «Wenn wir alle beisammensitzen und uns unterhalten, rufen bestimmte Dinge die Erinnerung an jenen Tag wieder wach, vor allem der Anblick kaputter und leerer Häuser», meint Satish. «Selbst nach so vielen Monaten haben wir noch ganz schön Angst, daß das wieder passieren könnte. Bevor wir beschließen, irgendeins von unseren religiösen Festen gemeindeweit zu feiern, gehen wir erst zehnmal die möglichen Konsequenzen durch. So entsetzlich war das, was wir erlebt haben! Zur Zeit sind wir etwas zuversichtlicher, daß wir hierbleiben können, weil ein Polizeiposten ständig in Pardiwada stationiert ist. Aber Sie wissen ja, auf die Polizei ist kein Verlaß. Wo war sie denn an jenem Abend? Sie kam drei Stunden nachdem schon alles passiert war!»

«Geschäftlich hat es uns schlimm erwischt. Wir haben unsere Sachen auch in Muslimgegenden verkauft, und meistens sind wir allein dorthingegangen. Jetzt haben wir Angst, da hinzugehen, selbst in kleinen Gruppen. Ich trage mich mit dem Gedanken, wieder in die Gegend zu ziehen, wo wir gleich nach dem Aufruhr waren. Aber unser Geschäft läuft über verschiedene persönliche Kontakte, die ich seit Jahren gepflegt habe. So eine Sache an einem anderen Ort wieder neu aufzubauen, wo man weder die Leute noch die Örtlichkeiten kennt, wird schwierig.»

Badli Pershad, der sich dem Druck der Familie widersetzt und nicht gern aus dem Haus ausziehen will, das er vor vierzig Jahren gebaut hat, blickt freilich optimistischer in die Zukunft. «Der nächste Aufruhr», so glaubt er, «wird sich erst in fünf oder zehn Jahren ereignen, weil der letzte so schlimm war. Hindus wie Muslime haben große Verluste erlitten und sind voll damit beschäftigt, Reparaturen auszuführen und ihr Leben wieder in Gang zu bringen. Daher werden sie weder Zeit noch Lust haben, der Gegenseite Probleme zu machen.» Seine Kinder können seinen Optimismus hinsichtlich der Kraft menschlicher Vernunft leider nicht teilen.

Für die Frauen hatte der Aufruhr zur Folge, daß sich ihre Bewegungsfreiheit drastisch eingeschränkt hat. «Am Abend waren wir immer draußen und spielten in Grüppchen», sagte Lalita. «Jetzt können wir nicht einmal mehr draußen sitzen. Die Polizisten scheuchen uns wieder hinein.» Außerdem hat die Anzahl der Frauen abgenommen, die frühmorgens aus dem Haus gehen, um Obst und Gemüse bei den muslimischen Großhändlern zu kaufen. Auch ihre Kinder lassen die Frauen nicht mehr weit weg von zu Hause und haben besonders auf die jungen Mädchen ein wachsames Auge. «Was ist, wenn ein Muslimjunge eine unserer Töchter belästigt, und der nächste Aufruhr fängt an?» fragt sich Prema.

«Die Beziehungen zu den Muslimen aus unserem eigenen *basti* sind förmlicher geworden. Die älteren reden uns immer noch mit ‹Tochter› an und behaupten, sie hätten die, die über uns hergefallen sind, in der Dunkelheit nicht erkannt. Aber wir können ihnen nicht glauben. Früher sind die Muslime gekommen, wenn es bei uns etwas zu feiern gab und wir sie eingeladen haben, und wir sind zu ihren Feiern hingegangen, wenn sie uns eingeladen haben. Als Jafars Tochter in Secunderabad geheiratet hat, sind wir alle hingegangen und haben bei den Hochzeitsvorbereitungen mitgeholfen. Jetzt gibt es keine Einladungen mehr, weder von ihnen noch von uns.»

Die Unruhen haben den Prozeß der Unterscheidung und Absonderung der Pardis von ihren muslimischen Nachbarn beschleunigt. Sie haben dazu beigetragen, die Pardis noch mehr zu Hindus zu machen, und einer schärferen Konturierung ihrer jeweiligen Identität als Hindus bzw. Muslime Vorschub geleistet.

Pardis und Muslime: die Vergangenheit

Die Pardis erinnern sich an die gemeinsame Vergangenheit mit den Muslimen nicht ohne zwiespältige Gefühle. Sie sind sich dessen bewußt, daß ihre Vorfahren den Muslimen während deren langer Herrschaft als Landarbeiter dienten und daß ihre einstigen Herren vielfältigen Einfluß auf sie ausübten. Dieser Einfluß äußert sich in der Art, wie sie ihre Toten bestatten, in den vielen Urdu-Wörtern, die sich in ihren Dialekt eingeschlichen haben (zum Beispiel *valid* für Vater, *mazhab* für den religiösen Glauben) und darin, daß sie bis vor kurzem ihren Kindern gar nicht selten muslimische Namen gaben. Rajeshs Frau Sakila zum Beispiel hat einen muslimischen Namen, eine Sache, derer er sich zutiefst schämt und wofür er seine ungebildeten Schwiegereltern verantwortlich macht, die keine Vorstellung von der Bedeutung und Wichtigkeit von Namen hatten.

Erinnerungen aus jüngster Vergangenheit sind für Satish zum Beispiel, daß er als Kind mit Muslimjungen aus der Nachbarschaft Fußball, Kricket und *kabaddi* gespielt hat. Er konnte sie jederzeit besuchen, ebenso wie sie ihn, und er hatte auch ein gutes Verhältnis zu den Frauen dort, die vor ihm keinen Schleier trugen. Wenn er seine Mutter auf ihrer Runde durch die Muslimgegenden begleitete, brachte er das Obst und Gemüse immer direkt ins Haus, und nie gab man ihm zu verstehen, er sei unwillkommen. Das gute Einvernehmen, das zwischen Hindus und Muslimen der vorhergehenden Generation herrschte, ist, meint Satish, unter den Jüngeren, dieser Bande von Hitzköpfen, nicht mehr zu finden. Während die älteren Muslime tolerant waren, sind die jungen aggressiv und lassen sich unter dem fadenscheinigsten Vorwand zu Gewalttätigkeit hinreißen.

Wenn das Zusammenleben in einer früheren Zeit einfacher war, heißt das noch nicht, daß die Pardis die Muslime je sonderlich mochten oder ihnen gegenüber keine Ressentiments gehabt hätten. Die pardische Version der Geschichte des Hin-

du-Muslim-Konflikts hört sich bei Badli Pershad, der sie als
einer der Gemeindeältesten in Worte faßt, folgendermaßen
an: «Zu den ersten Zusammenstößen zwischen Hindus und
Muslimen kam es schon zu Zeiten des Nizam und seiner *razakars* (einer marodierenden, inoffiziellen Armee), die den
Hindus gegenüber sehr grausam waren. Sie haben unsere
Mädchen belästigt, sie vergewaltigt. Dies ist nicht nur in Dörfern, sondern sogar in Hyderabad passiert. Wir haben die
Muslime gefürchtet. Muslimisch war die Herrschaft, muslimisch der König, muslimisch die Polizei, also hatten die Hindus einen schweren Stand. Außerdem waren wir arm, und
den Armen steht niemand bei. Ein paar Marwadis mögen
wohlhabend gewesen sein, aber die Mehrzahl der Hindus war
arm. Die Muslime standen dem König nahe. Sie waren die
Geldverleiher, die hohe Zinsen forderten. So waren sie reich
und die Hindus arm, und wenngleich wir beieinander lebten,
gaben doch die Muslime den Ton an.

Wir hatten nie nahen Umgang mit ihnen. Dazu hatten die
Hindus zuviel Angst vor den Muslimen. Sie waren sehr aggressiv. Schon daß sie *bada gosht* (Rindfleisch) gegessen haben, ließ die Hindus auf Distanz gehen. An ihren Festtagen
gab es bei ihnen oft *kheer* (Reispudding), aber er wurde in
denselben Gefäßen gekocht. Also haben wir auch das vegeta-
rische Essen, das sie uns ins Haus bringen ließen, nicht gegessen. Man trank nur Tee miteinander.

Als die Unterdrückung der Hindus unseren Führern in Delhi zu Ohren kam, wollten sie gern etwas ändern, da von den
Briten keine Hilfe zu erwarten war. Nach der Unabhängigkeit
wollten alle Führer, daß Hyderabad zu Hindustan gehören
sollte, aber Gandhi war unentschlossen. Also fanden Nehru,
Patel und Rajendra Prasad, Gandhi müsse beseitigt werden
und ließen ihn umbringen. Daraufhin konnten sie die Hindus
in Hyderabad aus muslimischer Herrschaft befreien.»

Badli Pershads Darstellung der Hindu-Muslim-Beziehungen
vor der Unabhängigkeit Indiens entspricht mit Ausnahme seiner Version des Mordes an Mahatma Gandhi, über den nicht
alle der gleichen Meinung waren, der unter Pardis allgemein

gängigen Auffassung. Wie der Historiker Lowenthal beobachtet hat, sind es nur die wissenschaftlichen Versionen der Vergangenheit, die sich ändern, die umstritten sind und verschieden ausgelegt werden; die im Volk tradierte Geschichte hingegen ist ein zeitloser Spiegel, der die historischen Ereignisse exakt widerspiegelt, ohne jeden Zweifel und jede Ungewißheit.[4]

Das Muslimbild

Die zwei Hauptkomponenten des heutigen Muslimbildes der Pardis sind das Starke und das Animalische, das der Muslim an sich hat. Obwohl dies ein Bild ist, das sich bei Frauen wie Männern gleichermaßen findet, scheint es bei Männern ausgeprägter zu sein. Das Bild der Stärke des Gegners entstand sicher unter dem Einfluß der direkten Erfahrung der Pardis, die ja innerhalb der Altstadt eine von einer Überzahl von Muslimen eingeschlossene Enklave bilden. Auch die Erinnerung an ihr einstiges Leibeigenendasein auf den Landgütern und Besitzungen der muslimischen Grundeigentümer schlägt sich darin nieder. Diesem Bild muslimischer Stärke steht deren Nichtvorhandensein auf der Hinduseite gegenüber: Immer wieder wird die Schwäche der Hindus hervorgehoben – schwach, weil uneins –, die gegenüber einer einigen Nation, die weiß, was sie will, rasch an Boden verlieren. «Es muß nur irgend etwas passieren in einer muslimischen Gemeinde, und schon stehen alle zusammen. Bei uns ist das nicht so, weil wir die verschiedenen Kasten haben. Jede Kaste hat ihre eigenen Bräuche und ihre eigene Lebensart.»

«Bei uns herrscht keine Einigkeit. Jeder ist ganz von sich selber in Anspruch genommen. Die Reichen suchen die Armen auszubeuten. Das passiert bei den Muslimen nicht. Obwohl es dort auch Reiche und Arme gibt, sind zumindest während des Gebetes alle eins, und sie beten alle zusammen zur gleichen Zeit. Das stellt eine Einheit unter ihnen her. Bei uns läuft es anders. Jeder geht zum Tempel, wann er will, um dort auf seine eigene Art seine *puja* zu vollziehen, und dann geht er wieder. Es gibt keine Kommunikation zwischen uns. Wenn wir bei unseren Gebeten auch unsere Zusammengehörigkeit zeigen könnten, würden wir mit Sicherheit einig und stärker werden als die Muslime.»

«Das Problem bei den Hindus ist, daß aufgrund der Vielzahl der Kasten keine Geschlossenheit da ist. Reddys kämpfen mit Kapus, Pardis mit Komtis, Yadavs mit Nadus. Wenn sie sich doch nur zusammenschließen könnten wie die Muslime! Muslime mögen wenige an der Zahl sein, aber was sie in religiöser Hinsicht zu tun und zu lassen haben, ist streng geregelt, und zumindest zum Freitagsgebet müssen sie zusammenkommen. Und diese Gelegenheit nützen ihre Führer, um sie zu einer religiösen Einheit zusammenzuschmieden. Ich kann kein Arabisch, aber ich habe mir sagen lassen, daß jeden Freitag nachmittag in den Moscheen viele feurige Ansprachen gehalten werden, in denen davon die Rede ist, die Hindus aus Hyderabad zu vertreiben und sich hier ein eigenes unabhängiges Pakistan zu schaffen.»

«Muslime haben ständig einen Vorrat an Waffen, die aus Pakistan kommen oder vielleicht auch hier gemacht werden. Sie sind jedenfalls immer gut versorgt damit. Selbst bei dem ärmsten Muslim wird zumindest ein Fleischermesser im Haus sein, weil sie alle Fleisch essen. Hindus sind da nicht so gut ausgerüstet. Wenn die Regierung es weiterhin den Muslimen recht machen will und Vorschriften gegen die Hindumehrheit erläßt, werden diese Krawalle ewig kein Ende nehmen. Wenn schon Prozessionen verboten werden, so sollte doch die Ganesh- *und* die Muharram-Prozession verboten werden. Warum verbietet man nur die Ganesh-Prozession? Das ist, wie wenn man nur einer Gruppe Segen und Schutz gewährt («*sir per hath rakhna*») und sich gegenüber der anderen wie eine Stiefmutter verhält.»

«Sie wollen das Sagen haben. Schauen Sie doch nur, wie sie vorgehen, um die Altstadt zu einem zweiten Pakistan werden zu lassen. In Hyderabad hatten die Moscheen immer vier Minarette. Aber jetzt haben sie angefangen, Moscheen mit einem einzigen Minarett wie in Pakistan zu bauen. Hindus sind bereit, sich anzupassen, Muslime aber sind stur. Und unsere Regierung unterstützt sie auch noch. Am Shivrati-Tag werden die Märkte jetzt geschlossen sein, doch während Muharram bleiben sie Tag und Nacht offen. Warum, fragt man sich.»

Es fiel deutlich auf, daß sich die Pardis nur dann selbst als Hindus identifizierten, wenn sie von *den* Muslimen sprachen; sonst war im Gespräch von Pardis, Lodhas, Brahmanen, Marwadis und anderen Kasten die Rede. Es scheint, als werde ein Hindu erst zum Hindu, wenn der Muslim auf der Bildfläche erscheint. Ein Hindu kann sich selbst nicht als Hindu sehen, ohne daß gleichzeitig der Muslim in seinem Bewußtsein präsent ist. Für den Muslim trifft das so nicht zu, er braucht den Hindu nicht, um sich seines Muslimseins bewußt zu werden. Die Präsenz des Hindu mag durchaus das Identitätsgefühl des Muslim stärken, ist aber nicht konstituierend dafür. Kein Wunder, daß die Hindutva die «Muslimfrage» braucht, um eine vereinte Hindugemeinschaft zu schaffen und ihre politische Basis zu verbreitern, und daß sie es sogar schwer hätte zu existieren, wenn sie wegfallen würde.

Für einen Psychoanalytiker lassen sich in den bitteren, gegen die Regierung gerichteten Anklagen – zumal da in einer früheren Zeit die Regierung als *mai-baap* («Mutter-Vater») apostrophiert wurde – unweigerlich Anklänge an eine kollektive Geschwisterrivalität vernehmen: an den Neid und Unwillen des Kindes, wenn ein ambivalent gesehener Geschwisterteil von den Eltern vorgezogen wird. Das heißt nicht, daß diese Anklagen keine faktische Basis hätten, sondern nur, daß solche Wahrnehmungen, wie viele andere dieser Art im emotional aufgeladenen Bereich der Hindu-Muslim-Beziehungen, weder ausschließlich realer noch reinweg psychischer Natur sind.

Das Bild des animalischen Muslim setzt sich zusammen aus seiner unverkennbaren Wildheit, seiner ungebremsten Sexualität, seinem Verlangen nach sofortiger Bedürfnisbefriedigung und einer Schmutzigkeit, die weniger mit körperlicher Sauberkeit zu tun hat, als vielmehr mit innerer Verunreinigung

als Folge des Verzehrs von verbotenen, mit einem Tabu beleg-
ten Nahrungsmitteln. Dieses Bild ist schon alt und findet sich
auch in dem von S. C. Dube vor dreißig Jahren verfaßten anthropologischen Bericht über ein Dorf außerhalb von Hyderabad: «Die Muslime sind nur in zwei Dingen gut – sie essen und sie kopulieren wie die Tiere. Wer außer einem
Muslim würde auch nur daran denken, mit der Tochter seines
Onkels ins Bett zu gehen, die doch gleich nach seiner tatsächlichen Schwester kommt?»[5]

Badli Pershad stellt in bezug auf ihr jeweiliges Sexual-
verhalten Hindus und Muslims einander explizit gegenüber:
«Muslime hatten immer ein Auge auf unsere Frauen gewor-
fen. Diese Angewohnheit haben sie immer noch. Gute Gedanken und Gedanken an Gott kommen ihnen nur in den
Sinn, wenn sie rufen ‹Allah-u-Akbar!› Die übrige Zeit vergessen sie schlicht jegliche Moral und belästigen weiterhin unsere
Frauen sexuell. Wir haben uns nie an einer einzigen Frau von
ihnen vergriffen. Sie haben es mit den unsrigen die ganze Zeit
getrieben. Sie waren reich und waren die Herrscher und
machten, was sie wollten. Wir sind moralisch (dharmisch)
und würden so etwas niemals tun, auch nicht, wenn wir reich
wären. Wir behandeln alle Frauen als Mütter und als Schwestern. Sie aber drängen sich den Frauen auf; sie sind besessen
von Frauen und Sex. Schauen Sie nur mal all die Kinder an,
die sie produzieren, Dutzende, während wir uns mit zwei
oder drei begnügen.»

Die meisten Frauen pflichten dem bei und gehen sogar noch
darüberhinaus, wenn sie das Ausbrechen von Gewalt mit der
«Tatsache», daß Lüsternheit zum Wesen der Muslime gehöre,
in Zusammenhang bringen. Kamla Bai stellt fest: «Muslimjungen sind besonders scharf darauf, unsere Mädchen zu belästigen. Anders als die Muslimmädchen dürfen unsere Frau-
en sich frei bewegen und, wenn sie wollen, auch das *basti*
verlassen. Sehr oft sind die Mädchen dabei Opfer eines sehr
vulgären Verhaltens von seiten der Muslimjungen. Solange sie
die Mädchen nur mit Worten anmachen, ist es ja noch gut.
Aber die Muslime werden oft körperlich zudringlich. Und das

macht unsere Jungs dann sehr wütend. Manchmal werden diese Auseinandersetzungen von ihrer Tendenz her ‹kommunal›, und sie wurden in der Vergangenheit zum Hauptauslöser für Unruhen.»

Daß den Muslimen etwas Animalisches zugeschrieben wird, liegt auch daran, daß sie unbekümmert dem Genuß leben ohne Rücksicht auf die Dinge und Pflichten, die das Menschsein ausmachen. «Ihre Kinder sind total verwöhnt. Sie trinken viel. Sie sind an ein sorgloses Leben ohne Verbote gewöhnt. Die Jugend ist nur an ihrem Vergnügen interessiert. Alles, was sie tun, dient dem Vergnügen. Hindus sind Angsthasen, weil sie sich darum kümmern, ihr Land zu bestellen, ihre Kinder zu erziehen und vieles andere. Muslime machen sich darüber keine Gedanken.»

Das pardische Muslimbild und die Argumente, die ihm Gestalt geben, ähneln in auffallender Weise denen, die die *sangh parivar* einsetzt, um sich als für Hindus attraktive Partei zu präsentieren, in der sie ihre politische und kulturelle Heimat finden können. (Ob diese übereinstimmenden Wahrnehmungen darauf zurückzuführen sind, daß die *sangh parivar* ein unter Hindus weitverbreitetes Empfinden artikuliert oder ob es die *parivar* durch Manipulation hinduistischer Symbole erst in die Welt setzt, ist eine Frage, der ich später nachgehen will.) In jedem Fall läßt uns diese Komponente des Muslimbildes von Hindus verstehen, wie es kommt, daß Angehörige einer von der Bevölkerungszahl her weit überlegenen Mehrheit sich dennoch in psychologischer Hinsicht als gefährdete Minderheit erfahren können.

Es ist bei einem ethnischen Konflikt gang und gäbe, die Gegenseite als schmutzig und von daher als «untermenschlich» einzustufen, während die eigene Sauberkeit nicht nur als menschlich-zivilisiert gesehen wird, sondern schon beinahe mit Gottesfürchtigkeit gleichgesetzt wird. «Dreckiger Nigger» und «dreckiger Jude» sind gängige Schimpfnamen nicht nur in den Vereinigten Staaten. Nach Ansicht der Chinesen sind die Tibeter ungewaschen und stinken ständig nach Yak-Butter, und die jüdischen Kinder in Israel lernen von klein auf, daß Araber dreckig sind. In den ruandischen Radiosendungen, die Hutus dazu aufstacheln wollen, die Tutsis niederzumetzeln, werden die letzteren durchweg als Ratten und Kakerlaken bezeichnet, Kreaturen, die man mit Dreck und Kloaken assoziiert, Ungeziefer also, das ausgerottet gehört. Die Serben und die bosnischen Muslime, die Türken und die Kurden und viele andere miteinander in Konflikt stehende Gruppen entrüsten sich über die Schmutzigkeit der jeweils anderen Seite. Wiederum mag – schon aufgrund der Armut, der Essensgewohnheiten oder der klimatischen Bedingungen im Lebensraum bestimmter Gruppen – ein Körnchen Wahrheit in manchen der Anschuldigungen stecken. Wenn allerdings die Diskrepanz zwischen dem Vorwurf und der Realität zu groß ist, wird Schmutzigkeit nicht mehr dem Körper, sondern der Seele des Gegners unterstellt. In gewisser Hinsicht wird sie so noch schlimmer; sie wird zu einer Schmutzigkeit im moralischen Sinne, und die reicht unter die Haut: Der andere hat eine schwarze Seele.

Als eine Bevölkerungsgruppe, die in Armut lebt, sind die Pardis eigentlich nicht in einer Position, die es ihnen erlaubt, Muslime als äußerlich schmutzig zu bezeichnen, eine Anschuldigung, die eher den Hindus der höheren Kasten vorbehalten bleibt. In einem der Witze, die ich noch aus meiner Kindheit weiß, geht es um einen Muslim, der zum Hindu sagt: «Ihr Hindus seid so dreckig. Ihr nehmt heute ein Bad, und dann (in einer übertrieben gedehnten Sprechweise) baaadet ihr mooorgen schooon wieder. Aber wir Muslime, wir baden (und nun wie ein Schnellfeuer) jeden Freitag, jeden Freitag!»

«Die Muslime, die arbeiten, sind schmutzig, andere nicht. Wir arbeiten hart, um zu überleben. Woher also sollen wir die Zeit nehmen, um sauber und ordentlich daherzukommen?» fragt Badli Pershad in klagendem Ton. Muslime verunreinigen sich in grundsätzlicherem Sinne: Sie essen Rindfleisch. Und dies ist für Pardis die gräßlichste aller Sünden (wie im übrigen für die meisten Hindus), eine gravierendere Verletzung des Moralkodex als die Heirat mit einem Muslim oder

der Übertritt zum Islam. «*Bada gosht* (Rind) ist ihr Lieblings-
gericht. Wenn jemand von uns es auch nur berührt, muß er
ein Bad nehmen. Alle Muslime essen *bada gosht*. Das ist der
Grund, warum wir ihnen aus dem Weg gehen. Wir trinken
nicht einmal Wasser in ihrem Haus», meint Lalita.

«Wir beten zur Kuh, weil sie unsere Muttergöttin Lakshmi
ist. Hindus verehren sogar den Kuhdung, verwenden ihn zum
Kochen, zum Streichen des Hauses und noch für vieles andere. Und *sie* essen die Kuh auf!» sagt Badli Pershad mit spür-
barem Ekel.

Daß Muslime Rindfleisch essen und dies den Hindus ein
Greuel ist, errichtet eine wirksame Barriere zwischen den beiden: Es ist schwierig, jemandem nahezukommen, mit dem
man keine Mahlzeit teilen kann und dessen Essensgewohnheiten man abscheulich findet.

Gandhi, Psychoanalytiker und Kühe

Daß Muslime Rindfleisch essen und folglich Kühe töten, war
vielleicht historisch gesehen die Hauptursache für die Verbitterung der Hindus gegenüber den Muslimen. In Tipu Sultans
Reich, so teilt uns Abbé Dubois mit, waren die Hindus, auch
wenn sie das Schlachten von Kühen mitansahen, ohne in lau-
tes Klagen auszubrechen, durchaus nicht gleichgültig gegenüber dieser Beleidigung. Sie begnügten sich damit, im stillen
zu klagen und die ganze Entrüstung, die sie angesichts dieses
Sakrilegs empfanden, in sich anzustauen.[6] Fromme Lingaya-
ten kamen mit Tränen in den Augen zum Abbé und flehten
ihn an, seinen Einfluß als Priester bei den Europäern im Ort
geltend zu machen, damit sie aufhörten, Rindfleisch zu verzehren. Hindus, die zwangsweise zum Islam konvertiert waren, konnten nicht wieder zurückkonvertieren, selbst wenn sie
nur unter Zwang Rindfleisch gegessen hatten. Vom neunzehnten Jahrhundert an bestand eine enge Verbindung zwischen der hinduistischen Renaissance und Kampagnen gegen
das Schlachten von Kühen.

Die Heftigkeit der Emotionen auf Hinduseite – hauptsächlich Abscheu vor dem Rindfleischverzehr und Wut über das Schlachten von Kühen – ließ Psychoanalytiker unwillkürlich hellhörig werden, denn für sie impliziert das Vorhandensein starker Emotionen, daß hier unbewußte Faktoren im Spiel sind. 1924 schrieb der britische Armeepsychiater Owen Berkeley-Hill einen Aufsatz über den Hindu-Muslim-Konflikt, der als Diskussionsgrundlage bei der Tagung der indischen psychoanalytischen Gesellschaft in Kalkutta diente, zu der auch Gandhi eingeladen war.[7] In diesem Essay identifiziert Berkeley-Hill zwei Haupthindernisse, die einer hinduistisch-muslimischen Einheit im Wege stehen. Das erste ist der «Mutterlandkomplex» der Hindus, in dem sich die alten auf die Muttergottheiten ausgerichteten Kulte verbunden haben mit den Vorstellungen von Frau, Jungfrau, Mutter und Mutterland – Bharat Mata –, das die Muslime durch ihre Eroberung Indiens entweihten. (Der Colonel legt nicht dar, warum die Hindus gegenüber den Briten wegen einer ähnlichen «Entweihung» keine solche Verbitterung verspüren.) Das zweite Hindernis ist, daß Muslime Kühe schlachten, die Kuh aber, wie Berkeley-Hill nachzuweisen sucht, einst ein Totemtier für die Hindus war (wie sie dies für bestimmte Stämme in Zentral- und Südindien immer noch ist) und von daher ein Objekt, auf das sich – wie bei allen Totems – ambivalente Gefühle richten: liebevolle Sorge einerseits und Vernichtenwollen andererseits. Berkeley-Hill argumentiert, ganz auf der Linie von Freuds Vorstellungen in *Totem und Tabu*, daß derjenige, der ein Tabu verletzt, selbst zu einem Tabu wird und damit zu einem Objekt des Abscheus – im Falle der Muslime um so mehr, als die Verletzung des Tabus, das Schlachten der Kuh, oft stattfand, um muslimische Siege zu besiegeln oder die Geringschätzung hinduistischer Empfindlichkeiten zum Ausdruck zu bringen. Wer ein Tabu verletzt, ist ansteckend und muß gemieden werden, denn er weckt Neid (warum sollte er etwas tun dürfen, was anderen verboten ist?) und den verbotenen Wunsch, es ihm gleichzutun. Christen und Juden, die ebenfalls Kühe töten, rufen nicht dieselbe Feindseligkeit hervor, weil sie die Kühe nicht zeremoniell töten, wie dies Muslime tun, noch mit der eindeutigen Absicht, die Hindus zu beleidigen. Berkeley-Hills Lösung hierfür ist folgende:

> In Übereinstimmung mit den dem Totemismus zugrundeliegenden Vorstellungen müßte Hauptbestandteil jeglicher Versöhnung zwischen Hindus und Muslimen eine irgendwie geartete Zeremonie sein, in der Kühe, entweder tatsächlich oder symbolisch, von Hindus und Muslimen in geheimer Zusammenkunft getötet und verspeist würden. Es ist durchaus vorstellbar, daß dieses Töten und Verspeisen von Kühen so vor sich gehen kann, daß es alle psychologischen Erfordernisse erfüllt, ohne daß dabei ein einziges Tier den Tod zu finden braucht, obwohl es angesichts der großen Sache, die hier auf dem Spiel steht, nämlich des Zustandekommens eines wirklichen und dauerhaften Paktes zwischen Hindus und Muslimen, kaum ein zu hoher Preis wäre, tatsächlich jede Kuh in Indien zu opfern.[8]

Wir wissen nicht, was Mahatma Gandhi, ein strenger Vegetarier, der die vishnuitische Verehrung der Kuh teilte, von diesem Vorschlag hielt.

Berkeley-Hills Abhandlung bleibt, auch aus einer Distanz von siebzig Jahren, noch fesselnd, obwohl inzwischen Freuds Gedanken über den Totemismus in Vergessenheit geraten sind. Es überrascht mich nur, daß Berkeley-Hill trotz der ins Auge springenden und im Hinduismus überall anzutreffenden Verehrung der Kuh als Mutter und der hierfür reichlich vorhandenen Belege die Kuh nicht einfach in den «Mutterlandkomplex» der Hindus miteinbezogen hat, sondern dafür eine gesonderte Erklärung unter dem Vorzeichen von Totem und Tabu suchte. Jede unbewußte Ambivalenz von Hindus gegenüber dem Verzehr von Rindfleisch, die er hinter der bewußten Abscheu hätte beobachten können, ließe sich dann zurückführen auf die ambivalente Einstellung des Kleinkindes zum mütterlichen Körper und zur Brust, die es liebt und lebendig halten will, an der es aber auch zerrt und die es zerstören will.

Doch natürlich hatte damals Melanie Klein ihre Theorien
über kindliche Liebe und Gewalt, über Schuld und Wiedergutmachung noch nicht formuliert, und Berkeley-Hill, der das
Ranchi-Krankenhaus leitete, bediente sich der Theorien, die
ihm zur Verfügung standen, um seine Beobachtungen zu erklären, auch wenn sie jetzt aufgesetzt scheinen.

Das «Animalische» des Muslims, wie es im Schmutzigsein
und der an Männern beobachteten Aggressivität und sexuellen Freizügigkeit zum Ausdruck kommt, ist selbstverständlich
Teil der menschlichen «Triebhaftigkeit», auf die ein zivilisier-
tes, moralisches Selbst verzichten muß. Animalisches Verhalten gehört nicht nur zur Vergangenheit des Individuums – zu
Kleinkindstadium und früher Kindheit – und muß durch die
Instanz eines ständig gefährdeten, erwachsenen, moralischen
Selbst transzendiert werden, sondern auch zur kollektiven
Vergangenheit der Pardis, die noch Teil des Gedächtnisses ihres Volkes ist. Bilder aus der Vergangenheit, als sie noch als
aggressive Jäger alle verfügbaren Tiere töteten und verzehrten
(vielleicht auch die Kuh?), als sie tranken und im Dorf herum-
faulenzten ohne einen Gedanken an die Zukunft, sind eine
Gefahr für die kulturelle Identität, die sich die Pardis jetzt für
sich selbst und für die anderen aufzubauen versuchen. Den
Muslim muß man sich vom Leib halten, weil seine Triebhaftigkeit dem eigenen Selbst noch allzu nah ist, ja sogar mitten-
drin sitzt.

Hierin unterscheiden sich die Pardis nicht von Hindus anderswo in Indien. Als ich vor einigen Jahren das Phänomen
der Besessenheit von bösen Geistern im ländlichen Norden
Indiens untersuchte, fiel mir auf, daß in einer sehr großen
Zahl der Fälle – in fünfzehn von achtundzwanzig – sich der
böse Geist, von dem die Hindufrauen und -männer besessen
waren, als ein Muslim erwies.[9] Und wenn der Patient während eines Heilungsrituals in Trance fiel und der Geist seine
Wünsche zu äußern begann, stellte sich heraus, daß diese
Wünsche – nach verbotener Sexualität und unerlaubten Speisen – ausnahmslos solche waren, über die das bewußte Selbst
des Patienten entsetzt gewesen wäre.

War jemand von einem Muslimgeist besessen, so schien das also die verzweifelten Anstrengungen widerzuspiegeln, die der davon Heimgesuchte unternahm, um sich selbst und andere davon zu überzeugen, daß seine nur in der Vorstellung begangenen Fehltritte und Sünden auf das Konto des muslimischen Tabubrechers gingen und seinem «guten» hinduistischen Selbst vollkommen fernlagen. Da Muslimgeister überall als die stärksten, die gemeinsten, die heimtückischsten und die hartnäckigsten unter den bösen Geister galten, scheint der Muslim in den unbewußteren Teilen der Hindupsyche das Fremde schlechthin zu verkörpern.

Daß die Muslime für die Hindus *die* meistgehaßte Outgroup darstellen (und umgekehrt) und nicht etwa die Sikhs, die Parsen oder die Christen innerhalb Indiens und der «moderne Westen» außerhalb des Landes, hängt nicht allein mit der Größe der muslimischen Minderheit zusammen, wodurch sie dem Druck der Hindumehrheit standhalten kann und nicht von ihr geschluckt wird und zerfällt, sondern die Gründe dafür finden sich auch in bestimmten sozialpsychologischen Axiomen darüber, wie jemand zum Sündenbock wird und wie sich Aggressivität verlagert. Sie wurden von Robert LeVine und Donald Campbell systematisch aufgelistet und scheinen auf den Fall von Hindus und Muslimen haargenau zu passen.[10]

- Eine Outgroup ist eine Zielscheibe für Aggressionen, wenn sie selbst eine Frustrationsquelle darstellt, wie dies Muslime für Hindus jahrhundertelang waren.
- Zur meistgehaßten Outgroup wird diejenige, die sich von der Ingroup das abschätzigste Bild macht – wie es sich Muslime von Hindus machen – und deren Ethnozentrismus die Ingroup imstande ist «mitzubekommen».
- Diejenige Outgroup wird die meistgehaßte, die als die ethnozentrischste – im Sinne ungerechtfertigter Selbstüberschätzung – angesehen wird, – ebendie Beurteilung, die Muslime durch Hindus erfahren.
- Zur meistgehaßten Outgroup wird diejenige, die in der Kindererziehung am häufigsten als schlechtes Vorbild dien-

te. Anders ausgedrückt indoktrinieren Gruppen ihre jungen
Leute dadurch, daß sie ihr die Ziele, wo sie ihre Aggressionen abreagieren können, vorgeben.

Daß das oben beschriebene Bild des Muslims mit allem, was
dabei unbewußt noch mitschwingt, existiert, heißt nicht, daß
eine Koexistenz der beiden Bevölkerungsgruppen, zumindest
in der öffentlichen Arena, unmöglich ist. Die Hoffnung, daß
solch eine Koexistenz doch möglich ist, kommt aus unterschiedlicher Richtung. Als erstes gibt es viele Beispiele, wo
Muslime und Hindus einander während eines Aufruhrs
Schutz boten. Badli Pershads eigene Tochter und ihre Familie
entkamen dem sicheren Tod nur, weil sie Unterschlupf bei ihrem muslimischen Nachbarn fanden, der, obwohl dies für ihn
mit einigem Risiko für seine eigene Sicherheit verbunden war,
ihre Anwesenheit dem marodierenden Mob nicht verriet.
Zum zweiten wird oft genug anerkannt, daß sie gemeinsame
Ahnen haben, und ebenso ist die Erkenntnis nicht selten, daß
die beiden Gruppen sich ja doch denselben Lebensraum teilen
müssen. «Wir lieben unseren *jaat*», sagt Badli Pershad und
verwendet dabei *jaat* mehr im Sinne einer Lebensart als einer
konkreten Gruppe. «Und sie lieben den ihren. Wir sollten zusammenleben, weil wir dasselbe Blut in uns haben.»
Die Pardis wären bereit, noch weiter zu gehen, um diese
Koexistenz herbeizuführen: Sie würden sogar die Heirat mit
Muslimen gutheißen, glauben aber, daß sie hier auf eine muslimische Unbeugsamkeit in Glaubensdingen, ja schon Fanatismus stoßen. Badli Pershad führt dies näher aus: «Eigentlich
finde ich, daß Heirat zwischen Hindus und Muslimen ein
Weg wäre, um Eintracht zwischen den beiden Volksgruppen
herzustellen. Aber meiner Meinung nach sollten Hindus nie
den Fehler machen, einen Muslim bzw. eine Muslimin zu heiraten, weil dann der Hindu bzw. die Hindufrau um keinen
Preis seine/ihre Religion behalten darf. So viele unserer Frauen
haben schon muslimische Männer geheiratet, aus Liebe oder
gezwungenermaßen, weil diese Frauen als Dienstboten in
muslimischen Haushalten gearbeitet haben. Keine von ihnen

durfte bei ihrem hinduistischen Glauben bleiben oder ihre Religion weiter ausüben. Alle mußten konvertieren, während dies umgekehrt bei Hindus nicht zutrifft. Sie sind viel toleranter und erlauben anderen, der Religion anzugehören, der sie angehören wollen.

Wir hatten vor ein paar Jahren häufig ein junges muslimisches Mädchen bei uns im Haus. Sie war die Tochter eines Freundes. Sie war oft viele Stunden bei uns. Obwohl ihre Familie es nicht gerne sah, wenn sie uns besuchte, kam sie weiterhin. Sie diskutierte mit mir über viele Dinge, die den Islam und das hinduistische *dharma* betrafen, und eines Tages meinte sie, wenn sie jemals heiraten sollte, dann nur einen Hindu und keinen Muslim, weil die hinduistische Religion viel menschenfreundlicher und toleranter sei und nicht so gewalttätig wie der Islam. Sie heiratete einen von unseren Männern, und bis heute praktiziert sie beides, Islam und Hinduismus. Sie begeht den Fastenmonat *rozas*, ebenso Muharram und Bakr-Id, stellt aber auch Ganesh-Bilder bei sich im Haus auf, feiert Diwali und Dussehra und nimmt mit uns allen am Holi-Fest teil. Ihre Kinder haben sowohl hinduistische als auch muslimische Namen. Sie waren eine glückliche Familie, bis eines Tages die Mutter des Mädchens ihrem hinduistischen Schwiegersohn sagte, er sollte zum Islam konvertieren. Als der Junge nicht einwilligte, fing sie an, ihm zu drohen. Das ist das Problem mit den Muslimen. Mit ihrer Religion sind sie ganz sonderbar. Schon der Vorschlag, zu konvertieren oder die hinduistische Religion zu praktizieren, kann den nächsten Krawall auslösen.

Leider geschieht es häufiger, daß Hindumädchen Muslimjungen heiraten. Zum Teil liegt das daran, daß für Hindumädchen nicht wie für Muslimmädchen die *purdah* gilt und sie daher mit Muslimjungen in Kontakt kommen können. Wir haben ja keine Chance, ein Muslimmädchen auch nur zu sehen, wenn es erst einmal in der Pubertät ist. Und mit der Liebe ist es so eine Sache: Wenn es sie gepackt hat, dann scheint für unsere Mädchen nichts mehr zu existieren, keine Gemeinschaft, keine Religion und keine Familie. Sie machen alles,

was ihr Mann von ihnen will. Sie konvertieren, geben ihren
Kindern muslimische Namen, lernen den Koran, aber nichts
über irgendeine andere Religion. Das Tragische dabei ist, daß
manche der Frauen, die vor fünfundzwanzig, dreißig Jahren
einen Muslim geheiratet haben, jetzt alt und von ihrem Mann
verlassen sind. Die Frau, die hier sitzt, war mit einem Muslim
verheiratet und hatte vier Kinder. Ihr Mann ist ihr davonge-
laufen und weigert sich, ihr auch nur das Geringste für ihren
Unterhalt zu zahlen. Als sie noch jünger und gesünder war,
hat sie etwas verdient. Jetzt ist sie krank und geht von Haus
zu Haus und bettelt sich jeden Tag ihr Essen zusammen. Sie
hat kein Zuhause, schläft irgendwo, und keiner behandelt sie
gut. Unsere Leute akzeptieren sie nicht, weil sie denken, es
war falsch, daß sie einen Muslim geheiratet hat. Darum, meine ich, ist es wichtig, an der Religion unserer Vorfahren unter
allen Umständen festzuhalten. Denn sonst haben nicht nur die
eigenen Leute keine Achtung mehr vor einem, sondern auch
die von der anderen Gemeinschaft schauen auf einen herunter.»

Es läßt sich schwer sagen, inwieweit die pardische Haltung
gegenüber Muslimen von anderen Hindus in Hyderabad geteilt wird oder inwieweit sie für Hindus im übrigen Land
ebenfalls zutrifft. Einerseits ist wohl zu erwarten, daß die
Pardis als Opfer der jüngsten Unruhen besonders verbittert
sind. Andererseits gehören sie einer niedereren Kaste, einer
auf der Förderliste stehenden Kaste an, und wir wissen aus
anderen Studien, daß bei Hindus der höheren Kasten das Urteil über Muslime noch weit unvorteilhafter ausfällt als bei
denen der niederen Kasten.[11]

Kindergeschichten

Um mir in etwa einen Eindruck zu verschaffen, wie Kinder
den Hindu-Muslim-Konflikt sehen und erleben, habe ich die
von Erik Erikson in seiner Untersuchung über die Identi-
tätsentwicklung kalifornischer Jungen und Mädchen in den

vierziger Jahren eingesetzte Methode des Aufstellens von Spielfiguren in abgewandelter Form verwendet.[12] Erikson nahm dazu beispielsweise eine Spielzeugfamilie, uniformierte Figürchen, verschiedene Tiere, Möbel, Autos und Bauklötze und sagte zu den Zehn- bis Zwölfjährigen, sie sollten sich vorstellen, daß der Tisch ein Filmstudio sei, die Spielsachen Schauspieler und Requisiten und sie selbst die Filmregisseure. Auf dem Tisch sollten sie eine selbstausgedachte, spannende Filmszene aufbauen.

Meine Spielsachen bestanden nun aus zwei Puppenfamilien, jeweils bestehend aus Großeltern, Eltern und vier Kindern beiderlei Geschlechts (gleichmäßig verteilt). Die Kleidung oder andere Zeichen ihrer religiösen Gruppenidentität machten die Puppen als Hindus oder Muslime kenntlich: langer schwarzer *burqa* stand für Muslimfrauen, Sari und *bindi* für Hindufrauen, *pyjamas*, *sherwani*, rundes Käppchen und Bart für Muslimmänner, *dhoti*, *kurta* und Turban für Hindus. Zusätzlich zu den Hindu- und Muslimpüppchen gab es ein Figürchen eines Mannes in Uniform mit einer Schußwaffe über der Schulter, zwei finster blickende, maskierte Männer in T-Shirts und Jeans und ein paar Haustiere wie Kuh, Schaf und Hund. Die Spielzeugfiguren lagen auf einem Stuhl neben einem großen Holztisch, der als Bühne benutzt wurde. Das Kind bekam die Anweisung, sich vorzustellen, es sei ein Filmregisseur – die Kinder sehen ja die populären Hindifilme mit großer Begeisterung – und solle nun eine spannende Szene für einen Film, der gedreht werden soll, aufbauen und dabei soviele oder sowenige der Puppen einsetzen wie es wolle. Das Kind sollte dann die Puppen identifizieren, und wenn sie in Szene gesetzt waren, sollte der junge Regisseur/die Regisseurin beschreiben, was in der Szene passiert und warum. Der Test, der in dem einzigen Klassenzimmer der Schule neben dem Tempel durchgeführt wurde, gab Anlaß zu großer Aufregung, und es war nicht leicht, die Scharen begeisterter Freiwilliger aller Altersstufen davon abzuhalten, sich in das Zimmer vorzukämpfen, um mitzuwirken, oder zu erreichen, daß sie aufhörten, Kommentare durch die Fenster zu rufen, die wegen der Hitze of-

fenbleiben mußten. Da Hyderabad nicht San Francisco und
Pardiwada nicht Berkeley ist, war es ein Ding der Unmög-
lichkeit, das Verfahren als «standardisierten Test unter kon-
trollierten Bedingungen» durchzuführen, und deswegen werde
ich darauf verzichten, meine Ergebnisse in angemessener wis-
senschaftlicher Form vorzustellen, und statt dessen über meine eher informellen Beobachtungen berichten.

Ausgewählt wurden fünfzehn Jungen und fünfzehn Mädchen im Alter von zehn bis fünfzehn Jahren mit einem mittleren Alter von dreizehn Jahren. Die untere Altersgrenze von
zehn Jahren wurde empirisch herausgefunden, da wir feststellten, daß für ein jüngeres Kind die Aufgabe nicht verständlich
war – im übrigen war auf die Altersangaben ohnehin kein
Verlaß.

Sowohl die Jungen (zwölf von fünfzehn) als auch die Mädchen (elf von fünfzehn) identifizierten die Puppen sofort als
Hindus oder Muslime. Die drei Jungen und zwei der vier
Mädchen, die die Puppen zunächst nach Alter und Geschlecht
identifizierten und bei denen man noch nachhelfen mußte,
damit sie deren religiöse Identität feststellten, waren erst elf
oder jünger, was die Ergebnisse anderer Studien bestätigt,
wonach das Bewußtsein für die eigene Religionszugehörigkeit
und das Vorurteil gegenüber religiösen Outgroups mit dem
Alter zunimmt.[13] Bezeichnenderweise nutzten die Jungen einen großen Teil oder die ganze Bühne und waren im allgemeinen selbstsicherer beim Stellen der spannenden Szene als
die Mädchen, die eher an einer Ecke des Tisches anfingen und
dann zaghaft weitere Teile des Tisches in ihre Bühne miteinbezogen, doch selten soviel wie die Jungen. Interessant ist,
wie unterschiedlich Jungen und Mädchen an die Aufgabe her-
angingen und wie sie mit dem Bühnenraum umgingen, und an
dieser Stelle ist es sicher angebracht, ein paar Vermutungen
über die Geschlechtsunterschiede anzustellen. Es wäre denkbar, daß die unterschiedliche Nutzung eines öffentlichen,
wenn nicht gar exhibitionistischen Raumes einfach die jeweiligen Positionen von Jungen und Mädchen in einer Pardifa-
milie widerspiegelt, in der trotz der relativen sozialen Freiheit

und ökonomischen Bedeutung der Frauen der Junge immer noch den Mittelpunkt der Bühne besetzt, während das Mädchen am Rande steht. Auch ließe sich vermuten, daß die Imaginationskraft, die bei dieser Aufgabe aktiviert werden muß, auf ein Identifikationsobjekt (Filmregisseur) und einen Inhalt (spannende Szene) gerichtet ist, die der Vorstellungswelt von Jungen näher liegen als der von Mädchen in dieser spezifischen sozialen Gruppe. Ergänzend zu diesen beiden Hypothesen ließe sich auch argumentieren, daß in der jeweiligen Art der Raumnutzung ein allgemeinerer Unterschied zwischen Männern und Frauen in patriarchalischen Gesellschaften zum Ausdruck kommt. Die Arbeit von Luce Irigaray über die Sprache von Frauen, insbesondere über die Syntax, deutet darauf hin, daß Frauen sich nicht ins Zentrum des Raumes stellen, den sie sich durch ihre Äußerung erschließen.[14] Für sie ist es bezeichnend, unschlüssig zu sein, offen zu sein für Interaktion, eher Fragen als Behauptungen in den Raum zu stellen. Dem Mann fällt es leicht, dominant zu sein, im Zentrum der Bühne zu stehen, im Sinne eines erweiterten «Wir» zu agieren.

Wenn die Jungen eine Szene arrangierten, ordneten sie Muslim- und Hindupuppen in der Regel in getrennten Gruppen an, die in eine irgendwie geartete gewalttätige Auseinandersetzung verwickelt waren. In den von den Mädchen gestalteten Szenen waren Kämpfe zwischen Hindus und Muslimen (die zehn der fünfzehn Jungen darstellten) relativ selten: Nur drei von fünfzehn Mädchen setzten derartige Konflikte in Szene. Die Mädchen setzten die Puppen für friedliche Szenen aus dem Familienleben ein, auch wenn sie die Familien als Hindu- bzw. Muslimfamilien identifizieren. Ihre Geschichten legten den Schwerpunkt auf die Beziehungen zwischen den Figuren: auf Paare zum Beispiel, die Tieren zuschauen, und vor allem Eltern, die ihren Kindern beim Spielen zuschauen. Hindu- und Muslimpuppen sind oft bunt gemischt. Das Spannende spielt sich am Rande der Szene ab: ein Kampf zwischen dem Polizisten und einem Räuber, Tiere, die von einem *goonda* gejagt werden, ein Mann, der vor einem Solda-

ten davonläuft. Bei einer typischen Szene, wie sie ein fünf-
zehnjähriger Junge aufgebaut hatte, findet in der Mitte der
Bühne eine Hinduhochzeit statt, und die Hindus schauen den
Tanzenden zu. Sie sind umringt von vier Muslimen – einer in
jeder Ecke –, zwei davon sind als *goondas* kenntlich. Schutz-
suchend scharen sich die Hindupuppen zusammen und überlegen, wie sie sich retten können. Die Polizistenpuppe läuft
davon. Die Hindus begehen lieber Selbstmord, als sich von
den Muslimen umbringen zu lassen.

In der Szene eines dreizehnjährigen Mädchens ist eine Hin-
du- und eine Muslimfamilie jeweils im Halbkreis aufgestellt,
dazu Tiere als ein wesentlicher Bestandteil des Bildes. In der
Hindufamilie wird Kaffee getrunken und Brot gegessen, in der
Muslimfamilie ein Gebet gesprochen. Kleine Kinder spielen.
Das Spannende an der Szene läuft in einer Ecke ab, wo ein
goonda nach einem Überfall von einem Polizisten gejagt wird.

Die Muslimkinder, neun Jungen und neun Mädchen aus
Karwan, dem anderen Schauplatz dieser Studie, waren zehn
bis fünfzehn Jahre alt, durchschnittlich dreizehn. Sie unterschieden sich nicht von den Hindukindern, wenn es um die
sofortige Identifikation der Puppen als Hindus oder Muslime
ging: Auch hier hatten die Jüngeren größere Schwierigkeiten
als die Älteren, die Puppen hinsichtlich ihrer Religion zu identifizieren, nicht so schwer dagegen fiel es ihnen, Geschlechts-
zugehörigkeit und Alter festzustellen. Wie die Hindumädchen
gingen auch die Muslimmädchen zögerlicher als die Jungen
an die Aufgabe heran und nutzten nur einen geringeren Teil
des Bühnenraumes für die Aufstellung ihrer Figuren. Wie bei
den Hindus gestalteten weniger als die Hälfte der Muslimkinder Szenen, in denen es zu einer gewalttätigen Auseinandersetzung zwischen den beiden Bevölkerungsgruppen kam, doch
war in bezug auf solche Szenen die Verteilung auf Jungen
und Mädchen anders als bei den ausgewählten Hindukindern:
Während etwas mehr Muslim- als Hindumädchen (40 Prozent
gegenüber 20 Prozent) Szenen mit einem Konflikt entwarfen,
zeigten Muslimjungen ein signifikant geringeres Interesse als
Hindujungen für Gewalt zwischen beiden Bevölkerungs-

gruppen (20 Prozent gegenüber 70 Prozent). Nicht daß Gewalt als Spannungsquelle in den Szenen der Muslimjungen nicht vorgekommen wäre. Bei ihnen war die Gewalt in der Handlung nur in gewissem Sinne traditioneller: Sie spielte sich zwischen Polizisten und Räubern oder dem Helden und dem Schurken, dem *goonda*, ab. Die Phantasie der Muslimjungen tendiert eher in Richtung Hindifilme, in denen ein in einer der Kampfkünste, z.B. Karate, geschulter Held einem jungen Mädchen, das sich den unerwünschten Aufmerksamkeiten eines *goondas* ausgesetzt sieht, Rettung in der Bedrängnis bringt. Obwohl in einer der Geschichten der *pehlwan* als Held vorkommt, spielt der traditionelle Ringkampf in der Vorstellung der Kinder zunehmend keine Rolle mehr und ist durch den moderneren Import Karate ersetzt. Die Phantasie der Muslimjungen ist noch nicht von den realen Vorkommnissen der Unruhen im selben Maße überlagert wie bei den Pardijungen. Dieser Unterschied läßt sich für mich nur aus der tatsächlichen Erfahrung, die die Kinder mit Unruhen gemacht haben, erklären. Die Erfahrung der Muslimjungen aus Karwan ist nicht so traumatisch gewesen wie die der Pardijungen, die miterlebt haben, wie attackierende Muslimmobs ihre Häuser angezündet und nahe Verwandte umgebracht haben.

Auf der anderen Seite spielen die Puppen des Armeesoldaten und des Polizisten in den von Muslimkindern gestalteten Szenen eine größere Rolle, sei es feindlich gesinnt («Der Soldat hat den Hindus geholfen und den Muslimen nicht») oder positiv in Erscheinung tretend («Die Armee sagt den Hindus und den Muslimen, sie sollen nicht kämpfen.»). Dies spiegelt die wirkliche Erfahrung der Kinder in Karwan wider, wo Polizei und paramilitärische Verbände oft dazu eingesetzt werden, in dem von Unruhen betroffenen Gebiet zu patrouillieren oder Häuser nach versteckten Waffen zu durchsuchen. Die geringere Erfahrung, die Muslimkinder mit Unruhen haben, spiegelt sich auch darin wider, daß sie über die «Ursachen» der Konfrontation von Hindus und Muslimen viel weniger informiert sind als Hindujungen, die das Ausbrechen von Gewalt zwischen den beiden Gruppen oft darauf zurückführen, daß Muslime *bada gosht* in einen Tempel geworfen haben.

Anhand zweier Beispiele soll ein Eindruck von den Geschichten der Kinder vermittelt werden:

Ein zwölfjähriger Junge der sechsten Klasse identifiziert die Puppen sofort als Hindus bzw. Muslime. Er verwendet alle Spielfiguren und die gesamte Bühne, um seine Szene aufzubauen, in der Hindus und Muslime nicht in Konfrontation zueinander stehen, obwohl die Hindupuppen sich auf einer Seite zusammendrängen. Seine Szene erklärt er folgendermaßen: «Die Tiere sagen zueinander: ‹Kämpft nicht gegeneinander! Das gibt anderen Tieren die Chance, in euer Gebiet einzudringen.› Der Mann von der Armee sagt zu den Hindus, daß sie an ihr Land denken und die Muslime in Ruhe lassen sollen. Die Muslime sprechen die Id-Gebete. Die ältere Muslimfrau sagt zu den anderen Frauen (auch zu den Hindufrauen), daß eine gute Frau immer einen Schleier (*burqa*) trägt und daß sie das alle tun sollten.»

Ein dreizehnjähriges Mädchen, das bis zur dritten Klasse gekommen ist und dann die Schule abgebrochen hat, identifiziert die Puppen auch sofort und verwendet alle Spielsachen für ihre Szene, die die halbe Bühne einnimmt. Ihr Kommentar dazu: «Hindus und Muslime kämpfen. (Sie weiß nicht, warum.) Erst kämpfen die Kinder, dann die Erwachsenen. Der Soldat sagt, sie sollen nicht kämpfen. Die Hindus schalten einen *goonda* ein, der die Muslime angreifen soll. Die Muslime schalten einen Karate-Spezialisten ein, der den *goonda* in die Flucht schlägt.»

Zusammenfassend läßt sich also sagen: Wenngleich Gewalt zwischen Hindus und Muslimen in der Altstadt von Hyderabad an der Tagesordnung ist, bauten weniger als die Hälfte der Kinder diese Gewalt in die von ihnen gestalteten Szenen ein. Dieser Prozentsatz mag dem einen als zu groß und dem anderen als zu klein erscheinen, je nach der eigenen Neigung, das Glas der Hindu-Muslim-Beziehungen als halbleer oder halbvoll zu sehen. Auf jeden Fall ist bei einer signifikanten Anzahl von Kindern zwischen zehn und fünfzehn eine ethnisch-religiöse

Ausrichtung vorhanden, die je nach Alter unterschiedlich – ältere Kinder sind in ihrer Phantasie «kommunaler» ausgerichtet als jüngere – und zudem geschlechtsabhängig ist – Mädchen, insbesondere Hindumädchen, gestalten lieber Szenen aus dem Familienleben als Szenen über kommunale Auseinandersetzungen. Wenn Szenen mit Gewalt zwischen Hindus und Muslimen dargestellt werden, so scheint darin die unbewältigte Angst des Kindes zum Ausdruck zu kommen, die eigenes Erleben des Aufruhrs in ihm ausgelöst hat – im Falle der Pardijungen zum Beispiel die Angst vor dem Tod, der ihnen durch einen angreifenden muslimischen Mob drohte. Vom direkten, persönlichen Erleben als Opfer eines Aufruhrs geht bei einem Kind, was nicht weiter überrascht, der stärkste Impuls zur Herausbildung von religiösem Haß und zu einer ethnisch-religiös geprägten Vorstellungskraft aus.

Zum Schluß sei noch vermerkt, daß Hindus ebenso wie Muslime ihren Konflikt nicht als lokale Angelegenheit sehen, sondern als etwas, bei dem die «essentielle» Natur eines Hindus oder Muslims zum Tragen kommt, die sich im Laufe der Geschichte auch nicht ändert. Solch eine Reduktion auf das grundlegende Wesen läßt sich auch in vielen anderen ethnischen Konflikten beobachten (wie etwa in dem zwischen Juden und Schwarzen in New York, wo lokale Probleme mit dem weltweiten Sosein des «Juden» oder des «Negers» in Zusammenhang gebracht werden), und um so schwieriger wird es dadurch, einen Konflikt in den Griff zu bekommen.

5.
Die Opfer und die anderen:
II. Die Muslime

Karwan oder, wie sein ursprünglicher Name lautet, Karwane-Sahu («Karawane der Händler») war, als Hyderabad gebaut wurde, als Quartier für Händler geplant. Im siebzehnten und achtzehnten Jahrhundert war es ein blühendes Handelsviertel mit vielen Gasthäusern, Moscheen und Lagerhäusern, wo Händler aus ganz Indien und von weither, die hier Quartier bezogen, wenn sie auf ihren Handelsreisen in Hyderabad Station machten, alles für sie Nötige vorfanden. Während der Qutub-Shahi-Zeit lebte hier der Großteil der Gujarati- und Marwadi-Händler. Heute ist Karwan einer der wirtschaftlich rückständigsten Stadtteile.

Mit seinen zahllosen Moscheen, Friedhöfen und *dargahs* [muslimische Heiligengräber; Anm. d. Ü.] ist Karwan unverkennbar muslimisch. In den Läden an den kopfsteingepflasterten Straßen gibt es billige Waren zu kaufen, die auch für den kleinen Geldbeutel erschwinglich sind: Gewürze, Arm- und Fußreifen, Altmetall, ein kleines Sortiment an indischen Süßwaren und pikanten kleinen Snacks. Es gibt die unvermeidlichen Gemischtwarenhandlungen, die einen Großteil dessen führen, was in einem armen Viertel gebraucht wird: von Bleistiften für die Kinder bis zu Haaröl, Päckchen mit Tee minderer Qualität und billigen Reinigungsmitteln für den Haushalt. In manchen Straßen hocken am Rand Hindufrauen mit ihren kleinen Töchtern, die Gemüse feilbieten. Mit geöltem schwarzen Haar, das zu einem Knoten geschlungen ist und mit ziegelrot verfärbtem Mund vom Takak- oder Betelkauen sitzen die Frauen hinter Bergen von frischem Gemüse, das sie immer wieder mit Wasser besprengen, damit es feucht glänzt. Autos sind – außer hie und da einem alten, ramponierten Ambas-

sador – selten, trotzdem sind die Straßen verstopft: mit Fuß-
gängern, Motor- und Fahrradrikschas, Fahrrädern und den
klapprigen Bussen der Verkehrsbetriebe von Hyderabad.

Viele Männer gehen keiner geregelten Arbeit nach: Als Gelegenheitsarbeiter finden sie Beschäftigung im Straßenbau, als
Totengräber oder als Küchenhilfen bei großen Hochzeiten.
Andere sind Gemüseverkäufer oder Rikschafahrer, während
ein paar Glückliche in den Fabriken der neuen Stadt arbeiten
oder schlecht bezahlte Stellungen in Regierungsbehörden haben. Einige wenige Zeichen von Wohlstand fallen ins Auge:
neu erbaute Häuser – mit «Geld vom Golf» bekommt man
stets zu hören – und an den Straßenecken das ein oder andere
Restaurant, das einem Muslim gehört, der in der Stadtpolitik
oder im «land business» tätig ist (Majid Khan hat so ein Restaurant hier an der Ecke). Diese Garküchen und die Läden,
wo es *pan* [die Blätter der Betelnußpalme; Anm. d. Ü.] zu
kaufen gibt, haben bis spät abends auf, und hier kommen die
Männer gern zusammen, um sich mit Freunden zu unterhalten und die neuesten Nachrichten auszutauschen.

Rashids Familie wohnt in einem Sträßchen in Kulsumpura,
dem südlichen Teil Karwans. Ihr Haus liegt am Rande des
Muslimviertels: Jenseits der Straße, die hinter dem Haus vor-
beiführt, beginnt schon das Gebiet der Hindumehrheit. In den
Gassen von Kulsumpura stehen fünfundzwanzig bis fünfunddreißig Häuser auf jeder Seite, dazwischen zieht sich das un-
gleich breite, mäandernde Band des Sträßchens, so schmal,
daß an der engsten Stelle gerade ein Fahrrad durchkommt.
Die Häuschen mit Ziegel- oder Strohdächern haben in der
Regel nur einen Raum und werden peinlich sauber gehalten.
Auf dem Lehmboden, der mindestens einmal im Monat eine
neue Schicht Lehm bekommt, sind ausgeblichene Baumwoll-
teppiche ausgebreitet oder – bei den Allerärmsten – aneinan-
dergenähte Jutesäcke. Wenig stabile Holztüren, die windschief
in den Angeln hängen, verwehren den Zutritt zum Haus. Die
abgenutzten Vorhänge am Eingang sind oft so kurz, daß sich
die dunklen Schatten der Frauen und Kinder erkennen lassen,
die sich im Innern hin- und herbewegen. Obwohl sich die

Frauen eigentlich an die Purdah halten müßten, sieht man sie
zu manchen Tageszeiten, vor allem am Vormittag, in Gruppen vor der Tür sitzen, miteinander schwatzen und dabei Betelnüsse in kleine Stückchen hacken oder sie in braun ge-
sprenkelte Scheibchen hobeln, während sie die draußen
spielenden Kinder im Auge haben. Zweimal am Tag, frühmorgens und am späten Nachmittag, kommen die Frauen mit
Eimern zum öffentlichen Wasserhahn, den die Stadt installiert
hat, um sich mit Wasser für den täglichen Bedarf zu versor-
gen. Anders als die Frauen in den Hindubezirken sieht man
die Muslimfrauen in Kulsumpura nicht am Wasserhahn ihre
Kinder baden oder Kleider auswaschen, da die Normen der
Gemeinschaft vorschreiben, daß sie nur so kurz wie möglich
hinausgehen. Dennoch wird der Wasserhahn für die Frauen,
während sie mit dem Eimer warten, bis sie an der Reihe sind,
zu dem, was für die Männer das Restaurant oder der Stand
mit *pan* ist: ein Treffpunkt, um Nachrichten, Meinungen und
den neuesten Klatsch auszutauschen, nur geht es dabei eher
um Familiäres als um Politik, das Lieblingsthema bei den
Männern.

Rashids Familie

Der fünfundfünfzigjährige Rashid hat acht Jahre die Schule
besucht und ist damit die Person in der Familie, die die meiste
Bildung genossen hat. Seine weit über achtzigjährige Mutter
ist nomineller Vorstand der Familie, die aus dem zehn Jahre
älteren Bruder, dem achtundvierzigjährigen jüngeren Bruder,
einer verwitweten Schwester Ende sechzig und einer weiteren
Schwester, die achtunddreißig ist, besteht. Sie leben alle mit
ihren Familien in getrennten Haushalten, doch nah beieinander. Da es in jedem Haushalt fünf bis sechs Kinder gibt, umfaßt die Großfamilie ungefähr dreißig Personen.

Rashid verkauft gelegentlich Gemüse. Seine Brüder sind
beide arbeitslos. Der ältere Bruder verdient etwas Geld, indem er bei Hochzeiten als Koch aushilft. Der jüngere Bruder

erledigt Botengänge für eines der «hohen Tiere» von Kulsumpura, dem ein Restaurant gehört und der in der Lokalpolitik aktiv ist. Der Schwager fährt eine Fahrradrikscha, und einer seiner Neffen verkauft Gemüse. Zwei andere, Anfang zwanzig, sind arbeitslos. Anders als die Pardi-Frauen arbeiten die Muslimfrauen nur zu Hause. Rashids jüngere Schwester näht Blusen und Unterröcke für die Nachbarn, doch die meisten anderen Frauen hacken Betelnüsse, um drei oder vier Rupien am Tag zu verdienen, ein willkommenes Zubrot zum ständig knappen Budget der Familie. Außer Rashids jüngerem Bruder und einem Neffen, die beide drei Jahre in die Schule gegangen sind, sind alle übrigen Erwachsenen in der Familie Analphabeten.

In der jüngeren Generation ändert sich die Situation, zumindest was die Jungen betrifft. Die Mädchen werden immer noch nicht in die Schule geschickt, sehr zum Bedauern der vierzehnjährigen Shakira, der Nichte Rashids. Auch Shakira bleibt jedoch nicht ganz ohne Ausbildung: An einer der mit staatlicher Hilfe überall in der Stadt eröffneten Einrichtungen für junge Mädchen lernt Shakira nähen, sticken, Urdu, etwas Englisch und erfährt auch Elementares über ihren Glauben. Nachdem Shakira am Nachmittag wieder nach Hause gekommen ist, verbringt sie den Rest des Tages damit, das Kochgeschirr sauber zu machen, das Abendessen zu richten und auf ihren jüngeren Bruder aufzupassen. Sonst kommt Shakira nur hinaus, wenn sie mit anderen Frauen zum *dargah* geht, was jeden Donnerstag geschieht. Wie eine erwachsene Frau trägt Shakira, wenn sie das Haus verläßt, den Schleier, ein Kleidungsstück, mit dem umzugehen einige Übung erfordert. Sie sieht leidenschaftlich gern Hindi-Filme, muß aber ihre Lust auf Filme über den Fernseher befriedigen, da es ihr von der Familie streng verboten ist, mit anderen ins Kino zu gehen. Die Frauen, einschließlich Shakiras Mutter, ärgern sich über die Einschränkung ihrer Freiheit, akzeptieren aber, daß dies notwendig ist. Nach Unruhen ist die Ehre der Frau (*izzat*), die so eng verflochten ist mit der Ehre der Familie und der Gemeinschaft, auf der Straße viel gefährdeter. Aber auch zu den besten Zeiten hatten die Frauen erst nach der Heirat etwas Bewegungsfreiheit und das auch nur, bis Kinder kamen. Obwohl Rashids jüngere Schwägerin in Hyderabad aufgewachsen ist, hatte sie die architektonischen Glanzpunkte der Stadt, wie etwa das Char Minar oder die Hauptbasare, überhaupt nicht zu Gesicht bekommen, ehe sie verheiratet war. Durch die Unruhen wurde die Freiheit der Frauen jetzt noch mehr beschnitten. Vor einigen Jahren zerbrach Shakiras Mutter am öffentlichen Wasserhahn aus Versehen den irdenen Krug einer Hindufrau. Wegen dieses Mißgeschicks, das die Spannungen zwischen Hindus und Muslimen auf ein gefährliches Niveau hätte ansteigen lassen können, wurde sie von ihrem Mann geschlagen und durfte kein Wasser mehr vom Hahn holen, was dann eine andere Frau in der Familie für sie übernahm.

Doch weder durch frühe Heirat und die zahlreichen Schwangerschaften noch durch die dauernde finanzielle Not ist den Frauen der Lebensmut und die Lebensfreude vergangen. Durch ein reges Gemeinschaftsleben, das sich vor allem mit den anderen Frauen der Familie abspielt, werden sie, vermute ich, immer wieder neu geweckt. Da sind die vielen Hochzeiten und anderen festlichen Gelegenheiten wie die Beschneidung eines Jungen oder das Durchstechen von Nase und Ohren bei einem Mädchen. Da sind die religiösen Feste, Id vor allem, die gefeiert werden – ohne Rücksicht auf die Kosten. Wenn kein Geld da ist, wird welches geliehen, um neue Kleider und die Ziege für das Festmahl zu kaufen. Für die Armen ist dieser Luxus eine Notwendigkeit, um über die Grenzen, die ihrem Leben durch die äußere Realität gesetzt sind, hinauszugelangen und so das entscheidend wichtige Gefühl von Tatkraft und Freiheit wiederzugewinnen, etwas, was diejenigen, die allein in Begriffen wirtschaftlicher Vernunft denken, mißbilligen und selten verstehen. Außerdem sprechen die Frauen oft die Gebete (*namaz*) zusammen, wenn sie mit der Hausarbeit fertig sind, und schwatzen und singen miteinander bis spät in die Nacht.

Eine weiterer Kraftquell der Frauen liegt in ihrem Glauben. Sie stehen offen zu ihrer Unkenntnis der islamischen Lehren und Traditionen. Keine der Frauen weiß, was eigentlich genau im Koran steht, obwohl einige der Jüngeren, weil man es ihnen beigebracht hat, aus dem Koran auf arabisch zitieren können, ohne die Bedeutung der Worte, die sie da nachsprechen, zu verstehen. Ihr Glaube besteht darin, einem einfachen Moralkodex zu folgen, was bewirkt, daß sie sich fromm fühlen: Sauberkeit des Körpers und Reinheit des Geistes, Achtung vor dem Alter, häufiges Sich-Erinnern an Allah, Sprechen der Gebete, wenn der Ruf von der Moschee ertönt, Einhalten des rituellen *rozas*-Fasten. Von einem modernen individualistischen Standpunkt aus gesehen, der Wert legt auf die Rechte der Frau als Person und nicht auf die durch die Religion vorgegebenen Pflichten und Gebote, mag ihr religiöser Glaube zwar dazu beitragen, daß die Frau das Gefühl hat, in die Gemeinschaft integriert zu sein, und sich außerdem gut fühlt, weil sie ihrem Gewissen Genüge tut, doch wird sie dadurch in einem «falschen Bewußtsein» gefangenhalten. Der Glaube läßt die Frauen akzeptieren, daß sie im Vergleich zu den Männern, die als körperlich, geistig und spirituell überlegen erachtet werden, einen untergeordneten Status haben. Nach ihrem Glauben sind ihnen ihr Geist und ihr Körper nur geliehen, beides gehört ihnen nicht und ist mehr überpersönlicher als individueller Natur. Rashids jüngere Schwester gab, als sie gefragt wurde, warum sie sich, nachdem sie sechs Kinder geboren hatte, nicht sterilisieren ließ, zur Antwort: «Wenn du so eine Operation machen läßt, werden deine Gebete von Gott nicht mehr erhört. Es heißt im Koran, daß dir Gott nicht einmal am Tag des jüngsten Gerichts diese Sünde vergibt. An diesem Tag wirst du feststellen, daß dein Gesicht schwarz geworden ist. Allah nimmt dein *namaz* nicht an, nicht einmal das an Id, wenn du die Geburt eines Kindes verhütet hast. Meine Schwägerin, die sich die Eileiter hat unterbinden lassen, hat aufgehört, ihre Gebete zu sprechen und wird von Tag zu Tag unglücklicher. Alles, was ich tun kann, ist zu Allah beten, daß Er aufhört, mir Kinder zu schenken, und eine andere damit segnet.»

Die Tage und die Nächte des Aufruhrs

Das Wort sollen weiterhin die Frauen haben – im folgenden Kubra Begum, Rashids Frau: «Es war Freitag. Ich kaufte gerade Gemüse ein, sowas um zehn Uhr vormittags, als die Kinder gerannt kamen und mir mitteilten, daß es zum Kampf zwischen Hindus und Muslimen gekommen war. ‹Warum?› fragte ich. Sie sagten, eine Muslimfrau hätte Gemüse gekauft, als der *bhoi* (ein Hindu-Gemüseverkäufer) sie am Arm und am Schleier gepackt und sie angeschrien hätte. Vielleicht hatte sie nicht den richtigen Geldbetrag bezahlt. Zwanzig bis fünfundzwanzig von ihren Männern und ungefähr genausoviele von unserer Seite rannten dorthin, wo der Streit sich abgespielt hatte. Als ich sah, daß die Männer mit Stöcken und Schwertern bewaffnet waren, eilte ich heim und sagte allen Bescheid, daß sie sich auf einen Krawall gefaßt machen sollten. Es stand ohnehin schlimm, weil die Hindus so aufgebracht waren wegen der Auseinandersetzung um die Babri-Moschee, wo viele den Tod gefunden hatten. Und dann kam noch der Überfall auf *bhai* Majid. Man weiß schon, daß bald ein Aufruhr anfangen wird, wenn man sieht, daß die Hindus ihre Frauen und ihre Habseligkeiten wegbringen.

Wir hatten nicht einmal *lathis* im Haus. Die Frauen sammelten schon mal Steine und häuften sie bei den Männern auf, die an den beiden Enden unserer Gasse Position bezogen. Als erstes fingen die Hindus an, von ihrer Straßenseite aus Steine zu werfen. Die Männer von unserer Seite warfen zurück. Da kam die Polizei. Sie versuchten die Hindus auseinanderzutreiben, aber das ging erst, nachdem sie Tränengas eingesetzt hatten. Am Abend kam wieder ein Steinhagel von der Hinduseite. Wir gingen vor die Tür. Dann hörte man Allah-u-Akbar-Rufe und Hilfeschreie. Keiner der Männer ist hinausgegangen, denn wir kennen den Trick schon: Eine Busladung schwarzgekleideter junger Hindus kommt in ein Muslimviertel, stößt den muslimischen Schlachtruf aus, und es wird um Hilfe geschrien. Jeder, der sich hinauswagt, um der Sache nachzugehen, wird umgebracht, und der Laster verschwindet wieder im nächtlichen Dunkel.

Am nächsten Morgen war alles ruhig. Die Männer gingen an ihre Arbeit. Am Sonntagabend fingen die Hindus wieder massiv mit dem Steinewerfen an. Zwei meiner Neffen trugen schwere Kopfverletzungen davon. Ich begann zu rufen: ‹Allah, wie lange denn noch müssen die Muslime sich so tyrannisieren lassen?!› Es war eine Ausgangssperre verhängt, aber als sie für ein paar Stunden ausgesetzt wurde, wurden noch mehr Leute umgebracht: Eine alte Frau und ihr Enkel gingen zum Gemüsekaufen. Die *bhois* erstachen den Jungen. Er hieß Amjad. Ein Rikschafahrer wurde vor meinen Augen getötet. Sie zerrten ihn aus der Riksch und versetzten ihm mehrere Messerstiche. Der Dreck, in dem er lag, vermischte sich mit seinem Blut zu einer breiigen Masse.

Am schlimmsten ist die Ausgangssperre. Wenn ein Mann am Tag fünfundzwanzig Rupien verdient und sechs Kinder ernähren muß, was sollen dann die Kinder essen, wenn er vier Tage lang nicht arbeiten kann? Und eine Ausgangssperre kann Wochen dauern! Das letzte Mal hatte ich genug Mehl für vier Tage, und wir aßen *rotis* [Fladen] mit Chilis. Danach gab es tagelang nichts als gekochten Reis. Am Anfang versucht man noch miteinander zu teilen, was man hat, aber später steht dann jede Familie allein da: Ein Mann ist kein Bruder mehr und eine Frau keine Schwester.»

Wenn eine Frau während des Aufruhrs einen ihrer Angehörigen verloren hat, dann kommen ihr in ihrem Leid ihr Glaube und die überlieferten Trauerriten zu Hilfe und geben ihm einen festen Rahmen. Die Journalistin Anees Jung schildert einfühlsam eine solche Frau, Mehdi Begum, deren Tochter zehn Tage lang krank war, während die Ausgangssperre in Kraft war. Mehdi Begum konnte für die Tochter weder Medikamente noch Milch besorgen, weil es ihrem Mann nicht möglich war, seiner Arbeit nachzugehen. Sie gibt niemandem die Schuld am Tod ihrer Tochter und schreibt ihn dem Willen Allahs zu. «Als mein Kind im Sterben lag, sang ich die Elegie, die mein Großvater über den Tod von Sakeena schrieb, der

noch kleinen Tochter von Imam Husain, die nach dem Tod
ihres Vater in ein Gefängnis geschleppt wurde und dort ganz
alleingelassen langsam dahinstarb. Gemessen daran ist der
Tod meiner Tochter gar nicht mehr so schlimm.» «Azadari,
die Trauer im Gedenken an zu Märtyrern gewordene Imams»,
legt Jung dar, «hat über Generationen Frauen wie Mehdi
Begum Erleichterung verschafft und ihrem Leid eine bestimmte Ausrichtung gegeben.»[1] Tatsächlich stellte ich immer
wieder fest, daß sowohl Muslim- als auch Hindufrauen aufgrund ihrer fester verankerten Traditionen und Trauerriten
weniger verbittert über den gewaltsamen Tod geliebter Menschen sind und sich besser damit abfinden können. Wer weint
und trauert über einen Verlust, den beherrscht nicht mehr
diese auf Vergeltung gerichtete Wut.

Die Berichte der Männer unterscheiden sich von denen der
Frauen insofern, als dort der Aufruhr weniger direkt vermittelt wird, sondern unter einem mehr geschichtlichen Blickwinkel gesehen wird. Obwohl dieser Aufruhr am meisten
Menschenleben gekostet und den größten Sachschaden ange-
richtet hat, wird er als einer von vielen geschildert, insgesamt
sechzehn in den letzten zwanzig Jahren. Als der Gemüse-
großmarkt der Stadt hier seinen Standplatz hatte, war Karwan besonders aufruhrträchtig, da Muslime und Hindus um
den größeren Anteil am Geschäft rangelten. Viele der Unruhen Hyderabads nahmen hier ihren Ausgang, bevor sie dann
auf andere Teile der Stadt übergriffen. Der Markt ist inzwischen an einen anderen Ort verlegt worden, und Karwan
nimmt nun bei kommunalen Unruhen nicht mehr die Füh-
rungsposition ein, sondern schwimmt mit der übrigen Stadt
mit im ständigen Auf und Ab der Gewaltwellen.

In den Berichten der Männer liegt im Gegensatz zur ängstlichen Haltung der Frauen, bei denen alles um die Sicherheit
ihrer Familien kreist, die Betonung auf den Geschichten, in
denen männliche Heldentaten und martialischer Mut die
Hauptrolle spielen. Bei den Männern ist oft die Rede davon,
wie eine kleine Gruppe Muslime über eine weit überlegene
Angreifertruppe von Hindus den Sieg davontrug. Ihre Ge-

schichten sind voller Anklänge an Badr, die erste Schlacht der islamischen Geschichte, aus der die dem Feind zahlenmäßig stark unterlegenen Muslime, deren einzige Waffe ihr Glaube und ihr Vertrauen auf Allah war, als Sieger hervorgingen.

Ein weiteres Charakteristikum der Erzählungen der Männer ist der breite Raum, den bei ihnen Zusammenstöße mit der Polizei einnehmen. Wenn ein Aufruhr ausgebrochen ist, kann die Polizei zu jeder Tages- und Nachtzeit in Kulsumpura auftauchen, um nach versteckten Waffen zu suchen oder um Hab und Gut zurückzuholen, von dem die Hindus behaupten, es sei ihnen bei der Plünderung ihrer Häuser entwendet worden. Männer jeglichen Alters, von fünfzehn bis fünfzig, werden routinemäßig zu Verhören abgeführt, so daß viele während der Ausgangssperre nachts gar nicht zu Hause schlafen. Wenn die Polizei erscheint, kommt es häufig zu spannungsgeladenen Konfrontationen, etwa zwischen einem jungen Hindupolizisten, der die Absicht hat, ein Haus zu durchsuchen, und einem muslimischen Jugendlichen, der, wie er glaubt, die Ehre der Familie verteidigen muß. In vielen kleineren und großen Städten Nordindiens, wie z.B. Meerut, haben Auseinandersetzungen zwischen Polizei und Muslimen zum Ausbruch von Gewalt geführt.

Psychologisch gesehen ist das, was sich zwischen Hindupolizisten und jungen Muslimen abspielt, von derselben Dynamik bestimmt wie die von dem Psychoanalytiker Rollo May beschriebene Konfrontation zwischen weißen Polizisten und schwarzen Jugendlichen in den USA.[2] Wenn sie einander von Angesicht zu Angesicht gegenüberstehen, ähneln der junge Polizist und der junge Muslim einander sehr in ihrem Stolz und ihrer Angst, in ihrem Bedürfnis, sich zu beweisen, und ihrer Forderung, respektiert zu werden. Für den Hindupolizisten, der zusätzlich staatliche Autorität und Macht verkörpert, die er mit seiner eigenen Männlichkeit und Selbstachtung identifiziert, ist es entscheidend, darauf zu bestehen, daß der Muslim seine Autorität respektiert. Eine Methode, die eigene Macht über den anderen bestätigt zu sehen, ist es, Hand an jemanden zu legen, seine körperliche Unversehrtheit durch grobe Behandlung zu verletzen, ohne daß der andere zurückschlagen oder protestieren kann. Eine andere Methode ist es, sein Haus ohne Aufforderung oder Erlaubnis zu betreten. Der muslimische Jugendliche wiederum, der gleichfalls gezwungen ist, *seine* Männlichkeit und Ehre zu wahren, muß gegen jeden Übergriff auf ihn selbst oder sein Zuhause Widerstand leisten. Es ist unumgänglich für ihn, daß er, auch wenn er sich der überlegenen Macht des Polizisten beugen und das Eindringen in seinen privatesten Bereich dulden muß, eine trotzig herausfordernde Haltung beibehält. Seine Unterwerfung sollte nicht so wirken, als geschähe sie freiwillig, und sie durfte sich unter keinen Umständen in seinen Augen widerspiegeln. Das ist aber nun freilich die einzige Art von Unterwerfung, die den Hindupolizisten zufriedenstellt, sobald die beiden jungen Männer erst einmal in einem sich eskalierenden Konflikt gefangen sind.

Babars Kinder

Frauen und Männer sind sich einig, daß die Beziehungen zwischen Hindus und Muslimen sich in den letzten zwei Jahrzehnten drastisch verschlechtert haben, insbesondere nach 1975, nach dem Vorfall mit Rameeza Bi. Daß Muslime und Hindus an den Festen der jeweils anderen teilnehmen, kommt fast nicht mehr vor, und Freundschaftsbande über die Gruppengrenzen hinweg sind zerrissen. Alte Hindufreunde sind jetzt bloß noch Bekannte, die man höflich grüßt, wenn man auf der Straße an ihnen vorbeigeht, bei denen man aber nicht mehr stehenbleibt, um weitere Höflichkeiten auszutauschen. Zwischen den Frauen, die einander am öffentlichen Wasserhahn begegnen, ist die Distanz nicht so groß wie bei den Männern, vielleicht auch weil sie sich vorher nicht so besonders nah gewesen sind. Ghousia berichtet, daß ihr Hindufrauen sagten: «Wenn du dich schneidest, dann kommt dieselbe Menge Blut heraus, wie wenn wir uns schneiden. Die Religionen sind nicht alle gleich, aber die Menschen sind es. Wir tragen die gleichen Kleider, und wenn wir keinen *bindi* auf der Stirn hätten, wäre es schwer zu sagen, wer Hindu und wer Muslim ist.» Die Mörder fragen oft erst nach dem Namen ihrer Opfer, bevor sie zuschlagen, denn sie brauchen diese zusätzliche Information, um sich über die religiöse Zugehörigkeit wirklich im klaren zu sein. Wenn es nicht möglich ist, eine sichere Identifizierung dadurch vorzunehmen, daß man einen Mann sich ausziehen läßt und sich seinen Penis anschaut (wenn er beschnitten ist, ist es ein Muslim, sonst ein Hindu), dann gibt es noch andere, sehr sonderbare Methoden, auf die die marodierenden Mobs verfallen sind. So wird etwa jemandem zuerst mit einem *lathi* ein Schlag auf den Kopf versetzt. Wenn er im Fallen einen Hindugott oder eine -göttin anruft, so wird er erstochen, wenn die Angreifer Muslime sind; wenn der unfreiwillige Schrei ein «Ya Allah!» ist, wird er verschont.

Die Muslime machen sich Sorgen um ihre Kinder, weil diese, anders als ihre eigene Generation, nicht einmal mehr die Erinnerung an gute Beziehungen zu den Hindus haben. Während ihre Eltern ihnen noch verboten haben, so etwas wie «Er ist ein Hindu; er ist ein Muslim» zu sagen und statt dessen betonten, daß sie doch alle einer Menschheit angehörten, ist es den Kindern von heute schon sehr früh deutlich bewußt, daß sie entweder das eine oder das andere sind.

Mein genereller Eindruck ist, daß man die Hindus nicht mag und auf sie herabschaut, sie aber nicht leidenschaftlich haßt, selbst nach so vielen Unruhen nicht. Im Gegensatz zu dem Selbstbild, das der Muslim von sich hat – er sieht sich als mitfühlend –, erscheint der Hindu ihnen als grausam und ohne eine Spur Mitleid. «Wenn eine Hindufrau oder ein Kind durch eine Straße gehen, wo Muslime wohnen, wird ein Muslim sie gehen lassen, weil er der Meinung ist, der Kampf werde zwischen den Männern ausgetragen und Frauen, Kinder und Alte sollten nicht mit hereingezogen werden. Ein Hindu denkt da nicht so. Für ihn reicht es, wenn er sieht, daß der andere ein Muslim ist, und schon schlägt er zu, ohne Rücksicht auf Alter oder Geschlecht.»

«Hindus sind außerdem Feiglinge, die nur dann kämpfen können, wenn sie eine große Gruppe sind. Muslime fürchten sich nicht, selbst wenn sie nur zu wenigen und unbewaffnet sind, ihre Gegner aber Schwerter tragen. Allah gibt ihnen Mut, und sie wissen, wenn sie sterben, wird ihr Tod nicht umsonst sein, sondern ein Märtyrertod, für den Allah sie im Paradies belohnen wird.»

«Hindus haben sich zudem nicht in der Hand, was ihre Triebe und ihr Verhalten anbelangt. Für ihre Gebete gibt es keine festgelegte Zeit und Form, noch finden sich in ihren Büchern Anweisungen, wie man ein gutes Leben führt, wie dies im Koran steht. Zu irgendeiner beliebigen Tageszeit gehen sie in den Tempel, läuten die Tempelglocke und geben ihrem Gott Anweisungen: «Tu dies oder tu das für mich!» Und natürlich haben sie, nachdem sie Tausende von Jahren Sklaven gewesen sind, keine Regierungserfahrung wie die Muslime sie haben. Sie mögen ja eine bessere Ausbildung haben, aber sie sind unerfahrener, was das Regieren betrifft.»

Am meisten macht den Muslimen der Gedanke zu schaffen, sie seien in ihrem Geburtsland unerwünscht. Sie scheinen gegen die zunehmende Überzeugung anzukämpfen, daß Indien, ungeachtet seiner offiziellen Verfassung, ein hinduistisches Land ist und sie hier von den Hindus nur geduldet werden. Ghousia meint dazu: «Wir hören sie überall im Land sagen: ‹Geht doch nach Pakistan! Pakistan gehört euch, und uns gehört Hindustan. Hier sollte kein einziger Muslim zu sehen sein.› Sie meinen, wenn sie uns genug schikanieren, gehen wir nach Pakistan. Sie stellen schon Züge bereit für unsere Abreise. Wir finden dagegen, wenn wir sterben müssen, dann wollen wir hier sterben; wenn wir aber leben sollen, dann hier.»

«*Babar ki santan, jao Pakistan*» («Kinder von Babar*, geht nach Pakistan!») ist derzeit einer der Slogans, der während eines Aufruhrs und der vorausgehenden Zeit steigender Spannungen zwischen den beiden Bevölkerungsgruppen bei

---

* Begründer der Moguldynastie.

Hindu-Mobs am beliebtesten ist. Bei allem Groben, was dieser Slogan an sich hat, dürfen wir nicht übersehen, welche Bedeutung für die sich momentan herausbildenden Hindu-Muslim-Beziehungen er hat. Er spiegelt das tiefsitzende Mißtrauen des Hindunationalisten in bezug auf die muslimische Loyalität gegenüber dem indischen Staat wider sowie seine Zweifel, was den muslimischen Patriotismus betrifft, wenn die Volksgruppe sich mit einer Wahl zwischen ihrem Geburtsland und dem Land ihrer Glaubensgenossen konfrontiert sieht. In dem Slogan steckt die Anschuldigung, bei einem Konflikt zwischen ihrer Loyalität dem Staat gegenüber und ihrer Loyalität gegenüber dem Islam seien Muslime als potentielle Verräter zu betrachten.

Mit einem solchen Vorwurf hält man sich zwar auf seiten der Führungsschicht im politischen Diskurs bewußt zurück, doch ist er offensichtlich stichhaltig genug, um bei vielen anderen Hindus ein Gefühl des Unbehagens hervorzurufen, und zwar auch bei solchen Hindus, die nicht mit dem Hindunationalismus sympathisieren und doch im Nationalstaat ihre politische Identität definiert finden. Daß dieser Vorwurf in den Hindu-Muslim-Beziehungen ein Reizmittel von größter Bedeutung ist, wird auch von einem Großteil der Muslime erkannt und ruft, wie wir später sehen werden, eine emotional aufgeladene Reaktion auf seiten der religiös-politischen Führung dieser Volksgruppe hervor.

Zusätzlich geschürt werden im Moment die Zweifel an der muslimischen Loyalität gegenüber dem indischen Staat durch die Ereignisse in Kaschmir, wo ein großer Teil der muslimischen Bevölkerung Unabhängigkeit oder Anschluß an Pakistan verlangt, und diese Zweifel speisen sich aus zwei Quellen. Erstens gab es im Verlauf der Geschichte immer schon die Tendenz unter den Muslimen der Oberschicht oder denen, die einen höheren Rang innerhalb der Gemeinschaft anstreben, auf persische, arabische oder türkische Vorfahren zu verweisen oder solche zu erfinden und sich nicht mit der bescheideneren indischen Herkunft zu begnügen. Diese unter muslimischen Fundamentalisten deutlicher ausgeprägte Tendenz weist

darauf hin, daß diese Muslime sich als die Überlegenen betrachten, die von außerhalb nach Indien gekommen sind und
die an indischer Geschichte nur als einstige Herrscher des
Landes Anteil haben.

Zum zweiten ist – dies werden wir später nochmals sehen –
die spezifisch muslimische Geschichte, wie die konservativen
Sprecher der Gemeinschaft sie sich gerne zurechtbasteln und
glorifizieren, die Geschichte, die sie mit den Muslimen aus
dem Mittleren Osten gemeinsam haben. Es ist dies vor allem
die heilige Geschichte des frühen Islam und des Dar al-Islam
zwischen dem siebten und fünfzehnten Jahrhundert, als die
islamische Kultur im Zenit stand und Muslime die halbe Welt
erobert hatten. Die Hindunationalisten glauben, daß nur eine
Minderheit der Muslime den indischen Nationalstaat als etwas akzeptiert, worin ihre politische Identität und Loyalität
aufgehoben und definiert ist. Sie sind wohl eher überzeugt
von der These Bernard Lewis', die sich auf die Muslime im
Mittleren Osten bezieht, jedoch auf indische Verhältnisse
gleichfalls anwendbar ist, nämlich: «In Krisen- und Notzeiten,
wenn die tiefer sitzenden Loyalitäten die Oberhand gewinnen,
besteht bei Muslimen die immer wiederkehrende Tendenz,
daß sie ihre Grundidentität in der Religionsgemeinschaft finden; das heißt, in etwas, das durch den Islam und nicht durch
die ethnische Herkunft, die Sprache oder das Land, in dem
man wohnt, definiert ist.»[3] Hier wird der Circulus vitiosus
unmittelbar deutlich: Die Verankerung der muslimischen
Identität im Islam läßt bei den Hindus die Zweifel an der
muslimischen Loyalität dem Staat gegenüber wachsen, was
wiederum bewirkt, daß die Muslime sich zu ihrer Sicherheit
noch enger an die Religionsgemeinschaft anschließen, was
dem mangelnden Vertrauen der Hindus in den muslimischen
Patriotismus neue Nahrung gibt und so weiter und so fort.

Empirisch erwiesen ist, wie aus einer fünfundzwanzig Jahre
alten Studie hervorgeht, daß eine konkrete Konfliktsituation
zwischen Indien und Pakistan für indische Muslime mit großer Anspannung verbunden ist, was zur Folge hat, daß sie
emotional näher aneinanderrücken. Doch trotz zunehmender

Feindseligkeiten gegenüber Muslimen von seiten der Hindus während konkreter Kampfhandlungen fühlen sich indische Muslime ihren pakistanischen Glaubensbrüdern keineswegs näher, sondern stehen ihnen im Gegenteil distanzierter gegenüber als in der Zeit, die dem Ausbruch von Feindseligkeiten unmittelbar vorausgeht.[4]

In der Opferrolle

Bei den ärmeren Muslimen war für mich in ihrer Abneigung gegenüber den Hindus eine müde Resignation deutlich erkennbar. Ihre gehässigen Angriffe auf sie wirkten oft mechanisch, schwunglos und ohne jenes Feuer im Bauch, das noch Anlaß zu einiger Hoffnung gäbe, sie könnten aus verschiedenerlei Rückzugsstadien herausfinden zu einem aktiven Eintreten für die eigene Sache. Ich fragte mich, ob hier nicht Ärger, ja sogar Haß verdrängt wurde, denn das Aufrechterhalten einer Verdrängung zieht ja Energien ab und mindert Aggressionen, die sonst für Aktionen, die der Selbstbehauptung dienen, zur Verfügung stehen. Wiederholt entwarf ich ein Psychogramm von meinem jeweiligen Gesprächspartner, wenn in der Unterhaltung eine Wende eintrat vom Privaten zum Öffentlichen, vom Familiären zum Kollektiven, insbesondere zur gegenwärtigen Situation indischer Muslime, und dieses Psychogramm zeigte den Muslim als hilfloses Opfer veränderter historischer Umstände und Erfordernisse der modernen Welt. Immer wieder bekam ich zu hören, da jetzt das *hukumat* – hier verwendet im Sinne von Herrschaft, politischer Autorität, Regime – bei den Hindus liege, sei eine Diskriminierung der Muslime doch zu erwarten. Wie überaus kränkend dies auch für die individuelle und kollektive Sensibilität der Muslime sei, es sei eine Tatsache in ihrem Leben, mit der sie zu Rande kommen müßten. Einige Frauen zogen sogar eine melancholische (und, wie ich glaube, fast masochistische) Befriedigung aus dieser historischen Schicksalswende, durch die die Position von Herrschern und Beherrschten und die gewohnte

Richtung von Ungleichheit und Ungerechtigkeit sich umgekehrt hatte. Die meisten jedoch beklagten die Diskriminierung der Muslime, ohne große Hoffnung zu hegen, daß sich
die Situation in absehbarer Zeit ändert.

«Der Hindu mag den Hindu, und den Muselmanen mag er
nicht», meint eine Frau. «Das *hukumat* liegt bei den Hindus.
Sie können uns jetzt unterdrücken und Rache nehmen für die
tausend Jahre unseres *hukumat*.»

«Sie üben das *hukumat* jetzt seit vierzig Jahren aus und
werden alles versuchen, um den Muselman schwach und unbedeutend werden zu lassen», meint eine andere Frau.

«Jinnah hatte recht», sagt ein Mann, der einen Teilzeitjob
bei den Majlis hat. «In einer Muslim-Nation zu leben ist das
einzige, was einen vor der Unterdrückung durch die Hindus
bewahrt.»

Eine andere Frau, bei der die alte *mai-baap*-Haltung (Mutter-
Vater-Haltung) gegenüber dem Staat anklingt, ist wehleidiger:
«Das *hukumat* sollte Hindus wie Muslime gleich behandeln.
Wenn eine Mutter mehr als ein Kind zur Welt gebracht hat,
dann betrachtet sie jedes Kind mit dem gleichen Wohlwollen.»

Rashid versucht den abstrakten Begriff «Diskriminierung»
zu konkretisieren, indem er seine eigenen Erfahrungen schildert. «Fünfzehn Jahre lang habe ich auf dem Gemüsemarkt
gearbeitet. Dann bewarb ich mich für einen Posten bei den
städtischen Verkehrsbetrieben. Als ich mit meiner Bewerbung
ankam, sagte der Beamte: ‹Sie brauchen sich gar nicht die
Mühe machen, ihren Namen hier eintragen zu lassen. Muslime kriegen hier keinen Job.› Ich bewarb mich noch bei mindestens zehn weiteren Regierungsbehörden, aber sobald sie
meinen Namen hörten, schickten sie mich weg. Schließlich
fand ich Arbeit bei der Eisenbahn, indem ich meine Identität
nicht preisgab und mir den Namen Babu Rao zulegte. Nach
zwei Jahren, als es Zeit für eine Beförderung wurde, fanden
sie heraus, daß Babu Rao nicht mein richtiger Name war und
daß ich Muslim war. Danach gab ich's auf und fing bei den
Majlis an. Ich sagte mir: ‹Wie kann ich bei den Hindus arbeiten, wenn für sie sogar mein Name inakzeptabel ist!›»

«Es ist schwierig für Muslime, sich selbständig zu machen. Die meisten Unternehmen sind in Hinduhand. Wenn wir einen Kredit wollen, geben sie ihn uns keinen, nur wer Hindu ist, bekommt einen. Wenn ich von ihnen Waren kaufe, muß ich zehn Rupien zahlen, wo ein Hindu nur acht bezahlt. Weil wir arm sind, können wir unsere Kinder nicht in die Schule schicken. Wenn nur ein Mann in der Familie ist, der fünfundzwanzig bis dreißig Rupien am Tag verdient und acht Münder zu stopfen hat, wo soll da das Geld herkommen für die Schule mit ihren Extrakosten?» Rashid gibt jedoch der modernen Außenwelt nicht die Alleinschuld an der Misere der Muslime. «Hindus sind nicht nur deshalb bessergestellt, weil sie durch das *hukumat* im Vorteil sind, sondern weil ihre Mütter, Schwestern und Töchter alle arbeiten. Der Grund, warum wir unseren Frauen keine Ausbildung zukommen lassen und sie nicht zum Arbeiten schicken, ist die *purdah*», und so wie er es sagt, ist es nicht als Kritik an Dogmen seines Glaubens gemeint, sondern es ist eine reine Feststellung der Tatsachen. Er macht sogar den Verlust des Glaubens letztlich verantwortlich für das, was dem indischen Muslim widerfahren ist: «Wenn wir einen unerschütterlichen Glauben hätten, dann wäre es mit unserem *hukumat* nicht vorbei. Als der Glaube dahin war, war alles dahin.»

Das ist also der ins Auge fallende Unterschied zwischen dem in Armut lebenden Hindu und dem in den gleichen Verhältnissen lebenden Muslim: Ersterer fühlt sich im Gegensatz zu letzterem weniger als Opfer und hat stärker das Gefühl, er kann auf seine Lebensumstände einwirken und sie beherrschen. Bei den Muslimen, die die Opferrolle übernommen haben, wird der Verlust kollektiver Selbstidealisierung, der die Selbstachtung einschneidend herabsetzt, als Ergebnis übermächtiger äußerer Kräfte wahrgenommen, deren unglückselige Opfer sie sind. Die in Armut lebenden Muslime vermitteln den Eindruck, als steuerten sie einen sinnlosen Kurs, als seien sie ein Spielball der anderen in einer Art sozialer Brownscher Bewegung.[5] Es scheint so etwas wie ein institutionalisierter Fatalismus am Werk zu sein, der sie als bereitwillige Opfer der

Umstände agieren läßt und ihnen beinahe jede Fähigkeit nimmt, sich gegen Ausbeutung zu verteidigen. Das will nicht heißen, daß die Opferrolle bei den Muslimen nur «im Kopf» sitzt und nicht in der Realität begründet ist. Wie das «Feindbild» ist die Diskriminierung weder ein ausschließlich reales noch ein rein psychisches Phänomen, sondern eine Mischung aus beidem.

Während der Verlust kollektiver Selbstidealisierung aufgrund veränderter historischer und sozioökonomischer Umstände unter den einkommensschwachen Muslimen eine depressive Reaktion hervorruft, wird diesem Verlust muslimischer Macht und Glorie von vielen sensiblen Mitgliedern dieser Bevölkerungsgruppe – darunter einigen Schriftstellern, Wissenschaftlern und Künstlern – explizit nachgetrauert. Die Verzweiflung angesichts des moralischen Verfalls und des politischen Niedergangs muslimischer Gesellschaften ist, wie der Historiker Mushirul Hasan zu berichten weiß, ein wiederkehrendes Thema in der Urdu-Dichtung und -Literatur und im Urdu-Journalismus.[6] Im Idealfall sollte diese Trauerarbeit reinen Tisch machen, so daß neue Ideale entstehen und der Zukunft mit mehr Zuversicht begegnet werden kann. Für viele jedoch findet die Trauer nie ein Ende; der Bestand an Erzählungen, die mit Verlust zu tun haben, und die darin zu findende elegische Grundstimmung wird zu einem Teil des Familienerbes, das von einer Generation an die nächste weitergegeben wird. Für diese Menschen hat die Verszeile des Dichters Iqbal «Der Blitz trifft immer nur die vom Pech verfolgten Muslime» (*Barq girti hai to bechare Musulmanon par*) eine ganz persönliche Bedeutung gewonnen, die sie in die soziale Seite ihrer Identität internalisiert haben. Mit anderen Worten, jedesmal, wenn jemand nicht so sehr als Individuum, sondern als Muslim fühlt, denkt und handelt, ist eine ungute Atmosphäre von Trauer zu spüren – ein Phänomen, das man als «andalusisches Syndrom» bezeichnet hat.[7] Dieses Syndrom verweist auf die große muslimische Kultur auf der iberischen Halbinsel, die im sechzehnten Jahrhundert mit einem Schlag ein Ende fand, was die islamische Welt in Trübsinn versinken ließ und bei den muslimischen Gesellschaften am

Rande des Mittelmeers die Sehnsucht nach dem verlorenen Glanz zurückließ. In Indien ist meiner Meinung nach die «andalusische Reaktion» eher den oberen und mittleren Schichten vorbehalten, und bei der großen Zahl armer Muslime trifft man sie nicht so häufig an. In Hyderabad allerdings, wo die Ähnlichkeit mit dem Schicksal Andalusiens frappierend ist, vor allem, was das jähe Ende der Muslimherrschaft betrifft, ist der «Seelenschmerz» freilich häufiger zu finden als anderswo im Lande.

Die Moral der Gewalt

Obwohl sie in eigenen *bastis* wohnen, führt der unweigerlich enge Kontakt zwischen Hindus und Muslimen in der dicht bevölkerten Innenstadt zu Begegnungen, die über die gesamte Gefühlsskala reichen: von Freundschaft bis hin zu tödlichem Haß, wenn gerade ein Aufruhr im Gange ist. Die Sozialkontakte zu Mitgliedern der jeweils anderen Volksgruppe, die als Übertretungen des Gruppenkodex, der solche Kontakte regelt, betrachtet werden, waren von besonderem Interesse und legten eine systematischere Untersuchung nahe.

In dieser Untersuchung richtete sich mein Blick nicht auf Fragen, die Moralphilosophen am Herzen liegen, nämlich ob es die Vernunft war – Vernunft in Abhängigkeit von individuellem Bedürfnis, religiösen Vorschriften, Rollenbindungen – oder eine Konvention, gegen die durch ein Zuwiderhandeln jeweils verstoßen wurde. Ebensowenig beschäftigten mich die religiösen Grundlagen der Moral, die für die Beziehungen zwischen Hindus und Muslimen galt: was zum Beispiel der Koran sagt über die verschiedenen Interaktionen eines Muslims mit denjenigen, die nicht seines Glaubens sind. Mein Ziel war vielmehr zu verstehen, auf welche Weise die Menschen diese Interaktionen erlebten, und die dem zugrundeliegenden psychologischen Prozesse zu erfassen.

Aus den vorausgehenden Interviews war ersichtlich, daß bei diesen Interaktionen zwei Arten unterschieden werden mußten:

solche, die das normale Leben in «Friedenszeiten» betrafen,
und solche, die während eines Aufruhrs stattfanden. Sowohl
bei Hindus wie bei Muslimen wichen die Interaktionen zu Unruhezeiten grundlegend von dem Kodex ab, der ihre Handlungen in normalen Zeiten bestimmte. Es gibt jedoch, wie wir
später sehen werden, trotzdem einige wenige Handlungen, die
unabhängig vom zeitlichen Kontext auf beiden Seiten moralische Verurteilung finden. Diese Verpflichtungen werden als
universell bindend betrachtet. Auch innerhalb der kontextab-
hängigen Verpflichtungen gibt es Interaktionen, die man als
bindend für die eigene Gruppe, doch nicht für andere empfindet; sie werden als eindeutiger Ausdruck der moralischen
Qualitäten, der Einzigartigkeit der Gruppe und ihrer Traditionen aufgefaßt. Diese Verpflichtungen werden als objektiv
und moralisch, doch nicht als allgemein bindend empfunden.
Ein Zuwiderhandeln wird gewöhnlich mit dem Ausspruch
«Ein guter Muslim (bzw. Hindu) tut so etwas nicht» kom-
mentiert, was impliziert, daß der böse Andere so etwas
durchaus tun kann.

Die Methode, die ich hier anwende, wurde von dem Anthropologen Richard Shweder entwickelt, der in einer Reihe
von Studien die Moralvorstellungen von Kindern und Erwachsenen in Indien und den Vereinigten Staaten untersucht
hat, und auf dieser Grundlage habe ich versucht, die von erwachsenen Hindus und Muslimen abgegebenen Bewertungen
von neunzehn Verhaltensmustern bei Interaktionen zwischen
Hindus und Muslimen mit Hilfe des sogenannten «Morality-
Interviews» genauer zu untersuchen.[8] Die ersten zwölf Fälle
stellen unterschiedliche Interaktionen zu normalen Zeiten dar,
während die letzten sieben Fälle jeweils Interaktionen während eines Aufruhrs beschreiben. Beispiele für normale Interaktionen sind: «Ein Muslim vermietet sein Haus an einen
Hindu»; «Ein Muslimmädchen heiratet einen Hindujungen.»
Beispiele für Interaktionen zu Zeiten von Unruhen sind: «Ein
paar Muslime vergewaltigen ein Hindumädchen»; «Einige
Muslime plündern Hindu-Läden». Weitere Interview-Fragen
zielen darauf ab herauszufinden, für wie gravierend der Be-

fragte eine Normverletzung hält und welche Sanktionen sie seines Erachtens nach sich ziehen sollte.

Bevor ich auf die Ergebnisse der Interviews näher eingehe, noch eine warnende Vorbemerkung: Die Interaktionen zwischen Hindus und Muslimen waren auch während der freier geführten Gespräche – teilweise mit demselben Gegenüber – zur Sprache gekommen. Ich hatte den Eindruck, daß dieselben Personen in der Situation eines strukturierten Interviews, nämlich unter Verwendung eines Fragenbogens, auf einmal «moralischer» waren als bei dem unstrukturierten Setting, bei dem sie heftige Empfindungen ungenierter zum Ausdruck brachten. Die «Fragebogen-Moral» tendiert vielleicht stärker zum Konservativen als die tatsächlich gelebte Moral.

Die unter den Muslimen von Karwan ausgewählte Personengruppe bestand aus zehn Männern und zehn Frauen. Die Frauen lagen im Alter zwischen achtzehn und fünfzig, und alle außer der jüngsten waren Analphabetinnen. Bei den Männern reichte die Altersspanne von neunzehn bis fünfundsiebzig. Einige der Männer hatten ein paar Jahre Schule durchlaufen, aber keiner hatte die Oberschule abgeschlossen. Ein Drittel von ihnen war arbeitslos, während andere in schlecht bezahlten Stellungen als Gelegenheitsarbeiter, Gemüseverkäufer und Autorikschafahrer arbeiteten.

Bevor ich auf die von den Muslimen abgegebenen Moralurteile eingehe, sind noch zwei generelle Anmerkungen zu machen. Erstens daß die Vorstellung von Konvention – die Vorstellung, daß die nicht gebilligten Interaktionen mit Hindus auf einem Konsensus innerhalb der Gemeinschaft beruhen könnten und relativ und veränderlich sind – beinahe vollkommen fehlt. Wenn einmal eine Verhaltensweise als Normverletzung gesehen wird, wird sie in der Regel absolut als Sünde betrachtet, und es ist gleichgültig, ob die entsprechende Tat im geheimen oder offen geschieht oder ob sie anderswo erlaubt ist. Diese Interaktionen werden meist – außer wo es um den Glauben geht – als Teil einer Moralordnung aufgefaßt, die kategorisch, zwingend und für alle Muslime bindend

ist. Zum zweiten geht dieser Moralkodex, schließt man sich
der von Dworkin getroffenen Unterscheidung an, von der
Pflicht aus und nicht von Rechten, die man hat, und auch
nicht davon, welchem Ziel etwas dient.[9] Das heißt, eine
Pflicht wie «Gehorsam gegenüber Allahs Wille, wie er sich im
Koran ausdrückt», wird für grundlegend erachtet, und man
gibt ihr Vorrang vor einem Recht wie «dem Recht des einzelnen auf freie Wahl» oder vor einem Ziel wie «der Förderung
des Gemeinwohls». Die Moralgrundsätze beruhen auf Tradition oder festem Brauch, sie stehen in engem Bezug zu den
Vorfahren und der mündlich überlieferten Geschichte der
Gruppe. Jeder Verstoß gegen die Moral ist begleitet von Ängsten, es könnte etwas Unerwartetes passieren, und von der
Furcht vor narzißtischen Verletzungen wie dem Ausschluß
aus der Gruppe und dem Verlust eines vorgestellten Verbun-
denseins mit den anderen Gruppenangehörigen.

Übereinstimmung – d.h. übereinstimmende Richtig-/Falsch-
Urteile von mindestens 75 Prozent der ausgewählten Personengruppe – bestand bei folgenden Statements:

Erlaubte Interaktionen
Zu normalen Zeiten:
Hindu-Freunde haben.
Mit Hindus essen.
Mit Hindus in einer Fabrik arbeiten.
Die Gita [hinduist. Schriften] von einem Pandit
[Schriftkundiger] lernen.
Einen Hindujungen verprügeln, weil er einem
Muslimmädchen nachgepfiffen hat.
Einen Hindu verprügeln, der sich über Allah lustig macht.

Während Unruhen:
Einem Hindu Unterschlupf gewähren.

Unerlaubte Interaktionen
Zu normalen Zeiten:
Daß ein Muslimmädchen mit einem Hindujungen ins
Kino geht.

Daß ein Muslimmädchen mit einem Hindujungen
durchbrennt.
Eine tote Kuh in einen Tempel werfen.

Während Unruhen:
Ein Hindumädchen vergewaltigen.
Eine Hindufrau töten.

Betrachten wir zunächst die Interaktionen, die nach allgemeiner Übereinstimmung als moralisch falsch angesehen werden.
Zu normalen Zeiten löst die Vorstellung, daß ein Muslimmädchen mit einem Hindujungen ins Kino geht, die stärksten Reaktionen aus. Dies ist nicht nur eine gravierende Verletzung des Moralkodex, sondern eindeutig eine Sünde.
«Neulich haben wir so ein Paar verprügelt», sagt ein neun-
zehnjähriger junger Mann. «Wir haben sie drei Tage lang beobachtet und sind ihnen dann zum Kino nachgegangen. Ich
schlug das Mädchen und informierte ihren Bruder. Er war
nahe davor, sich zu vergiften und zu sterben, da er die Schande nicht ertragen konnte, daß seine Schwester mit einem Jungen von denen (den Hindus) erwischt wurde.» Fast ein Drittel
der Befragten sähen das Mädchen am liebsten mit dem Tod
bestraft und erwarten von den Eltern, daß sie es stillschwei-
gend vergiften, es lebendig begraben oder sich selbst umbringen. Die Entrüstung, die hier so heftig geäußert wird, wird
freilich in der Regel kontrollierter sein, wenn es zu konkreten
Handlungen kommt. Dann kann man eher eine Schlägerei als
einen Mord erwarten, verletzende Worte schon, wohl selten
aber ein hitziges Zustechen mit dem Messer.
  Die jüngeren Muslimfrauen, von denen ich erwartet hätte,
sie würden sich stärker mit dem Mädchen identifizieren, sind
sich mit den Männern darin einig, daß sie die Handlung als
schwere Sünde ansehen. Sie sind jedoch bei der als angemes-
sen ins Auge gefaßten Bestrafung viel weniger drastisch. Die
meisten geben sich damit zufrieden, dem Mädchen gehörige
Prügel zu geben, und ein paar empfehlen, das Mädchen gegen
seinen Willen zu verheiraten. Die beiden einzigen Personen,

die dieses Verhalten nicht als Sünde betrachten, obwohl es für sie immer noch ein schwerwiegendes Vergehen darstellt, sind Frauen.

Welcher kulturspezifische Aspekt des Moralkodex ist hier im Spiel, aufgrund dessen ein Muslimmädchen, das mit einem Hindujungen ins Kino geht, derartigen Zorn auf sich zieht? An oberster Stelle steht hierbei die Vorstellung, daß eine Familie kein Verband von Individuen ist, sondern ein strukturiertes Gebilde, in dem jeder unterschiedlich definierte Rollen und Verpflichtungen hat. Dieses Gebilde wiederum ist Teil eines größeren Ganzen, dem es untergeordnet ist: der Muslimgemeinschaft. Wenn ein muslimisches Mädchen ins Kino geht, so ist das nicht Angelegenheit einer Einzelperson, sondern damit geht das Mädchen eine ganz bestimmte Art von Beziehung mit dem anderen *qaum* [der anderen Gemeinschaft; Anm. d. Ü.] ein, die eine tödliche Beleidigung für die Muslimgemeinschaft darstellt. Und doch läßt die Grausamkeit der Bestrafung, die man sich dafür ausdenkt, den Verdacht aufkommen, daß dabei auch unbewußte Phantasien eine Rolle spielen, die zum Beispiel im Falle eines Muslimmädchens, das mit einem Hindujungen von zu Hause ausreißt, nicht da sind. Einem außenstehenden Beobachter mit anderem Moralkodex erschiene das letztere als eine weit schwerwiegendere Angelegenheit. Obwohl es als Sünde betrachtet wird, mit einem Jungen von zu Hause auszureißen, ist die Bestrafung dafür nicht so streng. Das Mädchen sollte des Hauses verwiesen werden und für die Gemeinschaft gestorben sein – dies ist der Tenor unter den um ihre Meinung Befragten, wie mit dieser «Sünde» verfahren werden sollte. Meine Vermutung ist, daß das gemeinsame Ins-Kino-Gehen Bilder wachruft von erregtem, hastigem Einanderbegrapschen im Dunkel des Kinofoyers, Phantasien verbotener, unstatthafter Sexualität, die sich zwischen dem Pärchen abspielt, während das Ausreißen von zu Hause den Sexualverkehr akzeptabler macht, da er durch Heirat legitimiert wird. Das Mädchen, das einen Hindu geheiratet hat, steht damit außerhalb der Gemeinschaft, ist gestorben für den muslimischen *qaum*. Das Mädchen, das ins

Kino gegangen ist, ist dagegen noch Teil der Gemeinschaft, ein Geschwür, das aufgestochen werden muß.

Eine tote Kuh in einen Tempel zu werfen ist die einzige Verfehlung, die nicht als Sünde, sondern als geringfügigeres Vergehen eingestuft wird. Es ist unrecht, weil es die religiösen Gefühle von Hindus verletzt und, rationaler betrachtet, zum Ausbruch von Unruhen führen kann. Manche würden sich damit zufrieden geben, dem Missetäter sein falsches Handeln vor Augen zu halten, während andere in Erwägung zögen, ihn der Polizei zu übergeben.

Die beiden zu Unruhezeiten vorkommenden Gewaltakte, die übereinstimmend verurteilt werden, haben jeweils mit Hindufrauen zu tun, nämlich Vergewaltigung und Mord an ihnen, wohingegen keine Übereinstimmung herrscht, wie das Töten von Männern sowie Plünderung und Brandstiftung moralisch einzustufen ist. Doch obgleich sowohl Vergewaltigung als auch das Töten von Frauen als Sünde betrachtet wird, ist da ein Zögern, ja fast ein Widerstreben, wenn es darum geht, sich über die Bestrafung der Schuldigen zu äußern. Was hier in den Vordergrund rückt, ist der Konflikt zwischen den als solchen erkannten Interessen der Gemeinschaft und ihrem Moralkodex. «Die Männer, die vergewaltigt und gemordet haben, sind unsere eigenen. Wer wird uns beschützen, wenn sie streng bestraft oder an die Polizei ausgeliefert werden?» So wird das Dilemma zum Ausdruck gebracht. Die empfohlenen Strafen reichen von «den Schuldigen belehren», «es Allah überlassen», «das Gesetz seinen Lauf nehmen lassen», bis «die Männer der Polizei übergeben».

Im Fall von Vergewaltigung besteht kein Unterschied zwischen Männern und Frauen, sowohl was die Einschätzung der Tat als auch was die Bestrafung der Übeltäter betrifft. Von den beiden innerhalb des befragten Personenkreises, die für die härtesten Strafen sind – Kastration und Töten des Mannes – ist einer ein Mann und die andere eine Frau. Während eines Aufruhrs, einer Zeit, wo das Überleben des einzelnen und der gesamten Gemeinschaft gefährdet ist, wiegt die Identifikation mit der Gemeinschaft schwerer als alle anderen Identifikationen, einschließlich der Identifikation mit dem eigenen Geschlecht.

Das Töten und die Vergewaltigung von Hindufrauen ist Sünde, weil beides im Islam verboten ist. Präziser gefaßt ist dies in der Auffassung von islamischer Ritterlichkeit, wonach ein zwischen Hindus und Muslimen ausgetragener Konflikt als Schlacht gesehen wird, die sich ausschließlich zwischen Männern abspielt und wo es um die Verteidigung der Ehre ihres jeweiligen *qaums* geht. Frauen sind am Kampf nicht beteiligt. Schwach und verletzlich wie sie sind, haben sie Anspruch auf Schutz, sogar von seiten der Männer des feindlichen Lagers.

Doch die Begründung dafür, warum die Vergewaltigung einer Hindufrau Sünde ist, hält einige Überraschungsmomente bereit: Der siebenundfünfzig Jahre alte Mann betrachtet Vergewaltigung als Sünde, weil eine Hindufrau *haram* sei, d.h. dem Muslim verboten ist wie das Essen von Schweinefleisch oder das Fleisch von Tieren, die nicht in rituell korrekter Form geschlachtet wurden. Die Vergewaltigung einer Muslimfrau sei dagegen keine Sünde, weil sie ja *halal* sei. Diese Betrachtungsweise findet sich auch bei einem anderen, viel jüngeren Mann, der mit Entsetzen auf die Vorstellung reagiert, eine Hindufrau zu vergewaltigen und damit in die unreinen und unrein machenden inneren Regionen des Körpers einer Ungläubigen einzudringen. In diesen beiden Fällen stellt Vergewaltigung keine Verletzung eines Moralkodex dar, der verbietet, einer anderen Person etwas zuleide zu tun, sondern hier wird ein Kodex gebrochen, der die Wahrung der eigenen Heiligkeit verfügt.

Wenden wir uns den erlaubten Interaktionen zu normalen Zeiten zu: Es ist dann kein Problem, Hindus als Freunde zu haben. Drei Personen bezweifeln dies, alle drei sind Frauen: Sie glauben, daß solche Freundschaften nach den Unruhen in den letzten zehn Jahren nicht mehr möglich sind. Sie mißtrauen den Hindus: «Hindus sind nach außen hin nett und freundlich, doch tragen sie Gift im Herzen.»

Bei Hindus zu essen ist ebenfalls in Ordnung – mit einem einzigen Vorbehalt: Es könnte dabei passieren, daß ein Muslim, da Hindus ja Dinge essen, die *haram* sind, versehentlich etwas zu sich nimmt, was ihm von seiner Religion her verboten ist.

Mit Hindus in einer Fabrik zu arbeiten stellt kein Problem dar. Hierbei geht es um die Arbeit, das Überleben, um eine Sache, die kein einzelnes Individuum, ja nicht einmal die Gemeinschaft in der Hand hat.

Sich in den hinduistischen Schriften von einem Hindupriester unterweisen zu lassen, ist ebenfalls nicht falsch. Auch in der Gita sei die Stimme Gottes zu vernehmen, also sei es nicht falsch, diese Stimme zu hören, argumentiert einer der Befragten. Es bedeute doch, ein Wissen zu erwerben, das Allah wohlgefällig sei, meint ein anderer. Es schade nichts, wenn jemand das tue, sagt ein dritter, schließlich bleibe ein Muslim ein Muslim. Die wenigen Gegenstimmen bringen die Angst zum Ausdruck, es könnte sich zersetzend auf den Glauben eines Muslims auswirken, wenn er sich dem Unglauben (*kufar*) aussetzt.

Ich muß zugeben, daß es mich leicht erstaunte, eine solche Toleranz in Glaubensdingen anzutreffen, und es machte mir wieder bewußt, daß ich nicht unterschätzen durfte, welchen Eindruck die aus meiner Kindheit stammenden, von den Hindus entworfenen Bilder vom Muslim als einem religiösen Fanatiker in mir hinterlassen hatten. Dies trifft besonders zu, wenn wir uns jetzt der Meinungsverschiedenheit zuwenden, die über die Frage entstanden ist, wie es zu sehen ist, wenn ein Muslim konvertiert und Hindu wird, eine Handlung, von der ich erwartet hatte, sie werde in Bausch und Bogen als falsch und sündhaft verdammt. Doch auch denen, die solches Tun verurteilen, widerstrebt es, den Sünder zu bestrafen. Andere betrachten eine solche Konversion als eine Sache der eigenen freien Wahl. Natürlich läßt eine derartige Handlung niemanden gleichgültig. Sie bedeutet einen Affront gegen die Muslimgemeinschaft, erfordert aber nicht deren Eingreifen. Ironischerweise ist «religiöser Fanatismus» im religiösen Bereich, bei Interaktionen auf Glaubensebene, weit weniger verbreitet als man meinen möchte, weniger als in jedem anderen Bereich sozialer Kommunikation mit den Hindus. Der ansonsten auf der Pflicht beruhende Moralkodex ist hier vorübergehend außer Kraft gesetzt, da das Recht des einzelnen auf freie Wahl Priorität hat vor der Pflicht.

Hindujungen zusammenzuschlagen, weil sie einem Muslimmädchen nachgepfiffen haben oder weil sie sich über Allah lustig gemacht haben, ist eine Vergeltungsaktion für eine eindeutige Beleidigung der kollektiven Ehre und findet übereinstimmende Billigung. Die Modifikationen sind unbedeutend. Im einen Fall, so meint ein Mann, solle man die Sache zuerst erklären und dann erst zuschlagen, während ein anderer das Nachpfeifen ohne Strafe durchgehen lassen würde, wenn das Mädchen ohne Schleier ausgegangen ist, weil sie dadurch diese unerwünschte Aufmerksamkeit von männlicher Seite herausgefordert hat. Im anderen Fall plädieren ein paar der Befragten für Nachsicht angesichts dieser Dummheit. Die meisten jedoch finden drastische Vergeltungsmaßnahmen völlig in Ordnung, wie auch im Fall von Salman Rushdie, der als Beispiel von zwei der Befragten ausdrücklich angeführt wurde.

Während Unruhezeiten ist die einzige übereinstimmend gebilligte Aktion die, einem Hindu Unterschlupf zu gewähren. Dies wird als religiöse Pflicht gegenüber Allah gesehen. Es ist eine Pflicht, die nicht abhängt von den persönlichen Gefühlen, die man für Hindus im allgemeinen hegt oder für diejenige Person im besonderen, die gerade Zuflucht sucht. Es ist ein Ausdruck von Barmherzigkeit und Mitgefühl, die im Herzen eines guten Muslim zu finden sind, und wird vom Islam zur Pflicht gemacht.

Im Falle von mehreren signifikanten Handlungen herrschte keine Übereinstimmung bei den zwanzig befragten Muslimen. Die Frage, ob zu normalen Zeiten ein Haus an einen Hindu vermietet werden könne, wurde unterschiedlich beantwortet. Diejenigen, die mit Nein antworteten, argumentierten damit, daß es für Muslime eine Verunreinigung bedeute, wenn mitten unter ihnen ein Hindu lebe. Hindus würden die Böden und Wände mit Kuhdung einstreichen, Schweinefleisch essen, ihre *puja* praktizieren, wo vorher *ibadat* vollzogen wurde. Ein paar sind heftiger in ihren Reaktionen: «Meine Mutter hat gesagt, wer einem Hindu Almosen gibt, dessen Hand wird brennen am Tag des letzten Gerichts.» Es ist keine Sünde, aber doch ein Fehler, den man vermeiden sollte. Die mit Ja geantwortet haben, stehen auf dem Standpunkt, daß nicht alle Hindus böse sind und daß nichts Verkehrtes daran ist, das eigene Haus an einen guten Hindu zu vermieten.

Keine übereinstimmende Meinung herrschte auch in bezug auf mehrere andere Handlungen, die bei Unruhen vorkommen: Das Haus eines Hindus in Brand zu setzen wird von den einen als Fehlverhalten, jedoch nicht als gröberer Verstoß gegen die geltende Moral betrachtet. Während eines Aufruhrs stellt es ein kleineres Vergehen dar, und die Täter sollten zurechtgewiesen werden. Die anderen, die diese Brandstiftung billigen, sehen es als etwas, was sich während eines Aufruhrs gar nicht vermeiden läßt.

Dieselben Pro- und Contra-Argumente wie bei Brandstiftung tauchen auch im Fall von Plünderung der Läden von Hindus auf.

Das Töten eines männlichen Hindus während eines Aufruhrs beurteilen die Befragten unterschiedlich, und zwar Männer wie Frauen gleichermaßen. Diejenigen, die dies als Sünde ansehen, heißen aber deswegen noch nicht eine Bestrafung von seiten der Gemeinschaft für gut. Ein paar sind nur dafür, wenn es sich um einen Vergeltungsakt handelt. Andere, die daran nichts falsch finden können, wenn man einen Hindu in einem Aufruhr tötet, vergleichen die Situation mit Kriegszeiten, wenn Töten und Getötetwerden doch auch an der Tagesordnung sei.

Die Moral bei den Hindus

Bei den Hindus aus Pardiwada setzte sich der befragte Personenkreis aus zehn Männern und zehn Frauen zusammen. Die Altersspanne reichte bei den Männern von zweiundzwanzig bis fünfundvierzig, mit einem Durchschnittsalter von dreißig, die Frauen waren zwanzig bis neunundfünfzig Jahre alt, mit einem Durchschnittsalter von fünfunddreißig. Die Hindufrauen hatten wie die muslimischen Frauen keinerlei Schulbildung, wohingegen die Männer bei den Hindus besser ausgebildet waren als die ausgewählten Muslime: Sie waren im Durchschnitt sieben Jahre in die Schule gegangen. In finanzieller Hinsicht ging es den Pardis auch sichtlich besser als den Muslimen aus Karwan. Die meisten Männer waren Obstverkäufer, und zwei verdienten sich ihren Lebensunterhalt mit Motorrikschafahren.

Bevor ich darauf eingehe, wie die Hindus in jedem Einzelfall antworteten, in dem jeweils ein bestimmtes Verhalten zur Debatte stand, muß ich auf etwas zu sprechen kommen, was mir generell aufgefallen ist. Im Vergleich zu den Muslimen relativierten die befragten Hindus viel stärker und argumentierten kontextbezogener, wenn sie ein Verhalten als Verstoß gegen die Moral beurteilen sollten und waren lässiger, wenn es darum ging, Strafen für von ihnen als falsch eingestuftes Verhalten ins Auge zu fassen. Unabhängig von Alter und Geschlecht war eine immer wieder zu hörende Antwort: «Es kommt darauf an», und der Betreffende mußte erst wieder dazu gebracht werden, mit dem Standardinterview fortzufahren.

In den Fällen, in denen es nicht um Interaktionen mit Muslimen zu normalen Zeiten oder während Unruhen ging, gegen die von vornherein eindeutig kein Einwand bestand, waren die Antworten fast immer so formuliert, daß ein bestimmter Kontext – zeitlicher oder räumlicher Art – den Rahmen abgab. Typische Formulierungen, in denen zum Ausdruck kam, daß es vom zeitlichen Rahmen abhing, ob eine Interaktion moralisch vertretbar war oder nicht, waren: «Dies war unrecht, als andere Zeiten herrschten, aber im Augenblick ist es nicht unrecht.» Mit den «anderen Zeiten» wird auf ein vergangenes goldenes Zeitalter individueller und kollektiver Moral im Gegensatz zu dem heutigen verderbten Kali-yuga angespielt. Der Betreffende kann auf diese Weise überzeugend darlegen, daß eine Handlung unrecht ist zu einer Zeit, die im Lot ist, jedoch richtig zu einer Zeit, die aus den Fugen ist. In ähnlicher Weise scheint der demographische Raum in enger Beziehung zu stehen zu den abgegebenen Moralurteilen, und man bekam oft zu hören, daß Verprügeln eines Muslims, Brandstiftung und Plünderung von muslimischen Läden unrecht waren, wenn man in einem *mohalla* mit muslimischer Mehrheit wohnte, jedoch richtig, wenn man in einer überwiegend von Hindus bewohnten Gegend lebte. Dies scheint weniger mit Moral zu tun zu haben als vielmehr mit Vorsicht und Zweckdenken, außer man will dahinter ein Eintreten für eine auf Zweckdenken basierende Moral sehen. Als Folge dieser kontextbezogenen Haltung fehlen verständlicherweise für unrechtes Handeln in Erwägung gezogene Strafen durch die Gemeinschaft entweder ganz oder fallen lasch und weniger emotional und selbstgerecht aus als die entsprechenden Sanktionen bei den Muslimen denen gegenüber, die dem Moralkodex der Gemeinschaft zuwidergehandelt haben.

Der Grund für diesen auffallenden Unterschied zwischen Hindus und Muslimen mag in der Religion liegen. Daß Fragen der Moral unterschiedlich angegangen werden, kann als Folge des Unterschieds zwischen einer humanistischen und einer autoritären Religion (eine Unterscheidung, die E. Fromm trifft) oder zwischen einer auf Geboten basierenden und einer prophetischen Religion (G. Obeyesekere) gesehen werden.[10] Betrachtet man die Sache eher unter kulturellem Vorzeichen, wie ich dies an anderer Stelle getan habe, so hängt die Richtigkeit oder Falschheit einer Handlung in der philosophischen und ethischen Tradition der Hindus von dem *desa*, der Kultur in die das jeweilige Individuum hineingeboren ist, von dem *kala*, der geschichtlichen Epoche, in der jemand lebt, von dem *shama*, den Anstrengungen, die ihm in unterschiedlichen Lebensstadien abverlangt werden, und von den *gunas*, den angeborenen psychobiologischen Charakterzügen, die sein Erbe aus früheren Leben sind.[11] «Recht» und «unrecht» sind relativ; als klare Unterscheidungen können sie sich erst aus der Gesamtkonfiguration der vier Handlungskoordinaten ergeben.

Wie Hindus moralische Urteile treffen, ist vielleicht zum
Teil in einer grundlegenden hinduistischen Denkweise begründet, die der Dichter und Sprachwissenschaftler A. K.
Ramanujan als «kontextsensitiv» bezeichnet hat.[12] Hindus
erscheinen, laut Ramanujan, eher die Normen als die idealen,
die kontextgebunden und nicht kontextfrei sind. Dies gilt sowohl für die Medizin, wo der Kontext entscheidend ist für die
Diagnose, für die Verordnung und Herstellung pflanzlicher
Arzneien, als auch in der Musik, wo die Ragas ihre vorgeschriebene und ihnen angemessene Zeit haben, ja die Kon-
textsensitivität greift sogar auf Raum und Zeit über, auf die
universellen Zusammenhänge, die Kantischen Imperative, die
in Indien ebenfalls nicht einheitlich und kontextneutral sind.
Jedes Moralprinzip hat somit mehrere Ausnahmen, jede dieser Ergänzungen macht Abstriche an irgendeinem universellen
Gesetz, so daß man nur dann auf Universelles zurückkommt,
wenn kein Kontext oder keine Bedingung paßt (was selten
ist). Doch bevor ich mich jetzt vollständig in religiös-geistes-
geschichtlichen Erklärungen verliere, was ich verlockend finde, sollten wir uns daran erinnern, daß die Pardis in ihren
moralischen Urteilen doch nicht absolut kontextgebunden
sind. Vergewaltigung oder Töten einer Muslimin wird eindeutig als Sünde verurteilt, ohne daß daran irgendwelche kon-
textuellen Erwägungen etwas ändern könnten. Noch signifikanter als die Unterschiede zwischen dem hinduistischen und
dem muslimischen Moralverständnis erscheint mir die so ganz
ähnliche Reaktion, wenn es um die Verurteilung von Vergewaltigung und Töten von Frauen der anderen Gemeinschaft
geht: Auf beiden Seiten werden diese Handlungen definitiv als
Sünde eingestuft. Auf emotional neutralerer Ebene mißbilligen sie gleichermaßen auch Handlungen, die das religiöse
Empfinden der jeweils anderen Gemeinschaft verletzen. Äu-
ßerst ermutigend ist die Tatsache, daß diese Mißbilligung oft
in Worte gekleidet ist, die auf Empathie schließen lassen: «Sie
haben dieselben Gefühle wie wir, und wir hätten es auch
nicht gern, wenn man uns das antäte.» Daß diese Empathie
vorhanden ist – wenn auch in einem beschränkten Bereich –

zeigt, daß die Geschichte der Gewalt zwischen den beiden Volksgruppen (die aus Hindus und Muslimen Feinde gemacht hat, zumindest im Bauch der Stadt, wo die Armut wohnt) es noch nicht vermocht hat, den Feind zu entmenschlichen. Immer noch ist auf beiden Seiten Empathie da, die nicht zuläßt, daß ein Muslim in einem Hindu (bzw. umgekehrt) keinen Menschen mehr sieht, wodurch dieser in seinen Augen zu Recht Opfer jeder nur denkbaren Brutalität würde.[13]

Die Hindus sind, wie schon oben gesagt, viel lockerer in ihren Moralurteilen in bezug auf Interaktionen mit Mitgliedern der anderen Volksgruppe. Wenn ein Hindumädchen zu normalen Zeiten mit einem Muslimjungen durchbrennt, so wird dies zwar einhellig mißbilligt, jedoch nicht als Sünde betrachtet. Muslimische Freunde zu haben, bei Muslimen zu essen, mit ihnen zusammen zu arbeiten, das eigene Haus an einen Muslim zu vermieten, sich im Koran von einem muslimischen Geistlichen unterweisen zu lassen – all dies ist übereinstimmend gestattet, auch wenn manch einer Vorbehalte bezüglich eines solchen Verhaltens äußern mag. Meinungsunterschiede gibt es über das Konvertieren eines Hindus zum Islam, darüber, ob ein Hindumädchen einen Muslimjungen heiraten oder mit ihm ins Kino gehen darf. Beim letzteren, einer Handlung, die bei den befragten Muslimen auf so vehemente Mißbilligung stieß, sind die Meinungen geteilt. Diejenigen, die dagegen sind, raten davon ab, weil ein solches Verhalten zu einer gemischt-konfessionellen Ehe führen kann mit all den sich daraus ergebenden Problemen. Diejenigen, die nichts gegen das Verhalten des Mädchens einzuwenden haben – meistens Frauen –, sehen es als etwas, was in der heutigen Welt ständig geschieht, worüber man sich nicht unnötig aufzuregen braucht. Ob die größere Permissivität der Hindus bei Interaktionen mit der anderen Volksgruppe mit dem niedrigen Status der Pardis in der Kastenhierarchie zusammenhängt und ob Hindus höherer Kasten sich viel stärker von Muslimen abschirmen, wie es anekdotisches Beweismaterial nahezulegen scheint, ist eine Frage, die erst künftige empirische Untersuchungen klären können.

Wie bei den Muslimen wurden Vergewaltigung und Töten von Frauen der anderen Gruppe während eines Aufruhrs, und zwar vor allem das erstere, einhellig als Sünde verurteilt – die einzigen Handlungen, die Hindus dieser Rubrik zuordneten. In ähnlicher Weise wird es nicht als unrecht angesehen, Angehörigen der anderen Volksgruppe bei einem Aufruhr Unterschlupf zu gewähren, während die moralische Beurteilung anderer bei einem Aufruhr vorkommender Handlungen wie Brandstiftung, Plünderung und Töten von Männern nicht einheitlich ausfiel. Zwischen der «Aufruhr-Moral» der Hindus und der der Muslime herrscht also auffallende Übereinstimmung in inhaltlicher Hinsicht, nicht aber, was die emotionale Intensität betrifft, mit der diese Moral vertreten wird. In beiden Volksgruppen gelten die Gebote «Du sollst nicht töten... eine Frau!» und «Du sollst nicht vergewaltigen!», doch die moralische Entrüstung, die von einer Übertretung dieser Gebote ausgelöst wird, fällt – wie schon vorher die gefühlsmäßige Reaktion auf jegliche Verletzung des Moralkodex der Gemeinschaft – bei Muslimen heftiger aus als bei Hindus, und dies besonders in Fällen, wo es um eine Interaktion zwischen einer Muslimfrau und einem Hindumann geht, bei der Sexualität im Spiel ist. In solchen Situationen wird meiner Meinung nach die Vorstellung, die die Gemeinschaft von sich selber hat, mit der sexuellen Position der Frau, die hier eine eher unterwürfige ist, identifiziert: mit dem Bild des von einem Hindu Aufs-Kreuz-Gelegtwerdens – nicht in einem lustvollen, sondern in einem verächtlichen Sinne. Das Eindringen in das Andere, sei es eine Frau oder eine andere Gruppe, bedeutet Überlegenheit, Macht, Männlichkeit; ist man selber derjenige, in den eingedrungen wird, so heißt das, man ist unterlegen, schwach, feminin.

Ethnisch-religiöse Gewalt zwischen Gruppen ist demnach auch als ein Ringen um die Geschlechtszuordnung zu verstehen, als ein Mittel, um ausfindig zu machen, welche Gemeinschaft männlich und welche weiblich ist, begehrt das eine, verachtenswert das andere. Einer meiner Patienten, ein Hindu, gab die Gefühle von vielen wieder, als er in einer Sitzung während der Anti-Sikh-Unruhen von 1984 in Delhi äußerte: «Es geschieht ihnen ganz recht! Von diesen Schlappschwänzen führt sich doch jeder auf, als hätte er seinen Schwanz auf vollmast gesetzt!»

6.
Eine neue Hindu-Identität

Vor etwa fünfzehn Jahren, als das, was man heute als Nehrus Projekt eines modernen, säkularen Indiens bezeichnet, noch energisch vorangetrieben wurde und der Fundamentalismus nur hie und da als ferner Funke im Auge eines *imam* oder *mahant* aufglomm, hatte ich versucht, einen Blick in die Kristallkugel der Zukunft zu tun. Gegen Ende von *Kindheit und Gesellschaft in Indien* schrieb ich, daß in dem Maße, wie die Modernisierung voranschreitet, der einzelne zunehmend Aufnahme in Gruppen mit absoluten Wertesystemen und mit geringer Toleranz für Abweichungen von ihren Normen suchen wird:

> Während zunächst die Anziehungskraft dieser Gruppen auf Teile der Gesellschaft beschränkt bleiben mag, die anfälliger für den Druck des sozialen Wandels sind – zum Beispiel Jugendliche und die urbanisierten Klassen –, läßt sich ein immer weiter werdender Kreis der Betroffenen erwarten, wenn mehr und mehr Menschen in den Sog der Modernisierung geraten... Kurz, wir können eine zunehmende Destruktion des im Entstehen begriffenen Individualismus westlicher Art erwarten, wenn mehr und mehr Menschen sich in Kollektiven eingliedern, die den Verletzten, den Konfliktbeladenen und den Schiffbrüchigen Schutz versprechen.[1]

Wenn ich mich nun erneut jenen großen sozialen Formationen zuwende, in denen viele Inder ihre kulturelle Identität zu finden hoffen (ein Begriff, den ich dem soziologischeren Terminus «Ethnizität» vorziehe), dann nicht, weil ich eine traurige Befriedigung daraus ziehe, daß ich es ja schon immer gewußt habe, sondern weil ich psychologische Beobachtungen zu ei-

nem Fragenkomplex beitragen will, der gewöhnlich als Do-
mäne der Politologen und Gesellschaftskommentatoren gilt.
Um zunächst einmal Definitionsfragen aus der Welt zu schaffen: Unter kultureller Identität verstehe ich die Art und Weise,
wie eine Gruppe Erfahrungen mit Hilfe ihrer Mythen, Erinnerungen, Symbole, Rituale und Ideale grundlegend strukturiert.[2] Von der Gesellschaft geschaffen und von daher histori-
schem Wandel unterworfen, ist die kulturelle Identität nichts
Statisches, auch wenn sie einen entscheidenden Beitrag leistet,
um im Individuum das Gefühl von Identität mit sich selbst
und von Kontinuität in Raum und Zeit entstehen zu lassen.
Diese Definition paßt besonders auf die Hindutva-Bewegung
– von einigen als hinduistischer Fundamentalismus bezeichnet
–, der sich heutzutage eine große Zahl von Hindus anschließen, um dort ein Bewußtsein ihrer kulturellen Identität zu
finden. Wir sollten uns nochmals vor Augen halten, daß fundamentalistisch nicht gleichbedeutend mit traditionalistisch
ist. Wie in anderen Teilen der nichtwestlichen Welt ist die Erneuerungsbewegung oder der Fundamentalismus in Indien,
der hinduistische und der muslimische, ein Versuch, das Projekt der Moderne neu zu formulieren. Wie die entsprechenden
Bewegungen anderswo ist die Führung der Hindutva zum Beispiel nie traditionsverhaftet gewesen, sondern entschieden
modern, setzte sie sich doch aus Leuten zusammen, die westlich erzogen waren, dem aber den Rücken gekehrt hatten.[3]
Keshav Baliram Hedgewar, der Begründer der Rashtriya
Swayamsevak Sangh, der RSS, der zentralen Institution und
treibenden Kraft der hinduistischen Erneuerungsbewegung,
durchlief eine englische Schulausbildung und studierte dann
Medizin in Kalkutta. In seiner Jugend soll er angeblich das or-
thodoxe hinduistische Ritual als reichlich albern empfunden
haben. Sein Nachfolger Golwalkar war Sohn eines Staatsbe-
amten, schloß sein Biologiestudium an der Universität von
Benares mit dem *Master's degree* ab und war dort Dozent für
Zoologie, bevor er der RSS beitrat.[4]

Schatten der Trauer

Die Bilder von Verlust und Hilflosigkeit, wie sie uns heute allenthalben eine Vielzahl von Menschen bieten und wie wir sie zahlreichen literarischen und wissenschaftlichen Publikationen entnehmen können, die übernationale historische Umwälzungen thematisieren, lassen einen so schnell nicht los. Diese Bilder schaffen die düstere Grundstimmung, die Wissenschaftler häufig befällt, wenn sie über Zeiträume und Prozesse bedeutender Umbrüche in der Geschichte des Menschen nachdenken. Wenn Max Weber das Portrait des abendländischen, in der Tradition der Aufklärung stehenden Menschen zeichnet, so ist darauf ein Antlitz zu sehen, das einerseits strahlt angesichts des in Aussicht stehenden Triumphs der Vernunft, das aber andererseits auch von tiefen Schatten der Trauer geprägt ist. Auf Webers Bild sehen wir den modernen Menschen den Blick hoffnungsvoll, doch desillusioniert in eine Zukunft richten, die ihm weitaus mehr Einfluß über die Natur, die Gesellschaft und sein eigenes Geschick an die Hand gibt. Das Portrait zeigt aber auch die unverkennbare Trauer über die verlorengegangene Spontaneität und Unmittelbarkeit, die die gesellschaftlichen Formen und Symbole der jüdisch-christlichen Tradition hervorgebracht und garantiert hatten.

Wenn wir uns mit den anthropologischen, psychologischen und vor allem fiktionalen Darstellungen eines anderen kulturübergreifenden historischen Prozesses auseinandersetzen, der näher an der Gegenwart liegt, des Modernisierungsprozesses der nichtwestlichen Welt nämlich, so begegnet uns auch hier das Gespenst der Depression: an einer großen Festtafel sitzend, die für die schon sehnsüchtig erwarteten Teller mit wirtschaftlicher Entwicklung und den Früchten der Industrialisierung gedeckt ist. Zunächst möchte ich also die sozialpsychologischen Prozesse in groben Zügen skizzieren, die sich als Folge der Modernisierung ergeben und die meines Erachtens das Fundament sind, auf dem das Gebäude der neuen kulturellen Identität der Hindus und Muslime sowie anderer Gruppen in Indien errichtet wird. Diese Prozesse sind natürlich nicht nur auf Indien beschränkt, sondern verlaufen ähnlich in fast der gesamten nichtwestlichen Welt.

Zunächst einmal bringt die Abwanderung, die im Zuge des Modernisierungsprozesses stattfindet, es mit sich, daß Familien zerrissen werden und vertraute Nachbarschaft und ökologische Nischen verlorengehen. Die schmerzlichen Verlustgefühle und die jeweiligen Rückzugsstadien, die bei denen zu beobachten sind, die alten Bindungen nachtrauern und der Schaffung neuer skeptisch gegenüberstehen, werden von Psychologen beschrieben und von Romanautoren dargestellt. Diese Tendenzen sind nicht nur von Nachteil für den einzelnen, sondern verhindern zudem, daß sich neue soziale Strukturen und gesellschaftliche Formen herausbilden, wodurch das Gemeinschaftsleben viel von seiner Vitalität einbüßt und damit auch die Kraft, dem Gefühl von Hilflosigkeit entgegenzuwirken.[5]

Mit zunehmender Globalisierung macht die Migration nicht mehr an den Staatsgrenzen halt. Die Globalisierung hat auch Einfluß auf die traditionelle Gruppensolidarität und die etablierten Beziehungen zwischen verschiedenen Gruppen, sei es nun in Cochin oder in Moradabad. Die wechselnde Nachfrage nach bestimmten Waren und Arbeitskräften auf den Weltmärkten hat rasche und verwirrende Veränderungen in der jeweiligen gesellschaftlichen Stellung vieler Gruppen zur Folge. Während die Verdienstmöglichkeiten mancher Gruppen durch ihren Zugang zu den internationalen Märkten für Güter, Dienstleistungen und Arbeitskraft enorm steigen (und sie daher auch einen höheren sozialen Status beanspruchen), verarmen andere in ebenso dramatischer Weise, so daß viele sich gezwungen sehen, aus ihren angestammten geographischen und kulturellen Nischen abzuwandern.

Die großräumigen Binnenwanderungen wiederum führen dann zu Übervölkerung in städtischen Ballungsgebieten, vor allem in den wildwuchernden Hüttensiedlungen und Slums, denen permanent etwas Provisorisches anhaftet. Einerseits läßt es sich nicht leugnen, daß städtische Slums, wie furchtbar sie sich auch für zartbesaitete Mittelständler ausnehmen mögen, für die Armen doch zumindest die Hoffnung bieten, so vielleicht der erdrückenden wirtschaftlichen Misere und der relativ starken, im starren Kastensystem begründeten Diskriminierung und den Ungerechtigkeiten, denen sie in der ländlichen Gesellschaft ausgesetzt sind, zu entrinnen. Andererseits fehlen die kulturellen Normen, die dem einzelnen sagen, wie er mit relativ Fremden umgehen soll, deren Verhaltenskodes nicht so leicht zu entschlüsseln sind, da diese so ganz anders sind als in den vorhersehbaren, ritualisierten Interaktionen in den Gemeinden der Dörfer oder kleinen Städte, die er hinter sich gelassen hat, und dies läßt jeden ständig auf der Hut sein. Man ist permanent in einem Zustand psychischer Mobilmachung und nervöser Übererregung.

Hinzu kommt, daß das Selbstwertgefühl leidet, wenn traditionelle Rollen und Fertigkeiten mit fortschreitender Modernisierung derart schnell überholt sind, so daß es sein kann, daß bei denen, die sich gleichzeitig mit einem Verlust ihrer Verdienstmöglichkeiten, ihres Sozialstatus und ihrer beruflichen Identität konfrontiert sehen, die Selbstachtung vollends erschüttert ist. Bei den Betroffenen und ihren Familien, besonders den Kindern, bricht dann das Vertrauen in die Stabilität der etablierten Ordnung und der Welt überhaupt völlig zusammen. Was sich statt dessen bedrohlich abzeichnet, ist das Gespenst einer Zukunft, die nicht nur undurchschaubar ist, sondern alle Zielsetzungen als hoffnungslos gefährdet erscheinen läßt.

Verlustgefühle stellen sich aber auch mit dem Verlust überkommener Ideale und Werte ein. Verglichen etwa mit dem, was viele als eine traditionell gesunde Erotik erachten, ist die Moderne unter dem beherrschenden Einfluß populärer Filme, von Fernsehen und aktuellen Moden sowie der nicht mehr existierenden Geschlechtertrennung an Schulen, Universitäten und am Arbeitsplatz in sexueller Hinsicht dekadent. «Die Menschen haben ihre *brahmacharya* (Keuschheit) verloren, ihr Charakter hat Schaden genommen, und jeder ist schlechten Gewohnheiten verfallen. Wenn man seine Libido nicht

beherrscht, ist Reinheit nicht möglich.»[6] Nachdem die Werte
der Aufklärung – allumfassende Gleichheit, Freiheit und Brü-
derlichkeit, der Vorrang der Ratio und der moralischen
Selbstbestimmung des Individuums – im Verlauf der politischen Umstürze in der nichtwestlichen Welt erst einmal Ausdruck gefunden hatten, wurden sie zu einem weltweiten Vermächtnis und gewannen unweigerlich die Oberhand, wenn sie
mit den Normen und Werten der Regionalkultur kollidierten.
Mögen manche postmodernen westlichen Intellektuellen auch
desillusioniert sein über die aufklärerische Denkungsart, so
konstituieren diese Werte doch noch immer eine Weltan-
schauung, die allgemein als die am meisten in Bewegung set-
zende und den stärksten Wandel bewirkende in der Geschichte des Menschen gilt und die ein Zurück zu vormodernen
Vorstellungen völlig unmöglich macht.[7] Die Aufklärung hat
allerdings auch eine dunkle Seite: Das Projekt der Moderne ist
selbst voll der Ungerechtigkeiten, der Repressionen und der
unbrüderlichen Zwiste. Also wird zwangsläufig den Werten
einer verlorenen – und im nachhinein idealisierten – Welt
nachgetrauert, wenn in der schönen neuen Welt ein Fort-
schritt sich als schreiende Ungerechtigkeit erweist, wenn ra-
tionales Handeln zu Egoismus verkommt und nur noch eigene
Interessen verfolgt werden und wenn Individualismus zu un-
gezügelter Habgier führt.

Geheime Wunden

Bildet das Gefühl von Verlust und von Hilflosigkeit die eine
Strömung, die den Modernisierungsprozeß begleitet, so besteht eine andere im Gefühl der Erniedrigung und einem radikal herabgesetzten Selbstwertgefühl. Eine Quelle der Demütigung liegt im homogenisierenden und hegemonisierenden
Effekt von Modernisierung und Globalisierung – beides
nimmt keine Rücksicht auf kulturelle Mannigfaltigkeit und
Vielgestaltigkeit. Die Erfordernisse der wirtschaftlichen Entwicklung lassen viele regionale kulturelle Werte und Einstel-

lungen als überholt oder schlicht irrelevant erscheinen, was eine Demütigung bedeutet für all jene, die das Projekt der Moderne nicht vollständig zu ihrer eigenen Sache gemacht haben.

Für die breite Masse sind noch weitere Anlässe gegeben, bei denen ihre Selbstachtung Schaden nehmen kann, wie etwa durch die wachsende Komplexität und das zunehmend häufigere In-Erscheinung-Treten bürokratischer Strukturen mit der damit verbundenen Dehumanisierung, die sich immer als logische Folge von Weiterentwicklung beobachten läßt. Nicht zu unterschätzen ist der kumulative Effekt, den die täglichen Angriffe auf das Selbstwertgefühl des einzelnen haben, Kränkungen, die ihm ständig widerfahren, wenn er es mit bürokratischen und anderen unpersönlichen Instanzen zu tun hat.

Für die Eliten der nichtwestlichen Welt liegt eine zusätzliche Demütigung darin, daß sie sich in stärkerem Maße der Unterlegenheit ihrer jeweiligen Kultur in der kolonialen Auseinandersetzung mit dem Westen bewußt sind. Diese Unterlegenheit ist kein bloßes Abstraktum oder lediglich eine historische Erinnerung, sie bestätigt sich vielmehr in der peripheren Rolle, die die Länder, aus denen sie kommen, in der internationalen politischen und wirtschaftlichen Ordnung der postkolonialen Welt spielen. Das Bewußtsein, Weltbürger zweiter Klasse zu sein, verstärkt sich noch einmal in vielen Begegnungen mit den selbstbewußteren westlichen Kollegen in den diversen internationalen Foren. Welche Rolle das Empfinden von Verlust und Demütigung spielen kann, läßt sich am Beispiel jener in die USA ausgewanderten Inder zeigen, die wirtschaftlich gesehen zur Elite zählen, deren kulturellen Traditionen aber häufig mit Gleichgültigkeit oder Herablassung begegnet wird. Sofern sie ihrer kulturellen Identität nicht gänzlich abgeschworen haben – was ich als «Identifikation mit dem Aggressor» ansehen würde –, kehren sie wieder zu ihrer ursprünglichen ethnischen Identität als Hindus, Muslime oder Sikhs zurück und versuchen sie mit einem Eifer wiederzubeleben, der den ihrer Gesinnungsgenossen in der Heimat bei weitem übertrifft.

Natürlich spielt die Migration selbst eine entscheidende Rolle beim Wiederaufleben ethnischer Identitäten. Weltweite Migration, Tourismus und Kommunikation der verschiedensten Art konfrontieren die Menschen einer Gesellschaft mit einem so hohen Maße an Fremdheit bei anderen, wie sie sie bisher nie erlebt haben. Weltweit finden Begegnungen mit Fremden viel häufiger und über längere Zeiträume statt und zugleich begegnet man dabei einer Fremdheit weit höheren Ausmaßes, als dies je vorher der Fall gewesen ist. Machen wir zum Beispiel die Beobachtung «Aha, so denken sie», «Daran glauben sie», «Das also sind ihre Bräuche», so bringt uns das unweigerlich auf Fragen, die wir uns vielleicht nie zuvor bewußt gestellt haben, wie etwa: «Wie denken denn *wir*?» (wie immer dieses «Wir» sich definieren mag), «Woran glauben *wir* denn?», «Welche Bräuche haben denn *wir*?». Dadurch daß die zunehmende Globalisierung die Menschen einander näherrücken läßt, trägt sie paradoxerweise dazu bei, das Bewußtsein dafür zu schärfen, was einen jeden vom anderen trennt und unterscheidet.

Die Bilder von Verlust und Hilflosigkeit scheinen wohl manchmal überzeichnet. Menschen haben eine bemerkenswerte Gabe, sich anzupassen, neue Gemeinschaften zu bilden, wenn die alten zurückgelassen werden müssen, sich neue Gärten der Liebe anzulegen, wenn die alten verwelkt sind. Doch ehe neue psychische und soziale Strukturen entstehen können, kommt es zu einer – bei manchen dauerhaften – Phase der Apathie, chronischer Unzufriedenheit oder rebellischer Wut auf jene, die für den Verlust der alten gesellschaftlichen Formen und Ideale verantwortlich gemacht werden. Historische und soziale Umwälzungen führen daher letztlich, wenn sie sich über psychologische Mechanismen als Verlust und Demütigung bemerkbar machen, zu dem weitverbreiteten Gefühl, Opfer und nicht aktiver Gestalter des Geschickes zu sein, das den einzelnen und seine Gruppe ereilt. Millionen von Menschen werden so, wenn auch vorübergehend, zu Patienten in einem weiteren Sinne: Patient zu sein bedeutet ja im wesentlichen, sich in einem Zustand der Passivität zu befinden.

Im Grunde bezeichnet das Wort *patiens*, wie Erik Erikson
dargelegt hat, einen Zustand, in dem der Mensch von innen
und von außen höheren Mächten ausgesetzt ist, derer ohne
wirksame und befreiende Hilfe nicht Herr zu werden ist.[8]

Kulturelle Identität und Heilung

Die Energie und Befreiung, die notwendig ist, um das *agens*,
jenen inneren Seinszustand wiederherzustellen, der uns die
Initiative ergreifen heißt und zu sinnvoller Aktivität in der
äußeren Welt anspornt, sucht der Mensch zumeist dadurch zu
finden, daß er sich auf seine kulturelle Identität besinnt und
das Bewußtsein dafür in sich stärkt, wiederherstellt oder neu
aufbaut. Kulturelle Gruppen sind nicht nur Zufluchtsort für
diejenigen, die verlorenen Bindungen nachtrauern, sondern
auch ein Mittel, um narzißtische Wunden zu heilen und das
wiedergutzumachen, was als Unrecht empfunden wird, das
einem in Gegenwart oder Vergangenheit angetan wird bzw.
wurde. Die Frage, warum man lieber auf solche «primordialen» [d. h. ursprünglichen, uranfänglichen, das Ur-Ich be-
treffenden; Anm. d. Ü.] Gruppenidentitäten wie die der Hindus oder der Muslime zurückgreift und nicht auf solche, die
in der Schichtenzugehörigkeit, dem Beruf oder anderen Kriterien begründet sind, kann hier nicht erörtert werden. Vielleicht fehlt den letztgenannten eine umfassende Weltanschau-
ung, oder sie haben keinen Reichtum an Symbolen mehr
aufzuweisen, und es geht ihnen jener wesentliche Fundus an
Mythen ab, in denen die Menschen schon immer Sinn suchten
und fanden, vor allem dann, wenn es ihnen erscheint, als sei
ihre Welt sinnlos geworden.

Eine Hauptanziehungskraft und eine wesentliche therapeutische Funktion bewußter Zugehörigkeit zu einer Kulturge-
meinschaft liegt in ihrem Anspruch, die Zukunft gepachtet zu
haben, eine Zukunft, die im *patiens*-Zustand unwiederbring-
lich verloren schien. Außenstehenden mag diese Sicht der Zukunft zu stark vereinfacht erscheinen, wie etwa wenn die

Wiederherstellung der vollkommenen Zivilgesellschaft der
Ahnen verheißen wird – bei den Hindus zum Beispiel als *Ram
Rajya* bezeichnet. Wie immer diese verheißene Zukunft aus-
sieht, sei es, daß sie die Neuauflage eines Paradieses auf Erden
ist, wie es nur in heiligen Schriften ins Auge gefaßt wird, sei
es, daß sie hedonistischen Genuß von immer mehr Gütern
und Dienstleistungen in einem Himmel verspricht, über den
ein für das Konsumangebot zuständiger, gütiger Gott
herrscht, – stets wird es eine Zukunft sein, die noch nicht in
Sicht ist, die jedoch «funktioniert».

Der kulturellen Gruppe, die «Primordialität» zusammen
mit gemeinsamen Mythen, Erinnerungen, Werten und Symbolen aufzuweisen hat, kommt von daher eine entscheidende
therapeutische Rolle zu. Einer der wichtigsten Aspekte dabei
ist, daß an die Stelle der Verlustgefühle solche der Liebe treten. Dieses Verständnis der psychologischen Wirkung von
Gruppen geht auf Freud zurück, der den Eros als die wesentliche Kraft sah, die eine Gruppe zusammenhält.[9] Er war der
Meinung, das Band der Liebe, das sich zwischen den Gruppenmitgliedern spanne, komme durch die gefühlsmäßige Bindung an den Führer zustande. In der Fachterminologie hieße
dies: Die Mitglieder einer Gruppe setzen ein und dasselbe
Objekt, den Führer, an die Stelle ihres Ich-Ideals und identifizieren sich folglich miteinander. Diese gemeinsame Idealisierung läßt Liebesbindungen entstehen, die als ein Gefühl von
Loyalität, Gemeinschaftsgeist und – in besonders intensiven
Momenten des Gruppenlebens – als Gefühl des Verschmel-
zens und Einswerdens erlebt werden. Dabei kommt es erfah-
rungsgemäß beim Individuum zu einer Neuordnung und einer
Öffnung seiner Innenwelt, so daß darin Angehörige seiner
Gruppe Platz finden, die sich ihrerseits öffnen, um den anderen in ihren psychischen Innenraum mit hineinzunehmen, ein
Einander-Bejahen also, wie es bei jeder Liebe im Zentrum
steht. Es muß allerdings nicht sein, daß die Gestalt eines einzelnen Führers gemeinsames Ich-Ideal einer kulturellen Gruppe ist, es können auch mehrere historische und mythische Figuren aus der Überlieferung einer Gruppe sein oder auch

deren Ideale und Werte, ja sogar das soziale und geistige Erbe
der jeweiligen Gemeinschaft.

Wir kennen alle die tiefgreifende Wirkung, die die Gruppe
auf die Konsolidierung der Identität einer Person und auf die
Integration des Selbst haben kann. Auch in der Einzeltherapie
begegnet es uns häufig, daß Patienten mit fragmentiertem
Selbst, wenn sie sich einer organisierten Gruppe anschließen,
nicht selten ein stabileres und kohärenteres Selbstgefühl entwickeln. Die Nazis waren nicht die einzige Gruppe, die aus
sozusagen zerrütteten Individuen perfekt funktionierende
machte, indem sie ihnen ein überzeugendes Weltbild als
Rahmen lieferte und ihnen neue Kultursymbole und Gruppen-
embleme an die Hand gab, wie etwa propere braune Unifor-
men. Wie Ernest Wolf scharfsinnig beobachtet, «scheint es,
als könne eine soziale Identität einem zerfallenden Selbst in
derselben Weise Halt geben wie ein Gerüst einem zerfallenden
Bauwerk.»[10]

Psychologie kontra Politik?

Bevor ich mich der Errichtung der neuen Hindu-Identität zuwende, möchte ich die Einwände, die gegen einen psychologischen Ansatz bei diesem Thema erhoben werden, ansprechen.
Es gibt viele Sozialwissenschaftler und Politologen, die es
durchaus nicht sozialpsychologischen Prozessen zuschreiben
würden, wenn die Ethnizität (die kulturelle Identität in meiner Terminologie) eine Stärkung erfährt, sondern vielmehr
dem Konkurrieren der Eliten um die politische Macht und die
wirtschaftlichen Ressourcen. Dies ist auch die vorherrschende
Erklärung für das Auftreten von Unruhen zwischen Hindus
und Muslimen, und das beste Beispiel hierfür liefern die
Schriften von Asghar Ali Engineer.[11] Diese «instrumentalistische» Sehweise, die im Gegensatz zu der «primordialistischen»
steht, die ich hier vertrete, findet sich auch bei Paul Brass.[12]
Die kulturelle Identität von Gemeinschaften ist für ihn keine
feste oder vorgegebene Größe, sondern eine Variable, die im

Zuge politischer Mobilisierung durch die Elite konkrete Form annimmt, einer Mobilisierung, die sich aus dem weiteren politischen und ökonomischen Umfeld ergibt. Brass bezweifelt die Bedeutung des ursprünglichen Ausmaßes von Ethnizität im subjektiven Leben von Individuen. Die meisten Leute, meint er, dächten über ihre Sprache überhaupt nicht nach. Millionen Menschen – sowohl aus traditionellen wie aus modernen Gesellschaften – sind aus freier Wahl oder aus Not in andere Länder ausgewandert. Und obwohl viele eine gefühlsmäßige Bindung an ihren Geburtsort oder die Religion ihrer Vorfahren empfinden mögen, haben auch viele entschieden, sich in der Gesellschaft, in die sie neu hineingekommen sind, zu assimilieren und jeglichen Bezug zu ihrer Herkunft verloren.

Brass' Eintreten für die relative Bedeutungslosigkeit von «Primordialität» scheint überzogen. Kulturelle Identität ebenso wie ihre Entsprechung, die individuelle Identität, erlangt der Mensch, ohne daß ihm dies bewußt ist, und sie wird ihm erst dann bewußt, wenn ihre Integrität erkennbar bedroht ist. Identität – die individuelle wie die kulturelle – lebt man eben die meiste Zeit einfach so dahin, ohne sie zwanghafter und übertriebener Überprüfung zu unterziehen. Inmitten des Alltagslebens existiert eine Zone der Gleichgültigkeit gegenüber der eigenen Kultur, unter anderem gegenüber der eigenen Sprache, der ethnischen Herkunft oder der Religion. Erst wenn in diese Zone der Gleichgültigkeit eingebrochen wird, zeichnet sich die Ethnizität in ihren Konturen scharf ab, und der einzelne wird sich bestimmter Aspekte seiner kulturellen Identität schmerzlich oder freudig bewußt. Einbrüche in die Zone der Gleichgültigkeit geschehen wie das, was sich als Nachspiel zur Zerstörung der Babri-Moschee ereignete, durch folgenschwere äußere Ereignisse wie tatsächliche oder drohende Verfolgung, Krieg, Unruhen und anderes mehr. Innere, psychische Veränderungen in bestimmten Stadien des Lebens können ebensogut solche schicksalhaften Einbrüche auslösen. So sieht man etwa die Jugend als Lebensabschnitt, in dem die eigene Identität zu einem wesentlichen Problem wird und die

bewußte und unbewußte Auseinandersetzung mit der Frage
«Wer bin ich?» ihren Höhepunkt erreicht. Viele Auswande-
rer, die bewußt beschlossen haben, sich in ihrer neuen Gesellschaft gänzlich zu assimilieren und an denen sich scheinbar
keinerlei Spuren ihrer ethnischen Herkunft mehr finden lassen, stellen plötzlich überrascht fest, daß Probleme mit der
kulturellen Identität damit noch nicht aus der Welt sind. Sie
haben nur eine Generation übersprungen, und jetzt beschäfti-
gen sich ihre Söhne und Töchter an der Schwelle zum Er-
wachsensein bei ihrer Suche nach einer eigenen Identität mit
ihren kulturellen Wurzeln.

Ich will durchaus nicht sagen, daß der instrumentalistische
Ansatz unbegründet ist. Er ist auch nicht das Monopol der
Sozialwissenschaftler, sondern wird ebenso von vielen Nicht-
fachleuten aus anderen Berufen vertreten. In den indischen
Städten und Großstädten, in denen es zu gewaltsamen Auseinandersetzungen zwischen Hindus und Muslimen gekommen ist, habe ich in der Regel festgestellt, daß «Menschen guten Willens» aus beiden Volksgruppen die Unruhen durchweg
den Machenschaften und Manipulationen von Politikern, denen es um politische Macht oder einen ökonomischen Vorteil
gehe, in die Schuhe schieben und dahinter weniger eine Zu-
nahme primordialen Bewußtseins sehen. Die instrumentalistische Hypothese ethnischer Mobilmachung wird daher zu einer «Aufwiegler»-Theorie: Gewaltsame Auseinandersetzungen zwischen religiösen Gruppen werden von Drahtziehern in
Gang gebracht. Doch indem man sich auf die Aufwiegler
konzentriert, wird die Tatsache heruntergespielt oder schlicht-
weg geleugnet, daß es auch jene gibt, die sich aufwiegeln lassen, deren Beteiligung wesentlich ist, damit Animositäten zwischen religiösen Gruppen in Gewalt ausarten. Das Bild von
den bösen Politikern und den unschuldigen Massen, das damit aufrechterhalten wird, hat bestimmt viel für sich, denn es
erlaubt uns, in uns selbst vorhandene aggressive Regungen
und Anwandlungen von gehässigem Ethnozentrismus unter
den Tisch zu kehren. Wir alle haben unterschiedliche Zonen
der Gleichgültigkeit, außerhalb derer unser eigener Ethnozen-

trismus in der einen oder anderen Form ein hervorstechender
Teil unserer Identität wird.

Daß die instrumentalistische oder «Aufwiegler»-Theorie
solchen Anklang findet, liegt jedoch nicht nur daran, daß sie
uns erlaubt, die unerwünschten Anteile in uns selbst auf die
«bösen» Politiker zu projizieren. Ihren Reiz verdankt sie auch
einem besonderen historischen Vermächtnis der literarischen
Elite in allen bedeutenderen Kulturen. Dieses Vermächtnis besteht darin, daß nichtrationale Prozesse – das, was Psychoanalytiker «Phantasien» nennen – abgewertet werden, Prozesse,
die Grundlage des primordialen Ansatzes sind. Wie von verschiedenen Seiten schon in anderem Zusammenhang dargelegt wurde, spielt die Kultur der Phantasie keine auch nur irgendwie bedeutsame Rolle im Bereich des ernsthaften
öffentlichen Diskurses.[13] Die Phantasie wird als etwas Primi-
tives, Primordiales, das vor der Vernunft kam, betrachtet; unbewußt im Gegensatz zum Bewußten, mythisch im Gegensatz
zum Wissenschaftlichen, zeichnet sie sich aus durch die Freuden intuitiver Gedankenverknüpfung und kennt nicht die
Strenge logischer Begrifflichkeit. Eine einfühlsame, introspek-
tive Diskussion der gemeinsamen Phantasien (und nicht Ide-
en) einer Gesellschaft, die als treibende Kraft hinter den
Idealen und Bestrebungen großer Gruppen und Gemeinschaften stecken, ist schlechterdings unmöglich. Da die wissenschaftliche Elite einer Gesellschaft in einer langen Tradition
der Achtung vor der Kultur der Ideen steht und selbst eine
professionelle Rolle bei ihrer Produktion und Weiterverbrei-
tung innehat, ist sie nicht sonderlich aufnahmebereit für die
Kultur der Phantasie.

Ich will damit nicht sagen, daß der politische und der psychologische bzw. der instrumentale und der primordiale Ansatz einander ausschließen. Beide Ansätze stehen komplementär zueinander. Sei es bei der Geschichte der Hindu-Muslim-
Beziehungen oder bei der Analyse der Ursachen für die Unruhen zwischen beiden Gruppen (wirtschaftlich-politische gegenüber sozialpsychologischen) oder bei dem Versuch zu erklären, woran es liegt, wenn sich Gruppenidentitäten neu

herausbilden («instrumentale» Interessen versus «primordiale» Bindungen), stets sind die Argumente in einem dualistischen Entweder-Oder-Modus formuliert. Dies zeugt freilich davon, in welch starkem Maße aristotelische und kartesianische Denkweisen das moderne, westlich geprägte Denken noch immer besetzen. Wie bei den meisten Gewohnheiten, die allen gemeinsam sind, erkennen wir dieses Denkmuster nicht als etwas bloß Anerzogenes, sondern es stellt sich uns als unbezweifelbare Wahrheit dar, als die Art und Weise, wie es sich «natürlicherweise» mit den Dingen verhält. Komplementäres Denken bedeutet nicht, daß – in einem vulgärpostmodernistischen Sinne – «alles erlaubt ist». Es hat seine eigenen definitorischen Einschränkungen und Grenzen. So etwa sind die Erklärungen für ein Phänomen um so komplementärer, je weniger zu vereinbaren (nicht je abwegiger) sie sind. Unter Komplementarität versteht man die zusammengehörenden Möglichkeiten, das gleiche Objekt unterschiedlich zu erfahren. Die Welle-und-Teilchen-Theorie des Lichts in der Physik, die Primär- und Sekundärprozesse in der Psychoanalyse, *mythos* und *logos* als Erkenntnismodi sind nur einige wenige aus vielen Beispielen für Komplementarität. Formen komplementärer Erkenntnis gehören insofern zusammen, als sie dasselbe Objekt betreffen, sie schließen einander aus, insofern sie nicht gleichzeitig vorkommen können. Komplementär zu denken bedeutet, unterschiedliche Möglichkeiten zu akzeptieren und sie nicht auseinanderzudividieren und daraufhin manche auszuschließen. Ein Phänomen komplementär zu beschreiben heißt, es in seiner Ganzheit zu beleuchten, es in seinen verschiedenen Aspekten zu begreifen.[14] Keiner dieser Aspekte ist zutreffender als andere; jeder ist unersetzlich. Ohne daß die psychologische Perspektive die politisch-ökonomische ergänzt, gelangen wir folglich zu einem nur partiellen und daher bedenklich unzureichenden Verständnis der Gründe für den Erfolg politischer Gruppierungen, die auf religiöse Mobilmachung setzen.

Auf der Suche nach dem Hindutum

Der instrumentalistische Ansatz leistet in bezug auf das Phänomen der kulturellen Identität einen wichtigen Beitrag insofern, als hier darauf hingewiesen wird, daß diese Identitäten
nicht ein für allemal festgelegt sind. Das Bewußtsein, mit dem
heute jemand Hindu ist, ist nicht das gleiche wie zu anderen
Zeiten der Geschichte Indiens. Was heute als «Hinduismus»
bezeichnet wird, ist aus vielen Begegnungen zwischen voneinander abweichenden Sekten unterschiedlicher Glaubensbekenntnisse und mit anderen, ihrer selbst bewußteren Religionen wie dem Islam und dem Christentum hervorgegangen.

Heute ist in vielen Teilen Indiens eine neue hinduistische
Identität im Entstehen begriffen, besonders in den im Norden
und im Zentrum gelegenen Bundesstaaten. Es ist ein Prozeß,
der zweifellos dadurch in Gang gesetzt wird, daß diese Identität
zugleich Ausgangspunkt der politischen Mobilmachung durch
die wichtigste Oppositionspartei, die BJP, ist. Hervorgegangen
aus einem bereits existierenden, doch ungenau umrissenen
und amorphen «Hinduismus», weist die neue Identität nur
entfernte Familienähnlichkeit mit ihren Vorläufern auf. Behaupten doch sogar manche Wissenschaftler (wie wir im
1. Kapitel gesehen haben), derart klar voneinander abgegrenzte kulturelle Identitäten, wie wir sie bei Hindus und Muslimen
heute antreffen – mit dem stärkeren Bewußtsein der eigenen
Identität, das sie kennzeichnet, mit dem Engagement, das sie
fordern, und der Vehemenz, mit der die jeweilige Identität
politisch durchgesetzt wird –, seien ein Produkt der britischen
Kolonialzeit. Doch haben sie sich nicht allein aufgrund der
Kolonialpolitik des *divide et impera* herausgebildet, sondern
sind auch eine Konsequenz dessen, daß fremde Denkweisen
den ursprünglichen indischen Denkkategorien aufoktroyiert
wurden. Der Politologe Don Miller merkt hierzu an:

Durch die ihnen obliegende Ausbildung, Gesetzgebung und
Verwaltung, ihre Rechtsnormen und Gerichtsverfahren und

sogar durch jenen anscheinend so simplen Vorgang wie die
‹objektive› Klassifizierung in den statistischen Erhebungen
verordneten die Briten unwissentlich dualistische Entweder-
Oder-Oppositionen als ‹natürliche› normative Denkkate-
gorie. Auf verschiedenste Weise lernten so die Inder, daß
man entweder dies oder jenes ist; daß man nicht beides
oder keins von beiden und auch nicht in der Mitte dazwischen sein kann. Die Identität bekam so neue, ausschlagge-
bende Bedeutung... orthodoxes Wesen trat nach und nach
an die Stelle heterodoxer Wesen.¹⁵

Überlassen wir nun die Frage, wann und wo genau im späten
zwanzigsten Jahrhundert die neue Hindu-Identität entstanden
ist, den Historikern. Uns bleibt lediglich festzustellen, daß
diese Identität, die von kritischen Stimmen als Hindu-Natio-
nalismus, militante Hindu-Bewegung oder Hindu-Fundamen-
talismus abqualifiziert wird, viele ihrer Symbole, Mythen und
Bilder aus einem überlieferten Bestand nimmt. Die kulturellen
Werte und Formen, die sie für gut befindet, können ihre Herkunft nicht verleugnen. Aufgrund ihres starken Vergangen-
heitsbezugs ist diese Hindu-Identität weder etwas ganz Neues,
noch ist sie aber etwas vollkommen Altes. Sie ist etwas Neu-
geschaffenes und zugleich Erneuertes; in ihr verbindet sich
Neugestaltetes mit seit jeher Bestehendem. Die gesellschaftlichen und politischen Kräfte, die die Erneuerung bewußt in die
Wege leiten und sich voll dafür einsetzen, die Anhänger der
sangh parivar nämlich, haben nicht ganz unrecht, wenn sie
behaupten, daß die Einzelbestandteile dieser neuen Hindu-
Identität immer existiert haben; nur daß man sie vorher nicht
wahrgenommen hat. Auf die Frage, ob diejenigen, die die
neue Hindu-Identität propagieren, damit befaßt sind, sie erst
zu errichten oder nur damit, ihr für andere Ausdruck zu verleihen, gibt es keine einfache Antwort. Die Antwort hängt
davon ab, ob man den Standpunkt des außenstehenden Beob-
achters einnimmt oder den des Insiders, der unmittelbar an
diesem Prozeß beteiligt ist. Auf alle Fälle wird man dieser
Hindu-Identität eher mit einer ganz anderen Hindutva poli-

tisch entgegentreten, die dann andere Bilder, Symbole und
Mythen aus hinduistischer Vorstellungswelt anzubieten hat,
und nicht mit irgendeinem abstrakten Konzept eines Säkula-
rismus, der für die meisten Hindus jeglicher psychologischer
Bedeutung entbehrt.

Die züchtige Amazone

Damit wir die Schaffung und Erneuerung der hinduistischen
Identität genauer betrachten können, habe ich als Textgrund-
lage eine Rede der *sadhavi* Rithambra gewählt, einer Starred-
nerin der *sangh parivar*. Der ihrem Namen vorangestellte
Titel *sadhavi* bezeichnet das weibliche Gegenstück zu einem
sadhu, einem Mann, der der Welt entsagt hat und auf der
Suche ist nach seiner eigenen Erlösung und nach universellem
Heil, wie es sich in der religiösen Weltsicht des Hinduismus
darstellt. Es wird berichtet, daß Rithambra als sechzehnjähri-
ges Schulmädchen in Khanna, einem Dorf im Punjab, ein
starkes spirituelles Erlebnis hatte, als sie einen Vortrag von
Swami Parmananda hörte, einem der vielen «Heiligen» in der
vordersten Front der hinduistischen Erneuerungsbewegung.[16]
Rithambra brach die Schule ab und ging von zu Hause fort,
um im *ashram* Parmanandas zu leben. Bald darauf reiste sie
mit ihrem Guru zu religiösen Veranstaltungen im hindisprachigen Kerngebiet, und nach einiger Zeit sprach sie selbst ein
paarmal bei solchen Treffen. Ihre Rednergabe wurde von der
politischen Führung der *sangh parivar* entdeckt, und nach etwas Stimmschulung ist sie auf dem besten Weg, zur führenden Demagogin der hinduistischen Sache zu werden.

Die Rede, die ich ausgewählt habe, hielt sie im April 1991
in Hyderabad, wenige Wochen nachdem allgemeine Wahlen
zum nationalen Parlament und zu zahlreichen staatlichen
Körperschaften angekündigt waren. Es handelt sich um eine
Standardrede, die Rithambra in ganz Indien gehalten hat und
mit der sie Hunderttausende begeistern konnte. Der politische
Kontext der Rede ist der Versuch der BJP, des politischen

Armes der *sangh parivar*, in den bevorstehenden Wahlen in
einigen nordindischen Bundesstaaten an die Macht zu kommen und zur größten Einzelpartei im Nationalparlament zu
werden. In den vorangegangenen Monaten hatte die BJP die
politische Tagesordnung des Landes bestimmt, da sie die
Hindus mobilisierte, als es darum ging, dem Gott Ram in
Ayodhya, seinem angeblichen Geburtsort, einen Tempel zu
errichten. Der Bau dieses Tempels war zum Zündstoff und
Streitpunkt geworden, da an dem dafür ausersehenen Ort
schon die Babri-Moschee stand, die von Babar gegründet
worden war, dem muslimischen Eindringling aus Zentralasien
und Begründer der Mogul-Dynastie, die vierhundert Jahre
lang über weite Teile Indiens herrschte. Fünf Monate zuvor
hatte es ein großes Blutvergießen gegeben, da viele Hindus,
die *kar sevaks*, im Gewehrfeuer der Polizei ums Leben kamen,
als sie, sich über gerichtliche Verfügungen hinwegsetzend,
versuchten mit dem Tempelbau zu beginnen, ein Schritt, der
die Zerstörung der Moschee oder zumindest ihre Verlegung
an einen anderen Ort erforderte. Der Tod unbewaffneter Ram
bhaktas – der gläubigen Anhänger Rams – in Ayodhya hatte
zu einer Flut von Unruhen zwischen Hindus und Muslimen in
anderen Landesteilen geführt, darunter auch in Hyderabad.

Der politische Kontext der Rede – die Thematik Tempel
kontra Moschee –, der Text mit seiner Fülle von Bildern und
Anspielungen auf die Geschichten aus dem Ramayana- und
dem Mahabharata-Epos und die Person der Sprecherin selbst,
all dies ist voller symbolischer Anklänge. Alles in diesem Text
ist bedeutungsschwanger, arbeitet sich so vor zu den geheim-
sten Winkeln in der Psyche der Zuhörer und geht damit weit
über die bloße Bedeutung der Worte, die als Sinnträger fun-
gieren, hinaus. Wenn man Rithambra reden hört, stellt sich
einem noch einmal die bereits erwähnte Frage: Manipuliert sie
souverän hinduistische Kultursymbole (instrumentale Theorie), oder verleiht sie dem Ausdruck, was viele Hindus empfinden, aber nicht artikulieren können (primordialistischer
Standpunkt)? Die Antwort kann wiederum nicht ein Entwe-
der/Oder sein, sondern Rithambra tut beides gleichzeitig:

Wenn sie an eine Gruppenidentität appelliert, läßt sie diese im selben Augenblick entstehen. Sie spiegelt einerseits die Empfindungen ihrer Zuhörer und weckt sie andererseits erst. Mein Eindruck ist, daß die Bilder, Metaphern und mythologischen Anspielungen in ihrer Rede bei den Zuhörern auf Resonanz stoßen, weil sie in ihr selbst einen Resonanzboden haben. Das heißt nicht, daß die Rede ihr spontan aus der Seele fließt. Wie ein Schauspieler hat sie an dieser einen Rede in vielen Durchläufen geschliffen und weiß, was «ankommt». Es ist nicht pures Gefühl, was hier vermittelt wird, sondern es sind nach allen Regeln der Kunst erzeugte Emotionen; ihre Rede ist ein episches Poem und kein schriller Schrei. Rithambras Kraft liegt weniger in ihrer Überredungsgabe auf intellektueller, kognitiver Ebene, sondern im Poetischen (griech. *poiesis* = das Verfertigen, Formen), das ihre Rede durch und durch prägt. Erst durch dieses Poetische, das dem eine erste Form gibt, was für ihre Zuhörerschaft nur vage oder teilweise geordnete Empfindungen und Wahrnehmungen sind, bekommen die zuvor schon für beide gleichen Gegebenheiten nun auch den gleichen Sinn.[17]

Rithambra, die als eine *sanyasin* dem weltlichen Leben entsagt hat, evoziert die Vorstellung von Selbstlosigkeit. Sie gibt weder das Bild einer Politikerin ab, die sich von engen wahltaktischen Überlegungen leiten läßt, noch bringt man sie mit parteilichen Interessengruppen in Zusammenhang, sondern sie erscheint als jemand, den die katastrophale Lage des ganzen Landes umtreibt, der sogar das Wohlergehen der gesamten Menschheit im Auge hat. Als Asketin, die sich jeglichen Sexuallebens enthält, beschwört sie das Bild einer jungfräulichen Göttin herauf, der ihre Keuschheit Macht verleiht, eine Macht, die aus einer anderen, «reineren» Welt kommt. Zugleich richtet sich eine subtile sexuelle Herausforderung an die Adresse der Männer in ihrem Publikum, ihre Männlichkeit unter Beweis zu stellen (gegenüber den Muslimen), um ihrer würdig zu sein.

Die Schlüsselpassagen in ihrem Redetext sind in gereimten Versen abgefaßt, und sie steht damit ganz in der Tradition der

Barden, die Geschichten aus den hinduistischen Epen vortru-
gen. Es mag sein, daß man Lyrik mehr Glauben schenkt als
Prosa, besonders im hinduistischen Indien, wo die Übermitt-
lung heiligen Wissens sich von jeher mündlich und über das
Medium gereimter Verse vollzog. Jedenfalls ist in ihrer Rede
implizit der Anspruch enthalten, daß sie von der Korrumpierung der Sprache, die man Politikern sehr oft vorwirft, nicht
sonderlich berührt ist, eine Korrumpierung, die zur Folge hatte, daß der Glaube an das, was man von öffentlichen Redner-
tribünen zu hören bekommt, verlorengegangen ist. Sofern
Rithambra überhaupt Politikerin ist, dann eine, die Politik als
Magie betreibt, mit deren Hilfe sie sich Kräfte aus der Tiefe
verfügbar macht und über verschlüsselte Ideen und Ideale die
tiefliegenden Ängste und Wünsche ihrer Hindu-Zuhörerschaft
anspricht, eines Publikums, das sie und die *sangh parivar* entschlossen sind, noch hinduistischer zu machen. Als ich ihr zu-
hörte, kam mir wieder Milan Kunderas Aussage in den Sinn,
daß «politische Bewegungen sich nicht in erster Linie auf ra-
tionale Haltungen stützen, sondern vielmehr auf Phantasien,
Bilder, Worte und Archetypen, die zusammen diesen oder jenen politischen Kitsch ergeben.»

*Heil dir, Mutter Sita! Heil dir, tapferer Hanuman! Heil dir,
Mutter Indien! Heil dem Geburtsort Ramas! Heil sei Dir, o
Herr Vishwanath (Shiva) von Kashi (Benares)! Heil sei
Krishna, dem Herrn! Heil der ewigen Religion (dharma)!
Heil der Religion der Veden! Heil sei Mahavira, dem Herrn!
Heil sei Buddha, dem Herrn! Heil dir, Banda Bairagi! Heil
dem Guru Gobind Singh! Heil dem großen Weisen Daya-
nanda! Heil dem großen Weisen Valimiki! Heil den zu
Märtyrern gewordenen* kar sevaks! *Heil dir, Mutter Indien!*

Mit volltönender Stimme ruft Rithambra die verschiedenen
Götter und verehrten Gestalten der indischen Geschichte an –
aus der alten wie der zeitgenössischen. Die Götter und Helden
sind mit Bedacht gewählt: Ihre Auswahl markiert die Grenzen
der Hindugemeinschaft, wie sie und die *sangh parivar* sie heute gezogen haben wollen und von denen sie glauben, daß sie

so in der Vergangenheit existiert haben. Solch ein ehrendes
Gedenken muß notwendigerweise selektiv sein, da damit erreicht werden soll, daß gegenteilige Interpretationen der Vergangenheit zum Schweigen gebracht und nur bestimmte
Aspekte bewahrt werden. Die Götter und Heroen werden als
Ich-Ideal dargeboten, an dem die Mitglieder der Gemeinschaft teilhaben sollen, damit der Zusammenhalt der Gruppe
erreicht und aufrechterhalten wird. Identität impliziert fest-
umrissene und nicht verschwommene Konturen, einen festen
Zustand und keinen sich ständig wandelnden oder fließenden,
und deshalb kommt der Frage der Abgrenzung einer Gruppe
überragende Bedeutung zu. Rithambra beginnt die Hindu-
Identität zu errichten, indem sie diese Abgrenzung vollzieht.

Im Kontext der Aufregung, die im vorhergehenden Jahr
rund um den Bau des Ram-Tempels herrschte, besetzt der
Gott Ram den höchsten Wachtturm an der Grenze zwischen
Hindus und Nicht-Hindus. Rithambra beginnt damit, Rams
Frau, die Göttin Sita, zu preisen sowie den ihm so treu erge-
benen Affengott Hanuman, die sie dann mit aktuellen Belan-
gen in Zusammenhang bringt, wenn sie Rams Geburtsort
grüßt, wo die *sangh parivar* den umstrittenen Tempel errichten will, die Sache, um die sich bei der von ihnen angestrebten
Mobilisierung der Hindus alles dreht.

Doch in den fünftausend Jahren ihres Bestehens hat diese
Religion, in deren Tradition es liegt, keine zentralen Autori-
tätsstrukturen wie etwa eine Kirche zu haben, und die ihrem
Wesen nach zersplittert ist, eine Vielzahl von Sekten mit unterschiedlichen Überzeugungen hervorgebracht. Alle diese
Hinduismen, die aus dem Hinduismus entsprungen sind, mit-
einzubeziehen ist, was Rithambra bezweckt. Shiva, die führende Gottheit der shivaitischen Sekte, wird genauso angeru-
fen wie Krishna, der bei den Vishnuiten beliebteste Gott.

Als nächstes wird versucht, die übergreifende Hindugemeinschaft zu erweitern, indem man die Anhänger anderer
Religionen, die in Indien ihren Ursprung haben, mitein-
schließt. Es sind dies die Jainas, die Buddhisten und die Sikhs,
und Rithambra richtet einen frommen Gruß an Mahavira,

Buddha und den letzten, militanten Guru der Sikhs, Guru
Gobind Singh, der sich zusammen mit Banda Bairagi dadurch
auszeichnet, daß er sein Leben lang im bewaffneten Kampf
gegen die Moguln stand. Reformbewegungungen aus dem
neunzehnten Jahrhundert wie die Arya Samaj werden damit
willkommen geheißen, daß ihr Begründer Dayananda Saras-
wati im hinduistischen Pantheon Aufnahme findet. Die Harijans oder die *scheduled castes*, die früheren «Unberührbaren»
der Hindugesellschaft, werden ausdrücklich als zur Hindugemeinschaft gehörig anerkannt, wenn Valmiki, der legendäre
Autor des *Ramayana* gegrüßt wird, der vor kurzem in die
Position des Schutzheiligen der Harijans aufgestiegen ist.

Von den Göttern und Heroen der Vergangenheit wird dann
ein Zusammenhang zu dem kollektiven Heldentum der *kar
sevaks* hergestellt, den Männern und Frauen, die bei ihrem
Versuch, den Tempel zu bauen, unter den Schüssen der Polizei den Tod fanden. Die unsterblichen Götter und die sterbli-
chen Helden aus Vergangenheit und Gegenwart sind allesamt
Kinder von Mutter Indien, der die letzte Anrufung gilt, wodurch die Grenzen der Hindu-Gemeinschaft und die des indischen Nationalismus deckungsgleich werden.

*Ich bin mit einer Botschaft zu den Hindus von Bhagyana-
gar (Hyderabad) gekommen. Die Heiligen, die in Allahabad zusammenkamen, wiesen die Hindu-Gesellschaft an,
entweder die Regierung dazu zu bringen, das zu tun, was
sie von ihr wollten, oder sie zu beseitigen. Die Regierung
wurde beseitigt. Über zweieinhalb Millionen Hindus demonstrierten am 4. April ihre Macht auf den Rasenflächen
des Bootsclubs von Delhi. Wir gingen zum Parlament,
doch es war leer. Die Heiligen wiesen uns an, das Parlament mit den gläubigen Anhängern Rams zu füllen. Dies
sei die nächste Aufgabe der Hindu-Gesellschaft.
Was den Tempelbau angeht, so sagen manche, daß Hindus
nicht wegen eines Gebildes aus Ziegel und Stein kämpfen
sollten. Sie sollten nicht um ein kleines Stück Land streiten.
Ich möchte diese Leute fragen: «Wenn jemand die Natio-*

*nalflagge verbrennt, sagt ihr dann auch: ‹Ach, das macht
nichts. Es sind ja nur zwei Meter Tuch, das ist kein großer
nationaler Verlust.›?» Hier geht es nicht um zwei Meter
Tuch, sondern um eine Beleidigung der Nation. Und Rams
Geburtsort ist kein kleines Stück Land, um das man sich
streitet. Hier geht es um die nationale Integrität. Der Hindu kämpft nicht für einen Tempel aus Ziegel und Stein. Er
kämpft für die Bewahrung einer Kultur, für sein Indertum,
für ein Nationalbewußtsein, für eine Anerkennung seines
wahren Wesens. Wir werden den Tempel bauen!*

*Nicht um den Tempelbau geht es dabei, sondern darum,
daß ein indisches Nationalbewußtsein aufgebaut wird. Ihr
verfügt über die Macht in diesem Staat und wißt nicht, daß
der Ram-Tempel kein bloßes Gebäude ist! Es ist kein Bauwerk aus Ziegel und Stein. Es ist nicht bloß der Geburtsort
Rams. Der Ram-Tempel ist unsere Ehre. Er ist unsere
Selbstachtung. Er ist ein Bild für die Einheit der Hindus.
Wir werden ihre Flagge hissen. Wir werden den Tempel
bauen!*

Hindi ist eine verhältnismäßig leidenschaftliche Sprache. Seine leuchtenden, kräftigen Farben sind unmöglich in der ge-
dämpften Farbpalette des Englischen wiederzugeben. Wenn
der Ram-Tempel in Rithambras kaskadenartigem Sprachfluß
Gestalt annimmt, wenn sie ihn Satz für Satz in den Köpfen ih-
rer Zuhörer errichtet, so weckt dies das brennende Gefühl ei-
nes sozialen Verlustes, den alle erlitten haben. Der Ram-
Tempel ist also die Antwort auf die Trauer der Hindu-
Gesellschaft: eine Trauer um die verlorene Ehre, die verlorene
Selbstachtung, die verlorene Kultur, das verlorene Hindutum.
Er ist die materielle und soziale Entsprechung zum individuel-
len Erleben von Trauer. Umfassender formuliert, gehört der
Tempel am Geburtsort Rams zu jenen Monumenten, die, wie
Peter Homans scharfsichtig feststellt,

«die unmittelbare bewußte Erfahrung einer Ansammlung
von Ichs aktivieren, indem ihnen die verlorenen kulturellen
Erfahrungen der Vergangenheit wiederum präsentiert und

vermittelt werden; die Erfahrungen von Individuen und
Gruppen, ihre Ideen und Ideale, die zu dem verschmelzen,
was sich als kollektives Gedächtnis bezeichnen läßt. Darin
ist das Monument ein Symbol der Einheit, weil es das Besondere der psychologischen Umstände in den Lebensläufen
vieler einzelner und das Universelle ihrer sonst verlorenen
geschichtlichen Vergangenheit innerhalb des Kontexts sozialer Prozesse und Strukturen, die heute für sie aktuell
sind, in einen Zusammenhang bringt.»[18]

Der Tempel ist das nach außen hin Sichtbare, in dem sich die
Hindu-Identität sichtbar verkörpern soll.

Manchen Leuten wurde angst vor Rams treuen Anhängern.
Sie verfielen auf Mandal*. Sie dachten, die Hindus würden
uneins. Sie würden sich über die Frage der Quotenregelung
aufspalten. Ihre Aufmerksamkeit würde vom Tempel abge-
lenkt. Aber ihr habt falsch gedacht. Ihr habt schändlich ge-
dacht. Wir werden den Tempel bauen!
Ich bin gekommen, unserer Hindu-Jugend zu sagen, laßt
euch nicht mit den Zuckerstückchen der Quoten abspeisen
und in Kasten aufteilen. Wenn Hindus sich entzweien, geht
die Sonne hinduistischer Einheit unter. Wie kann dann der
Weise Valmiki sich um Sita kümmern? Wie soll Ram
Shabris Beeren essen?** Diejenigen, die sich wünschen, daß
unsere Bande mit den rückständigen Kasten und den Hari-
jans durchtrennt werden, werden ins Gras beißen. Wir
werden den Tempel bauen!

* Mandal bezieht sich auf die Förderungspolitik, die von der Regierung V. P. Singh auf dem Höhepunkt der Tempel-Unruhen angekündigt wurde. Diese Politik zielt darauf ab, die Quoten für die
Reservierung von Stellen im öffentlichen Dienst und für die be-
vorzugte Aufnahme in Bildungseinrichtungen zugunsten der rückständigen Kasten und auf Kosten der oberen Kasten zu erhöhen.
** Der Weise Valmiki, der, wie es heißt, ein Jäger aus einer niederen
Kaste war, bot Sita Zuflucht in seiner Waldbehausung, nachdem
sie von Rama verbannt worden war. Shabri war ein armer Unberührbarer, der Ram während seines Exils mit Beeren versorgte.

So hört, Ram repräsentiert das Bewußtsein der Masse. Er ist
der Gott der Armen und Unterdrückten. Er ist das Leben
von Fischern, Flickschustern und Wäschern.* Wenn jemand
kein Anhänger solch eines Gottes ist, dann fließt kein Hin-
dublut in seinen Adern. Wir werden den Tempel bauen!

Um die im Entstehen begriffene Hindu-Identität zu schützen
und aufrechtzuerhalten, reicht es nicht, sie abzugrenzen, ihr
einen kollektiven kulturellen Verlust bewußtzumachen, sie
sichtbar erstehen zu lassen. Denn Identität ist nichts einmal
Errungenes, sondern ein Prozeß, den Kräfte von innen und
von außen ständig abzubrechen drohen.

Andauernde Wachsamkeit ist geboten, um sie abzuschir-
men vor dem Bösen innerhalb der Gruppe, das zu spalten
sucht, was sich gerade vereint hat, zu zersplittern und zu zerbrechen, was gerade zu einem Ganzen gefügt ist. Rithambra
spricht das Gefühl der Bedrohung an und stellt die politischen
Kräfte heraus, die eine solche Bedrohung darstellen und die in
der bevorstehenden Schlacht an der Wahlurne besiegt werden
müssen.

Meine Hindu-Brüder! Hört auf, die Parole zu rufen ‹Noch
einen Stoß, macht die Babri-Moschee kaputt! Die Moschee
ist kaputt, die Moschee ist kaputt!!› Von welcher Moschee
sprecht ihr denn? Wir bauen unsern Tempel dort und rei-
ßen nicht die Moschee von irgend jemandem ab. Unsere
Kultur war nie zerstörerisch. Ihr Intellektuellen und Wis-
senschaftler der ganzen Welt, wo immer ihr Ruinen findet,
wo immer ihr auf zerstörte Monumente stoßt, werdet ihr
die Handschrift des Islam dort finden. Wo immer ihr Neu-
schöpfung vorfindet, werdet ihr die Handschrift der Hindus
entdecken. Wir haben nie ans Niederreißen, sondern immer
ans Aufbauen gedacht. Wir haben uns stets von der Maxi-
me leiten lassen: ‹Die Welt ist eine einzige Familie (vasudhe
kuttumbkam).› Wir reißen kein Bauwerk nieder, wir bauen
eines.

---

*   Sie gehören alle zu den niedrigsten Kasten.

Ihr Gelehrten, blättert die Seiten der Geschichte um und sagt uns, ob die Hindus, auf Pferden reitend und blutige Schwerter schwingend, jemals auf der Würde eines Menschen herumgetrampelt haben? Wir können jene nicht achten, die die Menschlichkeit mit Füßen getreten haben. Unsere Kultur hat uns große Einsichten vermittelt. Wir sehen Gott in einem Stein, wir sehen Gott in Bäumen und Pflanzen. Wir sehen Gott in einem Hund und laufen mit einer Schale Butter hinter ihm her. Ihr Hindus, habt ihr vergessen, daß der heilige Namdev nur ein Stück Brot zu essen hatte und ein Hund es ihm wegschnappte. Namdev lief mit einer Schale Butter hinter dem Hund her und rief dabei: ‹Herr, so eßt nicht trocken Brot! Nehmt etwas Butter dazu!!› Kann ein Hindu, der sogar in einem Hund Gott erblickt, Abneigung gegen einen Muslim hegen?
Wo ich auch hingehe, sage ich: ‹Ihr Muslime, lebt unter uns und seid von Erfolg begleitet. Lebt wie Milch und Zucker›. Wenn Zucker sich in Milch aufgelöst hat, wird die Milch süß! Aber was kann man machen, wenn unser Muslimbruder sich nicht verhält wie der Zucker in der Milch? Ist es unser Fehler, wenn er es darauf anlegt, eine Zitrone in der Milch zu sein? Er will, daß die Milch gerinnt. Er verhält sich wie eine Zitrone in der Milch, indem er sich Leuten wie Shahabuddin und Abdullah Bukhari* anschließt. Ich sage zu ihm: ‹Nimm Vernunft an! Der Wert der Milch steigt, wenn sie sauer geworden ist. Sie wird zu Käse. Aber die Welt weiß um das Schicksal der Zitrone. Sie wird aufgeschnitten, ausgepreßt, bis nichts mehr drin ist, und dann auf den Müllhaufen geworfen. Nun müßt ihr entscheiden, ob ihr wie Zucker oder wie Zitrone in der Milch sein wollt. Lebt unter uns wie der Sohn eines Menschen, und wir werden euch respektvoll mit ‹Onkel› anreden. Aber wenn ihr euch wie der Sohn von Babar aufführt, dann wird die Hindu-Jugend es mit euch machen wie Rana Pratap und Chatra-

---

* Beide zählen zu den Führern des muslimischen Fundamentalismus in Indien.

pati Shivaji* es mit euren Vorvätern gemacht haben.› Wer sagt, wir seien gegen die Muslime, lügt. Wir sprechen vom Geburtsort Rams, nicht davon, daß wir in Mekka oder Medina bauen wollen. Es ist unser Geburtsrecht, unserem Herrn einen Tempel zu errichten an der Stelle, wo er geboren ist.

Religiöse Toleranz liegt uns im Blut. Zugleich mit unseren dreihundertdreißig Millionen Göttern haben wir auch den Toten in ihren Gräbern Verehrung erwiesen. Zusammen mit Rama und Krishna ehren wir Mohammed und Jesus. Mit vasudhe kuttumbkam *als unserem Motto beten wir um Erlösung der Welt und für ein verstärktes Zusammengehörigkeitsgefühl bei allen Menschen. Wir haben nie gesagt: ‹O Welt, glaube an unsere Upanishaden. Glaube an unsere Gita. Sonst bist du ein Ungläubiger, und wenn man einem Ungläubigen den Kopf abschlägt, kommt man ins Paradies.› Unsere Gefühle sind nicht von so niederer Art. Sie sind nicht kleinkariert. Sie sind nicht schmutzig. Wir sehen die Welt als unsere Familie an.*

Während hier die Hindu-Identität errichtet wird, sehen wir die Aufspaltung, die nötig ist, um den Zusammenhalt der Gruppe zu stärken. Dieser Vorgang beinhaltet ein Idealisieren auf der einen Seite und auf der anderen Seite Prozesse, in denen jemand zum Sündenbock gemacht oder verfolgt wird. Was idealisiert wird, ist die Toleranz, das Mitgefühl, die tiefe Einsicht und umfassende soziale Anteilnahme bei den Hindus. Dies sind die Inhalte eines grandiosen Hindu-Gruppenselbst, das bewirkt, daß das einzelne Mitglied der Gruppe sich rechtschaffen und rein vorkommt. Zu dieser Gruppe zu gehören hebt das Selbstwertgefühl eines jeden Mitglieds.

Der Zuwachs an Selbstachtung kann nur aufrechterhalten werden, indem man das Böse, das Schmutzige und das Unreine auf die andere Gruppe, die Muslime, projiziert, mit denen die eigene Gruppe dann auch ständig verglichen wird. Dieser

---

* Populäre Verkörperungen des Widerstandes der Hindus gegen die Mogulherrschaft.

Prozeß liegt der Abstempelung zum Sündenbock zugrunde,
und genau so – dies ruft uns Rafael Moses ins Gedächtnis –
stellte man sich den ursprünglichen Sündenbock in der Religion vor: als ein Tier, das mit all der Schlechtigkeit, die es in
sich trug, weggejagt wurde, damit die Gemeinde der Gläubigen rein und sauber zurückblieb (wie Milch, bin ich versucht
zu sagen).[19] Natürlich stellt sich die *sadhavi* Rithambra – als
gute Hinduistin Vegetarierin – den muslimischen Sündenbock
nicht als Tier vor, sondern als Zitrone. Wie wir später sehen
werden, wird der Muslim nicht nur zum Sündenbock gemacht, sondern ist auch Gegenstand von Verfolgungsideen in
der kollektiven Vorstellung von Hindus.

Heute schmäht man den Hindu in seiner eigenen Heimat.
Der Hindu ist nicht sektiererisch. Wie könnte er dies sein,
wo er doch Bäume und Pflanzen verehrt! Einst begaben
sich (der Mogulherrscher) Akbar und (sein Hindu-Minister)
Birbal irgendwohin. Unterwegs erblickten sie eine Pflanze.
Birbal stieg ab, warf sich vor der Pflanze zu Boden und
sprach: ‹Gegrüßt seist du, Mutter tulsi!› Akbar meinte:
‹Birbal, ihr Hindus seid von Sinnen, wenn ihr Bäume und
Pflanzen zu euren Eltern macht. Wir wollen sehen, wie
stark deine Mutter ist› Und er stieg vom Pferd, zog die
tulsi-Pflanze an den Wurzeln heraus und warf sie auf die
Straße. Birbal schluckte diese Demütigung und blieb ruhig.
Was konnte er auch tun? Die Macht lag bei den Moguln.
Sie ritten weiter und sahen eine andere Pflanze. Birbal warf
sich wieder auf die Erde und sagte dabei: ‹Gegrüßt seist du,
Vater, verehrter Vater!› Akbar sagte: ‹Birbal, ich bin mit
deiner Mutter fertiggeworden. Jetzt werde ich auch mit
deinem Vater fertigwerden.› Wiederum zog er die Pflanze
heraus und warf sie weg. Die Pflanze war eine Nessel. Ak-
bars Hände begannen zu jucken, und bald breitete sich das
schmerzhafte Brennen über den ganzen Körper aus. Er fing
an, sich wie ein Esel am Boden zu wälzen, mit Tränen in
den Augen und mit laufender Nase. Und die ganze Zeit
kratzte er sich wie ein Hund. Als Birbal sah, in welcher

Verfassung sein König war, sagte er: ‹O Beschützer der Welt, verzeiht, wenn ich sage, daß zwar unsere Hindumütter einfältig sein mögen, unsere Väter jedoch durchtrieben sind.› Akbar fragte: ‹Birbal, wie werde ich deinen Vater los?› Birbal meinte: ‹Geht und bittet meine Mutter tulsi um Vergebung. Reibt dann die Paste, die man aus ihren Blättern herstellt, auf Euren Körper, und mein Vater wird Euch verzeihen.›
Ich will damit sagen, daß der langmütige Hindu heute als religiöser Eiferer bezeichnet wird, weil er den Tempel bauen will. Die Muslime haben ihr Pakistan bekommen. Sogar in einem verstümmelten Indien haben sie besondere Rechte. Sie haben nichts übrig für Familienplanung. Sie haben ihre eigenen Religionsschulen. Und was haben wir? Ein Indien mit abgehackten Armen.* Ein Indien, wo uns bei unseren Festen immer mehr Einschränkungen auferlegt werden, wo unsere Prozessionen immer Gefahr laufen, angegriffen zu werden, wo es verboten ist, seine Meinung zu sagen, wo unsere religiösen Überzeugungen grausam verspottet werden. Wir können über unseren Schmerz nicht sprechen, unsere Verletzung nicht ausdrücken. Ich sage zum Politiker: ‹Tritt nicht weiter unsere tiefsten Gefühle mit Füßen, wie du es lange genug getan hast!›
In Kaschmir waren die Hindus in der Minderheit und wurden aus dem Tal gejagt. Sprüche wie ‹Lang lebe Pakistan!› wurden mit glühenden Eisenruten unseren Hindutöchtern auf die Schenkel gebrannt. Versucht das Unglück und den Schmerz des Hindus nachzuempfinden, der zum Flüchtling in seinem eigenen Land geworden ist. Der Hindu wurde in Kaschmir entehrt, weil er in der Minderheit war. Aber es gibt eine Verschwörung, ihn im ganzen Land zur Minderheit zu machen. Der Staat sagt zu uns Hindus, wir sollen nur zwei oder drei Kinder haben. Bald wird man zu uns sagen: Eines ist auch schon zuviel! Doch was ist mit denen,

---

* Anspielung darauf, wie anders sich Indien vor und nach der Teilung auf der Landkarte ausnimmt.

die sechs Frauen und dreißig bis fünfunddreißig Kinder haben und sich vermehren wie Moskitos und Fliegen?
Warum muß es zweierlei Gesetz geben in diesem Land?
Warum müssen wir wie Stiefkinder behandelt werden? Ich will euch folgendes vor Augen führen: Als der Hindu in Kaschmir zur Minderheit wurde, ging er nach Jammu. Von Jammu ging er nach Delhi. Aber wenn ihr Hindus in ganz Indien davonlauft, wo wollt ihr dann noch hingehen? Im Indischen Ozean ertrinken oder von den Gipfeln des Himalaya springen?
Wie steht es um die Unvoreingenommenheit gegenüber allen Religionen, wo doch die Mullahs die Geldsäcke und die Hindus die Kugeln kriegen? Wir wollen ebenfalls religiöse Unvoreingenommenheit, aber nicht von der Sorte, wo nur die Hindus die Unterdrückten sind. Es wird gesagt, es sollte Einigkeit zwischen Hindus und Muslimen herrschen. Laßt die Babri-Moschee in Ruhe. Ich sage: ‹Dann wollen wir diese Einigkeit auch im Falle der Jama masjid.* *Reißt eine Hälfte ab und baut einen Tempel. Hindus und Muslime werden dann zusammenkommen.›*
Kennt ihr die Ärzte, die bei ihren medizinischen Experimenten Frösche, Kaninchen, Katzen aufschneiden? All die Experimente mit der Einheit von Hindus und Muslimen werden an der Hindubrust durchgeführt, als ob er ein Frosch, ein Kaninchen oder eine Katze wäre. Niemand hat je davon gehört, daß man die Brust eines Löwen aufgeschnitten hätte wegen eines medizinischen Experiments. Sie erteilen die Lektion über religiöse Einheit und Freundschaft nur den Hindus.
In Lucknow fand eine Muslim-Prozession statt, die plötzlich anhielt, als sie an einem Tempel vorbeikam, auf dem die safrangelbe Flagge wehte. Die Mullahs sagten: ‹Dies ist die Flagge von Ungläubigen. Wir können nicht einmal unter ihrem Schatten durchgehen. Holt die Flagge herunter!› Manche von euren liberalen Hinduführern und von den

---

* Bekannteste indische Moschee, in Delhi gelegen.

*Anhängern Gandhis fingen an, auf die Hindus einzureden:
‹Eure Vorfahren haben viel ertragen. Ihr duldet auch so
manches. Ihr seid dazu geboren zu leiden. Holt die Flagge
ein.› Glücklicherweise war ich auch da. Ich sagte zu dem
Führer, der versuchte, den Hindus schönzutun, damit sie
die Flagge einholten: ‹Wenn ich deine Kappe wegnähme,
dir mit meinem Schuh vier Schläge auf den Kopf gäbe und
dir dann die Kappe wieder aufsetzte, würdest du dann protestieren?› Das ist nicht nur unsere Flagge. Es ist unsere
Ehre, unser Stolz. Religiöse Unvoreingenommenheit bedeutet nicht, daß man, um den einen zu beschwichtigen, den
anderen beleidigt. Hindukinder wurden in den Gassen von
Ayodhya mit Kugeln durchsiebt, um den Muslimen einen
Gefallen zu tun. Der Fluß Saryu wurde rot vom Blut der
gemordeten kar sevaks. Wir werden es nicht vergessen.*

Es stimmt zwar, daß es für die Stärkung der kulturellen Identität hilfreich, wenn nicht unumgänglich ist, wenn die Grup-
penmitglieder an eine tatsächlich vorhandene oder in Aussicht
stehende Unterdrückung glauben. Doch daß die achthundert
Millionen Hindus, die nach beinahe allen ökonomischen und
sozialen Kriterien relativ bessergestellt sind, sich von den
Muslimen, die zahlenmäßig nur ein Achtel von ihnen ausmachen, unterdrückt fühlen, verlangt nach einer Erklärung, die
über die Theorie relativer Deprivation hinausgeht. Diese
Theorie besagt, daß eine Gruppe sich unterdrückt fühlt, wenn
sie eine Ungleichheit in der Verteilung der Ressourcen zu erkennen glaubt und der Meinung ist, sie habe Anspruch auf
mehr, als sie erhält. Es bedarf schon einiger Realitätsverken-
nung, wenn man behaupten will, daß die Hindus sozial be-
nachteiligt seien oder Gefahr liefen, von den Muslimen unterdrückt zu werden. Solch ein Leugnen der Realität ist nur
möglich über eine Aktivierung der Verfolgungsphantasien der
Gruppe, wobei der Muslim sich vom Stereotyp zum Archetyp
wandelt: Er wird zum «Erztyrannen». Ebenso wie sich bei
Individuen Verfolgungsangst oft in einer Bedrohung für die
Unversehrtheit des eigenen Körpers manifestiert, vor allem in

psychotischen Episoden, so finden sich in Rithambras Rede zunehmend und in reicher Zahl Bilder eines verstümmelten Leibes. Beredt beschwört sie ein Indien herauf – das Mutterland –, dem die Arme abgehackt sind, wo Hindus der Brustkasten aufgeschnitten wird wie Fröschen, Kaninchen und Katzen, wo die Schenkel junger Hindufrauen mit glühenden Eisen gebrannt werden, ein Leib also, der amputiert ist, der aufgeschlitzt, geschändet wird. Eben durch diese Verwendung von Körpermetaphern – bezogen auf den eigenen Leib und den der Mutter (Indien), denen beiden Gewalt angetan wird – geschieht es, daß eine faktische Mehrheit sich in ihrer Vorstellung als bedrängte Minderheit fühlt, daß die fragwürdige Logik eines bestimmten politischen Arguments sich durch die Kraft des Mythos tief in der Phantasie verankert.

Sie meinten: ‹Verschieben wir doch die Zwischenwahlen, bis sich der Ärger der Hindus wieder gelegt hat.› Ich frage euch: ‹Ist denn der Hindu eine Mineralwasserflasche? Eine Flasche, die man nur für eine Weile offen stehenlassen muß, und das Wasser hört auf zu sprudeln?› Es ist neunhundert Jahre her, daß Ravana Sita entführt und den Gott Ram herausgefordert hat. Doch bis auf den heutigen Tag haben wir das nicht vergessen. Jedes Jahr verbrennen wir sein Bildnis, und trotzdem lodert das Feuer unserer Rache hell. Wir werden Mullah Mulayam* und Rajiv Gandhi, der ihm Rückendeckung gab, nicht vergessen. Ich bin gekommen, um den jungen Männern und Müttern von Bhagyanagar zu sagen: ‹Hört euch die Geschichte an, die Ayodhya zu erzählen hat, hört euch an, welches Opfer die kar sevaks *gebracht haben. Wenn ihr Hindus seid, wendet euer Gesicht nicht von Rams Tempel ab, schont die Verräter Rams nicht!›*
Nach dem Vorfall vom 9. November kamen viele junge Hindumänner zu mir. ‹Schwester›, sagten sie, ‹gib uns Waffen, damit wir es dem Mullah Mulayam zeigen können.› Ich meinte darauf: ‹Warum eine Kugel an einen

---

* Ministerpräsident von Uttar Pradesh

*Eunuchen verschwenden?› Ram war es leid geworden, sei-
ne Pfeile zu verschießen. Ravanas Kopf würde fallen, doch
an die Stelle des einen würde sofort ein anderer treten.
Vibhishna (Ravanas Bruder) sagte: ‹Herr, du wirst diesen
Sünder nicht töten, indem du ihm den Kopf abschlägst.
Sein Leben ist in seinem Nabel.› Meine Hindubrüder, das
Leben dieser Führer ist in ihren Stühlen (ihren Machtposi-
tionen). Nehmt ihnen ihre Macht, und sie sterben – von
ganz allein. Es sind doch nur impotente Eunuchen. Als
Ram von Ayodhya verbannt wurde, begleiteten ihn viele
Bürger in den Wald und blieben über Nacht dort. Am
Morgen sagte Ram: ‹Ihr Männer und Frauen von Ayodhya,
geht nach Hause zurück!› Die Männer und Frauen kehrten
darauf heim, aber eine Schar Hermaphroditen, die weder
Mann noch Frau sind, blieb zurück, und sie sagten: ‹Herr,
uns hast du keine Weisungen gegeben.› Ram ist freundlich.
Er sprach: ‹Im zukünftigen Kaliyuga werdet ihr für eine
kleine Weile regieren.› Diese «Weder-Männer-noch-Frauen»
sind heute eure Herrscher. Sie werden nicht imstande sein,
Indiens Einheit und Integrität zu wahren.*

*Laßt die nächste Regierung eine der Getreuen Rams sein.
Hindus, ihr müßt euch bei den kommenden Wahlen zusam-
mentun, wenn ihr wollt, daß der Tempel gebaut wird. Hindus, wenn ihr nicht aufwacht, werden bald überall Kühe
geschlachtet. An den Rückzugsorten unserer Weisen werdet
ihr singen hören: ‹Allah ist groß!› Ihr werdet für diese Ka-
tastrophen verantwortlich gemacht, denn die Geschichte
wird sagen, die Hindus seien Feiglinge gewesen. Nehmt die
Herausforderung an: Reißt das Rad der Geschichte herum!
Viele sagen: Rithambra, du bist eine Sanyasin. Du solltest
an einem stillen Ort meditieren. Ich sage ihnen, meine
Meditation besteht darin, das hinduistische Bewußtsein zu
stärken, und damit werde ich fortfahren, bis die safrangelbe
Flagge von den Festungswällen des Roten Forts* weht.*

---

* *Das* Symbol politischer Macht in Indien

Das von der Verfolgungsangst erzeugte Gefühl der Hilflosigkeit kehrt den Prozeß der Idealisierung um und offenbart die Brüchigkeit des grandiosen Gruppenselbstes. Das positive Selbstbild des Hindu – daß er tolerant und mitfühlend ist und besonderes Verständnis hat für die Beziehung zwischen der göttlichen und der natürlichen Welt, zwischen Mensch und Gott – hat eine negative Kehrseite: die ganz spezifische Scham und Furcht des Hindus, er sei zu feige und impotent, um seine materiellen und sozialen Lebensbedingungen zu ändern. Tatsächlich sollte man sich die spezifische Form der Selbstidealisierung bei einer Gruppe stets genau anschauen, um darin den Schlüssel zu entdecken für bestimmte Momente des Selbstzweifels und des Selbsthasses, die sich bei ihr finden. Was eine Gruppe an sich am meisten idealisiert, hat ganz eng mit ihrer größten Angst zu tun. Bei den Hindus haftet dem positiven Selbstbild von Toleranz der Schatten von Schwäche an. Sind wir nun tolerant, oder sind wir lediglich schwach? Oder sind wir tolerant, *weil* wir schwach sind?

Das bröckelnde Selbst in seinem unerträglichen Zustand der Hilflosigkeit verlangt nach Wiederherstellung durch energisches Handeln. Rithambra kanalisiert dieses Aktionsbedürfnis, indem sie zu kollektivem, einigem Handeln in der politischen Arena aufruft. Sie hält ihrem Publikum vor Augen, daß es die Möglichkeit hat, sich in den kommenden Wahlen selbst zu behaupten, da hier der Kampf gegen alle antihinduistischen Kräfte, die die Hindugemeinde von innen und von außen verfolgen, aufgenommen und gewonnen werden könne. Bei dieser Aussicht beginnt das negative Selbstbild zu verblassen und das Gruppenselbst gewinnt an Zusammenhalt. Zudem wird der Muslim, auch wenn er der Fremde bleibt, weniger dämonisch und menschlicher, obgleich er immer noch ein verfluchter Gegner ist.

Sie fragen: Was würde in einem hinduistischen Indien mit den Muslimen geschehen? Ich sage ihnen, die Muslime würden in einem Hindu-Staat weder schändlich behandelt noch würde man sich erkenntlich zeigen, nur um ihre

Stimmen zu bekommen. Kein Schirm wird sich in Indiens Straßen öffnen, weil es in Pakistan regnet. Wenn am Golf Krieg geführt wird, dann werden keine Slogans wie ‹Lang lebe Saddam Hussein› auf Indiens Straßen zu hören sein. Und was die Einigkeit mit unseren Muslimbrüdern angeht, so sagen wir: ‹Brüder, wir sind bereit, bei euch zu Hause sevian *(süße Nudeln) zu essen, um Id zu feiern, ihr jedoch wollt unser Farbenspiel an Holi nicht mitmachen. Wir hören euren Gebetsruf genauso wie unsere Tempelglocken, ihr jedoch habt was gegen unsere Glocken.› Wie kann es je zur Einheit kommen? Der Hindu schaut in die eine Richtung, der Muslim in die andere. Der Hindu schreibt von links nach rechts, der Muslim von rechts nach links. Der Hindu betet zur aufgehenden Sonne, der Muslim wendet sich zur untergehenden Sonne, wenn er betet. Ißt der Hindu mit der rechten Hand, so ißt der Muslim mit der linken. Nennt der Hindu Indien seine ‹Mutter›, so wird sie für den Muslim zur Hexe. Der Hindu verehrt die Kuh, der Muslim kommt ins Paradies, wenn er Rindfleisch ißt. Der Hindu trägt einen Schnurrbart, der Muslim rasiert sich stets die Oberlippe. Was auch immer der Hindu tut, die Religion des Muslims gebietet, das Gegenteil davon zu tun. ‹Wenn ihr in allem das Gegenteil von den Hindus machen wollt›, habe ich gesagt, ‹dann nur zu: Der Hindu ißt mit dem Mund; ihr solltet auch hier das Gegenteil tun!*

Nachdem das Lachen sich gelegt hat, fordert Rithambra zum Schluß die Zuhörer auf, ihr mit erhobener Faust nachzusprechen: «Sagt stolz: Wir sind Hindus! Hindustan (Indien) ist unser!»

Der Schluß von Rithambras Rede steht komplementär zum Anfang: Zu Beginn wie am Ende geht es darum, die Wir-Gruppe der Hindus abzugrenzen. Hat Rithambra mit einer Selbstdefinition des Hindus begonnen, indem sie bestimmte Hinduismen – wie sie von Helden, Göttern und historischen Gestalten verkörpert werden – heranzog, so versucht sie am Ende, diese Selbstdefinition durch Kontrastierung zu leisten:

Sie stellt das gegenüber, was ein Hindu entschieden nicht ist –
ein Muslim nämlich. Zu Anfang geschah die Abgrenzung von
innen nach außen; zum Schluß wird die Grenze in ihren Konturen durch Bezugnahme auf «sie», die Muslime, markiert,
die außerhalb des psychogeographischen Raumes, der von
«uns» bewohnt wird, angesiedelt sind. Es versteht sich von
selbst, daß «ihr» Raum nicht nur abgetrennt und andersartig
ist, sondern auch abgewertet wird. Rithambra ist raffiniert
genug, ihre Aufzählung der Unterschiede so enden zu lassen,
daß der Muslim mit gewissen geschmähten Körperteilen und
-funktionen, speziell aus dem Analbereich, assoziiert wird.

Rithambra geht, wenn sie in ihrer Rede die neue Hindu-
Identität errichtet bzw. wiedererstehen läßt, nach einem klar
erkennbaren Plan vor, wobei die einzelnen Argumentations-
schritte mit Spannung aufgeladen sind und sich über die
Phantasie mit Leben füllen. Zusammenfassend sind dies: eine
erneute Abgrenzung der religiös-kulturellen Gemeinschaft, die
Bewußtmachung eines kollektiven kulturellen Verlustes, ein
Bekämpfen innerer Kräfte, die die Einheit der eben abge-
grenzten Gemeinschaft aufzubrechen suchen, ein Idealisieren
der Gemeinschaft, die Aufrechterhaltung ihres Grandiositäts-
gefühls durch Entgegenhalten eines bösen «Anderen», der –
zeitweilig – zum Verfolger wird, und zu guter Letzt das Bewältigen der Verfolgungsideen, die das für die Gemeinschaft
spezifische Minderwertigkeitsgefühl sichtbar werden lassen,
mit Hilfe einer wirkungsvollen Aktion.

Während ich diese psychologischen Vorgänge beschreibe,
bin ich mir bewußt, daß meine eigenen Empfindungen diesem
Thema gegenüber manche meiner Deutungen beeinflußt haben könnten. Dies läßt sich nicht vermeiden, vor allem, da ich
selbst Hindu bin und als solcher sämtlichen durch die gegenwärtigen Ereignisse erzeugten emotionalen Gegenströmungen
ausgesetzt bin. Bei meiner Art von Hinduismus, einem liberal-
rationalistischen (mit einer Spur agnostischer Mystik darin)
stehe ich, wie zu erwarten, der neuen Hindu-Identität, wie sie
sich die *sangh parivar* vorstellt, kritisch gegenüber. Um also
unparteiisch zu sein (*die* liberale Schwäche schlechthin), sollte

man hinzufügen, daß der Hindu sich in keiner Weise anders verhält als jede beliebige andere Gemeinschaft oder auch Nation, die meint, etwas Besonderes zu sein, und sich anderen Kollektiven, insbesondere ihren Nachbarn und Rivalen, überlegen glaubt. Dieses Überlegenheitsgefühl, der Narzißmus der Gruppe, ihre Selbstverherrlichung, dienen dem Zweck, den Zusammenhalt der Gruppe zu stärken und dadurch die Selbstachtung ihrer Mitglieder zu erhöhen. Rafael Moses stellt sich, als er über das Gruppenselbst der Israelis und der Araber reflektiert, folgende Frage: «Und ist nicht vielleicht ein wenig Grandiosität der richtige Leim für einen solchen Zusammenhalt? Ist das nicht vielleicht dasselbe Maß an Grandiosität, wie es sich in der Familie beobachten läßt, und dient sie nicht vielleicht demselben Zweck, nämlich das Gefühl zu stärken, man sei etwas Besonderes und verfüge über eine gewisse Grandiosität, ein Gefühl, das wir doch alle in uns tragen?»[20]

Die *sangh parivar* ist nicht zu tadeln dafür, daß sie dem Stolz des Hindus Nahrung gibt, und auch nicht einmal dafür, daß sie versucht, ein Überlegenheitsgefühl gegenüber dem Muslim geltend zu machen. Dies sind Zielsetzungen des narzißtischen Kräftehaushalts, wie sie für jede Gruppe normal sind. Vielleicht lassen uns solche Ziele zurückschrecken, weil Narzißmus, bei Individuen ebenso wie bei Gruppen, als ziemlich bedenklich angesehen wird. Wer ein Opfer seiner – sexuellen oder aggressiven – Leidenschaften ist, der wird vielleicht bedauert, ja von manchen sogar als tragischer Held gesehen. Wer dagegen von Narzißmus getrieben ist, der wird als schäbig und nichtswürdig verachtet. Während sexuelle Perversionen noch Sympathie hervorrufen mögen, stößt ein fehlgeleiteter Narzißmus – wie er sich etwa in blasierter Überlegenheit oder arroganter Selbstgerechtigkeit äußert – selbst bei den Tolerantesten bloß auf Abneigung. Die Frage ist nicht, ob die *sangh parivar* dem Narzißmus des Hindus Vorschub leistet (was, wie wir alle wissen, der Gelassenheit des einzelnen nur förderlich ist), sondern ab wann dieser Narzißmus vom Üblichen abweicht und abnorm wird. Die Antwort ist nicht leicht, denn allgemeine, absolute Maßstäbe, die uns helfen könnten,

die narzißtische Deviation oder Pathologie einer Gruppe zu
erfassen, sind mir nicht bekannt. Man könnte sich vorstellen,
daß es normabweichend wäre, wenn die verstärkte Ausbildung
von Verfolgungsideen in einer Gruppe ein Ausmaß erreicht,
daß es zu Gewalttätigkeit gegen den als Verfolger gesehenen
«Anderen» kommt. Allerdings ist, wie wir ja wissen, ein
Schüren von Verfolgungsängsten am Vorabend eines Krieges
und auch noch während die Feindseligkeiten andauern gängige Praxis bei allen Nationen.

Man könnte auch sagen, daß es als pathologisch eingestuft
werden kann, wenn in einer Gruppe jegliches individuelle Urteil aufgehoben und der Realitätssinn gravierend gestört ist.
Dies ist jedoch ein individualistischer Standpunkt, von dem
aus jede Art des Überschreitens der Ich-Grenzen durch Ein-
tauchen in eine Gruppe mit Mißtrauen betrachtet wird. Von
diesem Standpunkt aus würde das spirituelle Emporgehoben-
sein bei einer religiösen Versammlung, das Empfinden des einzelnen, die Gemeinde und die Welt draußen seien von einer
einzigen Woge der Liebe erfaßt, mit der gleichen Skepsis betrachtet wie die düsteren Absichten eines gewalttätigen Mobs.
Es ist zwar richtig, daß es zu heroischer Selbstaufopferung
führen kann, wenn man die Ich-Grenzen überschreitet und
mit einer Gruppe verschmilzt, aber ebenso zu unvorstellbarer
Brutalität. Wer in einer frommen Zusammenkunft aus seiner
Haut zu schlüpfen vermag, der achtet auch, wenn er Teil eines Mobs ist, weniger darauf, in der eigenen Haut zu bleiben.
Beides jedoch in einen Topf zu werfen und in Bausch und Bogen zu verdammen heißt, das menschliche Streben nach einem
Transzendieren der Ich-Grenzen zu leugnen, etwas, was uns
durch unsere kulturelle Identität in Aussicht gestellt ist, und
eine Verheißung, die sich bei lebendiger Teilhabe am Strom
des kulturellen Lebens einer Gemeinschaft auch erfüllt, wenngleich nur von Zeit zu Zeit.

Offensichtlich ist es jedoch gerade dieser Gruppenstolz
und -narzißmus, der es den Hindutva-Kräften ermöglicht hat,
mit einer Alternative zu der von den Modernisten und der von
den Traditionalisten jeweils angebotenen Vision der Zukunft

Indiens aufzuwarten. Die Modernisten sind entschiedene Verfechter des Projekts der Moderne, auch wenn sich Rechte und Linke unter ihnen noch streiten mögen, welche Wirtschaftsform die am besten geeignete sei. Beide jedoch sind an der Frage der kulturellen Authentizität weder interessiert, noch halten sie sie für wichtig. Die Traditionalisten dagegen, einschließlich der Neo-Gandhianer, lehnen die Moderne vollkommen ab, und zwar gerade wegen der kulturellen Authentizität. Die Hindutva-Kräfte nun haben eine weitere Alternative zu bieten, denn sie fassen das Projekt der Moderne neu: Die verfügbaren Mittel und Einrichtungen, die die Moderne mit sich bringt, werden übernommen, ihre Normen und Werte hingegen bekämpft. Worum sich bei ihnen alles dreht, ist nicht die Frage der Akzeptanz weltumspannender Technologien und Wirtschaftseinrichtungen, sondern welchen Einfluß sie nehmen auf hinduistische Kultur und Identität und wie beides bewahrt werden kann. Kulturnationalismus aber wird immer Vorrang haben, wenn er mit weltwirtschaftlichen Interessen in Konflikt gerät. Wenn auf solche Weise an die Moderne herangegangen wird, so spricht dies offensichtlich besonders die neu entstehende Mittelschicht und Teile der Intelligenz an, die weder einem universellen Modernismus, wie ich ihn bezeichnen würde, noch einem postmodernen Traditionalismus verpflichtet sind.

Die Gefahr, die damit verbunden ist, wenn der Gruppennarzißmus mobilisiert wird, ist folgende: Wird die Grandiosität einer solchen Gruppe – die sich darin ausdrückt, daß sie überzeugt ist von ihrer einzigartigen Geschichte oder/und ihrem Schicksal, von ihrer moralischen, ästhetischen, technologischen oder sonstwie gearteten Überlegenheit über andere Gruppen – wird diese Grandiosität ernsthaft in Zweifel gezogen, fühlt die Gruppe sich gedemütigt oder steht höheren Formen der Grandiosität, etwa ihren ehrgeizigen Plänen, etwas im Wege, so kommt es zu einer Regression in der Gruppe, die ähnlich der in einem Individuum ist. Der negative Teil des grandiosen Selbst, der normalerweise verborgen bleibt, die für sie spezifischen Gefühle von Wertlosigkeit und ihr

charakteristisches Minderwertigkeitsgefühl, kommen jetzt
zum Vorschein. Wenn alle Möglichkeiten der Selbstbehauptung ihr verwehrt bleiben, entsteht ein Gefühl absoluter Hilflosigkeit, ein Zustand, der durch offensives Handeln verändert werden muß. Solch eine Regression manifestiert sich am
deutlichsten als Gruppenaggressivität, die – offen oder ver-
deckt – etwas von narzißtischer Wut an sich hat. Wie beim
Individuum, das solch einen unerträglichen Zustand des
Selbst durch so extreme Taten wie Mord oder Selbstmord zu
verändern sucht, ist es auch bei einer Gruppe so, daß ihr Bedürfnis nach Wiedergutmachung des Schadens, den die Kol-
lektividentität erlitten hat, mit welchen Mitteln auch immer
dies geschieht, sie nicht ruhen läßt und sie dieses Ziel unter
einem tiefsitzenden, unablässigen inneren Zwang verfolgen
muß. Narzißtische Wut verschwindet nicht, wenn der Stein
des Anstoßes außer Sicht ist. Die schmerzliche Erinnerung
kann sich festsetzen, und damit wird aus der heißen Wut eine
andauernde kalte Abneigung, die dann eines Tages in den
heftigsten Erscheinungsformen zum Ausbruch kommt, dann
nämlich, wenn die historischen Umstände einen solchen Ausbruch sanktionieren. Ich fürchte, Ayodhya ist nicht der
Schlußpunkt, sondern erst der Anfang, da die Kräfte, die die
Grandiosität des Hindus (bzw. des Muslims) erschüttern,
nicht innerhalb des Landes zu suchen sind, sondern globale
Dimensionen haben: Es sind die der Modernisierung inne-
wohnenden Kräfte, die der wunderbaren Verlockungen und
schrecklichen Verfälschungen aufklärerischen Geistes.

Es wäre ein leichtes, Rithambras Beschwören der hinduistischen Vergangenheit – und ebenso das, was die *sangh parivar*
tut – von einem postmodernen Standpunkt her abzutun, von
dem aus sich jede Vergangenheit als soziales Konstrukt ausnimmt, das sich durch die Anliegen der Gegenwart herausbil-
det. Anders gesagt gibt es so etwas wie *die* Vergangenheit gar
nicht, da die Vergangenheit veränderbar und entsprechend
den Bedürfnissen der Gegenwart manipulierbar ist. Doch wie
der französische Soziologe Emile Durkheim schon vor langer
Zeit dargelegt hat, weist jede Gesellschaft ein minimales

Kontinuitätsbewußtsein in bezug auf seine Vergangenheit auf und braucht es auch.[21] Erinnerungen können für die Gegenwart nicht von Bedeutung sein, sofern für diese Kontinuität nicht gesorgt ist. In einer Gesellschaft, die mitten in einem mit Qualen verbundenen Entwicklungsprozeß hin zur Moderne steht, wird das Bedürfnis nach Kontinuität mit der Vergangenheit immer dringlicher, dieses Gefühl, in einer Tradition zu stehen, das wesentlich ist, um ein Bewußtsein individueller und kultureller Identität aufrechtzuerhalten, das den subversiven Reiz eines Standpunkts, der die Plastizität und Diskontinuität der Vergangenheit betont, einschneidend mindert. Und genau dieses Bedürfnis nach einer Kontinuität des kulturellen Gedächtnisses, nach einer gemeinsamen Vorstellung von der Vergangenheit in einer Zeit rascher Veränderung, ja Umwälzung, ist es, was die *sangh parivar* mit so beträchtlicher sozialer Resonanz und politischem Erfolg anspricht.

7.
Die muslimisch-fundamentalistische Identität

Auch wenn die Bezeichnung «fundamentalistisch» oft dazu
benutzt wird, bestimmte Gruppen, besonders muslimische, zu
stigmatisieren, gibt es kein anderes Wort, das ein befriedigen-
der Ersatz dafür wäre. Dies liegt in der Natur der Sache
selbst: Bei solchen frommen Leidenschaften, starken Überzeugungen und unbeugsamen Werten muß sich jeder neutrale
und ursprünglich deskriptive Begriff mit negativer oder posi-
tiver Konnotation aufladen. Viele sind der Meinung, daß der
religiöse Fundamentalismus als Phänomen den Versuch einer
religiösen Gemeinschaft darstellt, ihre Identität durch einen
selektiven Rückgriff auf Lehren, Glaubenssätze und Gepflogenheiten aus einer geheiligten Vergangenheit zu wahren.[1]
Zwar ist die nostalgische Rückwendung zu dieser geheiligten
Vergangenheit ein Charakteristikum der fundamentalistischen
Rhetorik, doch sind die Grundprinzipien, auf die zurückge-
griffen wird, sehr oft pragmatisch weiterentwickelt und mo-
difiziert. Der heutige Fundamentalismus ist etwas Wiederbe-
lebtes und etwas Neuerrichtetes zugleich, ist sowohl ein
Derivat als auch etwas Originäres.

Der muslimische Fundamentalismus in Indien hat die gleichen bleibenden Anliegen wie der islamische Fundamentalismus andernorts auf der Welt, weist aber auch typisch indische
Züge auf. Wie der Politologe M. S. Agwani darlegt, gibt es
nicht einen, sondern viele Fundamentalismen in Indien, deren
bedeutendste Varianten mit Namen wie Deoband, Nadwah,
Tablighi, Jamaiat und Jamaiat-i-Islami verbunden sind.[2] Der
muslimische Fundamentalismus ist daher keine monolithische
Einheit, sondern zerfällt in Splittergruppen, die nicht nur uneins sind über die Mittel und Wege, wie die angestrebte islamische Erneuerung zustande gebracht werden soll, sondern

zuweilen auch über die vorrangigen Ziele. Zwar stimmen alle
darin überein, daß die Gebote aus der Frühzeit des Islam, die
für alle Länder und Zeiten gültig sind, das private und kollektive Leben dominieren sollen, daß Nationalismus, Säkula-
rismus und Materialismus etwas Unislamisches sind und daß
so beliebte Bräuche wie die Heiligenverehrung an *dargahs*
(Kultstätten) und sakrale Musik im gesellschaftlichen und religiösen Leben von Muslimen unerwünschte Anleihen aus
dem Hinduismus darstellen, doch herrscht keine Übereinstimmung darüber, welches Verhältnis zwischen Religion und
Staat wünschenswert wäre oder in welchem Ausmaß totalitä-
re Praktiken nötig sind, um religiöse Orthodoxie durchzusetzen.

Für mich ist der Fundamentalismus die dritte muslimische
Antwort auf den Verlust kollektiver Selbstidealisierungen und
den Bruch im Selbstbild, die der historische Wandel mit sich
gebracht hat. Ist das Opfer unfähig zum Haß, so kann der
Fundamentalist nicht aufhören zu hassen. Während beim
«andalusischen Syndrom» die Trauer der Gruppe kein Ende
nimmt, ist eine der Komponenten des Fundamentalismus das
Phänomen der «Unfähigkeit zu trauern»[3], ein emotionaler
Zustand, bei dem der natürliche Trauerprozeß durch über-
mäßige Wut blockiert ist.

Begegnung mit den Mullahs

Für die Männer, die in muslimischen Gesellschaften seit jeher
an der Spitze des Fundamentalismus standen und weithin
als Repräsentanten islamischen Konservativismus galten, die
ulema, ist Religion ihr Beruf. Diese *ulema*, die ein unter-
schiedliches Maß an religiöser Ausbildung haben, kennt man
in Indien und Persien als «Mullahs». In gewisser Weise war
meine Konfrontation mit den Mullahs psychologisch gesehen
die schwierigste. Die Begegnung selbst stellte keine hohen An-
forderungen, da sie abgesehen von unser beider geistiger Präsenz lediglich eine körperlose Stimme auf seiten des Mullahs

und Ohren auf meiner Seite erforderte. Die Mullahs – Qari Hanif Mohammad Multanwale, Sayyed Mohammad Hashmi, Maulana Salimuddin Shamshi, Riyaz Effendi und andere – kamen nämlich über Live-Aufzeichnungen ihrer Predigten zu mir, die, zu verschiedenen Zeiten während der letzten zehn Jahre in unterschiedlichen Moscheen aufgenommen und auf Hundertausende billiger Audiokassetten kopiert, in den muslimischen Vierteln indischer Städte und Großstädte überall erhältlich waren.

Die geistige Auseinandersetzung mit dem Mullah war in zweierlei Hinsicht schwierig. Zunächst einmal war da immer noch aus meiner Hindu-Kindheit das Bild des Mullah: Ich sah ihn wie damals vor mir als einen Mann mit wildem Blick und wallendem Bart, der jeden Freitag nachmittag in der Moschee Gift und Galle spie in der Absicht, seine versammelte Gemeinde in einen rasenden Mob zu verwandeln, den es nach dem Blut des ungläubigen Hindus dürstete – nach dem meinem! Zum anderen war da die Rhetorik des Mullah, die sich an älteren Vorbildern aus der Blütezeit des Islam im Nahen Osten orientierte und mir unangenehm fremd war. Mit ihrer unverhüllten Emotionalität, dem Einsatz des vollen Stimmregisters vom Flüstern bis hin zum Rufen, Schreien und zu gelegentlichem Weinen, wenn ihn die religiöse Begeisterung überkam, war mir die Art, wie der Mullah öffentlich sprach, (genauso wie die des hinduistischen Eiferers) zuwider und eine Anfechtung für meine Sensibilität als Erwachsener. Schließlich war ich geprägt von einem psychoanalytischen Rationalismus und fühlte mich regelrecht abgestoßen von dem einschüchternden Befehlston, der herrischen Stimme und der moralischen Gewißheit, die nur das Schwarz des Unglaubens (*kufar*) und das Weiß des Glaubens kennt und weder Zeit noch Toleranz hat für Grautöne.

Emotional beeinflußt von den Phantasien aus einer hinduistischen Vergangenheit und kognitiv geprägt durch die Konzepte eines westlich inspirierten Liberalismus, war meine erste Reaktion auf den Mullah die, ihn als «Fanatiker» abzustempeln, ein Wort, das selbst eine Prägung des Europas des acht-

zehnten Jahrhunderts ist, die den religiösen Eiferer brand-
marken und nicht beschreiben will. Die Versuchung war
übermächtig, den Mullah als einen Gerechten bloßzustellen,
den die religiöse Leidenschaft gepackt hatte, um hinter dieser
Fassade andere, niedere Motive, die am Werk sind, zum Vorschein zu bringen. Eigentlich scheinen die Reden der meisten
Mullahs, in denen stets die Verachtung und Gleichgültigkeit
gegenüber allem, was nicht Objekt ihrer Leidenschaft ist, und
die unerschütterliche Gewißheit über die Richtigkeit ihrer
Überzeugungen zum Ausdruck kommt, direkt dazu angetan,
sie psychoanalytisch anzugehen und zu zerpflücken. Doch der
Versuchung, den Mullah als zwanghaft oder gar als psycho-
pathisch oder auch paranoid zu pathologisieren, mußte ich
widerstehen, wenn ich den muslimischen Fundamentalismus
verstehen wollte, ohne auf reduktionistische psychologische
Klischees zurückzugreifen.[4] Der erste Schritt zu solchem Verständnis war, dem Mullah zuzuhören.

Auch wenn die Grundmelodie mit unterschiedlicher Stimme und mit variierendem Text gesungen wird, erkennt man
das fundamentalistische Thema bei jedem Mullah sofort wieder. Nach einem Vorspiel von ein paar obligatorischen *ayats*
aus dem Koran auf Arabisch, die bedeuten sollen, daß Sprecher wie Zuhörer sich jetzt im Bereich des Heiligen befinden,
beginnt der Fundamentalist in der Regel mit einer Klage darüber, daß Glanz und Glorie dahin sind, indem er die heutige
Misere der Muslime mit ihrer einstmals erhabenen Stellung
vergleicht. Wohl mag es Muslime in ansehnlicher Zahl auf
der ganzen Welt geben, meint ein Mullah, und Moschee und
Koran sind wohl in jedem Land anzutreffen, doch nirgendwo
hört man davon, daß es Muslimen wohlergehe, daß sie erfolgreich und auf dem aufsteigenden Ast seien. Einhundert-
undsechzig Millionen Muslime stehen unter der Knute von
zweieinhalb Millionen Juden. «Schaut euch das traurige Los
des Irak an, eines Landes, das durch das Blut des Enkels des
Propheten geheiligt ist. Einstmals stand Sultan Salah-al-din
Ayubi (Saladin), der eine Streitmacht von dreizehntausend in
der Schlacht um Jerusalem befehligte, Richards Armee von

siebenhunderttausend gegenüber und tötete dreihunderttau-
send Christen an einem einzigen Tag.» Einstmals in der
Schlacht um Mekka – und dieser ersten Schlacht in der islamischen Geschichte bedient sich jeder Mullah mit Vorliebe
zur Illustration – schlug der Prophet mit einer zusammengewürfelten Truppe von dreihundertunddreizehn (eine Zahl, die
zusammen mit dem Wort «Karbala» zum wirksamsten Symbol politischer Mobilisierung wurde) – Frauen, Kinder und alte Männer inbegriffen – die eintausend bewaffneten Krieger
von Abu Jahl, darunter viele zu Pferde, in der Schlacht von
Badr. Heute müssen sich Muslime trotz allen Öls, aller Dol-
lars und Waffen, die sie auf der Welt besitzen, dem Diktat
westlicher, christlicher Mächte unterwerfen, sogar in den
sechsunddreißig Ländern, in denen sie die vermeintlichen
Herrscher sind. Einst, als der muslimische Heilige Khwaja
Moinuddin Chisti in Ajmer starb, begannen neun Millionen
kafire (Ungläubige, hier: die Hindus) das *kalma* zu lesen, d.h.
sie wurden Muslime. Einst konvertierten beim Anblick des
Trauerzuges des Imam Rahimullah zwanzigtausend Juden
zum Islam. Heute haben Muslime Probleme, ihren Glauben
bei sich lebendig zu halten.

Der Griff zu historischen Beispielen aus der Frühzeit des
Islam, versehen mit legendärer Ausschmückung, um Abstieg
und Elend des Muslim in der modernen Welt zu veranschaulichen, ist ein panislamisches Phänomen. Nur wenige Kulturen
haben der Geschichte so viel Bedeutung beigemessen wie der
Islam, wenn er sich selbst bewußt wahrnimmt.[5] «Erkennt eure Geschichte *(tarikh)*!» lautet die gängige fundamentalistische Aufforderung – im Gegensatz zu der in der hinduistischen Erneuerungsbewegung implizierten Empfehlung: «Lebt
euren Mythos!» Von der Zeit des Propheten bis zum heutigen
Tag hat der Islam stets unterschieden zwischen sich selbst und
dem anderen, zwischen dem Bruder und dem Fremden, zwischen dem Gläubigen und dem fremden *kafir*, dem Ungläubigen. Es ist daher nicht überraschend, daß es im fundamentalistischen Diskurs die umfassendere Geschichte des Islam mit
der arabischen Welt im Zentrum und nicht die Geschichte der

indischen Muslime ist, über die versucht wird, eine kollektive Muslim-Identität zu formen.

Nachdem die Mullahs die Symptome der Misere der Muslime aufgelistet haben, stellen sie in einem nächsten Schritt die Diagnose der Krankheit. Die schlechte Verfassung der Muslime, so behaupten sie, sei nicht auf irgendwelche größeren Veränderungen in den äußeren Lebensumständen der Muslime zurückzuführen, sondern auf einen eklatanten Fehler im Inneren: die Schwächung oder den Verlust des religiösen Glaubens. Muslime haben alles verloren – politische Einflußnahme, Achtung, den Reichtum des Glaubens (*din*) wie den der Welt (*duniya*) –, weil sie ihren Pakt mit Mohammed nicht eingehalten haben. Eines Tages gab Allah den Muslimen das Königreich der Welt, doch nur, um sie auf die Probe zu stellen, ob sie Ihm auch weiterhin dienen würden. Die Muslime haben diese Prüfung nicht bestanden. Es war ihr religiöser Eifer, der einer kleinen, unbewaffneten Schar Muslime auf dem Schlachtfeld gegen eine überwältigende Übermacht zum Sieg verhalf. (Nun wendet sich der Mullah unmittelbar an den Zuhörer.) «Heute achtet ihr den Koran nicht. Ihr achtet auch den Propheten nicht, der so rein ist, daß ihm sein ganzes Leben hindurch nicht eine einzige Fliege nahekam, ein Mann, dessen Schweiß göttlicher roch als Schiffsladungen von Parfüm. Ihr mögt euch für Muslime halten, doch schaut in den Spiegel des Koran, und ihr werdet sehen, ihr seid es nicht!»

Die Araber haben Palästina an die Juden verloren, weil sie um Land kämpfen, auch wenn es ihr eigenes Land ist. Sie kämpfen nicht für den Islam, nicht für den Propheten. Sultan Salah-al-din kämpfte für den Islam und errang Palästina. Am Vorabend der Schlacht gegen Richard sagte er zu seinen Soldaten: ‹Das Paradies ist nah, Ägypten ist weit.› Er verteidigte den Islam nicht durch das Schwert, sondern durch seinen Charakter als Muslim. Die Christen pflegten, wie es bei ihnen Brauch ist, schöne junge Frauen zu ihm zu schicken, damit diese die muslimischen Generäle verführen und verderben sollten, wobei die christlichen Priester den Mädchen Vergebung aller Sünden zusicherten, die sie im Dienste an der Christenheit auf sich luden. Saladin wies dreizehn der schönsten Christenmädchen zurück, die ihm in seinen Palast gesandt wurden; die Christinnen lasen sogar, beeindruckt von der Standhaftigkeit des Sultan, das *kalma*. Auf der anderen Seite verloren die Muslime Indien, und zwar nicht an die Briten, sondern weil die letzten Mogulherrscher wie Mohammad Shah Rangile und Bahadur Shah Zafar in einem Sündenpfuhl versunken waren, indem sie sich dem Wein, den Frauen und der Poesie hingaben.

Nach der Diagnose machen sich die Ärzte an die Pathogenese: Die Krankheit ist durch den Prozeß der Moderne ausgelöst worden, gegen den der Körper des Muslims nicht genügend Widerstandskräfte besaß. Heutzutage ist kein Unterschied zwischen dem Zuhause eines Muslims und eines Hindus, Juden oder Christen. Die Krankheit Fernsehen ist in die Häuser der Muslime eingezogen, wo Familien ganze Abende mit gottloser Unterhaltung vergeuden, statt im Koran zu lesen oder über das Gelesene zu sprechen. «Manche sagen zwar: ‹Wir sehen nur wegen der Nachrichten fern›, doch ich frage euch: ‹Was sind das denn für Nachrichten? Von Morden und Unglücksfällen? Gibt es denn irgendwelche Nachrichten, die das Herz des Gläubigen erfreuen würden? Wo ist die Nachricht, daß ein muslimisches Land das Land von Ungläubigen erobert hätte?› Man hört die Leute auf der Straße Lieder aus Filmen singen, Lieder von Prostituierten, statt daß sie das *kalma* auf den Lippen hätten. Sie folgen gebildeten Menschen, die ihnen ihre Religion wegnehmen, die die Trennung der Religion vom Leben und der Politik lehren.»

Muslime haben nun diese zutiefst anstößigen modernen Moden übernommen. So ehrwürdige Namen wie Fatima – so hieß die Tochter des Propheten – geben sie ihren Töchtern nicht mehr, sondern nennen ihr kleines Mädchen nach irgendeinem Filmstar, einer Prostituierten. «Schaut euch nur mal die Hosen im Western-Stil an, die die Männer tragen, mit Taschen an unanständigen Stellen. Da sieht man Männer sich vorbeugen und Geld aus der Gesäßtasche direkt am Hinterteil nehmen. Im Winter kann man beobachten, wie sie die Hände in die Seitentaschen gleiten lassen und Erdnüsse oder Cashew-kerne, die sich an dieser anstößigen Stelle befinden, heraus-nehmen und in den Mund stecken.»

In früheren Zeiten hätte ein Herrscher nie erlaubt, daß eine Frau sich in offiziellen Räumen aufhält oder bei öffentlichen Anlässen mit anwesend ist. Ein Mullah würde keine Hoch-zeitszeremonie vollziehen, bei der Frauen zugegen sind. Jetzt können einige der Herrscher nicht einmal ohne eine Frau auf die Toilette gehen. Statt allein vor Allah ihre Ehrerbietung zu erweisen, verbeugen sich Muslime jetzt vor den Gräbern di-verser *pirs*, die einen Meter unter der Erde liegen. Kein Wun-der, daß der Islam sich unter dem Ansturm des *kufar* beugen muß. «Araber beugen sich den Juden und den Christen, ihr euch den Hindus. Was soll diese Beschäftigung mit weltli-chem Reichtum und Erfolg? Allah sagt, ihr seid von mir nicht in die Welt geschickt, damit ihr zwei Läden aus einem macht und vier aus zwei, zwei Fabriken aus einer und vier aus zwei. Will der Koran, daß ihr das tut? Will es der Prophet? Nein! Sie wollen, daß ihr euch dem Glauben widmet, euer Leben zum Ruhme des Islam hingebt.»

Die Arznei, die die Mullahs empfehlen, ist die Rückkehr zu den Grundlagen des Glaubens, wie sie im Koran enthalten sind. Der Koran ist das Buch Allahs, das von Gott geschenkte Licht, um die Menschheit von der Dunkelheit zu befreien. Nichts ist diesem Buch hinzuzufügen, ebensowenig kann et-was gestrichen werden. Keine Argumente, keine Diskussion, keine Einwände, kein Fordern von Beweisen. Dieses Buch ist ewig und unveränderlich. «Es ist nicht wie die Kleider, die ihr tragt, die im Sommer andere sind als im Winter. Befolgt jede Glaubensregel, nicht nur die, die euch gelegen kommen. Nicht das zählt, was ihr wollt oder wünscht, sondern Allahs Wunsch ist es, dem ihr euch fügen müßt. Nicht das, was euch gefällt, müßt ihr tun, sondern das, was dem Propheten gefällt. Alles, was ihr braucht, um euer Leben zu leben, ist vorbild-haft im Leben des Propheten zu finden. Alles, was ihr braucht, ist der Glaube – an Allah, den Propheten und das

Buch der Bücher, an die Engel, den Tag des Gerichts, an Paradies und Hölle –, und ihr müßt euch bemühen. Wenn ihr weltlichen Reichtum nicht erlangen könnt, ohne euch darum zu bemühen, wie könnt ihr dann ins Paradies gelangen ohne Bemühen? Sagt euren Töchtern, sie sollen täglich im Haus die Gebete sprechen; wenn sie erst einmal in der Hölle schmoren, könnt ihr es ihnen nicht mehr sagen.»

Psychologisch gesehen ist also der Fundamentalismus eine Theorie über das Leiden und seine Heilung, genauso wie der moderne Individualismus eine andere Theorie des Leidens und seiner Heilung ist. Im Zentrum psychologisch verstandener Individualität steht Internalisierung und nicht Externalisierung. Internalisierung heißt für mich hier, daß man seiner Psyche (im griechischen Sinne) gewahr wird, daß man spürt, man ist von innen her mit Leben erfüllt und nicht von außen her. Der Erfahrung nach bedeutet diese Internalisierung, daß man erkennt, im Besitz einer Psyche in all ihrer Komplexität zu sein. Es ist dies ein Anerkennen, wie vage, unwillig oder widersprüchlich auch immer, einer Subjektivität, die einem vorübergehendes Leiden als Schicksal beschert, und zwar aufgrund der Vorstellungen und Gefühle, die Subjektivität ja ausmachen – in der Psychoanalyse erlebt man mörderische Wut, Neid und besitzergreifendes Verlangen, das jene zerstört, die man liebt und am Leben erhalten wissen möchte –, und gleichzeitig ist auf irgendeiner Bewußtseinsebene das Wissen vorhanden, daß die Psyche dabei helfen kann, verwirrte Gedanken unter Kontrolle zu bekommen und zu verarbeiten. Der Fundamentalismus dagegen macht die Ursache des Leidens nicht in der individuellen Psyche fest, sondern meint, sie in einem historischen Prozeß zu finden, der aber nicht schicksalsmäßig determiniert ist, sondern dem menschlichen Willen unterliegt und in hohem Maße reversibel ist. Individuelles und kollektives Leiden hat hier seinen Grund in einem Abfall von einem idealen Glaubenszustand, und die Therapie dafür liegt in der Anstrengung, die jemand unternimmt, den Glauben in sich in seinem Urzustand, nämlich in makelloser Reinheit, wiederherzustellen.

Was noch auffällt am fundamentalistischen religiösen Diskurs ist nicht so sehr der Aspekt, daß sich hier ein militanter Zorn gegen den Feind – den Modernisierungsprozeß, die Ungläubigen – richtet, der verantwortlich gemacht wird für den gegenwärtigen traurigen Zustand der Muslime, sondern daß sich diese Wut in kollektiven Selbstvorwürfen und masochistischem Selbsthaß nach innen richtet. Der Verlust muslimischer Größe wird nicht betrauert, was den Weg ebnen würde für ein letztliches Akzeptieren des Verlusts und die Gemeinschaft befähigen würde, der Zukunft ohne diese kräftezehrende Auseinandersetzung mit der Vergangenheit ins Auge zu sehen. Statt dessen wird der Verlust als ständige Demütigung erfahren, als eine narzißtische Verletzung des Gruppenselbst, was weiterhin diffusen Zorn hochkommen läßt statt Traurigkeit, wie es bei Trauer der Fall ist. In den Geschichtsbeispielen, die in den Predigten der Mullahs herangezogen werden, findet sich eine Fülle an sadomasochistischen Bildern, die eine unbewußte Wut erkennen lassen, während sie doch scheinbar den verlorenen Ruhm und Glanz des Islam beklagen. In ihren Reden fließt reichlich Blut: Ganze Ströme davon ergießen sich in den geschilderten Massakern an Muslimen, und aus den Körpern von Kindern, die wegen ihres Glaubens Marterqualen leiden müssen, schießt das Blut in Fontänen hervor. Die Greueltaten, die an Muslimen in moderner und mittelalterlicher Zeit verübt worden sind, werden sehr genüßlich in allen Einzelheiten geschildert. Nicht die Ärzte und Offiziere – die Repräsentanten der modernen Welt – haben Opfer für die Unabhängigkeit des Landes gebracht, sagt Qari Mohammad Hanif, sondern die Mullahs, und es wird detailliert über Vorfälle berichtet, die nicht in den Geschichtsbüchern stehen: Dreitausend *ulema* wurden auf die nach Delhi führende Straße gelegt, und die Briten fuhren mit Straßenwalzen über ihre Oberkörper. Hunderte wurden in Schweinshäute eingenäht und lebendig verbrannt. Mit einem Blick fürs blutrünstige Detail wird geschildert, wie die ersten Märtyrer gepfählt, auf dem Scheiterhaufen verbrannt, von Elefantenfüßen zertrampelt und lebendig eingemauert wurden. Die Zuhörer werden

aufgefordert, sich in die qualvolle Lage einer frommen Frau
hineinzuversetzen, der Hunderte von Nägeln durch Hände
und Füße getrieben wurden und die zu ihrem ungläubigen
Peiniger sagte: «Du kannst mir auch noch hundert Nägel
durch die Zunge schlagen, und ich werde trotzdem Allahs
Namen nicht verleugnen!»

Neben diesen sadomasochistischen Bildern taucht ein weiteres Thema im fundamentalistischen Diskurs auf: das Ein-
impfen von Schuld. Die Reden evozieren Bilder von Ahnen,
die der heutigen Generation von Muslimen mit vorwurfsvol-
lem Blick und dem Refrain «Du hast uns im Stich gelassen!»
auf toten Lippen gegenübertreten. Indem er die Schuld gegenüber den Eltern, die die frühe Kindheit in uns allen hinterlassen hat, wieder aktiviert, setzt der Fundamentalismus ein
starkes Gebräu aus Zorn und Schuldgefühl an.

Wenn ich hier psychologischen Themen im muslimisch-
fundamentalistischen Diskurs nachgehe, dann will ich damit
noch lange nicht diesen Diskurs auf Psychopathologisches reduzieren. Mag der Fundamentalismus dem Außenstehenden
auch als eine Krankheit erscheinen, für den, der dazugehört,
ist er Therapie. Für viele Muslime, in denen ein undefinierba-
res Gefühl von Unterdrückung sich breitmacht und die vor
einer bedrohlichen Zukunft stehen, die bereits ihre Schatten
vorauswirft, deren Selbstachtung angeschlagen ist infolge historischer Umwälzungen, die ihrer politischen Rolle ein Ende
setzten und praktisch zum Verschwinden ihrer Sprache führten, für diese Muslime stellt der Fundamentalismus den Versuch dar, wie fehlerhaftet er auch sein mag, im sozialen
und kulturellen Leben das Heilige wiederaufleben zu lassen,
der Politik wieder eine geistige Dimension zu geben und in ihren religiösen Wahrheiten erneut ein Bollwerk gegen einen
kollektiven Identitätszerfall zu finden.

Religion in der Politik

Um einen näheren Blick auf die psychologischen Prozesse
werfen zu können, die mit der fundamentalistischen Mobilmachung der Muslime zusammenhängen, habe ich als Bei-
spieltext eine Rede von Ubedullah Khan Azmi, einem einfluß-
reichen nordindischen Muslimführer, ausgewählt. Azmi hatte
bereits wichtige Funktionen in muslimischen Institutionen inne, wie zum Beispiel den Posten des Sekretärs in der Muslim
Personal Law Conference, einer Organisation, durch die der
konservative Teil der Volksgruppe seine Autonomie bei der
Schaffung und Interpretation eines auf Muslime anwendbaren
Zivilrechts zu wahren suchte, und Azmi ist, was ich einen
«gemäßigten Fundamentalisten» nennen würde. Damit meine
ich, daß er wie alle Fundamentalisten dem «Gründungs-
mythos» anhängt, daß eine wahrhaft islamische Gesellschaft
nur zur Zeit des Propheten und der ersten vier Kalifen existiert habe und daß man zu diesen Ursprüngen zurückkehren
müsse, wolle man die anfängliche Vitalität der Gemeinschaft
wiederherstellen. Als Gemäßigter geht er jedoch nicht so weit
wie manche andere, die für einen Austritt aus dem modernen
politischen System Indiens oder für dessen Ablehnung plädieren, für einen heiligen Krieg zur Rückeroberung der Geisteshaltung des Urislams.

Seine Politik ist zwar durchdrungen von fundamentalistischen Überzeugungen, ist aber dennoch in vieler Hinsicht
ganz gewöhnliche Politik, die sich den wechselnden politischen Realitäten ständig anpassen muß. Wie viele fundamentalistische Führer, die innerhalb säkularer Demokratien ope-
rieren müssen, hat sich Azmi ein gewisses Maß an politischem
Einfluß verschaffen können (er gehört dem Parlament an), indem er eine für beide Seiten nützliche Allianz mit säkularen
Politikern der politischen Partei der Mitte, der Janata Dal,
einging. Bei solchen Allianzen sind fundamentalistische Führer bekanntlich bereit, sich auf einer Welle rein sozioökonomischer oder politischer Ressentiments davontragen zu lassen,

solange sie Stimmen für ihre politischen Verbündeten mobilisieren können, indem sie Kapital schlagen aus den religiösen Leidenschaften und Ängsten in ihrem Wahlbezirk und Dinge sagen und tun, die säkulare Politiker tunlichst vermeiden.[6] Mittels ihrer Rhetorik versucht fundamentalistische Politik ihre Zielgruppe zu verführen, indem sie ihr das Gefühl vermittelt, einer Gemeinschaft mit transzendentem Ziel anzugehören, und sie gibt so dem Leben einen höheren Wert oder Sinn, als es säkulare Politiker vermögen. Die Gruppe, die Adressat der Fundamentalisten ist, empfindet sich, was sehr befriedigend ist, als auserwählte Schar und hat zudem das Gefühl, einem von Gott geheiligten Zwecke zu dienen, eine heilige Mission zu erfüllen, eine Mission, die der des Gegners überlegen ist, da jene ja nicht in gleicher Weise gesegnet oder bloß von einem unbedeutenderen Gotte gesegnet ist.

Meine Wahl fiel auf diese 1985 gehaltene Rede, nicht weil sie in irgendeiner Weise bemerkenswert wäre, sondern gerade, weil sie es nicht ist. Es ist eine der üblichen Reden, die ein unbedeutendes Ereignis zum Anlaß nimmt: In einem Distriktgericht in Rajasthan hat ein obskurer Hinduanwalt einen Antrag eingereicht mit dem Ziel, ein Verbot des Korans zu erreichen. Anders als Rithambras Rede, die sich im Stil an der bardischen Erzähltradition im Hinduismus orientiert, ist Azmis Rede im traditionellen muslimischen Stil gehalten, mit Urduverspaaren als Einsprengsel für ein Publikum, das poetische Ausschmückungen bei seinen Rednern gern hat. Die im folgenden wiedergegebene Rede ist notwendigerweise gekürzt, jedoch nicht so überarbeitet, daß ihr wesentlicher Gehalt, die Bilder und die Gedankenabfolge geändert wären.

[Ich wünschte], ich hätte diesen Tag nicht erleben müssen. Dies sind die Nachkommen von Nathuram Godse (Gandhis Mörder), die da von einem Verbot des Korans reden. Die Kinder von Nathuram Godse träumen davon, die Babri-Moschee zu besetzen. Ubedullah Khan Azmi erklärt offen: Schaut euch doch die Abstammung all der Verräter an von der Zeit des Mahatma Gandhi bis hin zu der von

*Indira Gandhi, und schaut euch dann die Abstammung de-
rer an, die von 1945 bis 1985 loyal zu Indien standen. Für
welches Verbrechen werden wir Muslime eigentlich bestraft? Unser Buch soll verboten werden, ebenso unser
Familienrecht, sogar in unserer Lebensweise werden uns
Beschränkungen auferlegt. Gebt nur acht, die Geschichte
mag sich wiederholen. Vielleicht muß ja Balasaheb Desora
noch das* kalma *lesen (d. h. Muslim werden), vielleicht muß
auch Atal Bihari Vajpayee das* kalma *lesen, vielleicht muß
dies sogar Rajiv Gandhi.* *

*Zuweilen tauchen Sterne in den Wellen auf
Zuweilen führt Khalid Armeen an
Jedes Zeitalter erlebt den Aufstiegs eines Yazid
Jedes Zeitalter ist Zeuge der Geburt eines Shabbir.* **

*Wie sehr haben wir diesem Lande gedient! Was haben
wir nicht alles unternommen, um Freiheit für dieses
Land zu erreichen! Daß uns Muslimen unter dem indischen Gesetz gleiche Rechte eingeräumt wurden, das war
kein Almosen, sondern wir haben es uns verdient. Und
jetzt wollen sie den Koran verbieten?! Wer führte denn
das Land in die Unabhängigkeit? Jeder nennt Mahatma
Gandhi den Vater der Nation. Gut, wir nennen ihn das
auch. Und wer hat diesen ‹Vater der Nation› gemordet?
Nathuram Godse. Wer hat Indira Gandhi ermordet? Be-
ant Singh und Satwant Singh. Waren sie etwa Muslime?
Ihr habt sie beide beseitigt.*

*Und da beklagt ihr euch noch über meine Treulosigkeit!
Ich soll nicht treu sein! Dann habt ihr aber auch nicht
Sorge für mein Herz getragen.*

---

* Desora leitete die RSS, während Vajpayee ein prominenter Führer
der BJP ist.

** Khalid war der legendäre General der arabischen Armeen, die im
siebten Jahrhundert alles eroberten. Yazid, der erste Muslimkönig,
ist die Verkörperung des Bösen in der heiligen Geschichte des Islam, während Shabbir ein anderer Name für Hussain, den Enkel
des Propheten und den Antagonisten Yazids in der Schlacht von
Karbala, ist.

*Wen haben wir denn beseitigt? Ich will euch einmal etwas
sagen, da ihr uns «Pakistanis» nennt: Als Pakistans Panzer
ins Land rollten, da zerstörten wir acht davon in Gestalt
von Abdul Hamid*. Immer wenn das Land Opfer forderte,
haben Muslime ihr Blut gegeben. In jeder kritischen Lage
sind wir für den Schutz des Landes dagewesen, und jetzt
bezweifelt ihr unsere Loyalität? Ihr sprecht von einem Verbot des Korans, der uns gelehrt hat, für die Ehre des Landes das Leben hinzugeben. Der Koran hat der Welt Disziplin gegeben. Der Koran gab selbst den Niedrigsten der
Niedrigen das Recht, in Würde zu leben. Der Koran hat
zuerst seine Stimme erhoben gegen die Kastenunterschiede.
Der Koran hat zuerst die Unterschiede zwischen hoch und
niedrig abgeschafft. Der Koran lehrte die Welt, daß der
Mensch nicht groß wird aufgrund seiner Geburt, sondern
aufgrund religiöser Tugend, Enthaltsamkeit und Wahrheit.
Den Koran zu verbieten bedeutet die Realität zu verbieten,
die Wahrheit zu verbieten. Diese Bestechlichen wollen, daß
die Korruption weitergeht. Diese Wüstlinge wollen, daß
der Ehre der Frauen Schande angetan wird. Diese Trun-
kenbolde wollen, daß die Plünderung Indiens weitergeht.
Aber wenn die Leute den Koran kennenlernen, wenn sie die
Gesetze des Korans verstehen, dann wird der Koran sowohl
die Welt als auch die* millat *(die Religionsgemeinschaft der
Muslime) erlösen.*

Die politische Kultur des Fundamentalismus ist in stärkerem
Maße als die säkularen politischen Kulturen im wesentlichen
eine Politik der Bilder. Das Bild, das Azmi als erstes heraufbe-
schwört, ist das einer Muslimgemeinde im Belagerungs-
zustand, attackiert von einem gemeinen, verräterischen Feind,
dem Hindunationalisten. Azmis spezielle Strategie ist es, das
Bild eines schonungslosen Angriffs auf das zentrale Symbol
muslimischer religiöser Identität, den Koran, zu entwerfen.
Diese Zitadelle der Identität der Gemeinschaft, die idealisiert
wird als das ganz und gar Gute und Gerechte, das vollkom-

---

* Held im indisch-pakistanischen Krieg von 1965

men Reine und die Quelle aller Wohltätigkeit, ist von einem Meer hinduistischer Verderbtheit und Ausschweifung umspült. Im Gegensatz zu einer Repräsentantin der hinduistischen Erneuerungsbewegung wie Rithambra, die zunächst die Grenzen der Hindugemeinschaft festlegen muß, braucht sich Azmi nicht mit einem solchen Abgrenzungsmanöver aufzuhalten. Die religiös-kulturelle Identität des Muslim-*qaum* und seines «Wir»-Bewußtseins in Abgrenzung von «ihnen» ist seit jeher klar umrissen und relativ gleichbleibend. Was Azmi dagegen versucht, ist, bei seinen Zuhörern eine Verfolgungsangst hervorzurufen und zu schüren.

Nach psychoanalytischer Vorstellung handelt es sich, wenn man sich verfolgt glaubt, um ein inwendiges Ereignis, um eine subjektives, irrationales Erleben, das oft unter der Bezeichnung «Paranoia» rangiert. Melanie Klein hat die dadurch hervorgerufene Angst – die Empfindungen von Desintegration – mit frühkindlichen Stadien in Zusammenhang gebracht, mit der Erfahrung, die ein Kleinkind mit einer ihm vorenthaltenen und von daher frustrierenden Mutterbrust macht. Doch wie Meira Likierman dargelegt hat, ist das Verfolgungsgefühl auch Teil einer normalen Reaktion auf destruktive und uns im Weg stehende Kräfte, die uns während des Alltagslebens entgegentreten.[7] In Verbindung mit der primitiven Verfolgungsangst aus der Kindheit sind Verletzungen, Verlust, Deprivation, Frustration eine Reihe von Ereignissen, die einen destruktiven Angriff auf unser Identitätsbewußtsein darstellen und einen partiellen Tod bedeuten. Verfolgungsangst signalisiert eine Situation großer Gefahr und ist gekoppelt mit der Angst vor dem symbolischen Tod der Gruppe, vor einer Auslöschung ihrer kollektiven Identität. Erst wenn diese spezielle Angst zwischen den Mitgliedern einer Gruppe kursiert und bewirkt, daß sich der einzelne hilflos, angsterfüllt und paralysiert fühlt, lösen sich Menschen aus ihren traditionellen kognitiven Verankerungen und sind bereit, die bisherigen sozialen, politischen oder wirtschaftlichen Erklärungen für das, was sie als ihnen angetane Kränkung empfinden, fallenzulassen und für die religiöse Kritik aufnahmebereit zu werden, die

Azmi zu bieten hat. Verfolgungsangst ist eine jener starken Emotionen, die Menschen aus dem Bereich des «Wissens um etwas» zurück in den Bereich des «Nicht-Wissens» bringen kann, weg von einem Wissen um die Ursache ihrer Misere hin zu einem Zustand, in dem sie nicht wissen, was ihnen Leid und Schmerz bereitet, obwohl sie sehr wohl wissen, *daß* sie leiden und Schmerz empfinden. Ein Gegenmittel für diese lähmende Angst ist Zorn, vorzugsweise als aggressives Sich-Behaupten, das einen psychisch mobilisiert, wie Azmi dies im Anschluß ausführt:

Schon daß man darüber redet, den heiligen Koran zu verbieten, zeigt, was für gefährliche Verschwörungen ausgeheckt werden, um unserem Glauben Schaden zuzufügen.

Erwacht, ihr indischen Muslime, bevor ihr vollkommen verschwindet
Und selbst eure Geschichte keine Erwähnung mehr findet in anderen Geschichten.
Welche Schritte sollten wir unternehmen unter diesen Bedingungen? Der Muslim wird nicht vor Gericht erscheinen, um die Wahrheit des Korans unter Beweis zu stellen. Der Muslim wird mit dem um den Kopf gebundenen Leichentuch erscheinen, um den Koran zu verteidigen. Wir werden denen die Zunge abschneiden, die gegen den Koran das Wort erheben. Wir werden denen die Haut abziehen, die den Koran schmähen.

Hat er erst einmal versucht, bisherige kognitive Strukturen durch Steigerung der Verfolgungsangst zu löschen, und der davon ausgelösten lähmenden Angst durch Gewaltphantasien Herr zu werden, ist das, was der Fundamentalist nun vor sich hat, eine neu entstandene Gruppe ohne Erinnerungsvermögen und mit undefinierbaren Sehnsüchten. Amzi geht jetzt dazu über, die Identität dieser neugeprägten Gruppe zu formen, indem er ihr eine Reihe narzißtisch stärkender Selbstbilder bietet: «So seid ihr!» – vor allem im Vergleich zu den älteren Geschwistern, den Hindus.

Nach fünfunddreißig Jahren der Unterdrückung ist der in-dische Muslim seinem Land gegenüber loyal geblieben. Wenn jemand loyal ist zwischen Hindustan und kabristan *(Friedhof), so ist es der Muslim. Ihr (die Hindus) sterbt, wir sterben. Was geschieht nach dem Tode? Ihr werdet ver-brannt. Als nächstes wird eure Asche in den Ganges gewor-fen. Wohin fließt der Fluß? Ihr fließt von hier aus letztend-lich nach Pakistan. Asche, die in den Wind gestreut wird, kann überall landen. Wenn ihr sterbt, dann kümmert das Mutter Indien nicht. Wenn wir sterben, dann sagt das Mut-terland: «Mein teurer Sohn, du wirst mich doch nicht ver-lassen, um anderswohin zu gehen. Wenn du auf mir gelebt hast, so sollst du nach dem Tode in meinem Schoße ruhen.» Es gibt dreierlei Arten von Söhnen. Ein Sohn, der gemäß dem Gesetz des Landes und im Lichte seines Glaubens sei-ne Pflichten gegenüber den Eltern erfüllt, wird* put *(Sohn) genannt. Ein anderer, der nicht nur seine Pflichten erfüllt, sondern alles für das Glück seiner Eltern opfert, wird* suput *(guter Sohn) genannt. Der Sohn, der seine Mutter erschießt, ihr den Hals abschneidet, seinen Vater ebenso wie seine Mutter umbringt, dieser wird* kuput *(schlechter Sohn) ge-nannt. Nun schaut euch die Söhne dieses Mutterlandes an und entscheidet, welches der gute und welches der schlech-te Sohn ist. Der Muslim, der an den Koran glaubt und In-dien sein eigenes Land nennt, ist der* suput. *Als es nach Bil-dung von Pakistan zu Unruhen in Kaschmir kam, da war es der Brigadier Usman Ali aus meiner Stadt Azamgarh, der als einer der ersten ein Opfer der pakistanischen Kugeln wurde. Als sein zuckender Körper zu Boden fiel, sagte das Mutterland: «Dies ist mein Sohn, der sich aufgeopfert hat, um meine Ehre zu verteidigen.»* Als Abdul Hamid die pakistanischen Panzer aufhielt, die *sonst auf Delhi zugefahren wären, und sein Fleisch in Fet-zen gerissen wurde, da sagte die indische Erde: «Dies ist mein* suput.» *Und diejenigen, die Mahatma Gandhi, den Befreier des Landes gemordet haben, mordeten auch Indira Gandhi, die so viel für die Ehre der Nation geopfert hatte –*

wie wollt ihr diese nennen, put, suput *oder* kuput? *Das sollt ihr entscheiden.*

Während auf der Oberfläche die Rede darauf hinausläuft, die Muslime vom hinduistischen Feind abzusetzen, ist auf einer unbewußteren Ebene eine ungewollte Beziehung zu eben diesem Feind zu finden, eine intime Nähe, die durch Verachtung, ja Haß unter Kontrolle gehalten wird, die aber trotzdem besteht. Sich selbst als den guten Sohn der Mutter zu sehen im Gegensatz zum bösen Sohn, dem Hindu, ist ein unbewußtes Eingeständnis ihrer Verbundenheit, selbst wenn diese Verbundenheit nur in endloser und obsessiver Rivalität besteht. Nachdem die Zweifel – auch die eigenen Zweifel – an der Loyalität der Muslime ihrem Land gegenüber (die konkurrieren muß mit der über die Grenzen der Nation hinausgehenden Loyalität der Religionsgemeinschaft gegenüber) ausgeräumt wurden, sind die der Gruppe in den folgenden Passagen vor Augen geführten Selbstbilder Bilder der Grandiosität, Bilder einer muslimischen Überlegenheit, die in freudige Erregung versetzt. Die Stärkung der kollektiven Selbstachtung dient dann dazu, die Sicherheit des Gruppenselbst zu erhöhen, indem der tödlichen Bedrohung für sein Überleben entgegengetreten wird.

Azmi macht das, was Wortführer von ethnischen Konfliktparteien überall auf der Welt tun: Er entwirft vor den Augen der Zuhörer das Bild zweier ewig konkurrierender Gruppen, um die Frage, welche von beiden gebildeter, stärker und in der Regel besser ist, zu beantworten.[8] Als Beweis für die Überlegenheit der Muslime stellt er deren Tugenden Untugenden der Hindus gegenüber. Zunächst einmal beruht diese Überlegenheit auf einem bei Muslimen ausgeprägteren Sinn für Ästhetik im Leben, auf ihrer stärkeren Resonanz auf sensorische und sinnliche Erfahrungen und auf ihrer größeren künstlerischen Begabung.

Und ihr, die ihr Parolen über die Loyalität der Muslime prägt, die ihr von einem Verbot des Korans sprecht, habt ihr denn je mal euer eigenes Gesicht im Spiegel betrachtet?

Die, die an den Koran glauben, waren es doch, die euch die schönen Seiten des Lebens zeigten, euch beibrachten, wie man ißt und trinkt. Alles, was ihr hattet, bevor wir erschienen, waren Tomaten und Kartoffeln. Was habt ihr denn schon gehabt? Wir haben Jasmin hierhergebracht und Jasminparfüm. Wir haben euch das Taj Mahal beschert und das Rote Fort. Erst durch uns wurde Indien zu dem, was es heute ist. Wir leben seit achthundert Jahren hier, und mit uns begann Indien zu erglänzen. Innerhalb von fünfunddreißig Jahren habt ihr sein Licht geschwächt und das Land ruiniert. Ein Bettler wird nicht dankbar sein, wenn man ihn zum Kaiser macht. Man kann ihm ein Fest ausrichten, und es wird ihm nicht schmecken. Werft ihm ein Stück Brot in den Staub, und er wird seinen Appetit wiederfinden. Zwingt uns nicht, deutlich zu werden. Zwingt uns nicht, euch als Feinde gegenüberzutreten.

*Gott, schau dir ihre Ignoranz an, und dann weißt du,
warum wir keine Worte dafür finden
Wo wir ihnen doch aus Mitleid die Kraft der Rede
gegeben haben.*

Wenn Azmi versucht, die Hindus ganz eindeutig gegen die Muslime abzusetzen, indem er andeutet, daß die Muslime vor achthundert Jahren von außerhalb des Landes nach Indien gekommen sind (und von einer überlegenen Rasse abstammen), dann resultiert dies teilweise aus der gegenwärtigen Feindseligkeit zwischen den beiden Volksgruppen. Aus dieser gespannten Situation heraus fordert der Fundamentalist die Muslime auf, Kontakt mit jeglichen Hindusymbolen zu vermeiden und danach zu trachten, ihre gemeinsame islamische Identität intakt und rein zu erhalten. Er räumt ungern irgendeine Gemeinsamkeit zwischen Muslimen und Hindus ein und konzentriert sich ganz auf die Unterschiede, die, so sucht er die noch nicht Überzeugten zu überzeugen, von nachhaltiger emotionaler Bedeutung sind.

Von dem jeweils unterschiedlich hohen Entwicklungsstand der beiden Kulturen vollzieht Azmi nun einen Schwenk in die

Arena der Macht, wo jetzt das Ringen um Überlegenheit ausgetragen wird, und dazu läßt er das Bild einer mächtigen
Muslimnation, die um vieles stärker als der Hindufeind ist,
vor den Augen seiner Zuhörer erstehen.

Unsere Geduld und Toleranz hat Grenzen. Diese gottlosen
Menschen sollten begreifen, daß wir alles opfern können,
was wir haben, einschließlich unseres Lebens, aber nicht
unsere Ehre. Wir können Glanz und Ehre des Korans nicht
aufs Spiel setzen. Heute ist die ganze Welt im Aufruhr. Ein
paar Verrückte stören den Frieden der Welt. Das ist nicht
nur eine Herausforderung für die zweihundertzwanzig
Millionen Muslime in Indien, sondern für die über eine
Milliarde zählenden Muslime auf der ganzen Welt. Deswe-
gen bitte ich euch, auf der Hut zu sein. Die im Moment so
gespannte Atmosphäre sollte aus jedem Muslim, der noch
unbewußt vor sich hinlebt, einen wahren Muslim machen.
Sie wollen den Koran verbieten. Ist es da nicht an der Zeit,
regelmäßig euer namaz *zu sprechen, wie er es vorschreibt?*
Sie haben im Sinn, den Koran zu verbieten. Ist es da nicht
an der Zeit, euer rozas *einzuhalten, auch in der Hitze des*
Sommers? Je öfter sie davon sprechen, den Koran zu ver-
bieten, desto mehr solltet ihr nach ihm leben. Gebt eurem
Leben eine religiöse Ausrichtung!

Das Geheimnis der Stärke der Muslime liegt nicht allein in
der großen Zahl, in der sie auf der ganzen Welt zu finden
sind, in der *millat*, von der die indischen Muslime ebenfalls
einen Teil ausmachen – ein Konzept panislamischer Kollekti-
vität, das dem Hindunationalisten Alpträume bereitet. Für die
Muslime trägt das Angebot einer solchen kollektiven Identität
dazu bei, dem Gefühl entgegenzuwirken, sie seien eine von
allen Seiten bedrängte Minderheit in einem bestimmten Land.
Das wahre Geheimnis muslimischer Stärke liegt jedoch in der
Überlegenheit des Islam gegenüber der Religion der Hindus.
Unsere Religion gibt uns Kraft, ihre Gespaltenheit im Glauben macht ihre Schwäche aus. Unserer Religion gehört die
Zukunft, die ihre kommt nicht los von einer überholten Ver-

gangenheit. Wir sind stärker als wir meinen und sie schwächer als sie oder wir vielleicht glauben.

Warum sprechen sie von einem Verbot des Korans? Warum haben sie solche Angst vor dem Koran? Sie haben Angst, weil es in ihrer Religion Berührbare und Unberührbare gibt. Der Koran beschert eine Religion universeller Gleichheit. Sie haben in ihrem Herzen keinen Platz für ihre eigenen Leute. Sollen sie doch einem Harijan erlauben, Wasser aus ihren Brunnen zu trinken! Diese Leute hoher Kaste, die von Rama und Sita sprechen, sollen sie doch erst einmal den Harijans erlauben, ihre Tempel zu betreten! Schaut euch im Gegensatz dazu den Koran an: Er gibt jedem menschlichen Wesen Gleichberechtigung aufgrund seines Menschseins. Darum sind in Meenakshipuram in Madras dreizehntausend Harijans, dreizehntausend Angehörige der Stammesvölker zum Islam konvertiert. Sie wußten nicht, was im Koran geschrieben steht. Sie wußten nur, daß der Koran Menschen einer niederen Kaste das Recht gibt, mit Menschen höherer Kaste auf gleicher Stufe zu verkehren. Also sind diese Harijans, denen vom Staat so viele Vergünstigungen eingeräumt wurden, bereit, darauf zu pfeifen: Wir wollen keine Vergünstigungen, die uns Kleidung und Nahrung verschaffen, uns jedoch im Herzen unfrei lassen. Wir wollen Freiheit des Geistes, Freiheit für unsere Seele. Wir sind bereit, Unterjochung jeder Art zu dulden, aber nicht die der Seele. Ihr, die ihr die Seele unterjocht, der Koran befreit die Seele! Deshalb glauben wir an den Koran, der der Seele Leben schenkt, der einen Schwarzen wie Billal zum Oberhaupt eines hellhäutigen Stammes macht.* Heute, wo Muslime überall niedergemetzelt werden, wo davon die Rede ist, das islamische Familienrecht abzuschaffen, wo der Ehre unserer Mütter und Schwestern Schande angetan wird, wo man unsere Kinder quält, wo es für andere unerträglich ist, daß wir überhaupt existieren, haben sich drei-

---

* Billal war ein schwarzer Sklave und ein Liebling des Propheten, da er eine so schöne Stimme hatte.

zehntausend Harijans dazu entschlossen, zu unserer Religion überzutreten. Und zwar deshalb, weil der Mensch Freiheit für seine Seele will. Ein Vogel ist unglücklich, wenn er in einem goldenen Palast festgehalten wird. Seine Seele sehnt sich nach der Freiheit des Gartens. Der Islam schenkt diese Freiheit. Die Folge ist, daß nicht nur in islamischen, sondern auch in nichtislamischen Ländern die Menschen scharenweise zum Islam übertreten. Niemand fordert sie dazu auf oder sagt zu ihnen, sie sollten Muslime werden. Es liegt an der Lehre, daß die Menschen ihr Heil im Koran suchen.

Glaubt ihr denn, bloß wenn ihr den Koran verbietet, bedeute das schon sein Ende? Wir haben vierzehnhundert Jahre lang mit dem Koran gelebt. Wir sind unter Bögen von Schwertklingen hindurchgegangen. Wir haben die Schlacht von Karbala überstanden. Wir sind durch die Täler Spaniens, über die Hügel Gibraltars, durch die Ebenen Indiens hindurchgezogen. Wir können mit Stolz sagen, daß die muslimische Nation trotz Tausender von Feuerproben, die sie durchgemacht hat, eine Nation ohnegleichen bleibt. Die Liebe, die sie für den Koran empfindet, ist unvergleichlich größer als die irgendeiner anderen Gemeinschaft zu deren heiligen Büchern. Niemand liebt seine Religion mehr als der Muslim den Islam. Wir müssen die Beziehungen zu den Muslimen auf der ganzen Welt aufrechterhalten. Wir haben versucht, diese Beziehungen auszubauen, und es ist uns gelungen. Wir können es mit jeder Herausforderung aufnehmen, die von innerhalb oder außerhalb des Landes auf uns zukommt. Unser Glaube wächst mit jeder Herausforderung, der er sich stellen muß, und macht uns noch stärker. Der Fuchs, der einen schlafenden Löwen weckt, sollte zuerst für seine eigene Sicherheit Sorge tragen. Jeder, der es wagt, den Koran herauszufordern, sollte sich dessen bewußt sein, daß entweder er oder sein Vater oder seine Nachkommen Muslime werden müssen.

Niemals kann es sein, daß sich die Stimme Mohammeds, das Gebot Gottes ändert.

Tausende Male mag sich die Welt wandeln, doch der Ko-
ran niemals.

Zusammenfassend läßt sich sagen, daß die muslimisch-
fundamentalistische Politik, die es sich zum Ziel gemacht hat,
an die Stelle der politischen, ökonomischen und sozialen
Grundlagen von Politik eine Religionskritik zu setzen, einen
psychologischen Prozeß einleitet, der im wesentlichen aus
zwei Schritten besteht: Als erstes wird versucht, bisherige kognitive Strukturen, soweit sie sich auf politisches Leben und
politische Fragestellungen beziehen, zu eliminieren, und zwar
indem in der Gruppe eine starke Verfolgungsangst erzeugt
wird. Daraufhin entwirft der fundamentalistische Politiker im
nun relativ leergefegten politischen Bewußtsein der Gruppe
ein Gruppenselbstbild – d.h. er bietet den Muslimen eine
kollektive Identität an – und kehrt dabei insbesondere die
Überlegenheit der Gemeinschaft im Verhältnis zur Feindgrup-
pe, den nationalistischen Hindus, heraus. Diese Überlegenheit
mag zwar viele weitere Merkmale haben, wie zum Beispiel die
Stärke, die aus der Identifikation mit einer umfassenderen
mächtigen panislamischen Gemeinschaft bezogen wird, doch
im Zentrum steht die inhärente Überlegenheit der Religion
der Gruppe, des Islam, und aller ihrer Symbole. Um dieses
Überlegenheitsgefühl und die Kraft, die es den Angehörigen
der Gemeinschaft verleiht, aufrechtzuerhalten, wird es als wesentlich für den einzelnen erachtet, eifrig seinen religiösen
Pflichten nachzukommen, den Vorrang der Religion in allen
Lebensbereichen zu akzeptieren und anzuerkennen, daß die
Forderungen der Religion oberste Prioriät haben, wenn es um
die Loyalität des einzelnen geht.
  Die Ursachen für die Attraktivität, die die fundamentalistische Identität für viele hat, sind nicht schwer zu ergründen.
Abgesehen davon, daß der Fundamentalismus ein Forum bietet für den Widerstand gegen als solche wahrgenommene
Dominanz und Unterdrückung, hat er eine narzißtische Stärkung eines Selbstwertgefühls zu offerieren, das durch den
schicksalhaften Verlauf der Geschichte Schaden genommen

hat. Außer daß er den Verwundeten, Entwurzelten und Schiffbrüchigen einen heiligen und transzendenten Lebenssinn vermittelt, macht der Fundamentalismus auch eine masochistische Wiedergutmachung entstandener Schuldgefühle möglich. Indem er den «Anderen» als einen Konkurrenten definiert, der tödliche Absichten gegenüber der eigenen Gruppe verfolgt, schafft der Fundamentalismus einen Brennpunkt, auf den sich übermäßiger Zorn und unverarbeiteter Haß richten kann. Was wundert es, daß viele bereit sind, den Preis für eine fundamentalistische Identität zu zahlen: eine beträchtliche Realitätsverleugnung, die Weigerung, die Strukturen der heutigen Welt wahrzunehmen und sich damit auseinanderzusetzen, und Verzicht auf eine vergnügungssüchtige Haltung zugunsten eines religiös disziplinierten Lebens.

8.
Der religiöse Konflikt in der modernen Welt

Wir sind heute Zeugen einer weltweiten Welle religiöser Erneuerung. Im Islam, Hinduismus, Buddhismus, in den neuen Religionen in Japan, bei den wiedergeborenen Christen in den Vereinigten Staaten und den protestantischen Sekten in Lateinamerika vollzieht sich eine Erneuerung, die von allen modernen Nachkommen der Aufklärung mit tiefem Mißtrauen betrachtet wird. Doch auch wenn ein säkular und humanistisch denkender Mensch wohl die meisten Erscheinungsformen des heute zu beobachtenden religiösen Eifers persönlich als abstoßend empfindet, ist er sich dennoch bewußt, daß das Wiederaufleben der Religion am Ende des zwanzigsten Jahrhunderts einen komplexen Versuch darstellt, eine mit vielen Übeln der Moderne behaftete Kultur zu «resakralisieren» und so das Gefühl der Unterdrückung und des Ausgeliefertseins an eine Zukunft zu bekämpfen, die bar jeder Vision eines transzendenten Sinnes ist. Dieser Versuch der Resakralisierung wird, wie Andrew Samuels uns in Erinnerung ruft, nicht nur im neuen religiösen Fundamentalismus unternommen, sondern ist auch integraler Bestandteil sogenannter linkslastiger, progressiver politischer Bewegungen.[1] Die Suche nach Transzendenz läßt sich sogar dort erkennen, wo es um ökologische Probleme und um Umweltschutz geht und wo in der Diskussion zumindest teilweise Elemente einer Naturmystik auftauchen.

Wenn wir uns jedoch einzelne Fälle überall in der Welt genauer ansehen, werden wir feststellen, daß es sich bei der vielgepriesenen Erneuerung weniger um wiedererwachende Religiosität handelt als vielmehr um wiedererwachende kulturelle Identitäten, die sich auf religiöser Zugehörigkeit gründen. Vielleicht rumort es also gar nicht so sehr in der Welt

religiöser Ideen, Glaubensinhalte, Rituale, und die Spirituali-
tät des Menschen ist insgesamt gar nicht so viel ausgeprägter.
Das Wiederaufleben von Religiosität wird am deutlichsten
sichtbar in den sich rund um die Religion organisierenden
kollektiven Identitäten, in der Formierung und im Erstarken
von Glaubensgemeinschaften. Was wir heute beobachten
können, ist weniger ein Wiederaufleben von Religion als
vielmehr von «Kommunalismus» (so wie die Inder dies Wort
verwenden), wo eine Gemeinschaft von Gläubigen nicht nur
die gleiche religiöse Zugehörigkeit, sondern auch die gleichen
sozialen, wirtschaftlichen und politischen Interessen hat, die
dann vielleicht mit den entsprechenden Interessen einer anderen Glaubensgemeinschaft, die im selben geographischen
Raum lebt, in Konflikt geraten. Tatsächlich haben ja die meisten säkularen Analytiker und progressiven Kommentatoren
bisher immer nach anderen Faktoren als der Religion als
Grundursache eines nur dem Anschein nach religiösen Konflikts gesucht. Dies trifft auf die antisemitischen Pogrome im
Spanien des vierzehnten Jahrhunderts, auf die Gewalt zwischen Katholiken und Protestanten im Frankreich des sechzehnten Jahrhunderts, auf die antikatholischen Unruhen im
London des achtzehnten Jahrhunderts genauso zu wie auf die
Hindu-Muslim-Unruhen im Indien des zwanzigsten Jahrhunderts.[2] Als «wahre» Ursache des Konflikts zwischen den jeweiligen Gruppen wurde in all diesen Fällen in der Regel ein
Kollidieren wirtschaftlicher Interessen ausgemacht, eine Erklärung, die irgendeine Form von Klassenkampf zwischen
Arm und Reich impliziert.

Eine Gefahr für die materielle Existenz einer Person kann
tatsächlich als identitätsbedrohend erlebt werden, was dann
die latente Gruppenidentität in den Vordergrund treten läßt.
Dieses erhöhte Bewußtsein des Identischseins mit der Gruppe
liefert die Grundlage für den sozialen Zusammenhalt, der nötig ist, damit die wirtschaftlichen Interessen des einzelnen ge-
wahrt werden. Aber es gibt noch andere Bedrohungen als nur
die wirtschaftlicher Art, die ebenfalls den Gruppenaspekt der
persönlichen Identität verstärken. In einem früheren Kapitel

habe ich die Identitätsbedrohung, die von den Kräften der Modernisierung und Globalisierung für Menschen in vielen Teilen der Welt ausgeht, geschildert. Auch dies führt zur Verstärkung der Gruppenaspekte von Identität, da die davon Betroffenen (und darunter Leidenden) nach religiös-kulturellen Gruppen Ausschau halten, um ihren Verlust- und Hilflosigkeitsgefühlen entgegenzuwirken und weil solche Gruppen ihnen als Mittel dienen, das die der Selbstachtung zugefügten Wunden heilen läßt.

Die Identitätsbedrohung kann außerdem von einer als solche verstandenen Diskriminierung durch den Staat herrühren, d.h. von einer Mißachtung der Interessen einer Gruppe durch die politische Obrigkeit oder von der Geringschätzung ihrer Kultursymbole. Sie kann ebenso Folge veränderter politischer Konstellationen sein, zum Beispiel dort, wo ein Imperium untergeht. Wenn die Beziehungen zwischen Hindus und Muslimen in der Vergangenheit besser waren, mit einem geringeren Maß an offener Gewalt, so lag das ja vielleicht auch an der Staatsform, in der die beiden Völker lebten. Es handelte sich um ein Imperium, wobei das Mogulreich durch das britische Empire abgelöst wurde. Ein Imperium ist, wie der Politologe Michael Walzer feststellt, gekennzeichnet durch eine Mischung aus Unterdrückung aller Unabhängigkeitsbestrebungen und aus Toleranz gegenüber unterschiedlichen Kulturen, Religionen und Lebensweisen.[3] Diese Toleranz entspringt nicht großer vormoderner Weisheit, sondern resultiert aus einer manchmal an brutales Unverständnis grenzenden Gleichgültigkeit von seiten der imperialen Bürokraten gegenüber lokalen Konflikten der Völker, die sie regieren. Weitab vom Leben in den einzelnen Regionen, mischen sie sich in der Regel nicht ins Alltagsleben ein, solange die Dinge einen friedlichen Verlauf nehmen, obschon es mitunter Grausamkeiten geben mag, um den unterworfenen Völker ins Gedächtnis zu rufen, worauf das Reich gegründet ist: nämlich auf Unterwerfung durch Waffengewalt. Erst mit einer Selbstverwaltung, wenn keine Distanz mehr da ist, stellen sich politische Fragen wie etwa «Wer von uns soll hier, in diesen

Dörfern, diesen Städten, die Macht haben?», «Wird die Mehrheitsgruppe die Oberhand bekommen?», «Wie wird die neue Rangordnung aussehen?», Fragen, die religiös-kulturelle Unterschiede umso bewußter machen. In Ländern mit multireligiöser Bevölkerung bringt die Unabhängigkeit gleichzeitig Spannungen und Konflikte mit sich, wie wir es zum Beispiel heute als Nachwirkung des Zerfalls des Sowjetreichs beobachten können.[4]

Es ist nicht so, daß die oben aufgezeigten Bedrohungen für die Identität eine Gruppenidentität schaffen, sondern sie lassen sie lediglich zutage treten. Der Gruppenaspekt persönlicher Identität ist nichts, was erst spät in der Entwicklung des Individuums entsteht, sondern existiert bereits zu Beginn des Lebenszyklus des Menschen. Obwohl Freud immer fest bei seiner Meinung blieb, daß Individualpsychologie von Anbeginn an zugleich Sozialpsychologie sei[5], tendierten Psychoanalytiker mit der bei ihnen üblichen Betonung des Körperbilds in der Psyche dazu, die Existenz von Gemeinschaft in der Psyche herunterzuspielen. Sie haben auch weiterhin den sozialen, den *polis*-Aspekt des menschlichen Daseins als etwas von außen Aufgesetztes betrachtet, wodurch die Durchsetzung der Wünsche und Bedürfnisse des Selbst gefährdet sei, oder als etwas, was – im Falle der Masse – zerstörerisch für das individuelle Selbst und die Identität sei. Erikson ist einer der wenigen Psychoanalytiker gewesen, der eine Revision dieses Modells gefordert hat, das so stark unterscheidet zwischen dem Einzelindividuum und dem Massenindividuum, das überhaupt keine Individualität habe. «Doch daß ein Mensch je psychologisch allein sein könnte, daß ein Mensch ‹allein› sich wesentlich von dem gleichen Menschen in einer Gruppe unterscheidet; daß ein Mensch in zeitweiligem Vereinzelungszustand oder wenn er sich mit seinem Analytiker allein unterhält, aufgehört haben sollte, ein ‹politisches› Tier zu sein und sich von der sozialen Aktion (oder Aktionslosigkeit), gleichgültig auf welcher Klassenebene, losgelöst hat – diese und ähnliche feststehenden Behauptungen bedürfen der sorgfältigen Überprüfung.»[6]

Am Anfang einer solchen Revision müßte der Gedanke stehen, daß der innere Raum, den das sogenannte «Selbst» einnimmt – was ich synonym mit «Identität» verwendet habe –, nicht nur psychische Repräsentanzen des eigenen körperlichen Lebens und der Primärbeziehungen innerhalb der Familie enthält, sondern auch psychische Repräsentanzen der eigenen Gruppe und ihrer Kultur, d.h. die Konfiguration der Anschauungen der Gruppe über den Menschen, die Natur und soziale Beziehungen (einschließlich dessen, wie der «Andere» gesehen wird). Diese durch Symbole überlieferten und internalisierten kulturellen Vorgaben haben eine starke emotionale Wirkung auf diejenigen, die als Mitglieder einer bestimmten kulturellen Gruppe aufwachsen. Das Selbst ist also ein System von aufeinander einwirkenden Vorstellungswelten, von denen eine jede die jeweils anderen bereichert, einengt und formt, während sie sich miteinander durch den Lebenszyklus hindurch entfalten. Eine Überprüfung der psychoanalytischen Konzepte vom Selbst, von Identität und Subjektivität würde auch ergeben, daß keine dieser konstituierenden inneren Welten die «primäre» oder «tiefere» ist, d.h. es besteht keine Notwendigkeit, eine Art hierarchischer Ordnung von Identitätsaspekten oder eine «archäologische» Schichtung der verschiedenen inneren Welten vorzunehmen, obwohl zu verschiedenen Zeiten das Selbst sehr wohl vorwiegend in dem einen oder dem anderen Vorstellungsmodus erfahren werden kann. Nicht nur das Hirn hat zwei Hälften.

Zum «Ich bin!» des Kindes, das die Geburt seiner Individualität ankündigt, kommt zu einem frühen Zeitpunkt im Leben auch ein ergänzendes «Wir sind!», das die Geburt des Gemeinschaftsgefühls anzeigt. Das «Ich bin!» setzt mich von anderen Individuen ab. Das «Wir sind» macht mir bewußt, daß es eine andere dominierende Gruppe bzw. Gruppen gibt, die sich den physischen und kognitiven Raum mit meiner eigenen Gemeinschaft teilen. Das Selbstbehauptung anzeigende «Wir sind» ist mit seinem Konfrontationspotential gegenüber dem «Wir sind» anderer Gruppen *inhärent* ein Aggressionsträger, ebenso wie die sich daraus ergebenden Verfolgungs-

ängste, und es ist daher immer mit einem Gefahrenbewußt-
sein und einem Gewaltpotential verbunden. (Die psychologischen Prozesse, die durch das Gewahrwerden des «Wir sind»
initiiert werden, erklären meiner Ansicht nach auch die expe-
rimentellen Befunde kognitiver Psychologen, daß die bloße
Wahrnehmung zweier verschiedener Gruppen schon aus-
reicht, eine positive Einschätzung der eigenen Gruppe auszu-
lösen und Negativstereotypen über die andere Gruppe her-
auszubilden.)

Die weitere Entwicklung der sozialen Vorstellungswelt oder
der Gruppen-Identität hat einige ganz spezifische Charakteristika, die ich im Detail an verschiedenen Stellen des Buches
im Kontext der Hindu-Muslim-Beziehungen besprochen habe.
Dieser Identitätsaspekt erfährt seine entscheidende Ausprä-
gung in der Kindheit durch Prozesse wie Introjektion, Identifikation, Idealisierung und Projektion. Auf der einen Seite
verleibt sich das heranwachsende Kind Bilder von Familien-
und Gruppenmitgliedern ein. Es identifiziert sich mit ihrer
emotionalen Befrachtung der Symbole und Traditionen der
Gruppe und verinnerlicht ihre Idealisierung der Gruppe, die
so hilfreich für die Steigerung ihres Selbstwertgefühls war –
und es später ebenso für das Kind sein wird –, ist man doch
Teil von etwas so Erhabenem und Gesegnetem. Da das Kind
auf der anderen Seite schon bald Probleme damit bekommt,
einander widersprechende Repräsentanzen des Selbst und der
Eltern zu integrieren – das «gute», liebende Kind und das
«böse», zornige, die guten, fürsorglichen Eltern und die un-
ausstehlichen, enttäuschenden –, versucht es, die schlechten
Repräsentanzen, die es nicht als etwas eigenes anerkennen
will, über Projektion loszuwerden. Sie werden zunächst auf
unbelebte Objekte und Tiere und später auf Menschen und
andere Gruppen projiziert, wobei diese letzteren dem Kind
durch die Vorauswahl, die seine Gruppe getroffen hat, oft
schon zur Verfügung stehen. Die bösen Repräsentanzen, mit
denen man nichts zu tun haben will, *bedürfen* solcher
«Auffangbecken», wie Volkan sie nennt und wie sie Muslime
für Hindus, Araber für Juden, Tibeter für Chinesen und um-

gekehrt darstellen. Sie sind dann auch praktische Deponien für spätere Wut- und Haßgefühle, für die sich kein eindeutiger Adressat finden läßt. Da die meisten «bösen» Repräsentanzen aus einer gesellschaftlichen Mißbilligung der «Animalität» des Kindes erwachsen, die sich in seiner Aggressivität, seinem Schmutzigsein und seiner ungebändigten Sexualität ausdrückt, ist es vorwiegend diese Animalität, die von einem zivilisierten, moralischen Selbst verleugnet werden muß und in der Gruppe, die Auffangbecken ist, deponiert wird. Wie dies vor sich geht, haben wir an dem Bild gesehen, das der Hindu von dem dreckigen, aggressiven und sexuell unbeherrschten Muslim hat, und wir begegnen dem immer wieder sowohl in modernen wie auch in geschichtlichen Darstellungen anderer Gruppenkonflikte.

Die bei der Entwicklung des «Wir»-Bewußtseins ablaufenden psychologischen Prozesse greifen nicht nur auf die Kulturtraditionen der Gruppe zurück, auf ihre Geschichte, ihre Mythen, Rituale und Symbole, um die Gemeinschaft zum festen Bestandteil der persönlichen Identität zu machen, sondern nehmen auch Körpervorstellungen sowie Metaphern aus dem Bereich Familie zu Hilfe, um diesen Identitätsaspekt in den tiefsten Vorstellungsschichten des Individuums zu verankern: Das Wir, das «rein» ist, wird in Gegensatz gestellt zum Sie, das «dreckig» ist, die rivalisierende Gruppe wird mit in üblem Ruf stehenden Körperteilen und -funktionen, oft aus dem Analbereich, assoziiert, die Wir-Gruppe wird metaphorisch als attackierter Körper oder als «guter» Sohn der Mutter bzw. des Mutterlandes dargestellt, wohingegen die rivalisierende Gruppe ein «schlechter» Sohn ist, um nur einige von den Beispielen aus dem Hindu-Muslim-Diskurs, auf die ich in früheren Kapiteln näher eingegangen bin, nochmals zu nennen.

Wir müssen jedoch auch festhalten, daß es immer einige Individuen gibt, deren persönliche Identität nicht von ihrer religiösen oder kulturellen Gruppenidentität erdrückt wird, selbst nicht in den schlimmsten Phasen gewaltsamer Konflikte. Es sind dies Menschen, die fähig sind, aus Mitgefühl und unter Selbstaufopferung zu handeln, die zum Beispiel Angehörige des feindlichen Lagers unter beträchtlichem Risiko für ihre eigene Sicherheit vor der Raserei eines wütenden Mobs retten. Andererseits gibt es auch solche – die Fanatiker –, deren Verhalten selbst in Friedenszeiten und ohne daß ihre Identität bedroht wäre, ausschließlich vom Wir-Gefühl, vom Gruppenaspekt ihrer Identität diktiert zu sein scheint. Es fragt sich nun, welches die sozialen und psychologischen Bedingungen sind, die den einen seine Gruppenidentität auf die leichte Schulter nehmen lassen, während sie für den anderen eine Rüstung ist, die er selten auszieht, und die Antwort auf diese Frage ist nicht nur von theoretischem Interesse, sondern auch von immenser praktischer Wichtigkeit und moralischer Bedeutung.

Religiöse Identitäten und Gewalt

Die Entwicklung der religiösen Identität einer Person vollzieht sich nach demselben Muster, nach dem sich auch die umfassenderen Aspekte seiner individuellen und seiner Gruppenidentität ausformen. Die individuelle Seite, die man als religiöse Individualität bezeichnen kann, ist ein nicht vermittelbarer Bereich religiösen Empfindens, das ruhig das durchströmt, was Winnicott «den einsamen Kern des wahren Selbst» nennt, der der Zurückgezogenheit und der Privatheit bedarf, ein Kern, der «nie mit der Welt der konkreten Gegenstände in Verbindung steht [und] mit dem man auch nicht Verbindung aufnehmen darf.»[7] In einem integrierten Zustand ist die religiöse Individualität eine durch Ruhe des Geistes gekennzeichnete, stille Selbsterfahrung, die daher rührt, daß man sich allein in der Gegenwart des Numinosen befindet. Mit dem ihr eigenen Zugang zu präverbaler Erfahrung, die verschiedene Sinnesmodalitäten wie Bild, Ton, Rhythmus usw. miteinander zu verbinden vermag, vertieft religiöse Individualität religiöses Empfinden und festigt religiöse Identität. In einem fragmentierten Zustand oder bei drohender Desintegration ist die religiöse Individualität ein Opfer unterschiedlichster Verstimmungszustände. Bei einigen wenigen, den Heiligen, deren religöse Identität den Kern ihres Wesens ausmacht, kann die krankhafte Verstimmung sich bis zu einem Zustand äußerster Verzweiflung steigern, der «dunklen Nacht der Seele».

Neben der religiösen Individualität, der Ich-Seite religiöser Identität, läuft als zweite Schiene die Wir-Seite, die in der Erfahrung besteht, Teil einer Glaubensgemeinschaft zu sein. Religiöse Gemeinschaft ist der interaktive Aspekt religiöser Identität. Im Gegensatz zur religiösen Individualität, die durch innere Ruhe gekennzeichnet ist, befindet sich das Individuum, wenn es religiöse Gemeinschaft erfährt, in einem hellwachen Zustand. Im günstigsten Fall bewirkt diese Facette religiöser Identität eine Ausweitung des Selbst und schafft zwischen den Gläubigen ein Gefühl des Gleichklangs und des Mitschwingens. Jede Bedrohung der religiösen Gruppenidentität jedoch läßt Kommunalismus und Intoleranz entstehen und birgt das Potential für soziale Gewalt. In einem kommunalen Stadium ist die Atmosphäre von intimer Nähe und Miteinander-Verbundensein, wie sie religiöse Gemeinschaft charakterisiert, durch Aggressivität und Verfolgungsangst vergiftet. Während beide Facetten religiöser Identität, die individuelle wie die gemeinschaftliche, nur teilweise bewußt sind, ist der Wechsel von Gemeinschaftlichkeit zu Kommunalismus von einem erhöhten Wir-Bewußtsein begleitet und sogar ausgelöst, was bewirkt, daß der Gemeinschaftsaspekt religiöser Identität überbewußt wird. Das Wir-Gefühl der Gemeinschaft ist hier ersetzt durch das «Wir *sind*» des Kommunalismus. Dieses «Wir sind» muß unweigerlich zu Intoleranz gegenüber all denen führen, die sich außerhalb der Grenzen der Gruppe befinden. Intoleranz bedeutet allerdings noch keinen religiösen Konflikt, da sie sich lediglich im Kopf abspielen kann und sich nicht unbedingt in der äußeren, öffentlichen Sphäre manifestieren muß; die ihr inhärente Gewalt kann von einer leisen Verachtung bis zu Zwangsvorstellungen reichen, die um die Ausrottung des feindlichen Gegenübers kreisen, und muß nicht in Brandstiftung, Plünderung und Mord offen zum Ausbruch kommen. Der Gewalt ist damit jedoch in psychologischer Hinsicht der Boden bereitet. Wenn ich aufzeige, in welcher Reihenfolge sich religiöse Gewalt von innen nach außen entwickelt, dann heißt das nicht, daß ich der Gruppenpsychologie Vorrang einräume, sondern nur daß sie allem anderen vorausgeht. Unruhen fangen nun einmal im Kopf der Menschen an, da wir durch unsere früheste innere Erfahrung dazu konditioniert sind, uns selbst zu behaupten und durchzusetzen.

Damit es zum Ausbruch von Gewalt kommt, muß bei einer Vielzahl von Menschen die kommunale Identität die persönliche Identität überschwemmen, wobei dann die Gefühle von Liebe, die sich mit frühen Identifikationen mit Mitgliedern der eigenen Gruppe verbinden, ebenso wiederaufleben wie der Haß gegenüber der Out-group, deren Mitglieder homogenisiert, depersonalisiert und zunehmend dehumanisiert werden. Damit es zu sozialer Gewalt kommt, muß die Bedrohung für die kommunale Identität eine bestimmte Schwelle überschreiten, worauf das Verfolgungspotential voll aktiviert wird und Verfolgungsangst in und zwischen den Angehörigen einer religiösen Gruppe unkontrolliert kursiert. Steigert sich die Verfolgungsangst dann aufgrund von Gerüchten und wird sie von religiösen Demagogen angeheizt, so signalisiert sie die Auslöschung der Gruppenidentität und muß durch wirkungsvolles Durchsetzen der eigenen Rechte bekämpft werden. Demonstratives Handeln im Sinne dieser Identität als Hindu oder Muslim bedroht aber die Angehörigen der rivalisierenden Volksgruppe, die zur Abwehr ebenfalls ihre religiöse Identität mobilisieren. Durch die Spirale der Drohungen und reaktiven Gegendrohungen wird die Verfolgungsangst noch weiter geschürt, und es bedarf nur eines winzigen Funkens, damit es zu einer gewaltigen Explosion kommt.

Daß vorwiegend religiöse Identitäten im Spiel sind, tut der Gewalttätigkeit in diesem Konflikt keinen Abbruch, sondern steigert sie im Gegenteil noch. Religion verleiht dem Konflikt zwischen Gruppen größere emotionale Intensität und tiefer motivierte Triebkraft als es Sprache, Region oder andere

Kennzeichen ethnischer Identität tun. Dies trifft zumindest auf Länder zu, in denen Religion im kollektiven Leben eine herausragende Rolle spielt. In der islamischen Welt zum Beispiel ist Religion von so entscheidender Bedeutung, daß kein muslimischer Revolutionär sein religiöses Erbe in Abrede stellen kann oder will.[8] In Indien zu leben heißt, sich dessen bewußt zu werden, daß der psychologische Raum, den Religion hier besetzt, – d.h. der Kontext und die Inspiration, die sie für das Leben des einzelnen liefert, und die Rolle, die der Religion bei der Herausbildung der kulturellen Identität und für das Überleben verschiedener Gruppen wie Hindus, Muslime, Sikhs, Christen, Parsen zukommt, – ein ganz anderer ist als in den Vereinigten Staaten etwa.

Die religiöse Rechtfertigung eines Konflikts, bei der eher zu historischen Anspielungen aus heiliger als aus profaner Geschichte gegriffen wird, zu Metaphern und Analogien, deren Quelle in heiligen Legenden zu finden ist, rührt an fundamentale Werte und setzt einige unserer heftigsten Leidenschaften frei. Das liegt nicht nur daran, daß Religion zentral für die wesentliche, «sinnstiftende» Funktion des Menschenlebens ist, und es tiefe Beunruhigung hervorruft, wenn alles, was durch unsere religiösen Überzeugungen Sinn erhielt, nun in seiner Existenz bedroht scheint. Religion ruft auch deshalb starke Gefühle hervor, weil sie einige unserer edelsten Empfindungen und Bestrebungen auf sich vereinigt – in ihr verkörpert sich unser stärkstes Wunschdenken, würde der Skeptiker sagen –, und wenn der Glaube an unsere «höhere» Natur bedroht ist, bedeutet dies eine unannehmbare Einbuße an Selbstachtung. Wir reden uns über die menschliche Natur gern ein, daß «der Mensch [...] von Natur aus gut oder wenigstens gutmütig sein [muß]. Wenn er sich gelegentlich brutal, gewalttätig, grausam zeigt, so sind das vorübergehende Trübungen seines Gefühlslebens, meist provoziert, vielleicht nur Folge der unzweckmäßigen Gesellschaftsordnungen, die er sich bisher gegeben hat.»[9] Mit ebensolchen Wunschvorstellungen umgeben wir die Religion. In der Religion, so glauben wir gerne, gehe es um Liebe – die Liebe Gottes, die Liebe zur

Natur und die Liebe zum Mitmenschen. In der Religion, meinen wir, gehe es in der Hauptsache um Mitgefühl und um das Streben nach Frieden und Gerechtigkeit für die Unterdrückten. Und tatsächlich spiegelt sich in den verschiedenen Bildern, die sich die Religionen vom Himmel machen, ein immerwährender Menschheitswunsch: die Befreiung von Gewalt.

Dieser Vorstellung steht nun die Realität gegenüber, daß in allen Religionen Gewalt eindeutig nötig ist, um religiöse Ziele durchzusetzen. Religiöse Gewalt ist in vielerlei Form in Erscheinung getreten: in der Praxis der Tier- und Menschenopfer, in selbstgerechter und oft unerträglich grausamer Bestrafung für Sünder, in der Austreibung von bösen Geistern und Dämonen, in den Häretiker- und Hexenverbrennungen und in der Selbstkasteiung, der Gewalt gegenüber sich selbst.[10] Wie John Bowker anschaulich nachgewiesen hat, ist es so, daß in jeder Religion ein bestimmtes Bild von – unter bestimmten Umständen – göttlich legitimierter Gewalt anzutreffen ist.[11] In den semitischen Religionen finden wir den Heiligen Krieg bei den Christen, den gerechten Krieg bei den Juden und den Dschihad bei den Muslimen, wo den Gläubigen der Kampf zur Pflicht gemacht wird und sie auf Befehl Übeltäter vernichten müssen. In anderen Religionen wie dem Hinduismus und dem Buddhismus, die für Toleranz und Gewaltlosigkeit bekannt sind, wird Gewalt überhöht und als Teil der Schöpfungsordnung in den sakralen Bereich hineingenommen. Im Hinduismus zum Beispiel trifft man auf die zyklische Natur von Gewalt und Friedfertigkeit, wenn auf das Kali-Zeitalter ein Goldenes Zeitalter folgen soll. In buddhistischen Mythen ist von den sieben Tagen des Schwertes die Rede, wenn die Menschen einander als Tiere betrachten und sich gegenseitig umbringen, worauf wieder Friede einkehrt und niemand mehr sein Leben verliert. Zwar stehen der Islam, vor allem in seiner heutigen Phase, und das Christentum des Mittelalters in dem Ruf, höchst gewalttätig zu sein, doch kann man letztlich nur auf empirischem Wege herausfinden, welche Religionen die meiste Gewalt entfesselt haben.[12] Fundamentalisten jedenfalls vermögen alle Gewalt, die in einer Religion nur irgend da ist, freizusetzen, selbst wenn dieser Religion nur selten überhaupt ein Gewaltpotential zugeschrieben wird, was die Erfahrung mit buddhistischer Gewalt in Sri Lanka und hinduistischer Gewalt in Indien zur Genüge erwiesen hat. Überdies legen die Teilnehmer an Unruhen selten Schuldgefühle an den Tag oder schämen sich für ihre Gewalttaten, solange sie aus religiöser Verpflichtung heraus handeln, wie dies Natalie Davis bei der Gewalt zwischen Katholiken und Protestanten im Frankreich des sechzehnten Jahrhunderts beobachtet hat und wie wir es ebenso bei den Unruhen von Hyderabad gesehen haben.[13]

In regelmäßigem Rhythmus wiederkehrende religiöse Rituale, sei es gemeinsames Gebet, Prozessionen oder andere Aktivitäten, zu denen die Gemeinde zusammenkommt, sind besonders dazu angetan, daß die Grenzen zwischen Mitgliedern einer Gruppe fallen und sich so in Spannungszeiten gewalttätige Mobs zusammenfinden. Ich habe dieses Instrument gemeinschaftlicher Gewalt die «physische» Gruppe genannt, da der einzelne die Gruppenidentität hier über unbewußte Körpersprache und Phantasien erlebt und weniger über die bewußteren gemeinsamen Kulturtraditionen. Physische Gruppen scheinen in religiösen Konflikten müheloser zustandezukommen als in allen anderen Arten von Konflikten.

Vergangene Geschichten und zukünftige Perspektiven

In diesem Buch habe ich versucht, durch eine tiefenpsychologische Dimension zum Verständnis des religiösen Konflikts, insbesondere der Spannung zwischen Hindus und Muslimen, beizutragen. Mir ist bewußt, daß dies von manchen als eine «Psychologisierung» eines Problems angesehen wird, das eigentlich sozialen und politischen Aktivismus erfordert und das recht gut ohne die Einführung psychologischer Vertracktheiten auskommt und «des Gedankens Blässe» nicht bedarf, wodurch nur Zweifel gesät und der Wille zu unbefangenem Handeln gelähmt wird. In der Rückschau stelle ich fest, daß ich an diese Aufgabe entsprechend meiner Berufsidentität als

Kliniker herangegangen bin, jedoch nicht als Psychoanalytiker, der einen einzelnen Patienten vor sich hat, sondern eher als Familientherapeut, der bei einer auseinanderbrechenden Ehe um Beistand gebeten wird. Ich habe mir die Geschichte der Hindu-Muslim-Beziehung angesehen, eine Diagnose gestellt, was falsch gelaufen ist, und den Blick auf die noch intakten, positiven Kräfte in dieser Beziehung gerichtet. Am Ende nun ist es an der Zeit, die sich bietenden Handlungsmöglichkeiten gegeneinander abzuwägen.

Das Bewußtsein, zu der einen oder zu der anderen Gemeinschaft zu gehören, ist in den letzten Jahren auf vielfältige Weise gewachsen. Jedesmal wenn es in Indien oder sonstwo auf dem Subkontinent zu religiöser Gewalt kommt, stellen die Reichweite und die Verbreitung der modernen Kommunikationsmittel sicher, daß eine große Anzahl von Menschen in kurzer Zeit um den Vorfall weiß. Jeder Aufruhr und seine Nachwirkung wirft aufs neue die Frage der religiös-kulturellen Identität des einzelnen auf und rückt sie zuvorderst in sein Bewußtsein. Bei manchen mag dieses Bewußtsein nur vorübergehend vorhanden sein, für andere einige Zeit währen, aber mit dem Prozeß geht fast immer eine vorbewußte Selbstbefragung einher in Hinblick darauf, welche Bedeutung der religiös-kulturellen Gemeinschaft für das eigene Identitätsbewußtsein zukommt und wie stark die Emotionen sind, die man mit dieser Gemeinschaft verbindet. Über unterschiedlich lange Zeit hinweg erleben Individuen ihre Identität bewußt und drücken sie durch ihre religiöse Gruppe aus und nicht so sehr durch traditionelle Verwandtschaftsgruppen wie die Familie oder die Kaste. Wie groß dieser Zeitraum ist oder ob gar für manche eine dauerhafte Veränderung in der Art, Identität zu erfahren, eingetreten ist, hängt von vielen Faktoren ab, worunter ein nicht unwichtiger der ist, inwieweit es politischen und sozialen Gruppierungen, die fundamentalistisch und/oder der Erneuerungsbewegung zuzurechnen sind, gelingt, eine derartige Veränderung erfolgreich zu fördern. Sie tun dies, wie wir bei der Analyse der Reden von Rithambra und Azmi gesehen haben, indem sie bereits bestehende Verfolgungsangst noch schüren, wobei durch die Kombination von Aggressivität und Angst das individuelle Identitätsgefühl geschwächt wird. Die nötige Unterstützung für eine geschwächte persönliche Identität bietet dann eine Stärkung ihres Gruppenaspekts, was dadurch geschieht, daß der Betreffende aufgefordert wird, sich mit einer grandiosen Repräsentanz seiner Gemeinschaft zu identifizieren. Die gemeinsame «Kontemplation» und die wachsende Überzeugung, daß die hinduistische bzw. muslimische Kultur und Art haushoch überlegen ist, ist so das erforderliche Kräftigungsmittel zur narzißtischen Stärkung und Identitätskonsolidierung, bei der die religiös-kulturelle Gemeinschaft der Angelpunkt ist.

Über die zukünftige Entwicklung der Hindu-Muslim-Beziehungen gibt es mehr als nur ein Szenario. Der Hindunationalist, der den Konflikt als Produkt der kulturellen und institutionellen Traditionen von Hindus und Muslimen sieht, glaubt, daß der einzige Weg, zukünftig Gewalt großen Ausmaßes zu vermeiden, ein Wandel in der muslimischen Sehweise der Rolle, der Traditionen und Institutionen ihrer Gemeinschaft ist, so daß sich die Muslime der «nationalen» Kultur der Hindu-Mehrheit «anpassen», ein Wort, das von Anpassung bis Assimilierung alles bedeuten kann. Wenn man Muslime auffordert, sich in der hindunationalistischen Geschichte Indiens wiederzuerkennen, und erwartet, daß sie sich in hinduistischen Symbolen, Ritualen und Feiern in ihrer Kultur bestätigt sehen, kann man sie genausogut auffordern, auf ihre kulturelle Identität zu verzichten und ihr kollektives Gedächtnis zu löschen, so daß sie sich nicht mehr von ihren Hindunachbarn unterscheiden. Von der sie umgebenden Hindukultur aufgesogen zu werden ist immer schon eine der größten Ängste der indischen Muslime, die sogar von einigen Sufis des Mittelalters artikuliert wird, die im allgemeinen als der hinduistischen Geisteshaltung am nächsten stehend gesehen werden. Man fürchtet sich vor einer derartigen Assimilierung gerade deshalb, weil sie so verlockend ist, birgt sie doch die Aussicht, dann keine Angst mehr vor Gewalt haben zu müssen und sich an der Kultur und am Leben der Mehrheit in vollem Maß beteiligen zu können, besonders jetzt, da die Mehrheit auch politisch dominierend ist. Das Dilemma des Hindunationalisten ist es, daß der Muslim weiterhin ein Angebot ausschlägt, von dem der Nationalist glaubt, er könne es gar nicht ablehnen. Der Nationalist findet, daß der Muslim zu dick ist, um ihn entweder zu schlucken oder auszuspucken. Selbst wenn sich der Muslim der Assimilierung freiwillig unterziehen würde, ein höchst unwahrscheinliches Szenario, machte es diese Aufgabe doch erforderlich, ein Verständnis dafür zu entwickeln, wie religiös-kulturelle Traditionen weitergegeben und internalisiert werden und wie diese Prozesse wirksam unterbrochen und zum Stillstand gebracht werden können, ein ausgesprochen schwieriges Unterfangen.

Der Säkularist, für den der Konflikt in der Sozial- und Wirtschaftsstruktur wurzelt, ist da zuversichtlicher. Auf lange Sicht, so glaubt er, wird die unvermeidliche Wirtschaftsentwicklung des Landes die Sozialstruktur ändern und daher den Konflikt, wie man so sagt, «auf der Müllhalde der Geschichte» landen lassen, da damit religiöse Identitäten verblassen und im privaten und öffentlichen Leben eine immer geringere Rolle spielen. Jedoch muß gegenüber dem Glauben an die vorrangige Rolle politischer und ökonomischer Strukturen bei der Bewußtseinsbildung einige Skepsis angemeldet werden: Die Entwicklung der durch die Familie übermittelten Kulturtraditionen – einschließlich der Out-group-Ideologie – kann unter Umständen eine ganz andere Richtung nehmen als das politische und wirtschaftliche System einer Gesellschaft. Besonders deutlich zeigt sich dies im Falle von Deutschland, wo jüngste Studien ergeben haben, daß sich die Jugendlichen in Ostdeutschland in ihrer politischen Orientierung und ihren familienbezogenen Werten nicht von ihren Altersgenossen im Westen des Landes unterscheiden; kulturelle Sozialisationsmuster in der Familie haben den Wechsel im politischen System relativ unbeschadet überstanden und sind stärker als die Logik des politischen Überbaus.[14]

Der optimistische Realist – eine Spezies, mit der ich mich identifiziere – glaubt, daß wir uns auf ein Zeitalter zubewegen, in dem die Verschiedenheit von Hindus und Muslimen anerkannt wird und man nicht länger der Schimäre ihrer Gemeinsamkeiten nachjagen muß. Wir bewegen uns auf eine multikulturelle Gesellschaft mit Mehrheits- und Minderheitskulturen zu und nicht auf eine Mischkultur. Ein solcher Multikulturalismus ist weder von Nachteil noch gefährlich, sondern notwendig, da er unterschiedlichen religiösen Gruppen ermöglicht, den Modernisierungsprozeß aktiv zu vollziehen, und sie sich nicht, lamentierend über die Ungerechtigkeiten der moderner werdenden Welt, zurückziehen oder diese Entwicklung als passive Opfer erdulden müssen. Das Problem dabei ist, sicherzustellen, daß nicht eine einzige Identität, das Hindutum, dominiert oder sich andere religiös-kulturelle Identitäten einverleibt, die sich auf dieselbe Suche begeben haben wie die Hindus. Ich kann die Berechtigung des nationalistischen Aufrufs an die Hindus verstehen, einen neuen Sinn in den alten Symbolen, den Sitten und Bräuchen der Hindukultur zu finden. Doch mit welchem Recht könnte dies dann den Muslimen verweigert werden, die genauso um die Sinnfindung in dieser modernen Welt ringen? Für den Realisten bestünde die Lösung darin, einen Staat aufzubauen, der das gleiche Recht von Hindus und Muslimen auf ihr Anderssein schützt. Er glaubt, daß wir darauf hinarbeiten müssen, ein Gemeinwesen zu errichten, das die Überzeugungen sowohl von Hindus als auch von Muslimen respektiert, wie seltsam oder pervers sie dem jeweils anderen auch erscheinen mögen und wie verächtlich sie sich privat auch über die anderen äußern mögen. Als Skeptiker ist er sich überdies bewußt, daß sich die Schaffung einer solchen öffentlichen Sphäre lange hinziehen kann und von vielen Spannungen und offenen Konflikten zwischen den Volksgruppen begleitet sein wird, die eine Belastung für das soziale und politische Gefüge des Landes darstellen werden.

Der Realist ist sich mit dem Hindunationalisten darin einig, daß Schatten der Gewalt über der unmittelbaren Zukunft der Hindu-Muslim-Beziehungen liegen. Er ist jedoch der Überzeugung, daß es, wenn das angestrebte Ziel eines wahrhaft

multikulturellen Staatswesens erreicht wird, zu viel weniger
Spannungen käme als bei einer Verwirklichung der nationalistischen Vorstellung, die wahrscheinlich dauernde Zwietracht
zur Folge hätte. Der Realist kann nur hoffen, daß die Gewalt
von kurzer Dauer ist und daß sie die Schaffung einer gemeinsamen öffentlichen Sphäre, in der Toleranz herrscht, beschleunigt. Wenn wir unnötiges Leid und Grausamkeit erleben, so kann dies manchmal bewirken, daß wir aus unseren
bisherigen Welterklärungsmustern herausgerissen werden und
neuen Ideen und neuen gesellschaftspolitischen Vereinbarungen gegenüber aufgeschlossener werden. Wenn der Druck und
die Angst am größten sind, wird vielleicht der Überlebenswil-
le bei den Menschen stark genug, um sie plötzlich zur Vernunft zu bringen. Ich hoffe, der Dichter Theodore Rothke hat
recht, wenn er sagt: «In dunkler Zeit beginnt das Auge zu sehen.»[15] Der Realist ist kein Zyniker, da er im Gegensatz zu
diesem noch Hoffnung hat. Selbst wenn sie sich als Täuschung erweist, weiß er, daß (mit den Worten des Mahabharata) «Hoffnung der Notanker des Menschen ist. Wenn die
Hoffnung zunichte ist, bleibt nur noch Trauer, die beinahe
gleichbedeutend mit dem Tod ist». Und er weiß, daß dies
nicht nur für das Individuum, sondern auch für Volksgruppen
und Nationen zutrifft.

Anmerkungen

Erstes Kapitel

1. Vgl. hierzu Nehrus *The Discovery of India* sowie folgende Darstellungen neueren Datums: Amartya Sen, «The Threats to Secular India», in: *New York Review of Books*, 8. April 1993, S. 26–32; Mehdi Arslam und Janaki Rajan, Hrsg., *Communalism in India: Challenge and Response*, Delhi 1994.

2. C. A. Bayly, «The Pre-history of ‹Communalism›? Religious Conflict in India 1700–1860», *Asian Studies* 19, Nr. 2 (1985), S. 184–185.

3. Diese Ansicht wird am vehementesten von marxistischen und neomarxistischen Historikern vertreten. Siehe z.B. Gyanendra Pandey, *The Colonial Construction of Communalism in North India*, Delhi 1994.

4. Zum hindunationalistischen Standpunkt siehe Koenraad Elst, *Ayodhya and After: Issues before Hindu Society*, Delhi 1991; K. D. Prithipaul, «Reason, Law and the Limits of Indian Secularism», *International Journal of Indian Studies*, Juli-Dezember 1992.

5. Siehe u. a. Tara Chand, *Influence of Islam on Indian Culture*, Allahabad 1963; Rasheeduddin Khan, Hrsg., *Composite Culture of India and National Integration*, Simla 1988; Gyanendra Pandey, Hrsg., *Hindus and Others*, Delhi 1993.

6. Bayly, a.a.O.

7. Muzaffar Alam, «Competition and Co-existence: Indo-Islamic Interaction in Medieval North India», *Itinerario* 13, Nr. 1 (1989), S. 46.

8. Ibid., S. 51.

9. Ibid., S. 55.

10. Abbé J. Dubois, *Hindu Manners, Customs and Ceremonies*, hrsg. und übersetzt von H. K. Beauchamp, Kalkutta 1992, S. 48.

11. François Bernier, *Travels in the Mogul Empire (1656–1668)*, Neu-Delhi 1972, S. 33.

12. Dubois, S. 134.

13. Erik Erikson, *Toys and Reasons*, New York 1977.

14. Bayly, S. 192–195.

15. Dubois, S. 341–342.
16. Ibid., S. 343.
17. Raymond Grew, «On the Prospect of Global History», unveröffentlichtes Manuskript für die Konferenz über Weltgeschichte in Bellagio (Italien), 16.–21. Juli 1991.
18. Ian Austin, *City of Legends: the Story of Hyderabad*, Delhi 1991.

Zweites Kapitel

1. Siehe Larry Byron u.a., «Legitimate Violence, Violence Attitudes, and Rape: A Test of the Cultural Spillover Theory», in: R. Prentky and V. L. Quinsey, Hrsg., *Human Sexual Aggression: Current Perspectives*, Jahresberichte der New York Academy of Science, Bd. 52, New York 1988.
2. Erik Erikson, *Jugend und Krise*, Stuttgart 1974.
3. Siehe Rita R. Rogers, «Intergenerational Exchange: Transference of Attitudes down the Generations», in: J. Howells, Hrsg., *Modern Perspectives in the Psychiatry of Infancy*, New York 1979, S. 339–349.
4. Bert N. Adams and M. Bristow, «Ugandan Asian Expulsion Experiences: Rumor and Reality», *Journal of Asian and African Studies* 14 (1979), S. 191–203.
5. Krishna Baldev Vaid, *Guzra hua Zamana*, Delhi 1982, S. 430–436; ins Englische übersetzt von S. Kakar.
6. Asghar Ali Engineer, *Communal Riots in Post-Independence India*, Neu-Delhi 1985.
7. Eric Hobsbawm, *Nations and Nationalism since 1870*, Cambridge 1990.
8. Ashutosh Varshney, «Contested Meanings: India's National Identity, Hindu Nationalism and Politics of Anxiety», *Daedalus* 122, Nr.3 (1993), S. 227–261. Siehe auch Ainslee T. Embree, *Utopias in Conflict: Religion and Nationalism in Modern India*, Berkeley u. Los Angeles 1990.
9. Varshney, S. 238.
10. Siehe John C. Turner, «Towards a Cognitive Re-definition of the Social Group», in: Henri Tajfel, Hrsg., *Social Identity and Intergroup Relations*, Cambridge 1982; Tajfel, «Social Psychology of Intergroup Relations», in: W. G. Austin und S. Worchel, Hrsg. *Annual Review of Psychology*, Bd. 33, 1982.
11. Vamik D. Volkan, «An overview of psychological concepts», in: V. Volkan u.a., Hrsg. *The Psychodynamics of International Relationships*, Lexington 1990, S. 31–46.

12. Howard Stein, «On Professional Allegiance in the Study of Politics», *Political Psychology* 7 (1986), S. 248. Siehe auch John Mack, «The enemy system», in: Volkan, *The Psychodynamics of International Relationships*, S. 57–89.

13. Sigmund Freud, «Das Tabu der Virginität (1918), *Gesammelte Werke*, Bd. XII, S. 169.

14. Siehe Natalie Z. Davis, *Society and Culture in Early Modern France*, Cambridge 1987, S. 152–188.

15. Ikram Ali Malik, *Hindu-Muslim Riots in the British Punjab (1849–1900)*, Lahore 1984, S. 3–5. Siehe auch Sandra Freitag, *Collective Action and Community: Public Arenas and the Emergence of Communalism in North India*, Delhi 1990. Eine Darstellung der Unruhen jüngeren Datums findet sich in: M. J. Akbar, *Riot after Riot*, Neu-Delhi 1988.

16. Sarah J. Moore, Rioting in Northern India (Dissertation, University of Pennsylvania, 1976), S. 53.

17. Phyllis Greenacre, «Crowds and Crisis», *The Psychoanalytical Study of the Child* 27 (1972), S. 147.

18. Siehe Stephen Reicher, «The Determination of Collective Behavior», in: Tajfel, *Social Identity and Intergroup Relations*, S. 40–82.

19. Moore, S. 62.

20. Zur Geschichte der Stadt siehe S. M. Alam, *The Growth of Hyderabad City – A Historical Perspective*, Hyderabad 1986; D. Prasad, *Social and Cultural Geography of Hyderabad City*, Neu-Delhi 1986.

21. Jean-Baptiste Tavernier, *Travels in India*, hrsg. v. W. Crooke, 1676, Delhi 1977, S. 122–124.

22. S. C. Dube, *Indian Village*, New York 1967, S. 187.

23. François Martin, *Memoirs of François Martin (1670–1694)*, Bd. 1, Delhi 1983, S. 761–762.

24. Ibid.

25. Tavernier, S. 127.

26. Ratna Naidu, *Old Cities, New Predicaments: A Study of Hyderabad*, Delhi 1991, S. 15.

27. Tavernier, S. 140.

28. Alam, S. 51.

29. Naidu, 5.Kapitel.

30. Javed Alam, «Riots and Recent Phase of Communal Violence in Hyderabad», *Bulletin Henry Martin Institute of Islamic Studies*, Jan.–März 1994.

31. Romesh C. Majumdar u.a., Hrsg., *The History and Culture of the Indian People*, Bd. 5, Bombay 1964, S. 22.

32. Volkan, An Overview of Psychological Concepts», S. 44.
33. Zitiert nach Javed Alam, «Traditions in India under Interpreted Stress: Integrating its Claims», *Theses Eleven*, 39, 1994.

Drittes Kapitel

1. Dieter Beckmann, E. Brähler und H. E. Richter, *Der Gießen-Test*, 4. Aufl., Bern 1991.
2. Samuel J. Klausner, «Violence», in: Mircea Eliade, Hrsg., *The Encyclopedia of Religion* 15, S. 268–271.
3. Joseph S. Alter, *The Wrestler's Body: Identity and Ideology in North India*, Berkeley und Los Angeles 1992.
4. J. S. Alter, «The Sanyasi and the Indian Wrestler: The Anatomy of a Relationship», *American Ethnologist* 16, Nr. 2 (1992), S. 317–336.
5. Ibid., S. 326.
6. K. P. Singh zitiert nach J. S. Alter, «The Body of One Colour: Indian Wrestling, the Indian State, and Utopian Somatics», *Cultural Anthropology*, Nr.1 (1993), S. 64.
7. Auf diesen Gesichtspunkt wird näher eingegangen bei R. Gladstone, «The Longest Pleasure: A Psychoanalytic Study of Hatred», *International Journal of Psychoanalysis* 68 (1987), S. 371–378.

Viertes Kapitel

1. M. N. Srinivas, *Social Change in Modern India*, Berkeley und Los Angeles 1966.
2. Christopher Bollas, «Generational Consciousness», in: *Being a Character: Psychoanalysis and Self Experience*, New York 1992.
3. Zu einer umfassenden Erörterung der Problematik siehe Thomas F. Pettigrew, «The Intergroup Hypothesis Reconsidered», in: M. Hewston und R. Brown, Hrsg., *Contact and Conflict in Intergroup Encounters*, Oxford 1986, S. 169–195.
4. David Lowenthal, «The Timeless Past: Some Anglo-American Historical Preconceptions», *Journal of American History* 75 (1989), S. 1263–1280.
5. Dube, 187.
6. Dubois, 218.
7. Owen Berkeley-Hill, «Hindu-Muslim Unity», in: *International Journal of Psychoanalysis* 6 (1925), S. 287.

8. Ibid., S. 287.
9. Sudhir Kakar, *Schamanen, Heilige und Ärzte*, München 1984, 3. Kapitel.
10. Robert A. LeVine und Donald T. Campbell, *Ethnocentrism: Theories of Conflict, Ethnic Attitudes and Group Behavior*, New York 1972.
11. Siehe A. Majeed und E. S. K. Ghosh, «A Study of Social Identity in Three Ethnic Groups in India», *International Journal of Psychology* 17 (1982), S. 455–463.
12. Erik Erikson, «Die Weiblichkeit und der innere Raum», in: *Jugend und Krise*, S. 274–308.
13. Relevante Studien hierzu: A. Sharma und S. Anandlakshmy, «Prejudice in the Making: Understanding the role of socialization», in: D. Sinha, Hrsg., *Socialization of the Indian Child*, Neu-Delhi 1981, S. 101; A. K. Singh, «Development of Religious Identity and Prejudice in Indian Children», in: A. de Souza, Hrsg., *Children in India*, Neu-Delhi 1979, S. 231–244.
14. Luce Irigaray, *Je, Tu, Nous, Pour Une Culture de la Différence*, Paris 1994.

Fünftes Kapitel

1. Anees Jung, *Night of the New Moon: Encounters with Muslim Women in India*, Delhi 1993, S. 59.
2. Rollo May, *Power and Innocence*, New York 1972, S. 29.
3. Bernard Lewis, *The Political Language of Islam*, Chicago 1988, S. 4.
4. R. D. Meade und L. Singh, «Changes in Social Distance during Warfare: A Study of India/Pakistan War of 1971», *Journal of Social Psychology* 90, Nr. 2 (1973), S. 325–326.
5. Eine interessante Beschreibung des Verhaltens verschiedener Arten von Opfern findet sich bei R. A. Ball, «The Victimological Cycle», *Victimology* 1, Nr. 3 (1976), S. 379–395.
6. Mushirul Hasan, «Minor Identity and Its Discontents: Responses and Representations», im August 1993 auf dem International Congress of Asian Studies in Hongkong gehaltener Vortrag.
7. Akbar S. Ahmed, *Discovering Islam*, Neu-Delhi 1990, S. 158–160; siehe auch Imtiaz Ahmed, Hrsg., *Modernization and Social Change among Muslims*, Delhi 1983.
8. Siehe R. A. Shweder, M. Mahapatra und J. G. Miller, «Culture and Moral Development», in: J. Kagan und S. Lamb, Hrsg., *The*

Emergence of Moral Concepts in Early Childhood, Chicago 1987; R. A. Shweder und N. C. Much, «Determinants of Meaning: Discourse and moral socialization», in: R. A. Shweder, *Thinking through Cultures,* Cambridge, Mass., 1991.

9. R. Dworkin, *Taking Rights Seriously,* Cambridge, Mass., 1977.
10. E. Fromm, *Psychoanalyse und Religion,* Stuttgart 1983; G. Obeyesekere, *Medusa's Hair,* Chicago 1981.
11. S. Kakar, *Kindheit und Gesellschaft in Indien,* Frankfurt am Main 1988, S. 52.
12. A. K. Ramanujan, «Is there an Indian Way of Thinking?» in: M. Marriott, Hrsg., *India through Hindu Categories,* Delhi 1990.
13. Vgl. hierzu auch Rafael Moses, «Empathy and Disempathy in the Political Process», *Political Psychology* 5 (1985), S. 135–140.

Sechstes Kapitel

1. Kakar, *Kindheit und Gesellschaft in Indien,* S. 227–228.
2. Anthony Smith, *The Ethnic Origins of Nations,* Oxford 1986.
3. Zu ähnlichen Entwicklungen in der islamischen Welt vgl. Bassam Tibi, *The Crisis of Modern Islam,* Salt Lake City 1988.
4. Vgl. hierzu Walter V. Andersen und S. Damle, *The Brotherhood in Saffron,* Delhi 1987.
5. Zu den sozial-psychologischen Auswirkungen der Modernisierung siehe E. James Anthony und C. Chiland, Hrsg., *The Child in His Family: Children and Their Parents in a Changing World,* New York 1978.
6. Zitiert aus einer Zeitschrift der *sangh parivar* in: «Woman of Saffron», einem Artikel aus *The Times of India,* Februar 1993.
7. Siehe Tu Wei-Ming, «Beyond the Enlightenment Mentality», im Juli 1992 an der TU Darmstadt auf der internationalen Konferenz zur Weltgeschichte gehaltener, unveröffentlichter Vortrag.
8. Erik H. Erikson, *Insight and Responsibility,* New York 1964.
9. Sigmund Freud, «Massenpsychologie und Ich-Analyse, *Gesammelte Werke,* Bd. XIII.
10. Ernest Wolf, *Treating the Self,* New York 1988, S. 48.
11. Asghar Ali Engineer, Hrsg., *Communal Riots in Post-independence India,* Neu-Delhi 1985, S. 238–271.
12. Paul Brass, *Ethnicity and Nationalism,* Neu-Delhi 1991, S. 15.
13. Siehe Peter Homans, *The Ability to Mourn,* Chicago 1991, S. 309.
14. Die klarste Beschreibung des Konzepts der Komplementarität stammt von Klaus Meyer-Habich – siehe unter «Komplementari-

tät» in: J. Ritter und K. Gruender, Hrsg., *Historisches Wörter-buch der Philosophie*, Basel 1967, 4, S. 933–934.

15. Don Miller, *The Reason of Metaphor*, Delhi 1991, S. 169.
16. Zur Biographie Rithambras siehe «Virtuous Virago» in: *The Times of India*, 19.Juli 1991 und «Hindutva by the Blood of Her Words», *The Daily*, 9.Juni 1991.
17. Zur poetischen Funktion von Rhetorik siehe John Shotter, «The social construction of remembering and forgetting» in: D. Middleton und D. Edwards, Hrsg., *Collective Remembering*, London 1990. S. 124.
18. Homans, S. 277.
19. Rafael Moses, «The Group Self and the Arab-Israeli conflict», *International Review of Psychoanalysis* 9 (1982), S. 56.
20. Moses, «The Group Self», S. 63.
21. Emile Durkheim, *The Elementary Forms of Religious Life* (1912), New York 1965.

Siebtes Kapitel

1. Siehe Martin E. Marty und R. Scott Appleby, Hrsg., *Fundamentalisms and the State*, Bd. 3 des Fundamentalismus-Projekts, Chicago 1993, S. 3.
2. M. S. Agwani, *Islamic Fundamentalism in India*, Chandigarh 1986.
3. Siehe A. und M. Mitscherlich, *Die Unfähigkeit zu trauern*, München 1968; vgl. auch V. Volkan, *The Need to have Enemies and Allies: From Clinical Practice to International Relationships*, Northvale, N.Y., 1988.
4. Zur psychopathologischen Behandlung von Fanatismus siehe A. Haynal, Hrsg., *Fanaticism: A Historical and Psychoanalytical Study*, New York 1983.
5. Lewis, *The political Language of Islam*, S. 7.
6. Marty und Appleby, *Fundamentalisms and the State*, S. 631.
7. Meira Likierman, «The function of anger in human conflict», *International Review of Psychoanalysis* 14, Nr. 2 (1987), S. 143–162.
8. Zu einer eingehenderen Erörterung der Konkurrenz zwischen ethnischen Gruppen siehe V. Volkan, D. A. Julius und J. V. Montville, *The Psychodynamics of International Relationships*, Lexington, Kentucky, 1990.

Achtes Kapitel

1. Andrew Samuels, *The Political Psyche*, London 1993, S. 11–12.
2. Vgl. Philipe Wolff, «The 1391 Pogrom in Spain: Social Crisis or Not?», *Past and Present* 50 (1971), S. 4–18; George Rudé, *The Crowd in History: A Study of Popular Disturbances in France and England, 1848*, New York 1964; Janine Estebe, *Tocsin pour un massacre*, Paris 1968. Zur Theorie des «Kollidierens wirtschaftlicher Interessen» bei religiös-ethnischen Konflikten in Südasien siehe Veena Das (Hrsg.), *Mirrors of Violence*, Delhi 1990.
3. Michael Walzer, «Nations and minorities», in C. Fried, Hrsg., *Minorities: Community and Identity*, Berlin 1982, S. 219–27.
4. Führender Verfechter der Theorie, daß die Ursache ethnischer Konflikte im internationalen Umfeld, insbesondere im Ende der Kolonialherrschaft, liegt, ist D. Horowitz; vgl. *Ethnic Groups in Conflict*, Berkeley u. Los Angeles 1985.
5. Sigmund Freud, «Massenpsychologie und Ich-Analyse, *Gesammelte Werke*, Bd. XIII, S. 71–161.
6. Erik Erikson, *Jugend und Krise*, S. 43.
7. D. W. Winnicott, «Communicating and Not Communicating Leading to a Study of Certain Opposites», in: *The Maturational Process and the Facilitating Environment*, New York 1963.
8. David Rapoport, «Comparing Militant Fundamentalist Movements», in: Marty u. Appleby, *Fundamentalisms Observed*, S. 443.
9. Sigmund Freud, «Neue Folge der Vorlesungen zur Einführung in die Psychoanalyse», *Gesammelte Werke*, Bd. XV, S. 110.
10. Siehe Heinrich von Stietencorn, «Angst und Gewalt: Ihre Funktionen und ihre Bewältigung in den Religionen», in: Stietencorn (Hrsg.), *Angst und Gewalt: Ihre Präsenz und ihre Bewältigung in den Religionen*, Düsseldorf 1979, S. 311–337.
11. John W. Bowker, «The Burning Fuse: The Unacceptable Face of Religion», *Zygon* 21, Nr. 4 (1986), S. 415–438; siehe auch Elise Boulding, «Two Cultures of Religion as Obstacles to Peace», *Zygon* 21, Nr. 4 (1986), S. 501–518.
12. Rapoport, a. a. O.
13. Davis, S. 165.
14. Hans Bertram, «Germany – One Country with Two Youth Generations?», bei einem Seminar über Kindheit und Jugend gehaltener Vortrag, das vom 17.–21. Februar 1994 im Goethe-Institut in Colombo, Sri Lanka, stattfand.

15. Zitiert in: «From Cruelty to Toleration», unveröffentlichter Vortrag von Kanan Makiya, den er auf der von der Rajiv-Gandhi-Stiftung organisierten Konferenz über *Religion und Politik heute* (vom 30. Jan. – 2. Febr. 1994 in Neu-Delhi) gehalten hat.